Wilhelm Rotthaus / Hilde Trapmann

Auffälliges Verhalten im Jugendalter

Handbuch für Eltern und Erzieher – Band 2

Wilhelm Rotthaus / Hilde Trapmann

Auffälliges Verhalten im Jugendalter

Handbuch für Eltern und Erzieher – Band 2

verlag modernes lernen - Dortmund

© 2004 verlag modernes lernen, Borgmann KG, D - 44139 Dortmund

Titelbild: Sandra Dionisi © Corbis
Gesamtherstellung: Löer Druck GmbH, Dortmund

Bestell-Nr. 1151 ISBN 3-8080-0489-4

Inhalt

Einführung

Idee und Inhalt des Buches

● Leserkreis

Dieses Buch ist der zweite Band des „Handbuchs für Eltern und Erzieher". Während der erste Band sich mit den Verhaltensauffälligkeiten von Kindern befasste, handelt dieses Buch von den Verhaltenauffälligkeiten und Verhaltensstörungen von Jugendlichen. Es wendet sich an Eltern, Kindergärtnerinnen, Erzieher, Sozialarbeiter und Sozialpädagoginnen, Lehrerinnen, Ärzte und Psychologinnen, Juristen, kurz: an alle, die sich um die Erziehung von Kindern bemühen. Deshalb haben die Autoren versucht, die aktuellen wissenschaftlichen Erkenntnisse zwar exakt, aber dennoch möglichst allgemein verständlich darzustellen.

● Inhalt

In dem Buch wird dargelegt, wann man von Verhaltensauffälligkeiten und Verhaltensstörungen sprechen kann und muss, welche bedingenden Faktoren eine Rolle spielen können und wie sie zu beeinflussen sind. Es sollen der Leserin und dem Leser ein Verständnis für diese oft störenden, belastenden und die Entwicklung des Jugendlichen beeinträchtigenden Verhaltensweisen nahe gebracht und – darauf aufbauend – erzieherische Einstellungen, konkrete Empfehlungen für die pädagogische Beeinflussung und Hinweise auf die Behandlung solcher Jugendlicher vermittelt werden.

Dabei ist zu beachten, dass kaum ein Fall dem anderen gleicht und dass die jeweilige Beschreibung die Charakterisierung eines Typs darstellt, von dem der Einzelfall mehr oder weniger stark abweicht. Oft sind bei einzelnen Jugendlichen auch mehrere Auffälligkeiten nebeneinander zu beobachten, so dass erst die Zusammenschau mehrerer Kapitel ein vollständiges Bild geben kann. All das macht es notwendig, bei jedem Jugendlichen sorgfältig hinzuschauen und zu beobachten, welches Verhaltensbild genau auftritt und in welchem situativen Zusammenhang das geschieht.

Die Auswahl der Themen wurde den Autoren durch ihre Erfahrungen mit den Problemen Rat suchender Eltern und den Fragen von Lehrern, Erzieherinnen, Ärzten und Juristinnen nachgelegt. Die Zuordnung einzelner Störungen zu den Verhaltensaufälligkeiten von Kindern und anderer zu den Verhaltensauffälligkeiten von Jugendlichen ist allerdings oft etwas willkürlich erfolgt. Eine klare Trennung ist nicht möglich und unnötige Wiederholungen sollten vermieden werden. Viele der beschriebenen Probleme treten sowohl im Kindesalter als auch im Jugendalter auf, manche haben ihrer Ursprung im Kindesalter, sind aber im Jugendalter häufiger und wieder andere beginnen im Kindesalter und treten im Jugendalter in geänderter Form in Erscheinung. Die Autoren bitten deshalb den Leser, das, was er in dem einen Band vermisst, im anderen nachzuschlagen. Die Inhalts- und Stichwortverzeichnisse helfen bei der Suche.

• Aufbau

Das Buch ist gemäß den ausgewählten Themen in 25 Kapitel gegliedert, in denen die einzelnen Verhaltensauffälligkeiten behandelt werden. Jedes einzelne Kapitel ist wiederum in drei Hauptabschnitte unterteilt.

Im ersten Hauptabschnitt werden Hinweise gegeben, an welchen Merkmalen die behandelte Verhaltensstörung **wahrzunehmen** und wie das Beobachtete zu **bewerten** ist. Liegt eine Besonderheit oder eine Abweichung von unserer kulturellen Norm überhaupt vor? Welche Aspekte sollten bei der Bewertung eines bestimmten Verhaltens Berücksichtigung finden? Welche Auswirkungen sind aktuell und langfristig zu befürchten? Wie hoch sind die Gefahren, wenn das auffällige Verhalten weiter bestehen bleibt?

Im zweiten Abschnitt werden Anregungen gegeben, das beobachtete Verhalten den jeweiligen Situationen, in denen es auftritt, **zuzuordnen** (und es nicht isoliert, aus dem Zusammenhang herausgelöst zu betrachten), um damit einem **Verstehen** näher zu kommen. Welchen Sinn könnte das beobachtete Verhalten haben? Wozu ist das beobachtete Verhalten gut (auch wenn es dem Jugendlichen ganz offensichtlich in seiner Entwicklung schadet)? Welche Lernbedingungen haben einmal bei der Entwicklung dieses Verhaltens eine Rolle gespielt? Hat das beobachtete Verhalten im Augenblick eine Funktion, durch die es aufrechterhalten wird? Welche sonstigen, möglicherweise bedingenden Faktoren sind bekannt?

Im dritten Abschnitt geht es dann darum, **Lösungen anzuregen und möglich zu machen**. Folgende Fragen stellen sich: Welcher Aspekt des störenden Verhaltens ist besonders wichtig? Was kann ich als Erwachsener in meinem Verhalten ändern, um Änderungen beim Jugendlichen anzustoßen? Welche Anregungen braucht er? Wie soll sich die Jugendliche „stattdessen" verhalten, wenn sie das störende Verhalten nicht mehr zeigt? Wie kann ich den Raum schaffen, in dem das erwünschte Verhalten des Jugendlichen möglich wird? Wie verhalte ich mich, wenn die Jugendliche das von mir gewünschte Verhalten zeigt? Wie kann ich unerwünschtes Verhalten stören und erwünschtes „Statt-dessen-Verhalten" anregen?

• Literaturnachweis

Um den Zugang zu erleichtern, wurden in diesem Band die wichtigen Bücher und Zeitschriftenaufsätze zu den einzelnen Verhaltensaufälligkeiten und Verhaltensstörungen direkt am Schluss jedes Kapitels aufgeführt. In den meisten Kapiteln werden Hinweise auf wichtige Internetseiten gegeben. Da dessen Inhalte jedoch jederzeit zu ändern sind, können die Autoren dafür keine Verantwortung übernehmen.

• Register

Im Register sind alle wichtigen Begriffe alphabetisch erfasst, die in dem Buch zur Sprache kommen. Die aufgeführten Zahlen kennzeichnen die Seiten, auf denen diese Begriffe zu finden sind. Fett gedruckte Seitenzahlen sagen aus, dass dort das jeweilige Thema ausführlich behandelt wird.

• weibliche und männliche Schreibweise

Es wurde sowohl die weibliche als auch die männliche Schreibweise benutzt und in willkürlicher Weise gewechselt. Die Person des jeweils anderen Geschlechts ist immer auch angesprochen und gemeint.

Wie psychische Auffälligkeiten, Störungen und Erkrankungen entstehen und aufrechterhalten werden

In der Einführung zu Band 1 „Auffälliges Verhalten im Kindesalter" wurden bereits allgemeine Hinweise gegeben, die einem besseren Verständnis auffälligen, störenden oder kranken Verhaltens von Kindern und Jugendlichen dienen sollen. Im Folgenden werden nun einige weitere Aspekte dargestellt, die sich vor allem damit befassen, wie man sich nach heutigem Erkenntnisstand das Entstehen und die Aufrechterhaltung psychischer Auffälligkeiten und Störungen vorstellt.

• Menschen als komplexe Systeme

Viele Menschen neigen noch dazu, ein mechanistisches Verstehensmodell, wie es sich in der Technik bewährt hat, auch auf Lebewesen, im konkreten Fall auf junge Menschen anzuwenden. Das führt zu vielen Irrtümern und Missverständnissen, weil menschliches Verhalten nicht wie technische Maschinen linear kausalen Gesetzmäßigkeiten folgt. Vielmehr sind Lebewesen komplexe Systeme, deren Gehirnfunktionen durch vielfältige Rückkopplungsprozesse und eine nichtlineare Kausalität gekennzeichnet sind. Das bedeutet: Schon ganz geringfügige, kaum messbare Änderungen in den Ausgangsbedingungen können zu völlig unterschiedlichen Entwicklungen veranlassen. Das macht es unmöglich, von einem bestimmten aktuellen Zustand auf die verursachenden Bedingungen auch nur einigermaßen sicher zurückzuschließen.

• das jeweils einzigartige Neugeborene

Menschen sind schon bei ihrer Geburt verschieden und jeweils einzigartig. Schon zu diesem Zeitpunkt unterscheiden sie sich infolge ihrer unterschiedlichen genetischen Ausstattung und der unterschiedlichen biologischen Einflüsse während der Schwangerschaft, wie sie beispielsweise durch die Ernährung der Mutter (gegebenenfalls Nikotin, Alkohol, Medikamente), durch akustische Einflüsse, aber auch durch die psychische Ausgeglichenheit oder die besondere psychische Erregung der Mutter aufgrund außergewöhnlicher Belastungen bedingt werden. Diese Einflussfaktoren stehen auch während der Schwangerschaft nicht beziehungslos nebeneinander, sondern wirken in vielfältiger Weise wechselseitig aufeinander ein, verstärken oder vermindern sich in ihren Auswirkungen.

• jedes Kind reagiert anders

Jede erfahrene Mutter weiß, dass kein Kind dem anderen gleicht und dass kein Kind ganz gleichartig reagiert wie das andere. Das mütterliche, väterliche, elterliche Verhalten, das für das eine Kind gut und angenehm ist, scheint das andere Kind nicht zu schätzen oder sogar abzulehnen. Es gibt also nicht das für alle Kinder gleichermaßen „richtige" elterliche Verhalten. Vielmehr ist das Verhalten richtig, das zum jeweiligen Säugling passt und für ihn angemessen ist. Um dieses herauszufinden, brauchen Mutter und Vater ein hohes Maß an Sensitivität, um während der Interaktion mit dem Säugling seine Signale von Bedürfnis nach Nahrung, Zuwendung oder Anregung, seine Signale von Zufriedenheit und seine Signale von Sättigung an Nahrung, Nähe oder Anregungsreizen wahrzunehmen. Diese sensitive Wahrnehmung bleibt während der ganzen Kindheit und Jugendzeit das wichtigste Prinzip gelingenden Umgehens mit dem Kind und damit auch Grundlage guter Erziehung.

• Lebewesen sind Lernwesen

Das Charakteristikum des Gehirns des Menschen ist, dass es ständig lernt. Unser Gehirn kann niemals nicht lernen. (Wie wir das Gelernte dann jeweils bewerten, steht auf einem anderen Blatt.) Jeder aufgenommene Reiz wird im Gehirn zigtausendfach(!) verarbeitet, und zumindest mehrere gleichartig wirkende Reize führen mit hoher Wahrscheinlichkeit zu einer Veränderung synaptischer Verbindungen, das heißt: zu einer dauerhaften strukturellen Veränderung des Gehirns. Die nächsten Reize treffen bereits auf ein anderes Gehirn und werden anders bearbeitet und bewertet werden. Das bedeutet: Der Mensch ändert sich ständig, und gleichartige Umwelteinflüsse wirken nicht nur bei verschiedenen Personen, sondern auch bei demselben Menschen im Laufe der Zeit unterschiedlich. Die Griechen brauchten dafür das Bild: Kein Mensch kann zweimal in denselben Fluss steigen.

• Reifungsprozesse

Kinder lernen das, was zu ihrem augenblicklichen Entwicklungsstand passt. Kein Kind würde beispielsweise sprechen lernen, wenn sein Gehirn zur Zeit des Spracherwerbs schon voll ausgereift wäre. Darum kann man Sprechen nach Vollendung des 13. bis 14. Lebensjahres auch nicht mehr lernen, wie man das bei Kaspar Hauser Kindern beobachtet hat. Das Kind hat sozusagen einen eingebauten Lehrer: Aufgrund seines Reifungsstandes wählt sein Gehirn aus dem ungemein differenzierten, komplizierten und verwirrenden Sprachangebot das aus, was es augenblicklich lernen kann, beispielsweise einzelne Wörter, die es als erste nachspricht und deren Bedeutung es begreift. Später lernt es zwei Wörter miteinander zu verbinden, es spricht Zwei-Wort-Sätze, und mit der Zeit lernt es erste grammatikalische Strukturen. Das Kind ist also keineswegs den Umwelteinflüssen hilflos ausgeliefert, sondern wählt aktiv das aus, was zu seinem aktuellen Entwicklungsstand passt.

• aktive Auseinandersetzung mit der Umwelt

Im weiteren Entwicklungsverlauf differenzieren sich die Prozesse der aktiven Auseinandersetzung des Kindes mit der Umwelt. So entwickelt es beispielsweise im Verlauf des Vorschulalters einen „inneren Monolog“, womit man ein inneres handlungsbegleitendes Sprechen meint, mit dem das Kind unter anderem den sozialen Umgang mit Gleichaltrigen lenkt, der aber auch in der Eltern-Kind-Interaktion von großer Bedeutung ist. Das Kind kommentiert mit seinem inneren Monolog das, was geschieht, aus seiner Perspektive und beeinflusst damit selbst sein weiteres Handeln.

Eine andere Art der aktiven Auseinandersetzung mit der Umwelt erfolgt dadurch, dass Kinder sich durch ihr Verhalten spezifische Umweltbedingungen schaffen, die dann wiederum auf die eigene Entwicklung zurückwirken. Das sozial unsichere Kind vermeidet soziale Kontakte und schafft sich damit eine Umwelt, die das Erlernen eines angemessenen Sozialverhaltens erschwert. Der depressive Jugendliche bewirkt mit seinem mürrischen Gesichtsausdruck bei den Gleichaltrigen Ablehnungsreaktionen, die er dann als Bestätigung seiner negativistischen Sichtweise „Keiner mag mich“ versteht.

• Bedeutung von Entwicklungseinflüssen

Die Entwicklung des Menschen ist also nicht allein genetisch festgelegt, sondern beruht auf der Wechselwirkung zwischen seinen organischen Bedingungen und seinen wichtigen Umweltfaktoren. Entwicklungseinflüsse lassen sich weder ausschließlich durch die einwirkende Umwelt noch durch die biologische Reifung erklären, sondern nur durch die aktive Auseinandersetzung des Kindes mit beiden Faktoren.

• Risiko- und Schutzfaktoren

Man hat Risikokonzepte psychischer Störungen entwickelt, die auf sehr komplexen Annahmen beruhen. Sie geben die Wahrscheinlichkeiten an, mit der eine Störung auftritt, wenn zuvor ein bestimmter Risikofaktor beobachtbar war. Allerdings ist damit noch nichts über die Ursache dieser Störung ausgesagt, nämlich darüber, dass dieser Risikofaktor notwendig und hinreichend für das Auftreten der Störung ist. Selbst bei einer nachweisbar gleichartigen Hirnveränderung werden Entwicklungen unterschiedlicher Störungen beobachtet. Dennoch kann man aber sagen: Je weniger Risikofaktoren für das Auftreten einer Störung nachweisbar sind und je spezifischer diese sind, desto größer ist die Berechtigung, sie als Ursache der Störung anzusehen.

Aber selten genügt ein Risikofaktor, der dann mit der Ursache gleichzusetzen wäre. Zumeist addieren sich unabhängige Risikofaktoren, oder sie stehen in komplexen Beziehungen zueinander. Ob eine psychische Störung dann tatsächlich entsteht, hängt davon ab, welche neurobiologischen und ökologischen Risiken in der Entwicklung zusätzlich auftreten. Dasselbe gilt für Schutzfaktoren, also solche Einflüsse, die die Auftretenswahrscheinlichkeit einer Störung vermindern.

• Vulnerabilität

Die Komplexität der Entwicklung von Störungen und die dabei immer wesentlichen zeitlichen Dimensionen hat man mit dem Vulnerabilitätskonzept zu berücksichtigen versucht. Vulnerabilität bezeichnet die Anfälligkeit einer Person für die Entwicklung einer Störung und umschreibt einen zeitlichen Vorläufer oder eine milde Form einer Störung. Vulnerabilitätsmodelle beschreiben dann Faktoren, die zwar nicht den Ausbruch einer Störung erklären, jedoch die Entwicklung eines (relativ) unauffälligen Persönlichkeitsstandes beschreiben, aus dem sich bei Hinzukommen weiterer Faktoren eine Störung entwickeln kann.

• allgemeine Risikofaktoren

Entsprechend diesem Konzept hat man allgemeine und auch störungsspezifische Risikofaktoren erarbeitet. (Die störungsspezifischen Risikofaktoren werden bei der Erörterung der einzelnen Störungsbilder aufgeführt.) Allgemein betrachtet unterliegen die Kinder und Jugendlichen dem größten Risiko, die in Familien aufwachsen, die durch Armut, mangelnde Bildung und psychische Erkrankung der Eltern geprägt sind. Weitere Risikofaktoren sind: männliches Geschlecht, ein Altersabstand zum nächsten Geschwister unter 18 Monaten, die Trennung von einer wichtigen Bezugsperson im ersten Lebensjahr, schwere oder wiederholte Erkrankungen in der Kindheit, schwere Erkrankungen eines Elternteils, ein behindertes Geschwister, ständige Streitigkeiten in der Familie, Abwesenheit des Vaters, Arbeitslosigkeit, Wohnort- und Schulwechsel, Scheidung der Eltern, Eintritt eines Stiefelternteils in den Haushalt, Weggang oder Tod eines älteren Geschwisters oder einer anderen Bezugsperson sowie Unterbringung in einer Pflegefamilie.

Um nicht missverstanden zu werden: An all diesen Risikofaktoren kann ein Kind auch wachsen und aus ihrer Bewältigung neue Stärken entwickeln, – so wie Nelson Mandela an einer jahrzehntelangen Gefangenschaft nicht zerbrochen ist, sondern offensichtlich eine bemerkenswerte Persönlichkeit entwickelt hat. Der Begriff Risikofaktor besagt nur, dass derartige Einflüsse in vielen Fällen die Gefahr von Verhaltensauffälligkeiten und Verhaltensstörungen erhöhen, besonders wenn mehrere zusammentreffen.

• allgemeine Schutzfaktoren

In den letzten Jahrzehnten hat man sich vermehrt darum bemüht, auch Schutzfaktoren zu erarbeiten, also Faktoren, die einen Menschen, ein Kind oder eine Jugendliche davor bewahren, auffälliges oder gestörtes Verhalten zu entwickeln. Schutzfaktoren können Risikofaktoren ausgleichen. Beispielsweise können der Verlust einer wichtigen Bezugsperson oder die ständigen Streitereien in der Familie durch eine gute Beziehung zu einem anderen Erwachsenen innerhalb und außerhalb der Familie ausgeglichen werden.

Als Schutzfaktoren werden folgende persönliche Merkmale genannt: weibliches Geschlecht, überdurchschnittliche Intelligenz, ein hohes Maß an Aktivität und Eigeninitiative, eine positive Lebenseinstellung, eine kommunikative Kompetenz, Konzentrationsfähigkeit und eine angemessene Kontrolle eigener Impulse sowie die Überzeugung, dass man selbst den Lauf der Ereignisse beeinflussen kann. Als familiäre und gesellschaftliche Schutzfaktoren werden benannt: vier oder weniger Geschwister, eine konzentrierte Aufmerksamkeit der Eltern im ersten Lebensjahr, eine positive Eltern-Kind-Beziehung in der frühen Kindheit, zusätzliche Bezugspersonen neben der Mutter, Betreuung durch Geschwister und Großeltern, ein strukturierter, geregelter Haushalt, Ausrichtung an übergeordneten Werten und enge Freundschaften mit Gleichaltrigen.

• Angst vor Veränderung

Manche Verhaltenssauffälligkeiten und Verhaltensstörungen entstehen dadurch, dass im Verlaufe der Entwicklung notwendig gewordene Veränderungs- und Anpassungsprozesse an die neuen Bedingungen vermieden werden. Dem liegt die Sorge vor der ungewissen Zukunft zugrunde, eine Angst, dass durch die Veränderung noch Schlimmeres ausgelöst werden könnte. Darum haben solche Probleme und Problemverhaltensweisen oft ihren Ausgangspunkt an sogenannten Krisenpunkten der Entwicklung, zu denen neue Fähigkeiten erprobt und alte Gewohnheiten aufgegeben werden müssen: beispielweise beim Übergang zum Kindergartenkind, beim Übergang zum Schulkind, bei der Ablösung von der Familie im späteren Jugendalter, aber auch bei besonderen Krisensituationen wie eben der Scheidung der Eltern und anderem mehr.

• problemstabilisierende Faktoren

Aber auch auffälliges und störendes Verhalten ist niemals nur nachteilig, sondern hat – wie jedes Verhalten – zwei Seiten und damit auch die Seite von Vorteil und Gewinn. Der Junge mit Schulphobie leidet in mannigfacher Weise. Aber er hat auch den Gewinn, die möglicherweise anstrengende Schule nicht zu besuchen. Die Jugendliche mit magersüchtigem Verhalten gefährdet ihre Gesundheit, aber sie demonstriert Eigenständigkeit und zieht gleichzeitig die Aufmerksamkeit der Eltern und Geschwister in hohem Maße auf sich. Insofern ist auffälliges und störendes Verhalten in einem größeren Kontext zumeist auch sinnvoll und passend. Der Gewinn und die Vorteile werden aber mit hohen „Kosten" für das Kind oder die Jugendliche erkauft.

• Menschen leben in Gemeinschaften

Menschen leben in Gemeinschaften, Kinder und Jugendliche meist in Familien, die im Zusammenleben eine Fülle offen diskutierter, aber in hohem Umfang auch kaum bewusster und besprochener Regeln, Grundannahmen, Verhaltensmuster und Werte entwickeln, die das Verhalten der Einzelnen in hohem Maße bestimmen. Zeigt ein Mitglied ein neues, eventuell auffälliges Verhalten, so reagieren die anderen Mitglieder derart, dass das neue Verhalten entweder verschwindet oder aber zu einem integrierten Verhalten innerhalb dieses Systems wird. Letzteres kann geschehen, da das auffällige und störende Verhalten eines Mitgliedes innerhalb einer Gemeinschaft trotz aller Belastungen eben auch Vorteile und Gewinn bringen, beispielsweise die Thematisierung eines „offenen Geheimnisses" verhindern oder einen notwendigen familiären Entwicklungsschritt hinauszögern kann.

• individuelles Fallverstehen

Zeigt ein Kind oder eine Jugendliche auffälliges oder gestörtes Verhalten, so muss man nach den Bedingungen Ausschau halten, die in diesem einen und einzigartigen Fall von Bedeutung sein könnten. Demgegenüber sagen alle Forschungsergebnisse und Erkenntnisse zu allgemeinen und zu störungsspezifischen Risiko- und Schutzfaktoren und damit auch alle Ausführungen, die in dem jeweiligen Kapitel „Zuordnen und verstehen" in diesem Buch dargelegt werden, – überspitzt ausgedrückt – nichts über den jeweiligen Einzelfall aus. Sie dienen lediglich dazu, den Wahrnehmungsraum zu eröffnen, den Blick auf die besonderen Konstellationsbedingungen dieses konkreten Falles zu schärfen und damit einem individuellen Fallverstehen nahe zu kommen. In ganz ähnlicher Weise können die in dem Kapitel „Wahrnehmen und bewerten" aufgeführten Angaben über Häufigkeit und Verlauf nichts über den Einzelfall aussagen. Es sind statistische Werte, die lediglich Wahrscheinlichkeiten beschreiben.

• die Unmöglichkeit von Reparaturen

Aus dem bisher Gesagten wird auch deutlich, dass es nicht oder zumindest nur in einem geringen Teil darum gehen kann, nach den Ursachen einer Auffälligkeit oder Störung zu suchen, wenn man dem Kind bei der Überwindung seiner Schwierigkeiten helfen will. Man kann lediglich Bedingungen erkennen, die für die Entstehung und Aufrechterhaltung des Problems möglicherweise bedeutsam waren oder noch sind. (Zum Unterschied von „verursachen" und „bedingen": Kein Schachspieler verursacht den Zug des gegnerischen Spielers, aber er bedingt ihn, indem er eine neue Ausgangslage schafft.) Die Entwicklungs- und Funktionsbedingungen komplexer Systeme lassen sich aber nicht in der Art analysieren, wie dies bei Maschinen möglich ist. Bestenfalls kann man bei der Suche nach den Ursachen Hypothesen, das heißt: Vermutungen aufstellen, die mit mehr oder weniger großer Wahrscheinlichkeit zutreffen. Und ein Rückgängigmachen – ein Reparieren wie bei Maschinen – ist niemals möglich, weil man die Zeit nicht zurückdrehen kann.

• die problemfreie Zukunft denken

Wenn man Lösungen anregen und möglich machen will, ist es hilfreich, den Blick in eine Zukunft zu richten, in der das Problem nicht mehr oder im wesentlich geringeren Maße auftritt, und daraus konkrete Verhaltensmerkmale abzuleiten, die als Ziele für die Hilfen und die Arbeit mit dem Kind oder der Jugendlichen dienen können. Hierzu wurde in der Einführung zum Band 1 „Auffälliges Verhalten im Kindesalter" mehr gesagt.

• Ressourcen aktivieren

Darüber hinaus können die oben angeführten Schutzfaktoren allgemeine Hinweise geben, welche Änderungen des Umfeldes sinnvoller Weise angeregt und welche persönlichen Eigenschaften des Kindes oder des Jugendlichen gefördert werden sollten. Es geht also darum, Ressourcen – Stärken und Fähigkeiten – zu aktivieren, die in jeder Familie und in jedem Kind oder Jugendlichen vorhanden sind oder die die Gesellschaft den Familien oder den Kindern zur Verfügung stellt und stellen sollte. Kindergarten, Schule und Ausbildungsstätte dürfen dabei ebenso wenig außer Acht gelassen werden wie die Inanspruchnahme professioneller Unterstützungs-, Beratungs- und Behandlungsangebote.

• neue Vorannahmen und Verhaltensmuster

Schließlich können Lösungen angeregt und möglich gemacht werden, indem nach problemstabilisierenden Faktoren in der Familie oder der Gruppe geschaut und das System ermuntert wird, die eigenen Grundannahmen – zum Beispiel die Grundregel einer Familie: Ich bin nur glücklich, wenn Du glücklich bist – in Frage zu stellen oder ungewohnte Regeln und Verhaltensweisen zu erproben, die zu neuen familiären Verhaltensmustern führen können, die das auffällige Verhalten nicht weiter stabilisieren.

Literatur

Kerns, L. L. (1997): Hilfen für depressive Kinder: Ein Ratgeber. Bern, Huber

Kusch, M., Petermann, F. (1998): Konzepte und Ergebnisse der Entwicklungspsychopathologie. In: Petermann, F. (Hrsg.): Lehrbuch der klinischen Kinderpsychologie. 3. Aufl., Göttingen, Hogrefe: 53 – 92

Kusch, M. (2001): Entwicklungspsychopathologie. In: Rotthaus, W. (Hrsg.): Systemische Kinder- und Jugendlichenpsychotherapie. Heidelberg, Carl-Auer-Systeme: 41 – 75

Nuber, U. (1999): Das Konzept „Resilienz“: So meistern sie jede Krise. Psychologie heute (5): 20 – 27

Rabenschlag, U. (2000): Wenn Kinder nicht mehr froh sein können. Depressionen bei Kindern erkennen und helfen. Freiburg, Herder

Rotthaus, W. (2002): Wozu erziehen? Entwurf einer systemischen Erziehung. 4. Aufl. Heidelberg, Carl-Auer-Systeme

Spitzer, M. (2002): Lernen. Heidelberg, Spektrum akademischer

Werner, E. (1993): Risk, resilience and recovery: Perspectives from the Kauai longitudinal study. Development and Psychopathology 5: 503 – 515

Brandstiftung

Wahrnehmen und bewerten

Feuer übt auf alle Menschen – auch auf Kinder und Jugendliche – einen großen Reiz und eine hohe Faszination aus. Es ist angenehm wärmend, zugleich aber auch bedrohlich, gefährlich und zerstörerisch. Kinder werden schon früh auf die Gefahren des Feuers hingewiesen; sie haben diese auch zumeist bereits erfahren, wenn sie mit dem Finger zu nah an eine Kerzenflamme oder Ähnliches gekommen sind.

Für manche Kinder behält Feuer über lange Zeit seine besondere Faszination. Sie tragen ständig Streichhölzer oder ein Feuerzeug bei sich. Sie zündeln und kokeln immer wieder an den verschiedensten Orten, im Waschbekken, im Garten, auf Spielplätzen oder im Wald.

● fahrlässige Brandstiftungen

Nicht selten kommt es zu fahrlässigen Brandstiftungen durch Kinder und Jugendliche. Sie entstehen durch unvorsichtiges Hantieren mit Streichhölzern oder Feuerzeug. Häufig wissen die Kinder nicht, wie leicht Stroh oder trockenes Laub und Holz Feuer fangen und wie rasch sich die Flammen ausbreiten. Oft beobachten sie dies anfänglich noch mit einer Mischung aus Angst und Lust, bis sie kopflos weglaufen, obwohl sie in vielen Fällen das Feuer durchaus noch hätten löschen können.

● vorsätzliche Brandstiftung

Aber auch vorsätzlich werden Brände nicht selten durch Kinder und Jugendliche gelegt. Manche berichten von einem Gefühl der Spannung und Erregung vor der Handlung. Sie verfolgen die Ausbreitung des Feuers mit großer Neugier und hoher Faszination und beobachten ebenso gebannt die durch das Feuer ausgelösten Schrecken und Aufregungen, das Nahen der Feuerwehr, das Löschen des Feuers und alle sonstigen Aktivitäten. Jugendliche Brandstifter sind gar nicht selten Mitglied der Freiwilligen Feuerwehr und beteiligen sich selbst beim Löschen des Brandes mit besonderem Eifer. Während Erwachsene Brände meist nachts legen, erfolgen Brandstiftungen von Kindern und Jugendlichen in der Regel am Tag.

● Häufigkeit

Die Zuverlässigkeit der Angaben über die Häufigkeit von Brandstiftungen ist dadurch eingeschränkt, dass zwei Drittel aller Brandstiftungen unaufgeklärt bleiben. Unter den einer fahrlässigen oder vorsätzlichen Brandstiftung Verdächtigten im Jahre 2000 waren 23% Kinder und 13% Jugendliche. Damit gehörten Brandstiftungen zu den Straftaten mit dem höchsten Kinderanteil unter den Tatverdächtigen. Bei den Kindern waren fahrlässige und vorsätzliche Brandstiftung gleich häufig. Bei den Jugendlichen überwogen vorsätzliche Brandstiftungen mit 19% gegenüber fahrlässigen Brandstiftungen mit 10%.

• Geschlechtsverteilung

Männliche Jugendliche zwischen 14 und 16 Jahren wurden bei der fahrlässigen und vorsätzlichen Brandstiftung im Jahre 2000 am häufigsten als Tatverdächtige ermittelt. Aber auch unter den Frauen und Mädchen waren die 14- bis 16-jährigen die größte Gruppe. Allerdings werden Brandstiftungen in allen Altersgruppen vornehmlich von Jungen und Männern begangen. Im Kindes- und Jugendalter betrug der Anteil der Mädchen unter den Tatverdächtigen lediglich 17%. (Diese Zahlen scheinen in allen westlichen Ländern und über viele Jahre im Wesentlichen gleich zu sein.)

• Wiederholungsgefahr

Die Zahl der Mehrfachtäter scheint bei Kindern und Jugendlichen relativ hoch zu sein. Einer amerikanischen Studie zufolge legten die Kinder, die der Feuerwehr durch Feuerspielereien bekannt wurden, in den nächsten ein bis drei Jahren in 32 % der Fälle weitere Brände, wenn keine pädagogischen und therapeutischen Maßnahmen ergriffen wurden. Durch ein gemeindegestütztes Trainingsprogramm sank die Rückfallquote auf 2%.

Zuordnen und verstehen

• Bedingungen

Die Bedingungen, die im Einzelfall dazu führen, dass ein Kind oder ein Jugendlicher Feuer legt, sind immer vielfältig und in jedem Einzelfall unterschiedlich gewichtet. Solche Bedingungen sind unter anderem:

- die Faszination des Feuers und eine hohe Erregung bei der Beobachtung des Brandes und aller Löschmaßnahmen,
- ein Mangel an Ansprechpartnern in der Familie und das Gefühl, abgewiesen und ausgestoßen zu sein,
- ein Gefühl ohnmächtiger Wut über Kränkungen und Herabsetzungen durch Gleichaltrige oder Erwachsene,
- Kontaktschwierigkeiten zu Gleichaltrigen,
- Selbstunsicherheit und Minderwertigkeitserleben,
- hohes Belastungserleben und geringe Fähigkeit, Probleme zu lösen.

• der Reiz des Feuers

Insbesondere bei Brandstiftungen durch jüngere Kinder spielt der besondere Reiz des Feuers, die Faszination durch die Flamme und ihre Erregung durch die Mischung aus Neugierde und Angst eine große Rolle. Bei jugendlichen Brandstiftern lässt sich oft ein frühes Interesse an Feuer feststellen. Sie haben häufig gekokelt und gezündelt, oft beim Spielen kleine Feuer gelegt. Für manche war Feuer durch den Beruf des Vaters als Feuerwehrmann von hoher Bedeutung; andere sind selbst in die Freiwillige Feuerwehr eingetreten.

Alles, was mit Feuer zu tun hat, fasziniert sie. Bevor der Brand gelegt wird, erleben sie eine hohe Spannung und affektive Erregung. Den Brand beobachten sie gebannt, neugierig und fasziniert. Auch bei den selbst gelegten Bränden sind sie Zuschauer, die das Geschehen hoch interessiert verfolgen. Nicht selten sind sie diejenigen, die die Feuerwehr rufen, und oft zeigen sie sich als Mitglied der Freiwilligen Feuerwehr bei den Löscharbeiten besonders einsatzfreudig.

● Minderbegabung

Diese Faszination durch das Feuer, die bei Kindern eine besondere Rolle spielt, hat einen hohen Stellenwert auch bei Jugendlichen, die in ihrer geistigen und psychischen Entwicklung etwas zurückgeblieben sind. So findet sich bei vielen Brandstiftern eine Minderbegabung in Form einer Lernbehinderung oder einer geistigen Behinderung. Überdurchschnittlich häufig findet sich eine organisch bedingte Hirnstörung. Die Tat erfolgt oft unter Alkoholeinfluss. Demgegenüber scheint die früher oft vertretene Meinung, dass die Erregung bei der Beobachtung des Feuers eine hohe sexuelle Komponente habe, sich extrem selten zu bewahrheiten.

● Feuer als Signal

In vielen Fällen kann die Brandstiftung als Signal gewertet werden, das auf eine besonders belastende Lebenssituation hinweist, die das Kind oder der Jugendliche nicht zu bewältigen vermag. Die elterliche Präsenz ist gering, und es fehlen sowohl die familiäre Kontrolle als auch die familiäre Unterstützung. Dies kann bedingt sein durch die psychische Erkrankung eines oder beider Elternteile oder durch besonders belastende Lebensereignisse wie Tod, Trennung, Scheidung, Stieffamilienbildung oder ähnliche Ereignisse, die zu einer Änderung des familiären Zusammenhaltes und einem Mangel an Aufmerksamkeit, Unterstützung und Anleitung geführt haben.

● familiäre Außenseiter

Ein Großteil der Jugendlichen erlebt sich in der eigenen Familie als Außenseiter. Sie vermissen einen Ansprechpartner, mit dem sie über die eigenen Probleme reden könnten, und schildern heftige Konflikte mit den übrigen Familienmitgliedern. Sie erleben sich ungeliebt, ungewünscht und entwickeln eine ohnmächtige Wut gegen einen Elternteil oder beide Eltern. Diese Wut kann auf alle Erwachsenen übertragen werden, von denen sie sich schließlich abgelehnt und abgewiesen fühlen. Oft entwickeln sie Fantasien, in denen sie Macht über die grausamen Erwachsenen erlangen oder Rache an ihnen nehmen. Besonders häufig scheinen Vater-Sohn-Konflikte vorzuliegen.

• Mangel an Problemlösestrategien

Mehreren Untersuchungen zufolge erleben jugendliche Brandstifter ein hohes Maß an Stress und verfügen gleichzeitig über nur geringe Problemlösestrategien. In diesem Zusammenhang ist bemerkenswert, dass die Zahl von Selbstmordversuchen in der Gruppe der Brandstifter deutlich erhöht ist. So wird in einer Untersuchung berichtet, dass in der Gruppe der 40 gefassten jugendlichen Brandstifter jeder Fünfte in der Vergangenheit bereits einen oder mehrere Selbstmordversuche unternommen hatte.

• Schüchternheit und Minderwertigkeitserleben

Jugendliche, die Brände gelegt haben, sind überdurchschnittlich häufig schüchtern und haben große Schwierigkeiten im zwischenmenschlichen Bereich. Sie zeigen Trennungsängste und eine Kontaktscheu, haben große Selbstwertprobleme und Versagensängste. Zuweilen können auch körperliche Entstellungen der Beeinträchtigung des Selbstwerterlebens zugrunde liegen (Thersites-Komplex). In vielen Fällen sind sie überkontrolliert und haben große Schwierigkeiten, Ärger offen auszudrücken. Auch unter Gleichaltrigen erleben sie sich als Außenseiter. Sie geben an, zu keiner Gleichaltrigengruppe wirklich dazuzugehören, sind aber überdurchschnittlich häufig Mitglied in einem Verein und ganz besonders häufig aktive Mitglieder der Freiwilligen Feuerwehr.

Offensichtlich als Ausgleich für den erlebten Mangel an Akzeptanz und Zugehörigkeit, als Ausgleich auch für ihre Minderwertigkeitsgefühle und ihre Überempfindlichkeit im Hinblick auf abwertende Einschätzungen durch andere entwickeln sie in ihrer Fantasie häufig Bilder von Großartigkeit und Szenen, in denen sie sich durch bewundernswerte Handlungen (beispielsweise beim Löschen eines Feuers) auszeichnen.

• Erleben zum Tatzeitpunkt

Vor der Tat wird die aktuelle Lebenssituation aufgrund von Problemen in Familie, Schule oder Arbeitsstelle als hoch belastet erlebt. Aggressive und autoaggressive Tendenzen sind relativ hoch. Die Tat erfolgt dann in der Regel spontan, ohne längere Planung. Nicht selten wird vorher Alkohol konsumiert; das Erleben von Kränkung und Frustration wird Alkohol bedingt gesteigert.

Während des Brandes erleben viele Jugendliche nach eigenen Schilderungen ein Gefühl von Macht, Befriedigung und Erleichterung. Nach der Tat waren ihren eigenen Schilderungen zufolge vor allem Verdrängung und Reue, aber auch Gleichgültigkeit vorherrschend.

● Störung des Sozialverhaltens

Jugendliche, die absichtsvoll einen Brand gelegt haben, zeigen oft noch eine Reihe von Verhaltensauffälligkeiten, die einer Störung des Sozialverhaltens zuzuordnen sind, beispielsweise ein häufiges Lügen, Schuleschwänzen, aufsässiges, ungehorsames, zuweilen provokatives und trotziges Verhalten sowie ein häufiges Missachten der Regeln Erwachsener. Nicht selten sind diese Auffälligkeiten aber auch mit emotionalen Störungen verbunden, vorzugsweise Angststörungen oder depressiven Störungen.

● schwere psychiatrische Erkrankungen

In selteneren Fällen erfolgt die Brandstiftung eines Jugendlichen unter dem Einfluss produktiver Symptome im Rahmen einer schizophrenen Störung beispielsweise als Folge so genannter imperativer Stimmen, die dem Jugendlichen den Befehl zur Brandstiftung geben. Aber auch im Rahmen von depressiven Störungen kann es zu plötzlichen aggressiven Durchbruchshandlungen mit Brandlegungen kommen.

Lösungen anregen und möglich machen

● kindliche Brandstiftung

In Abhängigkeit von der jeweiligen Konstellation unterscheiden sich die angemessenen und notwendigen Maßnahmen nicht unerheblich. Handelt es sich um einen kindlichen Brandstifter – sei es, dass er noch sehr jung ist, sei es, dass er in seiner geistigen und seelischen Entwicklung noch relativ kindlich ist – , so sind Überlegungen notwendig, wie das Kind eine Aufsicht durch Eltern oder sonstige Erwachsene erhalten kann, wie sie angesichts seines Entwicklungsstandes noch erforderlich ist. Oft ist auch eine Beratung der Eltern zur Förderung ihrer erzieherischen Fähigkeiten sinnvoll und notwendig.

● „Feuererziehung“

Darüber hinaus ist mit dem Kind eine so genannte „Feuererziehung“ durchzuführen, die im Einzelkontakt geschehen kann, im Gruppentraining aber besonders wirksam zu sein scheint. Hier geht es darum, dem Kind zu zeigen, wie schnell die Flamme die Finger anbrennt, wie schell Papier, Stroh oder sonstiges Material entflammt, wie ein Streichholz bei Bewegung nur noch glimmt (beispielsweise beim Wegwerfen), in Ruhe aber wieder entflammt, wie Zigarettenglut Stroh entflammen kann oder wie Funkenflug Feuer verbreitet. Darüber hinaus bieten sich im Alltag den Eltern und Erzieherinnen mannigfache Gelegenheiten, den sorgfältigen und vorsichtigen Umgang mit Feuer – beispielsweise beim Grillen – vorbildhaft zu zeigen und mit dem Kind zu üben.

● „Rauchsignale“

Oft aber entfacht der Jugendliche mit dem Feuer ein „Rauchsignal“, mit dem er auf seine erlebten Belastungen verweist und auf seine Unfähigkeit, aus eigener Kraft Lösungen zu erreichen. Er macht darauf aufmerksam, dass seine emotionalen Bedürfnisse nicht wahrgenommen und nicht befriedigt werden. In solchen Fällen geht es darum, die familiären Beziehungen wieder zu verbessern, die Kommunikation in der Familie zu fördern, ein neues Erleben an Sicherheit und Geborgenheit in der Familie aufzubauen und darüber hinaus die sozialen Fähigkeiten des Jugendlichen innerhalb der Familie und außerhalb der Familie zu fördern. Dies geschieht am besten im Rahmen einer systemischen Familientherapie, in der alle Familienmitglieder gemeinsam an der Lösung arbeiten und ihren Beitrag beisteuern können.

● Störungen des Sozialverhaltens

Kinder mit Störungen des Sozialverhaltens zeigen sich chronisch verstimmt, verärgert und aufsässig. Sie kämpfen vornehmlich mit den Erwachsenen, von denen sie sich in ihrer subjektiven Wahrnehmung gestraft, abgewertet und fortgestoßen fühlen. Meist haben sie wenig Einfühlungsvermögen in die anderen entwickelt und zeigen auch nur eine geringe Bereitschaft, sich in andere hineinzudenken. Ihr Schulderleben ist gering, weil ihr Erleben, von den anderen benachteiligt zu werden, und ihre Sicht auf die Schuld der anderen dominieren.

In vielen dieser Fälle reicht eine Arbeit mit der Familie allein nicht aus. Vielmehr müssen im Sinne der multisystemischen Familientherapie andere Systeme wie das Jugendamt, Heime, aber auch die Gleichaltrigengruppe mit in die Arbeit einbezogen werden. In vielen Fällen allerdings ist die Gefahr, die von dem Jugendlichen ausgeht, zu groß, als dass er in der Familie verbleiben könnte. Vielmehr ist eine Unterbringung in einer hochstrukturierten pädagogischen Umgebung (Heim, intensiv betreute Wohngruppe) zusätzlich notwendig. Je nach Therapiebedarf ist von hier aus eine enge Zusammenarbeit mit der zuständigen kinder- und jugendpsychiatrischen Klinik zu vereinbaren.

● schwer psychisch kranke Jugendliche

Schwer psychisch kranke Jugendliche, die an einer schizophrenen Störung erkrankt sind und die Brandstiftung beispielsweise unter dem Einfluss von akustischen Halluzinationen (Stimmenhören) begangen haben, bedürfen einer Behandlung in einer kinder- und jugendpsychiatrischen Klinik. Das gilt ebenso für Jugendliche mit schweren depressiven Störungen.

Weitere Stichworte:

Aggressivität (Band 1)
Depressive Störungen
Lügen (Band 1)
Schizophrene Störungen
Selbstmordhandlungen
Selbstverletzendes Verhalten
Stehlen (Band 1)
Störungen des Sozialverhaltens

Literatur

Barnett, W. (1992): Zur Psychologie und Psychopathologie der Brandstiftung 1955 bis 1991 – eine Übersicht. Fortschritte Neurologie Psychiatrie 60: 274 – 286

Bumpass, E. R., Brix, R. J., Preston, E. (1985): A Community-Based-Program for Juvenile Firesetters. Hospital and Community Psychiatry 36: 529 – 533

Ell, E. (1983): Wenn Kinder zündeln. Tübingen, Katzmann

Klosinsiki, G. (1999): Brandstiftung. In: Lempp, R., Schütze, G., Köhnken, G. (Hrsg.): Forensische Psychiatrie und Psychologie des Kindes- und Jugendalters. Darmstadt, Steinkopff: 262 – 268

Klosinski, G., Bertsch, S. L. (2001): Jugendliche Brandstifter – Psychodynamik, Familiendynamik und Versuch einer Typologie anhand von 40 Gutachtenanalysen. Praxis Kinderpsychologie Kinderpsychiatrie 50: 92 – 103

Kolko, D. J., Kazdin, A.E. (1986): A Conceptualisation of Firesetting Children and Adolescents. Journal Abnormal Child Psychology 14: 49 – 61

Laubichler, W., Kühberger, A., Sedlmeier, P. (1996): „Pyromanie" und Brandstiftung. Nervenarzt 67: 774 – 780

Sakheim, G. A., Osborn, E., Abrams, D. (1991): Toward a Clearer Differentiation of High-Risk from Low-Risk Fire-Setters. Child Welfare 70: 489 – 503

Bulimie

Wahrnehmen und bewerten

● Merkmale

Jugendliche, die unter einer Bulimie leiden, zeigen zwei charakteristische Verhaltensweisen: Zum einen beschäftigen sie sich ständig mit Essen und unterliegen Heißhungerattacken, die sich wiederholen und während derer sie große Mengen an Nahrung in sehr kurzer Zeit zu sich nehmen. Diese Heißhungerattacken und die dadurch ausgelösten Essanfälle haben zu dem Begriff Bulimie geführt, der von den altgriechischen Wörtern „Bous" (deutsch: Ochse oder Stier) und „Limos" (deutsch: Hunger) abgeleitet ist, so dass man Bulimie mit Ochsenhunger übersetzen kann. Die Betroffenen können den Heißhungerattacken nicht widerstehen, obwohl sie sich ihrer schämen und sich vor den Folgen – dem Dickwerden – fürchten.

Deshalb versuchen die Jugendlichen zum anderen, dem dick machenden Effekt des Essens durch verschiedenartige Gegenmaßnahmen entgegenzusteuern. So führen sie beispielsweise im Anschluss an einen Essanfall selbst ein Erbrechen herbei, indem sie einen Finger in den Hals stecken, was zu dem Begriff der „Ess-Brech-Sucht" geführt hat. Zu demselben Zweck nehmen die Jugendlichen zuweilen große Mengen von Abführmitteln oder Appetitzüglern ein oder vollziehen in anderer Weise einen Medikamentenmissbrauch, indem sie beispielsweise Schilddrüsenpräparate oder harntreibende Mittel benutzen. Oder sie fasten vorübergehend, meist bis zum Auftreten der nächsten Heißhungerattacke.

Die meisten Jugendlichen, die unter einer Bulimie leiden, haben eine große Furcht vor dem Dicksein, und das jeweilige Körpergewicht und die Figur haben einen hohen Einfluss auf die Selbstbewertung. Häufig findet sich in der Vorgeschichte von Jugendlichen mit bulimischem Verhalten eine Magersucht.

Eine Besonderheit ist bei manchen essgestörten Diabetikerinnen zu beobachten. Sie nehmen eine bewusste Reduktion der für sie notwendigen Insulindosis vor, um durch eine massive Zuckerausscheidung über den Harn eine Gewichtsabnahme zu erreichen. Diese Maßnahme ist ein besonders gefährlicher Versuch, ein Dickwerden zu verhindern.

● Häufigkeit

Die Häufigkeitsangaben über die Bulimie bei Jugendlichen sind nicht sehr zuverlässig. Schon die Definition der Bulimie ist nicht scharf zu fassen, und es bestehen deshalb Abgrenzungsschwierigkeiten gegenüber anderen Störungen wie beispielsweise der Magersucht. Hinzu kommt, dass Jugendliche mit bulimischem Verhalten – ebenso wie Erwachsene – ihre Schwierigkeiten meist zu verheimlichen suchen. Deshalb muss man eine nicht unerhebliche Dunkelziffer annehmen. Insgesamt wird zurzeit davon ausgegangen, dass zwischen 2 bis 4,5% der jungen Frauen von der Störung betroffen sind, auf die Gesamtbevölkerung bezogen zwischen 0,5 und 1,0%. Einige Gruppen von Jugendlichen weisen eine höhere Zahl von bulimischen Essstörungen auf. Hierzu gehören Modells, aber auch Leistungssportlerinnen.

Über die Zunahme der Störung liegen für die letzten Jahrzehnte ebenfalls keine eindeutigen Daten vor. Erfahrene Fachleute sind jedoch der Meinung, dass die Bulimie über die Jahre – ausgehend von 1975 bis heute – zugenommen hat. Zu berücksichtigen ist dabei, dass in Deutschland der Begriff Bulimie erst relativ spät verwandt wurde. Bulimisches Verhalten wurde lange Zeit der Anorexie zugerechnet, aber auch unter Krankheitsbildern wie Depression, Selbstmordversuch oder Borderline-Persönlichkeitsstörung eingeordnet.

● Verlauf

Die Bulimie beginnt in der Regel später als die Anorexie. Die Mehrzahl der Betroffenen zeigt bulimisches Verhalten erstmals zwischen 16 und 19 Jahren – der Erkrankungsgipfel liegt bei 18 Jahren. Bulimische Essstörungen im Kindesalter, das heißt unter 14 Jahren, sind eher selten.

● Geschlechtsverteilung

Wie kaum eine andere psychosomatische Störung weisen die Essstörungen eine Geschlechtsspezifität und eine Dominanz des weiblichen Geschlechtes auf. Von denjenigen, die unter Bulimie leiden, sind nur etwa 10 bis 15% männlichen Geschlechts. Unter den Jugendlichen, die in Therapie kommen, ist der prozentuale Anteil männlicher Jugendlicher noch geringer und liegt unter 10%. Alles in allem wird man sagen können, dass Mädchen mehr als zehnmal so häufig betroffen sind als Jungen.

● Risiken

Jugendliche mit bulimischen Verhalten neigen zwischen ihren Heißhungerattacken zu einem Diätverhalten. Infolgedessen kommt es – ähnlich wie bei der Magersucht – auch bei dieser Störung in Zeiten stark eingeschränkter Kalorienzufuhr zu endokrinen Veränderungen (beispielsweise einem Ausbleiben der Regelblutung), die allerdings verschwinden, wenn die Kalorieneinnahme wieder ausreichend ausfällt. Aber auch bei einem bulimischen Verhalten können – wenn auch in geringerem Umfang als bei der Magersucht – gravierende medizinische Komplikationen auftreten. Kommt es bei einer Bulimie zu einem gehäuften Erbrechen, so kann das eine chronische Verminderung des Kaliumspiegels im Blut und eine Veränderung des Säure-Basen-Haushaltes zur Folge haben. Dies kann wiederum Herz-Rhythmusstörungen auslösen, letztlich mit der Gefahr eines Herzstillstandes, und zu einem chronischen Nierenversagen führen.

• andere Verhaltensauffälligkeiten

Jugendliche mit einer Essstörung weisen neben der Kernsymptomatik eine hohe Bandbreite von weiteren psychischen und psychosomatischen Störungen auf. Depressive Verstimmungen sind typische Begleitsymptome einer Bulimie. Die Jugendlichen zeigen häufig eine gedrückte Stimmungslage und sind darüber hinaus leicht irritierbar. Ihr Selbstwertgefühl ist oft gering ausgeprägt, und sie klagen über Gefühle der Hoffungslosigkeit und Schuld. Nicht selten wird auch von Schlafstörungen und Konzentrationsschwierigkeiten berichtet. Ebenso findet sich eine hohe Zahl an Angsterkrankungen bei bulimischen Essstörungen von Jugendlichen. Generell findet sich bei jungen Menschen mit bulimischem Verhalten eine Häufung von affektiven Störungen. Ladendiebstähle sind allein deshalb nicht selten, weil die Betroffenen Schwierigkeiten haben, ihre Essattacken zu finanzieren. Manche zeigen zudem ein impulsives Verhalten, neigen beispielsweise zu einem impulsiven Konsumieren von Alkohol und Drogen und auch zu Selbstmordversuchen.

Zuordnen und verstehen

• bulimisches Erleben

Berichte von Betroffenen über ihr Erleben in Zusammenhang mit ihrem bulimischen Verhalten machen ein grundlegendes Dilemma deutlich: Zum einen schildern sie Gefühle von Wohlempfinden, Befriedigung und Beruhigung, wenn sie ihrem Heißhunger durch Essen von großen Mengen an Nahrungsmitteln nachgeben. Sie berichten, dass sie für kurze Zeit eine sehr angenehme Entspannung und Entlastung empfänden und dass vorher wahrgenommene Probleme in den Hintergrund treten würden.

Schon bald nach der übermäßigen Nahrungsaufnahme aber wird ein unangenehmes Völlegefühl wahrgenommen, und die Angst vor dem Dickwerden tritt auf. Diese verbindet sich mit dem Gefühl, schon wieder einmal versagt zu haben und nicht in der Lage gewesen zu sein, das eigene Verhalten zu kontrollieren. Das löst den Impuls aus, das Geschehene rückgängig zu machen und durch ein selbst ausgelöstes Erbrechen die zuvor aufgenommenen Mengen wieder abzugeben. Im Anschluss daran treten Gefühle der Scham auf, die eigene Person wird abgewertet; manche Jugendliche berichten, dass sie sich zu diesem Zeitpunkt regelrecht verachten.

• unentrinnbare Kreisprozesse

Unabhängig davon, wie es dazu gekommen sein mag: Hat eine Jugendliche ein bulimisches Verhalten entwickelt, so gerät sie in einen nahezu unentrinnbaren gedanklichen Kreisprozess, bei dem man – wie in allen solchen Kreisprozessen – keinen Anfang und kein Ende mehr erkennen kann. Solche Gedanken lauten beispielsweise: Ich esse große Mengen, weil mich das entspannt und entlastet. – Ich fühle mich angespannt und belastet, weil ich so große Mengen esse. Oder: Ich schäme mich und fühle mich als Versager, weil ich so große Mengen esse. – Ich esse so große Mengen, weil ich mich schäme und als Versager fühle. Oder: Weil ich meine Essattacken nicht kontrolliere, hat mein Freund mich verlassen und eine andere zur Freundin genommen. – Weil mein Freund mich verlassen und eine andere zur Freundin genommen hat, kann ich meine Essattacken nicht kontrollieren.

Solche rekursiven Prozesse finden sich in vielfältiger Ausgestaltung, je nach individueller Lebenserfahrung und Lebenssituation in Familie und Gleichaltrigengruppe. Stets jedoch entwickelt das bulimische Verhalten eine hohe Eigendynamik. Die Betroffenen sind in einen ständigen Kampf um das Essen verwickelt. Sie kämpfen um Kontrolle und erleben immer wieder einen Kontrollverlust. Sie entwickeln Angst vor dem nächsten Essanfall und unternehmen doch große Anstrengungen, um ihren Heißhunger zu befriedigen. Immer mehr richten sie ihre Aufmerksamkeit auf bulimische Zeiten, alle anderen Themen treten zurück. Die Pflege der Beziehungen zu den Gleichaltrigen wird vernachlässigt, da die Jugendlichen zunehmend damit beschäftigt sind, Nahrung zu besorgen und in großen Mengen zu sich zu nehmen, und weil sie alleine sein möchten, um unbeobachtet die Nahung wieder erbrechen zu können. Solche rekursiven Prozesse finden sich in vielfältiger Ausgestaltung, je nach der individuellen Ausprägung der Störung beim Einzelnen. Oft ziehen sie sich zurück, leiden aber unter ihrer Einsamkeit. Doch auch die übrigen altersgemäßen Aufgaben werden von vielen vernachlässigt, sei es die Schule, sei es die Entwicklung altersgemäßer Perspektiven und Pläne.

• die geheime Bulimie

Vielen Jugendlichen gelingt es über lange Zeit, ihr bulimisches Verhalten geheim zu halten. Allerdings kostet es sie meist große Anstrengungen, dafür zu sorgen, dass niemand das Beschaffen der Nahrungsmittel und die Maßnahmen der Kalorienreduktion, das Erbrechen oder den Tablettenmissbrauch bemerkt. Mit ihrer Scham und ihren Versagenserlebnissen sind sie allein. Nur ihr Rückzugsverhalten wird oft kritisiert, ebenso wie der häufig zu beobachtende Leistungsabfall in der Schule.

• die öffentliche Bulimie

Wird die Bulimie öffentlich, verändern sich die dynamischen Prozesse. Oft kommt es zu heftigen Auseinandersetzungen in der Familie. Es wird versucht, die zur Verfügung stehenden Nahrungsmittel einzuschränken und das Erbrechen oder die Medikamenteneinnahme zu kontrollieren. Häufig eskaliert das Bemühen um Verschleierung auf Seiten der Jugendlichen und das Streben nach Aufdeckung auf Seiten der Eltern und Angehörigen. Die Atmosphäre innerhalb der Familie wird zunehmend angespannt, Kritik und Vorwürfe bestimmen immer stärker das Familienklima. Nicht selten kommt es zu lang anhaltenden, starren Verhaltensmustern auf beiden Seiten, die das Problemverhalten eher aufrechterhalten, als dass sie es beenden.

Einen anderen Akzent erhält diese Dynamik, wenn das bulimische Verhalten als eine Krankheit gewertet wird, für die die Jugendliche nicht verantwortlich sei. Sie steht gleichermaßen im Mittelpunkt der Familie; aber sie bekommt nun eher positive Zuwendung und Aufmerksamkeit. Das schafft zwar oft Erleichterung. Die Fürsorge der Eltern und sonstigen Angehörigen führt aber auch zu einem Erleben des Eingeengtseins und verhindert notwendige Schritte der Ablösung. Zudem wird eine Krankheit in der Regel nur der erkrankten Person zugeordnet, und es geht leicht das Bewusstsein dafür verloren, dass alle Familienmitglieder an der Lösung des Problems durch Änderung des eigenen Verhaltens mitwirken können.

• soziokulturelle Einflüsse

Bei der Bulimie stehen viele Themen im Mittelpunkt, die in hohem Maße durch die jeweiligen soziokulturellen Gewohnheiten und Normen bestimmt werden: Essen als bloße Nahrungsaufnahme oder als familiäre Gemeinschaftshandlung; die Quantität und die Qualität der Nahrungsmittel; Vorstellungen über das „richtige" Körpergewicht und die beste, schönste Figur für eine Frau oder einen Mann. Man könnte sagen: Die Kernmerkmale der Bulimie: Essen und Übergewicht auf der einen Seite, Gewichtsabnahme und Idealfigur auf der anderen Seite stimmen überein mit wichtigen gesellschaftliche Themen in den westlichen Industrienationen.

• Überflussbedingungen

So hat die Bulimie unter anderem viel zu tun mit der zunehmenden Zahl übergewichtiger Menschen in der westlichen Welt. In diesen Ländern herrschen Überflussbedingungen. Gerade Nahrungsmittel mit hohem Kaloriengehalt sind preiswert und daher für jeden zugänglich. Dies bedingt eine erhöhte Zufuhr von Fett und niedermolekularen Kohlehydraten. Gleichzeitig sind körperliche Bewegung und körperliche Anstrengung stark zurückgegangen. In den letzten 50 Jahren hat es infolgedessen eine deutliche Zunahme des durchschnittlichen Körpergewichtes gegeben. Untersuchungen aus jüngster Zeit belegen zudem, dass die Zahl der übergewichtigen Menschen weiter drastisch zunimmt. Doch während es früher im Laufe der menschlichen Stammesgeschichte durchaus sinnvoll war, ein höheres Körpergewicht zu erlangen, um so für Notzeiten mit Nahrungsknappheit und Hungersnöten Reserven zu bilden, ist dies heute überflüssig. Gegenteilig stellt das Übergewicht für den Einzelnen eher eine Belastung und ein Risiko im Hinblick auf Krankheiten dar. Auf der Basis dieser Faktoren vollzog sich in den vergangenen Jahrzehnten eine Veränderung des Schönheitsideals hin zum schlanken Körper und zur schmalen Figur.

• junge Frauen in unserer Gesellschaft

Dieses Schlankheitsideal unserer Kultur trifft vor allem die jungen Mädchen und Frauen. Denn das Leitbild der Frau misst den Wert der Person an ihrer Erscheinung, ihrem Gewicht, ihrer Figur und der äußerlichen Attraktivität. Viele Jugendliche bemühen sich, diesem gesellschaftlich vermittelten Schlankheits- und Schönheitsideal zu genügen. Sie orientieren sich an entsprechenden Modellen (Topmodells) und stehen unter hohem Druck, diesem Idealbild nahe zu kommen. Denn Schlankheit wird in unserer Gesellschaft nicht nur verbunden mit Schönheit und Attraktivität, sondern zugleich mit Anerkennung, Leistungsfähigkeit und Erfolg.

• das Schönheitsideal in unserer Kultur

Auch früher gab es schon das Schönheitsideal des schlanken Körpers, vornehmlich von Frauen. Aber die so genannte „Wespentaille" früherer Frauen beispielsweise wurde nicht so sehr mittels individueller Selbstkontrolle durch Diät erreicht. Vielmehr wurden externe Mittel der Körperformung – beispielsweise das Korsett – eingesetzt. Heute scheint dagegen ein Diätverhalten für heranwachsende Mädchen die gesellschaftlich geforderte Form der Selbstkontrolle zu sein. So zeigen Untersuchungen, dass 54% der elf- bis achtzehnjährigen Mädchen schon einmal eine Diät gemacht haben. Selbst bei den sieben- bis dreizehnjährigen Mädchen berichten immerhin bereits 37%, Maßnahmen zur Gewichtsreduktion angewandt zu haben.

Köpergewicht ist vor allem ein Problem für Frauen: In Frauenmagazinen erscheinen ungefähr 63-mal häufiger Artikel über Diäten und 8-mal häufiger über Körperformen als in den Männermagazinen. Und 20% aller „normalen" Frauen überessen sich einmal im Monat, von 90% werden oder wurden Schlankheitsdiäten durchgeführt und 10% aller Frauen haben bereits einmal Abführmittel oder das Erbrechen als eine Methode der Gewichtsabnahme genutzt. 70% aller Frauen sind unzufrieden mit ihrem Körper und beabsichtigen abzunehmen. Nach diesen Daten scheint es fast unnormal, wenn junge Mädchen sich keine Sorgen um ihr Gewicht machen und weder Kalorien zählen noch Diätplänen folgen.

• Diätverhalten als Eintrittskarte

Diäten könnte man aber geradezu als Eintrittskarten zur Bulimie bezeichnen. Denn in 80% der Fälle geht dem bulimischen Verhalten ein Diätversuch voraus, was allerdings nicht zu der Annahme veranlassen darf, dass umgekehrt auf eine Diät zu einem ähnlich hohen Prozentsatz eine Bulimie folgt. Aber Ergebnisse der Forschungen zum Übergewicht haben deutlich gemacht, dass ein Diätverhalten einerseits einen unkontrollierten Konsum großer Nahrungsmengen mit hohem Kaloriengehalt – sprich: Essanfälle – auslösen kann und zum anderen – wenn dann gegessen wird – zu einer verbesserten Nahrungsauswertung führt. Diese Selbstregulierungstendenz des Körpers bewirkt unter anderem den berühmten Jojo-Effekt von Diäten (siehe: Übergewicht). Das bedeutet: Plötzliches Fasten legt mit hoher Wahrscheinlichkeit die Grundlage für die nächste Heißhungerattacke und führt langfristig zur Gewichtszunahme.

• Beeinträchtigung der Bedürfniswahrnehmung

Abgesehen hiervon birgt ein Diätverhalten, das die Signale des Körpers missachtet, ein hohes Risiko. Werden sowohl die Essenszeit als auch Nahrungsmenge und -qualität unabhängig von Hunger und Sättigungsgefühlen willkürlich bestimmt, so wird allmählich verlernt, die Signale des eigenen Körpers wahrzunehmen und zu beachten. Mit der Zeit werden Bedürfnisse allgemein nicht mehr wahrgenommen, nicht nur Körpergefühle, sondern auch emotionale Prozesse. Dies ist bei Personen mit bulimischem Verhalten ein häufiger Befund, wobei meist nicht mehr geklärt werden kann, inwieweit diese Wahrnehmungsstörung Folge des bulimischen Verhaltens ist oder inwieweit sie bereits gegeben war, bevor bulimisches Verhalten gezeigt wurde, und sein Auftreten gefördert hat.

• Prozess der Identitätsfindung

Die Bulimie tritt schwerpunktmäßig während der Zeitspanne der Adoleszenz auf. In dieser Lebensphase stehen die Jugendlichen in dem Prozess ihrer Identitätsfindung, der mit der Beantwortung der Fragen verbunden ist: Wer bin ich? – Wie sehe ich mich? – Wie sehen mich die anderen? In dieser Phase sind junge Menschen verunsichert, was insbesondere für Mädchen gilt, da für sie der Prozess der Identitätsfindung in unserer Gesellschaft unter erschwerten Bedingungen verläuft. Die Anforderungen an die weiblichen Jugendlichen sind durch unterschiedliche Erwartungshaltungen gekennzeichnet. Einerseits werden von ihnen traditionelle Merkmale wie Einfühlungsvermögen, Emotionalität, Rücksichtnahme, Fürsorglichkeit und Selbstlosigkeit erwartet. Andererseits werden neue und entgegengesetzte Anforderungen an die jungen Mädchen herangetragen: Sie sollen erfolgreich, sachlich, durchsetzungsfähig, unabhängig und leistungsorientiert sein. Ein Großteil der jungen Frauen versucht, diesen unterschiedlichen Erwartungen gerecht zu werden und setzt sich damit erheblich unter Stress. Und interessanterweise wurde in verschiedenen Untersuchungen das Bemühen, die unterschiedlichsten Rollenmodelle zu verwirklichen, als ein typisches Merkmal bulimischer junger Frauen gefunden.

• erschwerende Bedingungen für ein kontrolliertes Essverhalten

In unserer Gesellschaft haben sich die Essgewohnheiten gravierend verändert. Wenn früher in den Familien zu bestimmten Tageszeiten gemeinsam gegessen wurde, war damit auch eine gewisse Kontrolle des Essverhaltens und der Qualität der Nahrung verbunden. Heute ist es fast üblich geworden, dass man die meisten Mahlzeiten allein zu sich nimmt. Es wird von einer Individualisierung der Nahrungsaufnahme gesprochen, die verlangt, dass jeder Einzelne über sein Essverhalten, die Nahrungsmenge und die Art der Nahrung selbst entscheidet und darüber Kontrolle hält. Dies ist für Jugendliche schwer angesichts der vielen Fastfood-Anbieter gerade in der Nähe von Schulen und der Versuchungen durch Pommes Frites mit Mayo oder Ähnlichem. Aber auch das Elternhaus beeinflusst das Essverhalten: Steht dort zu jeder Tageszeit Essen zur Verfügung? Wird am Abend vor dem Fernseher regelmäßig Süßes oder Salziges geknabbert?

• Lösungsstrategie Bulimie

Bulimisches Verhalten kann aber auch eine Lösungsstrategie von Mädchen, jungen Frauen und jungen Männern für andere Probleme sein, die zunächst mit dem Essen nichts zu tun haben. So kann eine große Traurigkeit, ein Sich-allein-fühlen oder eine depressive Störung am Anfang der bulimischen Entwicklung stehen. Essen wird dann als ein Weg angesehen, sich zumindest für eine kurze Zeit Befriedigung und Zufriedenheit zu schaffen. Andere erleben Fasten als ein Gefühl von Kontrolle, das ihnen Sicherheit gibt und damit zumindest zeitweilig der Angst- und Problembewältigung dient. Solche Lösungsversuche helfen aber nur kurzfristig und tragen immer die Gefahr in sich, dass sie im Sinne des „Mehr-desselben“ kontinuierlich gesteigert und schließlich selbst zu dem vorherrschenden Problem werden. Allzu leicht kommt es damit zu einer bulimischen Entwicklung, die dann der Steuerung entgleitet.

• sexueller Missbrauch

Es ist immer wieder diskutiert worden, ob ein sexueller Missbrauch ein spezifischer Risikofaktor für die Bulimie ist. Eine australische Studie verweist darauf, dass etwa 13% der jungen Frauen mit bulimischem Verhalten einen sexuellen Missbrauch in ihrer Familie erlitten haben. Die Auswirkungen desselben erwiesen sich jedoch nicht als spezifisch für die Bulimie. Auch andere Untersuchungen ergaben, dass ein sexueller Missbrauch sich bei Menschen mit bulimischem Verhalten deutlich häufiger findet als bei solchen, die derartige Erfahrungen nicht machen mussten. Die Ergebnisse legen insgesamt die Annahme nahe, dass ein sexueller Missbrauch eine Vielzahl von Störungen bedingen kann und sich weniger in Richtung auf eine ganz spezifische Störung auswirkt. Sexueller Missbrauch scheint demnach ein Risikofaktor für die Entwicklung einer Bulimie zu sein; andere psychiatrische Störungen weisen jedoch eine vergleichbare Häufigkeit von Missbrauchserfahrungen auf. Der sexuelle Missbrauch erhöht offensichtlich die Vulnerabilität für die Entwicklung einer bulimischen Störung nicht zuletzt durch die Beeinträchtigung der psychischen Entwicklung allgemein und die massive negative Auswirkung auf das Selbstwertgefühl der Mädchen.

● genetische Einflüsse

Zwillingsuntersuchungen ergaben, dass bei eineiigen Zwillingen eine höhere Rate an bulimischem Verhalten festzustellen war als bei zweieiigen Zwillingen. Das hat zu der Hypothese einer biologischen Veranlagung für die Entwicklung einer Bulimie geführt. Allerdings bleibt bei der Bewertung solcher Untersuchungsergebnisse immer das gleiche Problem: Zwillingsuntersuchungen verweisen nicht nur auf eine genetische Disposition, sondern auch auf eine relativ hohe Bedeutung familiärer Umwelteinflüsse. Wird aber davon ausgegangen, dass eine genetische Disposition für die Störung gegeben ist, so stellt sich die Frage, was vererbt wird. Diese Frage kann heute auch nicht ansatzweise beantwortet werden. Diskutiert wird zurzeit, ob bei der Bulimie eine affektive Instabilität, ein Hang zur Hyperaktivität oder eine Disposition zu Kontrollverlusten als genetische Belastung vorliegen könnten. Insgesamt lässt sich zurzeit sagen: Ein spezifischer Vererbungsfaktor liegt nicht vor. Möglicherweise wird jedoch die Vulnerabilität für eine bulimische Entwicklung in irgendeiner Weise genetisch beeinflusst.

Lösungen anregen und möglichen machen

● Signale wahrnehmen

Eine Reihe von Signalen, die das Essverhalten der Jugendlichen betreffen, kann auf eine Bulimie hinweisen. Achten Sie darauf, ob Ihr Kind dazu neigt, Mahlzeiten ausfallen zu lassen, ob es sehr wenig isst, häufig betont, es habe schon gegessen und Ähnliches. Sind sie manchmal überrascht, dass bestimmte Lebensmittel bereits aufgebraucht sind? Ist der Kühlschrank leer, obwohl Sie doch vor kurzem erst eingekauft haben? Sind Süßigkeiten verschwunden? Neigt Ihre Tochter dazu, alleine essen zu wollen? Oder fallen Ihnen plötzlich bei der Entsorgung von Müll leere Schachteln oder Flaschen von Medikamenten auf? Zieht sich Ihr Kind in auffallender Weise von der Gruppe der Gleichaltrigen zurück? Wirkt es depressiv, selbstunsicher, macht es Anmerkungen darüber, dass es sich als zu dick erlebt? All dies können Hinweise darauf sein, dass Ihr Kind Schwierigkeiten mit seinem Essverhalten hat und einer Unterstützung bedarf. Dies alles sind möglicherweise Hinweise auf eine Bulimie, die geheim gehalten wird.

● die Zeiten zwischen den Heißhungeranfällen

Bei der öffentlichen Bulimie lösen zumeist die Heißhungeranfälle heftige Reaktionen der anderen Familienmitglieder und auch Maßnahmen der Kontrolle der Nahrungsmittel aus. Mehr Aufmerksamkeit sollte jedoch den Zeiten zwischen den Heißhungeranfällen gewidmet werden. Dann sollten Sie in jeder Weise dafür sorgen, dass die Jugendliche ein gesundes, normales Essverhalten einhält. Auch wenn sie angibt, keinen Hunger zu haben, sollte sie regelmäßig zumindest kleine Essensmengen zu sich nehmen. Auf diese Weise lässt sich am ehesten der nächste Heißhungeranfall vermeiden und der Ess-Brech-Kreislauf unterbrechen.

● Informationsgespräche suchen

Sprechen Sie mit Ihrer Tochter über die Auswirkungen von Diätverhalten und Maßnahmen zum Fasten. Vermitteln Sie ihr, dass die Essattacken mit dem vorausgegangen Fasten eng zusammenhängen, weil der Körper in der beschriebenen Weise zur Selbstregulation greift. Sprechen Sie Ihre Tochter aber auch auf ihre emotionalen Bedürfnisse an (siehe auch: Magersucht). Versuchen Sie, in ein Gespräch darüber zu kommen, wie Ihre Tochter ihre augenblickliche Lebenssituation, die Herausforderungen und Belastungen erlebt.

● Esskultur fördern

Versuchen Sie, innerhalb Ihrer Familie – soweit das möglich ist – regelmäßige Mahlzeiten einzuhalten, an der alle Familienmitglieder teilnehmen. Planen Sie dafür genügend Zeit ein und vermeiden Sie, dass es nur hastig eingenommene Mahlzeiten in Ihrem Hause gibt. Sorgen Sie für eine entspannte Atmosphäre beim Essen, vermeiden Sie in dieser Zeit Problemgespräche. Bestehen Sie auf der Teilnahme an der regelmäßigen Mahlzeit, auch wenn bei Ihrer Tochter eine Heißhungerattacke vorangegangen sein sollte.

● Unterstützung der Identitätsfindung

Der Beginn einer Bulimie liegt meist im Jugendalter. Es ist die Lebensphase der Identitätsbildung. In dieser Zeitspanne, die weit reichende Veränderungen des Körpers mit sich bringt, muss sich das junge Mädchen vielfältigen Entwicklungsaufgaben stellen: Es muss lernen, die Veränderung des eigenen Körpers und des Aussehens anzunehmen. Es muss sich mit dem Frauenbild unserer Gesellschaft auseinander setzen, mit den Erwartungen, die an ein Mädchen und eine Frau gestellt werden und muss seine eigene Rolle finden. Eng verbunden damit muss es sich mit seiner Geschlechtsidentität auseinander setzen und sein Verhältnis zu Jungen und Männern entwickeln. Es muss die unterschiedlichen Rollenerwartungen an Frauen wahrnehmen und für sich persönlich entscheiden, in welcher Weise sie den in sich widersprüchlichen Erwartungen begegnen will. Sieht sie sich eher als fürsorgliche, rücksichtsvolle, selbstlose Frau oder möchte sie sachlich, unabhängig, durchsetzungsfähig und leistungsorientiert sein? Definiert sie sich eher über ihr Aussehen und ihre Attraktivität oder über Leistung und Erfolg? Oder gelingt es ihr, beides miteinander zu verbinden? Es ist keine leichte Aufgabe für Eltern und andere Erwachsene, Mädchen in dieser persönlichen Auseinandersetzung zu unterstützen. Am ehesten dürfte das gelingen, wenn die

Erwachsenen offen und vorurteilsfrei die persönlichen Entscheidungen des Mädchens begleiten und ihre Stärken unabhängig von Rollenstereotypen wahrnehmen und fördern.

• Ablösung ermöglichen

Im Gesamtkomplex der bulimischen Störung ist die Ablösung des Mädchens von seiner Herkunftsfamilie ein häufiges Thema. Eltern sollten gemeinsam die Frage erörtern, inwieweit sie ihr Kind gehen lassen können. Oder hat ein Ehepartner Schwierigkeiten, den Ablösungsprozess zu unterstützen? Er bedeutet ja auch eine erhebliche Änderung in der ehelichen Beziehung und geht immer mit einem Verlusterleben einher. Vertrauen Sie Ihrer Tochter, und unterstützen Sie ihre Aktivitäten außerhalb der Familie auch dann, wenn diese für Sie besorgniserregend sind. Das bedeutet jedoch nicht, dass Sie nicht über Ihre Sorgen sprechen sollten. Erläutern Sie vielmehr, was Beunruhigung in Ihnen auslöst. Diese offene Kommunikation ermöglicht im Übrigen Ihrer Tochter oder auch Ihrem Sohn, sich bei Ihnen Rat zu holen, wenn wirklich Probleme auftreten sollten. Für Sie selbst als Eltern heißt dies, dass Ihre Beziehung zu Ihrem Kind eine andere Qualität bekommt; aber Sie „verlieren" Ihr Kind nicht.

• Gefühle ausdrücken lernen

Jugendliche mit einem bulimischem Verhalten haben oft einen erschwerten Zugang zu ihren Gefühlen und Bedürfnissen und können mit dem eigenen emotionalen Erleben nicht umgehen. Diese Schwäche oder Störung drückt sich dann im Essverhalten aus, das aber nur die Arena ist, in der das eigentliche Problem ausgetragen oder mehr noch verschleiert wird. Gefühle oder emotional getragene Probleme werden durch das vorherrschende Thema Essstörung in den Hintergrund gedrängt, und die Auseinandersetzung mit dem eigenen Gefühlsleben wird überflüssig gemacht. Verhalten Sie sich in diesen Fällen als Modell. Drücken Sie Ihre eigenen Gefühle und Bedürfnisse aus, und versuchen Sie, Ihrer Tochter oder Ihrem Sohn aktiv zuzuhören. Das „aktive Zuhören" beinhaltet unter anderem, sich in die andere Person hineinzuversetzen und zu versuchen, ihre Gefühle zu erfassen und auch in Worte zu kleiden. Motivieren Sie immer wieder dazu, dass Ihr Kind sowohl unangenehme Gefühle wie Ärger, Frustrationen oder ein Erleben von Benachteiligung, aber auch positive Gefühle ausspricht. Dies ist kein leichter Prozess, da Jugendliche mit bulimischem Verhalten ihre Gefühle nicht mehr wahrnehmen. Oft bleibt es unklar, ob dies im Rahmen der bulimischen Störung verlernt wurde oder ob sie es noch nie gelernt hatten.

• mit dem Überfluss umgehen

Unsere Überflussgesellschaft – jederzeit stehen den Jugendlichen Nahrungsmittel zur Verfügung – bringt eine neue Erziehungsaufgabe für Eltern und Erzieherinnen mit sich. Kinder und Jugendliche müssen lernen, kompetent mit dem Überangebot umzugehen. Eltern müssen die Aufgabe übernehmen, ein gesundes Essverhalten zu vermitteln. Damit sollte möglichst frühzeitig begonnen werden. Ein Drängen zum Essen – auch wenn es aus Besorgnis erfolgt – ist zu vermeiden. Frühzeitig sollten Kinder auch daran herangeführt werden, sich bei Tisch selber zu bedienen. Ein Aufladen von Essensmengen seitens Erwachsener und möglicherweise noch der Anspruch: „Du musst den Teller leer essen“ missachtet die Bedürfnisse, die das Kind hat. Das Kind sollte auch nicht lernen, den Eltern zuliebe zu essen, weil es damit das Gefühl für die eigenen Bedürfnisse verlernt und die Wahrnehmung von Hunger- und Sättigungsgefühlen beeinträchtigt wird. Essen ist immer eine Vergünstigung und ein Recht, keine Pflicht. Gleichzeitig ist es wichtig, dass Kinder lernen, die unterschiedliche gesundheitliche Qualität von Nahrungsmitteln einzuschätzen und auch die unterschiedliche Geschmacksqualität von Nahrungsmitteln und die Qualität der Nahrungszubereitung wahrzunehmen.

• Modellverhalten

Das Essverhalten der Familienmitglieder und insbesondere der Eltern wirkt auf das Kind als Modellverhalten. Zu fragen ist also: Was lernt das Kind in seiner Familie an dem Modell der übrigen Mitglieder? Wird das Essen in sich hineingeschlungen oder an einem schön gedeckten Tisch genossen? Werden vornehmlich Lebensmittel mit hohem Kaloriengehalt zu sich genommen? Wird innerhalb der Familie ständig an etwas „herumgeknabbert“, ob an Süßem oder Salzigem?

• kein nebenbei Essen

Eltern sollten darauf achten, dass ein Kind nur eine Tätigkeit ausübt: Entweder isst es, oder es macht seine Schulaufgaben. Eine Nahrungsaufnahme, die ständig nebenbei läuft, hat leicht zur Folge, dass das Sättigungsgefühl zu spät wahrgenommen wird. Auch ist damit nur ein geringes Genusserleben verbunden mit der Folge, das mehr gegessen wird als notwendig. Auch in dieser Hinsicht wirken sich gemeinsame Mahlzeiten in der Familie günstig aus.

• Reflexion des eigenen Regulierungsverhaltens

Da das Schlankheits- und Schönheitsideal in unserer Kultur vornehmlich Mädchen und junge Frauen belastet, ist das Verhalten der Mutter oder anderer weiblicher Personen im nahen Umkreis der Jugendlichen wegweisend. Erzieherinnen sollten ihr Essverhalten reflektieren, um sich bewusst zu machen, auf welche Art und Weise sie selbst ihre Essgewohnheiten regulieren. Welche Bedeutung wird der körperlichen Erscheinung zugemessen, und welche Methoden werden angewandt, um das angestrebte Ziel zu erreichen? Wird immer wieder eine Diät begonnen, dann aber abgebrochen und kurze Zeit später wieder ein neuer Versuch unternommen? Ist ein Missbrauch von Medikamenten damit verbunden? Wird in exzessiver Weise Sport getrieben, um abzunehmen? Werden Menschen, die übergewichtig sind, abgelehnt und diskriminiert?

• Druck vermeiden

Wie Untersuchungen gezeigt haben, unterscheiden sich Mädchen mit bulimischem Verhalten von anderen dadurch, dass sie einem erhöhten Druck von Seiten der Eltern im Hinblick auf ihr Gewicht ausgesetzt waren. Verbunden war damit ein negatives Körpererleben. Sie fühlten sich als zu dick, führten eine übermäßige Gewichtskontrolle durch und gerieten allmählich in den Kreislauf der Bulimie.

Angesichts der Dominanz des Schlankheitsideals in unserer Gesellschaft und angesichts der Tatsache, dass ein hohes Körpergewicht eine Belastung in gesundheitlicher und psychischer Hinsicht darstellt, sollten Eltern ihre Kinder durchaus zu einer bewussten und regulierten Nahrungsaufnahme anhalten. Sie sollten aber niemals Druck ausüben. Üblicherweise haben die Jugendlichen das Schlankheitsideal bereits verinnerlicht und versuchen, ihm zu entsprechen. Sollten sie nicht schlank sein, so erleben sie im Alltag entsprechende Konsequenzen. Schlanke Mädchen werden in der Regel bevorzugt. Übergewichtige werden leichter abgelehnt und diskriminiert. Der Druck der Eltern würde die Schwierigkeiten nur erhöhen und die Jugendliche eher in Richtung auf ein Verhalten drängen, das das Entstehen einer Bulimie begünstigt.

• fachliche Unterstützung

Die vielfältigen Variablen, die zur Verstärkung und Aufrechterhaltung einer Bulimie führen, legen eine rasche Inanspruchnahme von fachlichen Hilfen nahe. Ein zu langes Hinauszögern einer Behandlung erschwert den Therapieprozess und macht nicht nur negative körperliche Auswirkungen wahrscheinlich, sondern verfestigt die Problemkonstellation.

Grundsätzlich müssen zwei Problembereiche bei der Behandlung Berücksichtigung finden. Zum einen müssen Anstrengungen unternommen werden, das gestörte Essverhalten in der dargestellten Art und Weise zu verändern. Zum anderen sind psychosoziale Themen und Probleme zu bearbeiten, die auslösend, mitbedingend, verstärkend oder aufrechterhaltend von Bedeutung sind. Die therapeutischen Interventionen sind also auf den Einzelnen auszurichten, auf seine individuelle Situation und seine persönlichen Perspektiven. Sie haben aber auch den Kontext zu berücksichtigen und die Familie oder andere wichtige Bezugspersonen in die gemeinsame Problemlösung mit einzubeziehen.

● weitere Informationen

Weitere nützliche Informationen sind bei der Bundeszentrale für gesundheitliche Aufklärung (BZgA) in 51101 Köln, www.bzga-essstoerungen.de, zu erhalten und unter den Internet-Adressen www.essprobleme.de und www.bulimie-zentrum.de zu finden.

Weitere Stichworte:

Angst (Band 1)
Aufmerksamkeits- und Aktivitätsstörung (Band 1)
Depressive Störungen
Magersucht
Posttraumatische Verhaltensstörung
Stehlen (Band 1)
Störungen des Sozialverhaltens
Übergewicht
Verhaltensstörungen nach sexuellem Missbrauch
Zwangsstörungen

Literatur

Böning, V. (2000): ausbrechen. Bulimie verstehen und überwinden. Hamburg, Urban und Fischer

Gröne, M. (2000): Wie lasse ich meine Bulimie verhungern? 3. Aufl. Heidelberg, Carl Auer Systeme

Herpertz, S., Kochar, M., Senf, W. (1997): Bulimia nervosa beim männlichen Geschlecht. Z. Psychosom. Med. Psychoanal. 43: 39 – 56

Janssen, P. L., Senf, W. , Meermann, R. (1997): Klinik der Essstörungen, Magersucht und Bulimie. Frankfurt/M., Fischer

Kämmerer, A., Klingspor, B. (Hrsg.) (1989): Bulimie. Zum Verständnis einer geschlechtsspezifischen Essstörung. Stuttgart, Kohlhammer

Kuntz, B., Groze, V., Yates, W. R. (1992): Bulimia: A Systemic Family History Perspective. Families in Society, 73(10), 604-612

Reich, G., Cierpka, M. (1997): Psychotherapie der Essstörungen, Krankheitsmodelle und Therapiepraxis – störungsspezifisch und schulenübergreifend. Stuttgart, Thieme

Riese-Gierolstein, W. (1993): Anorektische Bulimie – oder: wenn Sich-Ablösen zum Kotzen ist. In: Hahn K., Müller F.W. (Hrsg.): Systemische Erziehungs- und Familienberatung. Wege zur Förderung autonomer Lebensgestaltung. Mainz, Matthias Grünewald: 92-101

Russinger, U. (1992): Systemische Einzeltherapie mit einer Klientin mit bulimischem Verhalten. Ungestillter Hunger oder die Sehnsucht, »Löcher im Inneren zu stopfen«. systeme 6(2): 33-43

Russinger, U. (1995): Systemische und hypnotherapeutische Ansätze in der Therapie von Klientinnen mit bulimischem Verhalten. systeme 9(2): 67-78

Schmidt, G. (1989): Bulimie aus systemischer Sicht. In: Kämmerer, A., Klingspor. B. (Hrsg.): Bulimie. Stuttgart, Kohlhammer

Schmidt, U., Treasure, J. (2000): Die Bulimie besiegen. Ein Selbsthilfe-Programm. Weinheim, Beltz

Schwartz, R.C., Barrett, M.J. (1985): Family Therapy for Bulimia. In: Garner, D.M., Garfinkel, P.E. (ed.): Handbook of Psychotherapy for Anorexia Nervosa and Bulimia. New York, Guilford: 280-310

Stüdemann, M., Dietzel, K., Koch, B., Lesemann, K., Mews, M. (1991): Systemische Therapie der Bulimie im stationären Kontext. Zeitschrift für systemische Therapie 9(3): 201-212

Vandereycken, W., Meermann, R. (2000): Magersucht und Bulimie. Ein Ratgeber für Betroffene und ihre Angehörigen. Stuttgart, Huber

Weber, G., Gröne, M. (1989): Schritte zu einem Leben, das nicht mehr zum Kotzen ist. Ein systemisches Einzelgespräch. Kontext 16: 65-92

Willenberg, H., Bassler, M., Krauthauser, H. (1998): Familiendynamische Konstellationen als ätiologischer Faktor bei Anorexia nervosa und Bulimia nervosa. System Familie 11(1): 3-9

Depressive Störungen

Wahrnehmen und bewerten

● Trauer und Niedergeschlagenheit

Trauer, Niedergeschlagenheit und Unglücklich-Sein gehören zum Leben von Kindern und Jugendlichen ebenso wie zu dem von Erwachsenen. Kinder reagieren traurig, wenn sie durch den Umzug ihrer Familie ihre besten Freunde verlieren, sie sind niedergeschlagen, wenn sie die selbst gesteckten Ziele nicht erreichen, und sind unglücklich über den Tod eines lieben Tieres oder naher Angehöriger. Jugendliche verzweifeln an ihren Misserfolgen in der Schule. Sie entwickeln eine hohe Reizbarkeit, sind mit nichts zufrieden und ziehen sich traurig auf sich selbst zurück, wenn die Freundin oder der Freund sie verlassen hat. All solche Gefühle sind wahrscheinlich notwendig, um auf der anderen Seite Glück zu empfinden, Freude zu spüren, Zuversicht zu erleben und voller Aktivität das Leben zu leben.

● depressive Episoden

Die Symptome einer Depression sind nicht notwendigerweise abnorm. Sie ähneln normalen Sorgen und normaler Bedrücktheit. Abnorm sind sie in ihrer Dauer und ihrer Ausprägung. So spricht man erst dann von einer depressiven Episode, wenn die wichtigsten Anzeichen über 14 Tage anhalten und den ganzen Tag ausgeprägt vorhanden sind.

● Freud- und Interesselosigkeit

Depressive Kinder verlieren das Interesse an den Aktivitäten, die ihnen bisher Spaß gemacht hatten. Jüngere Kinder sind selbst auf neues Spielzeug nicht mehr neugierig, und vor allem das Spiel mit Gleichaltrigen scheint ihnen keinen Spaß mehr zu machen. Jugendliche ziehen sich aus ihrem Freundeskreis zurück. Sie verabreden sich nicht mehr mit Gleichaltrigen und machen auch keine Pläne mehr für das Wochenende. Die Sportgruppe wird gemieden. Häufig werden Kinder, die früher oft im Mittelpunkt standen, zu Außenseitern, die nun auch von den anderen geschnitten werden. Der Rückzug wird zuweilen damit begründet, dass die anderen oberflächlich und uninteressant seien. Die zugrunde liegende Traurigkeit wird wortreich verborgen.

● Appetitverlust

Manchmal erkennt man eine depressive Entwicklung daran, dass Jugendliche ihre Essgewohnheiten ändern: Ihre früheren Lieblingsgerichte interessieren sie nicht mehr. Überhaupt können sie sich nicht mehr auf das Essen freuen. Sie stochern lustlos auf ihrem Teller herum und lassen die Hälfte der Mahlzeit liegen. In seltenen Fällen kann es aber auch zu längeren Phasen deutlich gesteigerten Appetits und erheblicher Gewichtszunahme kommen.

● Energiemangel

Oft wirken diese Kinder und Jugendlichen lustlos und träge. Sie sprechen einsilbig mit monotoner Stimme und raffen sich nur widerstrebend zu irgendwelchen Aktivitäten auf. Werden Entscheidungen von ihnen gefordert, schieben sie diese Tage und Wochen lang vor sich hin und sind letztlich doch davon überzeugt, die falsche Entscheidung getroffen zu haben.

● Erleben von Hoffnungslosigkeit

Die Kinder und Jugendlichen erleben eine tiefe Hoffnungslosigkeit und ein Gefühl, nicht wollen zu können oder auch nicht wollen zu wollen. Erfüllt von Hilflosigkeit fehlt ihnen das Gefühl, das eigene Leben verantwortlich gestalten zu können. Sie sind auch in ihrer Lebensführung stark beeinträchtigt: Sie können sich nur schwer aufraffen, notwendige Dinge zu erledigen. Alles scheint ihnen sinnlos. In der Schule können sie sich nicht mehr konzentrieren, und es kommt zu einem deutlichen Leistungsabfall.

● Schlafstörungen

Ein weiteres Merkmal sind Schlafstörungen. Die Kinder und Jugendlichen brauchen lange, um abends einzuschlafen, wachen nachts oft auf und leiden unter Alpträumen. Am Tag sind sie müde und bei irgendwelchen Aktivitäten rasch erschöpft. Immer mehr verlagern sie ihre Aktivitäten in die späten Abendstunden, in denen sie sich besser fühlen als am Vormittag, und gelangen so zu einer Verschiebung des Tag-Nacht-Rhythmus. Wenn seitens der Eltern keine Kontrollen erfolgen, bleiben solche Jugendlichen zuweilen bis spät in die Nacht vor dem Fernseher sitzen, ohne sich für die Sendung sonderlich zu interessieren, und können morgens nicht aufstehen oder legen sich am Tag zum Schlafen hin.

● reizbare Verstimmtheit

Eine reizbare Verstimmtheit ist gerade bei depressiven Kindern und Jugendlichen häufig zu beobachten und ein wichtiges Merkmal in dieser Altersgruppe. Sie hängen lustlos herum, reagieren aber wütend und ausfallend, wenn sie – freundlich – angesprochen werden. Manche neigen zu immer wieder erneuten Streitereien um Kleinigkeiten. Man spürt, dass sie selbst mit sich unzufrieden sind. Bei den Menschen ihrer Umgebung lösen sei ein Gefühl der Hilflosigkeit aus: Alle gut gemeinten Ansprachen und Anregungen sind unerwünscht und werden abgewehrt. Andererseits ist es für die Erwachsenen schwer auszuhalten, den Jugendlichen in seinem offensichtlichen Unglücklichsein leiden zu sehen und nichts zu tun.

● Selbstzweifel und Schuldgefühle

Depressiv gehemmte Jugendliche neigen dazu, sich die Sorgen ihrer Mitmenschen zu Eigen zu machen. Alle Gespräche bekommen ein unendlich schweres Gewicht. Überall entdecken sie nur noch Probleme und Bedrohungen. Auseinandersetzungen innerhalb der Familie werden als schreckliches Ereignis gewertet, insbesondere wenn ihr Verhalten der Anlass ist. Sie leiden darunter, dass nach ihrer Überzeugung die anderen Familienmitglieder unter ihnen leiden, und steigern sich in die Überzeugung, dass ohne sie die anderen Familienmitglieder viel glücklicher wären. Zwar sind sie manchmal wütend auf die Eltern; aber wegen dieser Wut fühlen sie sich auch wieder schuldig.

• aggressives Verhalten

Zu beachten ist, dass manche depressive Kinder und Jugendliche nach außen gar nicht traurig erscheinen und auch nicht über Unglücklichsein klagen. Vielmehr kann ihre depressive Verstimmtheit in einer hohen Gereiztheit, in Wutanfällen und aggressivem Verhalten zum Ausdruck kommen und durch diverse Schulprobleme in Erscheinung treten.

• Halluzinationen und Wahnvorstellungen

In seltenen Fällen hören depressive Jugendliche Stimmen, die ihnen sagen, dass sie schlecht oder wertlos seien, oder die ihnen sogar befehlen, sich das Leben zu nehmen. Auch wahnhaftes Denken kann im Zusammenhang mit einer Depression bei Jugendlichen auftreten. Häufig beziehen sich diese wahnhaften Gedanken auf Handlungen, die als unverzeihlich und schlecht bewertet werden, beispielsweise auf sexuelle Vorstellungen und Handlungen oder auf Ängste vor schweren Strafen.

• Säuglinge

Depressive Kinder und Jugendliche reagieren in Abhängigkeit von ihrem Alter und Entwicklungsstand unterschiedlich. Depressive Säuglinge werden weinerlich, wollen nicht mehr essen, verlieren an Gewicht, entwickeln Schlafstörungen und Jaktationen, werden schließlich apathisch und bleiben in ihrer körperlichen Entwicklung zurück. Ein solches Bild findet man bei schweren Vernachlässigungen, beispielsweise bei Kindern drogenabhängiger oder schwer depressiver Mütter (siehe: Probleme von Kindern psychisch kranker oder suchtkranker Eltern).

• Kleinkinder

Depressive Kleinkinder haben Schwierigkeiten mit dem Ein- und Durchschlafen, verweigern häufig das Essen und lehnen es ab, sich trösten zu lassen.

• Kindergartenkinder

Kindergartenkinder verweisen ebenfalls mit Ein- und Durchschlafstörungen sowie mit häufigem und lange anhaltendem Schreien auf eine depressive Entwicklung. Sie können nicht spielen, zerstören viel und einige koten wieder ein. Auch essen sie schlecht, und manche bleiben sogar im Wachstum zurück (psychosozialer Minderwuchs). Auch wird über Körperbeschwerden geklagt.

• Schulkinder

Solche Körperbeschwerden sind bei depressiven Schulkindern besonders häufig und treten als Bauch- und Kopfschmerzen in Erscheinung. Darüber hinaus kommt es wiederum zu Schlafstörungen und Appetitmangel. Die Kinder machen sich Sorgen um banale Angelegenheiten. Sie weinen viel. Sie haben keine Freunde und leiden unter Gefühlen von Einsamkeit. Gelegentlich kommt es zu kleinkindhaften Verhaltensweisen wie beispielsweise einem erneuten Einnässen. In der Schule werden sie oft gehänselt. Sie haben Schulschwierigkeiten, zeigen Hausaufgabenprobleme und entwickeln Leistungsdefizite. Auch die Schulphobie ist in diesem Zusammenhang zu nennen.

• Jugendliche

Bei depressiven Jugendlichen ist man weniger auf die eigenen Beobachtungen wie bei den jüngeren Kindern angewiesen, da sie über die eigenen Gefühle schon besser reflektieren und diese auch beschreiben können. Generell stehen eine allgemeine Gehemmtheit und Kontaktschwäche, Interesselosigkeit, Gefühle der Hoffnungs- und Sinnlosigkeit, Veränderungen des Schlaf-Wach-Rhythmus und Veränderungen des Körpergewichtes im Vordergrund. Es kann eine allgemeine Gleichgültigkeit auftreten, die oft mit einer Vernachlässigung der Kleidung und der Hygiene einhergehen. Nicht selten kommt es zum Missbrauch von Alkohol und illegalen Drogen sowie zu Selbstmordgedanken und Selbstmordhandlungen.

• Anpassungsstörungen

Zwei besondere Formen depressiver Störungen werden von den depressiven Episoden abgegrenzt: Die Anpassungsstörung und die Dysthymie. Wenn depressives Verhalten in leichterer Ausprägung innerhalb von ein bis zwei Monaten nach dem Erleben einer besonderen Belastung – wie dem Tod eines Elternteils, einem erzwungenen Schulwechsel, dem Verlust eines Freundes oder einer Freundin, einer sonstigen entscheidenden Lebensveränderung oder nach einer schweren körperlichen Krankheit – auftritt, spricht man von einer Anpassungsstörung. Sie kann einen Monat bis mehrere Monate anhalten, dauert aber definitionsgemäß nicht länger als zwei Jahre an. Die depressiven Reaktionen treten bei der Anpassungsstörung häufig vermischt mit Angst auf. Grundsätzlich ist bei einer Anpassungsstörung der Zusammenhang mit einer auslösenden Belastung offensichtlich, die depressive Symptomatik leichter ausgeprägt und die Dauer der depressiven Reaktion begrenzt.

• Dysthymie

Von einer Dysthymie spricht man, wenn die depressive Stimmungslage der Kinder und Jugendlichen mindestens ein Jahr lang anhält, allerdings von tage- oder wochenlangen symptomfreien Perioden unterbrochen wird. Monatelang fühlen sich die Jugendlichen müde und depressiv, alles ist für sie anstrengend und nichts wird genossen. Grübeln, Schlafstörungen und Minderwertigkeitsgefühle werden beklagt. Auch bei der Dysthymie – sie wurde früher als neurotische Depression bezeichnet – liegt in der Regel eine erkennbare traumatisierende Erfahrung vor.

• Häufigkeit

Depressive Verhaltensauffälligkeiten von Kindern und Jugendlichen werden in den letzten Jahren zunehmend häufiger festgestellt, wobei unklar ist, ob dieser Befund durch eine echte Zunahme oder durch eine erhöhte Aufmerksamkeit bedingt ist. Zurzeit wird bei Vorschulkindern eine Auftretenshäufigkeit von etwa 1%, bei Schulkindern von 2% und im Jugendalter von 4 bis 5% angenommen. Der Anstieg im Jugendalter scheint enger mit den allgemeinen Pubertätsproblemen als mit dem chronologischen Alter in Zusammenhang zu stehen.

Vom Jugendalter an ist die Depressionsrate bei Mädchen zwei- bis dreimal höher als bei Jungen. Ursache für diesen Unterschied sind offensichtlich die geschlechtsspezifischen Sozialisationsbedingungen, die dazu führen, dass Mädchen durch belastende Lebensereignisse wie etwa eine Trennung der Eltern stärker beeinträchtigt werden als Jungen. Im Übrigen beurteilen sich Kinder und Jugendliche in Befragungen interessanter Weise deutlich häufiger als depressiv, als Eltern und Lehrer dies annehmen und angeben.

• Verlauf

Bei den meisten Kindern und Jugendlichen dauert eine ausgeprägte Depression sieben bis neun Monate. Bei einer Minderheit von sechs bis 10 Prozent bleibt sie allerdings über eine noch längere Zeit bestehen. Eine Depression kann im Kindes- und Jugendalter wiederholt auftreten. Das Risiko für eine erneute Episode beträgt 40% innerhalb der nächsten zwei Jahre bzw. 70% innerhalb der nächsten fünf Jahre. Bei der Dysthymie scheinen die Wiederauftretensraten insgesamt noch höher zu sein. Kinder und Jugendliche mit depressiven Störungen haben auch als Erwachsene ein deutlich erhöhtes Risiko für erneute depressive Störungen.

• depressives Erleben und Verhalten wahrnehmen

Die depressive Problematik eines Kindes oder Jugendlichen wird leicht übersehen. Sie verhalten sich zurückgezogen, „angepasst“ und fallen niemandem störend auf. Viele Erwachsene sind sehr geprägt von der Idee der „glücklichen Kindheit“ und können sich nicht vorstellen, dass Kinder und Jugendliche über lange Zeit und in solchem Ausmaß traurig, unglücklich, verzweifelt und hoffnungslos sein können. Dabei wird übersehen, dass Kinder eine Unmenge schwieriger Aufgaben zu bewältigen haben, für deren Lösung sie die notwendigen Techniken der Problembewältigung und Konfliktlösung erst lernen müssen. Eltern fällt es oft besonders schwer, dies wahrzunehmen, zumal sie meist – und das in der Regel zu Recht – der Überzeugung sind, alles für das Kind Notwendige und noch vieles mehr getan zu haben. Andererseits wissen Kinder und Jugendliche oft selbst nicht, was genau mit ihnen los ist, und sie finden selbst keine Worte für ihren Zustand. Zuweilen spüren sie auch, dass sie ihre Eltern sehr belasten würden, wenn sie ihre Depressivität erkennen ließen, und äußern deshalb ihre Gefühle nicht.

Häufig sind es dann Hinweise seitens der Schule, manchmal auch Beobachtungen von Freunden und Bekannten, die auf das Problem aufmerksam machen. Es ist dann wichtig, nicht zu zögern und möglichst bald eine Fachfrau oder einen Fachmann zu Rate zu ziehen und gemeinsam zu bewerten, wie die unterschiedlichen Beobachtungen einzuordnen sind. Diese Fachperson wird ausführlich mit den Eltern und dem Kind sprechen und neben anderem möglicherweise auch Fragebögen einsetzen, beispielsweise das Depressionsinventar für Kinder und Jugendliche ab 8 Jahren (DIK) oder den Depressionstest für Kinder von 9 – 13 Jahren (DTK). Für Jugendliche ab 16 Jahre kommt auch die allgemeine Depressionsskala (ADS) in Frage.

• belastete Geschwister

Die gesamte Familie gerät in Aufruhr, wenn ein Kind depressives Verhalten zeigt. Die „Depression" ist als Gast in der Familie ständig anwesend. Geschwister können sich schuldig fühlen, sobald sie sich selbst gut fühlen und fröhlich sind. Manchmal sind sie aber auch wütend, weil sie anders behandelt werden, als das Kind, das sich depressiv zeigt. Oft müssen sie mehr Aufgaben und Pflichten übernehmen, weil das depressive Kind dies nicht kann und die Eltern durch die Auffälligkeiten dieses Kindes sehr belastet sind. Das kann dazu führen, dass Geschwister depressiver Kinder sehr früh selbstständig werden. Aber die Gefahr besteht, dass ihre eigenen Bedürfnisse nach Zuwendung und Aufmerksamkeit nicht ausreichend erfüllt werden.

• Essstörungen

Ein enger Zusammenhang besteht zu der Magersucht und der Bulimie. Insbesondere bei der Magersucht ist allerdings oft unklar, ob die Depression Auslöser für das magersüchtige Verhalten war oder ob das magersüchtige Verhalten die Depression bedingt hat. In jedem Fall bessert sich bei den meisten magersüchtigen Jugendlichen die depressive Verstimmung, sobald sie wieder ein jeweils einigermaßen angemessenes Körpergewicht erreicht haben. Bei ihnen ist die Gewichtszunahme die beste Form der Depressionsbehandlung. Antidepressiv wirkende Medikamente bringen zumeist keine Besserung.

● Drogenmissbrauch

Der Missbrauch von Alkohol und illegalen Drogen ist bei depressiven Jugendlichen sehr häufig. Die Jugendlichen machen quasi mit der Einnahme der Drogen einen Behandlungsversuch und sind bestrebt, ihr depressives Problem mit dem Drogenkonsum zu lösen. Dies hilft auch für kurze Zeit, leider jedoch mit der Folge, dass der depressive Zustand anschließend um so schlimmer erlebt wird. Allerdings bieten die ebenfalls drogenmissbrauchenden Jugendlichen in der „Szene" vor Ort dem depressiven Jugendlichen insofern Erleichterung, weil sie kaum Forderungen stellen und in der Regel selbst dazu neigen, inaktiv in den Tag zu leben. Beide Faktoren tragen dazu bei, dass sich ein Teufelskreis entwickelt, der zu einer Drogenabhängigkeit führen kann.

Zuordnen und verstehen

● Vielfalt von Bedingungen

Depressives Erleben und Verhalten entwickelt sich unter sehr unterschiedlichen Bedingungen, die in vielfältiger Weise zusammenwirken, die Entwicklung der Symptomatik auslösen, aufrechterhalten und verstärken, sie gegebenenfalls aber auch lindern. Spezifische familiäre oder andere psychosoziale Ursachen für Depressionen gibt es demgegenüber nicht. Stets ist ein Erklärungs- und Verstehensansatz erforderlich, der eine ganze Reihe unterschiedlicher Faktoren und Bedingungen erfasst und berücksichtigt.

● Überforderung bei der Bewältigung von Entwicklungsaufgaben

Kinder und Jugendliche haben je nach Alter und Entwicklungsstand spezifische Entwicklungsaufgaben zu bewältigen. Im Jugendalter, in dem depressive Störungen häufiger auftreten, stehen beispielsweise folgende Entwicklungsaufgaben im Vordergrund: die Annahme der in diesem Alter sich vollziehenden körperlichen Veränderungen, die Nutzung der veränderten Möglichkeiten des Körpers, die Übernahme der weiblichen oder männlichen Geschlechtsrolle, die Ablösung vom Elternhaus, die Vorbereitung auf eine berufliche Ausbildung und die Entwicklung eines eigenen Wertesystems und eines ethischen Bewusstseins. Ob Kinder und Jugendliche in der Lage sind, ihre jeweiligen Entwicklungsaufgaben zu bewältigen, hängt von ihren persönlichen Stärken ab, die sie im Laufe des Lebens ausbilden konnten, insbesondere von ihren Problemlöse- und Bewältigungsstrategien, aber auch von den Einflüssen wichtiger Unterstützungssysteme wie Familie und Gleichaltrigengruppe. Werden Kinder und Jugendliche bei der Bewältigung dieser Entwicklungsaufgaben überfordert, kann sich eine depressive Symptomatik entwickeln, die sich wiederum ungünstig auf den weiteren Entwicklungsprozess auswirkt.

• „starke" Kinder

Menschen reagieren auf belastende Ereignisse jedoch sehr unterschiedlich. So gibt es Kinder, die unter sehr ungünstigen Verhältnissen aufwachsen und durch mannigfache Ereignisse in ihrer Entwicklung behindert werden, die aber trotzdem ihre Entwicklungsaufgaben bewältigen und keine Verhaltensprobleme entwickeln. Ein genauerer Blick auf die Persönlichkeitsmerkmale, Verhaltensweisen und Umweltbedingungen dieser Kinder kann helfen, Kinder mit depressiven und anderen Störungen besser zu verstehen.

Man hat deshalb die Kinder und Jugendlichen, die Lebenskrisen ohne langfristige Beeinträchtigung meisterten, mit solchen verglichen, die das nicht schafften, und dabei folgende Unterschiede festgestellt: Die „starken" Kinder und Jugendlichen hatten eine stabile emotionale Beziehung zu einem Erwachsenen. Wenn es kein Elternteil war, dann übernahmen die Großeltern, ein Onkel, eine Tante, eine Nachbarin oder eine Lehrkraft diese Rolle. Die Kinder und Jugendlichen konnten Menschen benennen, die ihnen als soziales Vorbild dienten und ihnen zeigten, wie Probleme konstruktiv gelöst werden können. Und schließlich hatten diese Kinder und Jugendlichen schon früh Leistungsanforderungen bewältigen müssen. Sie hatten beispielsweise für ein jüngeres Geschwister gesorgt oder ein Amt in der Schule, in der Kirche oder einer sonstigen Institution übernommen.

• depressive Eltern

Depressiven Müttern und Vätern fällt es schwer, die Aufmerksamkeit, Sensibilität und Empfindsamkeit zu zeigen, die für einen guten Kontakt zwischen Säugling und Eltern so wichtig sind. Im Vorschulalter sind sie in der Möglichkeit eingeschränkt, mit ihren Kindern zu spielen und sie angemessen zu versorgen. Bei Schulkindern sind depressive Eltern nur in begrenztem Umfang in der Lage, sich mit den schulischen Aktivitäten, den Freundschaften und den Interessen ihrer Kinder auseinander zu setzen. Kommen die Kinder in die Pubertät, fehlt ihnen häufig die Kraft, angemessene Grenzen zu setzen und über gemeinsames Tun positive Aktivitäten zu fördern.

• Kinder depressiver Eltern

Aufgrund solcher Faktoren tragen Kinder und Jugendliche aus Familien mit depressiven Eltern oder einem depressiven Elternteil ein besonderes Risiko, selbst eine depressive Symptomatik zu entwickeln. Depressive Verhaltensmuster werden von den Kindern erlernt. So kann man beobachten, dass solche Kinder und Jugendlichen mit Gefühlen wie Trauer oder Wut Probleme haben und es ihnen schwer fällt, ein emotional ausgeglichenes Verhalten zu zeigen. Säuglinge und kleinere Kinder, deren Eltern unter Depressionen leiden, scheinen zudem größere Schwierigkeiten damit zu haben, Bindungen zu ihren Eltern und auch zu anderen Erwachsenen aufzubauen. Die späteren Beziehungen dieser Kinder und Jugendlichen sind oft durch Konflikte, Instabilität und Unzufriedenheit geprägt.

Kinder depressiver Eltern fühlen sich sehr gebunden und verpflichtet. Manche sehen sich gezwungen, ihre Eltern zu versorgen, zu schützen und zu trösten. Sie konzentrieren sich mehr auf diese selbstgestellten Aufgaben als darauf, die eigenen Gefühle wahrzunehmen, die altergemäßen Spiele zu spielen und die altersgemäßen Probleme zu lösen. Ärger und Wut über das Verhalten der Eltern und die belastende familiäre Situation kommt in ihnen auf. Gleichzeitig verbieten sie sich ein solches Erleben und entwickeln Schuldgefühle sowie ein negatives Selbstbild und denken: Ich bin schlecht, weil ich wütend auf meine Mutter bin, die doch krank ist. (Siehe auch: Probleme von Kindern psychisch kranker Eltern.)

• Verlust durch Tod oder Trennung

Auffällig viele depressive Kinder hatten in frühen Jahren Trennungen zu verkraften. Sie haben eine wichtige Bezugsperson durch Tod oder die Scheidung der Eltern verloren und keinen angemessenen Ersatz gefunden. Dies trifft nahe liegender Weise solche Kinder besonders hart, die zu diesem Menschen ein besonders enges Verhältnis hatten und deren Selbstachtung von dieser Person abhängig war. Solche Kinder sind oft noch nicht in der Lage, das, was sie an Liebe und Zuwendung von dieser Person vor dem Verlust erfahren hatten, als Schatz in sich zu bewahren und ihn als Grundlage dafür zu nutzen, sich nach dem Prozess der Trauer anderen Menschen und anderen Zielen wieder zu öffnen.

• Bewältigung emotionaler Belastungen

Weibliche und männliche Jugendliche unterscheiden sich in der Art, wie sie versuchen, mit emotionalen Belastungen fertig zu werden. Männliche Jugendliche suchen am ehesten Ablenkung und vermeiden unangenehme Situationen. Weibliche Jugendliche tendieren dazu, soziale Unterstützung zu suchen und die Probleme ausführlich zu besprechen. Sie entwickeln eher eine grüblerisch sich wiederholende Beschäftigung mit ihrem Problem und damit eine Strategie, die die Aufmerksamkeit auf die Beeinträchtigung der eigenen Stimmung lenkt und damit zu einer verschärften Wahrnehmung des eigenen Unglücklichseins führt. Dies wird als möglicher Grund für die erhöhte Anfälligkeit von Mädchen für Depressionen angesehen.

• kognitive Verzerrungen

Depressive Kinder und Jugendliche neigen zu „falschem Denken“, das sie besonders aktivieren, wenn sie sich durch Stress belastet fühlen. Negative Gedanken über die eigene Person („Ich bin schlecht“), über die Umwelt („Alle sind gegen mich“) und über die Zukunft („Wahrscheinlich werden mich heute wieder alle hänseln“) steuern ihre gesamte Wahrnehmung und bestimmen das Verhalten. Sie neigen zu willkürlichen Schlussfolgerungen („Meine Mutter redet mehr mit meiner Freundin als mit mir; also liebt sie mich nicht"), neigen dazu, Details überzubewerten („Mein Vater spielt mit meiner Schwester; er ist glücklicher, wenn er bei ihr ist als bei mir"), oder verallgemeinern vereinzelte Ereignisse („Jürgen hat meine Freundin zum Tanzen aufgefordert; er hält mich für hässlich und unattraktiv"). In ähnlicher Weise erhalten kleinere Beobachtungen und Ereignisse eine ganz unangemessene Bedeutung (Das selbst gemalte Bild ist in einem Detail nicht voll gelungen; deshalb ist das ganze Bild schlecht) und positive Leistungen werden abgewertet („Ich kann zwar Klavierspielen; aber es kommt nicht aus dem Herzen; deshalb ist es wertlos"). Die Kinder und Jugendlichen sehen sich als Verursacher negativer Ereignisse („Ich bin schuld daran, dass sich meine Eltern ständig streiten"), und das eigene Verhalten wird mit dem anderer verglichen und abgewertet („Die anderen sind toll und machen alles wunderbar; ich selbst bin zu nichts richtig fähig").

• Kontrollüberzeugung

Menschen unterscheiden sich durch ihre Überzeugung, die Ereignisse ihres Lebens in ihrem Sinne beeinflussen zu können oder aber den Einflüssen anderer bzw. dem Wirken des Schicksals mehr oder weniger stark ausgeliefert zu sein. Depressiven Kindern und Jugendlichen fehlt die Überzeugung, die meisten Dinge in ihrem Leben selbst steuern zu können. Vielmehr haben sie das Gefühl, von übermächtigen Kräften außerhalb ihres Einflussbereiches – von anderen Personen oder schicksalhaften Ereignissen – kontrolliert zu werden.

• erlernte Hilflosigkeit

Die Vorstellung, dass depressives Verhalten aus erlernter Hilflosigkeit entstehen kann, geht auf Tierversuche in den 60iger Jahren zurück, in denen Hunde Stromschlägen ausgesetzt wurden. Die Tiere versuchten zunächst, einem durch Stromschläge verursachten Schmerzreiz zu entkommen. Als sie jedoch erkannten, dass sie den Schlägen nicht entrinnen konnten, gaben sie schließlich auf. Einige Zeit später brachte man dieselben Tiere in eine Situation, in der sie den Stromschlägen hätten entkommen können. Aber die Tiere machten nicht einmal mehr den Versuch, diese Chance zu nutzen. Sie hatten verlernt, das Problem aktiv zu bewältigen, hatten eine Haltung der erlernten Hilflosigkeit entwickelt.

Ein Kind, das immer wieder negativen Ereignissen (Vorwürfen, Einschüchterungen, Gleichgültigkeit und anderem) ausgesetzt ist und die Erfahrung macht, dass es auch durch besondere Anstrengungen daran nichts ändern kann, lernt Entsprechendes: Es macht mit der Zeit die Erfahrung, dass die Dinge geschehen, ohne dass sie durch eigenes Verhalten kontrolliert und beeinflusst werden können. Es entwickelt eine Haltung erlernter Hilflosigkeit als

Grundlage für depressives, inaktives Verhalten: Je stärker das Kind erwartet, dass etwas Schlimmes passiert (das heißt: je stärker seine Misserfolgserwartung ist), und je stärker es davon überzeugt ist, dass es nichts dagegen tun kann, umso depressiver wird es.

• körperliche Belastungen

Es gibt körperliche Erkrankungen, die bei längerem Bestehen die Leistungsfähigkeit eines Kindes oder Jugendlichen erheblich beeinträchtigen und damit auch Grundlage für eine depressive Entwicklung werden können. Dabei handelt es sich um chronische Infektionen beispielsweise der Mandeln und der Nasennebenhöhlen, um Erkrankungen des Blutbildes (Anämie), Erkrankungen der Leber, der Niere oder Schilddrüsenerkrankungen.

Häufiger noch sind chronische Erkrankungen wie Diabetes, Asthma, Mukoviszidose und Anfallsleiden Anlass für eine depressive Entwicklung. Diese Krankheiten schränken die Möglichkeiten des Kindes oder Jugendlichen ein, genauso wie alle anderen Kinder zu handeln und Aktivitäten aufzunehmen. Sie müssen ständig auf ihre Erkrankung Rücksicht nehmen und müssen zumeist Medikamente einnehmen, die möglicherweise mit ihren Nebenwirkungen ihre Lebensfreude beeinträchtigen. Sie müssen sich eventuell mit der Frage auseinander setzen, ob sie heiraten und Kinder bekommen wollen. Sie wissen, dass sie möglicherweise nicht so alt werden wie die Menschen, die nicht ihre Krankheit haben. Solche Kinder und Jugendliche brauchen mehr an positiver Aktivität und Bewältigung, um die jeweils anstehenden Entwicklungsaufgaben erfolgreich zu meistern und nicht depressiv zu werden.

• familiäre Belastungen

Familiäre Belastungen können in ähnlicher Weise die Bewältigung der jeweils anstehenden Entwicklungsaufgaben erschweren. Dabei kann es sich um häufige Umzüge handeln, die von dem Kind fordern, sich immer wieder in neue Umwelten einzuleben, neue Freunde zu finden und neuen schulischen Anforderungen zu entsprechen. Aber auch Arbeits- und Geldprobleme der Eltern oder ständige Konflikte und Auseinandersetzungen der Eltern können solche Belastungen darstellen. In ähnlicher Weise wirkt ein negativ gespanntes Familienklima: Jahrelange Kritik oder Demütigung kann dem Kind das Gefühl geben, dass es zu nichts taugt und unnütz ist. Doch ein zu starkes Beschützen und Unselbstständighalten kann die gleiche Botschaft vermitteln, indem es dem Kind die Fähigkeit abspricht, unabhängig zu handeln und Eigenverantwortung zu übernehmen. Und selbstverständlich können gravierende traumatische Erlebnisse wie ein sexueller Missbrauch – insbesondere wenn sich ein solcher über längere Zeit erstreckte und bei dem Mädchen das Erleben von Wehr- und Hilflosigkeit auslöste – depressive Entwicklungen auslösen.

• schulische Belastungen

Auch eine chronische Überforderung in der Schule kann in ähnlicher Weise wirksam werden. Dies geschieht beispielsweise, wenn Kinder und Jugendliche nicht in der ihrem intellektuellen Leistungsmöglichkeiten entsprechenden Schulform beschult werden. Möglicherweise sind sie aber auch aufgrund von Teilleistungsschwächen (Lese-Rechtschreibschwäche oder Rechenschwäche) nicht in der Lage, die geforderten Leistungen zu erbringen, ohne dass seitens der Eltern oder Lehrer auf ihre Leistungsproblematik Rücksicht genommen wird.

• aufrechterhaltende Faktoren

Depressives Verhalten löst in der Umwelt starke Reaktionen aus und beeinflusst die Beziehung in einer Familie oder einer sonstigen Lebensgruppe in hohem Maße. Das offensichtliche Leiden, die Inaktivität und Interesselosigkeit der depressiven Kinder und Jugendlichen lösen Aktivitäten aus, die hilfreich und unterstützend gedacht sind. Sie können von den depressiven Menschen meistens aber nicht angenommen werden, was bei den anderen im Laufe der Zeit zu Hilflosigkeit, aber auch zu Ärger und Wut führt. Darüber hinaus treten bei den Menschen, die mit dem depressiven Kind oder Jugendlichen zusammenleben, – insbesondere Eltern – Schuldgefühle und Schuldideen auf, in irgendeiner Weise für das Unglücklichsein der Kinder und Jugendlichen mit verantwortlich zu sein. Zwischen allen Beteiligten entwickeln sich im Laufe der Zeit stabile Verhaltensmuster, unter denen alle leiden, die aber nur noch schwer geändert werden können.

• Bitte um Zuwendung und Hilfe

Eine andere Möglichkeit, depressives Verhalten zu verstehen, besteht darin, es als einen Versuch anzusehen, Unterstützung von anderen zu bekommen. Leicht aber stößt dieses Verhalten die anderen zurück. Es entwickelt sich dann ein Teufelskreis, aus dem alle Beteiligten nicht mehr entkommen: Je heftiger das Kind durch sein depressives (Ausdrucks-)Verhalten um Zuwendung und Hilfe zu bitten versucht, umso unwilliger reagieren die Familienmitglieder, die Freunde und sonstigen Helfer. Deren Unterstützungsangebote erhalten dann oft einen widerwilligen Unterton. Das depressive Kind hört den sehr aufmerksam und erlebt den Versuch der Unterstützung als wertlos. Umso mehr muss es nun beweisen, wie sehr es leidet, was dann wiederum von der Umwelt leicht als demonstrativ empfunden wird – eine Interaktion, die nur endet, wenn es einem der Beteiligten gelingt, aus dem Teufelskreis auszusteigen.

• „keiner kann helfen“

Einen anderen, aber nicht weniger problematischen Akzent erhält die Interaktion der depressiven Jugendlichen mit ihren Familienangehörigen und Helfern, wenn sie ihr depressives Erleben und Verhalten als ihr eigenes Problem erklärt, bei dem keiner helfen kann. Da sie aber gleichzeitig durch ihr Ausdrucksverhalten in hohem Maße zur Hilfe aufruft, löst sie bei den anderen das Erleben aus, helfen zu müssen, ohne helfen zu können. Erst wenn die Angehörigen wagen, ihre Gefühle der Hilflosigkeit auszusprechen, ergibt sich in solchen Fällen die Chance, die Beziehung zu verbessern, was zumeist auch zu einer Verringerung der depressiven Symptome führt.

Lösungen anregen und möglich machen

• elterliche Unterstützung

Die wichtigste Quelle der Hilfe für ein depressives Kind oder eine depressive Jugendliche sind ihre engsten Bezugspersonen, in der Regel also ihre Eltern. Sie kennen ihr Kind, sie lieben ihr Kind, und sie sind diejenigen, die für das Kind in erster Linie wichtig sind. Was sie tun und sagen hat deshalb die größte Wirkung auf das Kind. Allerdings kann es geschehen, dass das depressive Verhalten eines Kindes Eltern sehr verunsichert, sie rat- und hilflos macht. In solchen Fällen sollten Eltern nicht zögern, sich von Fachleuten beraten zu lassen oder aber gemeinsam mit dem Kind zu einer Familientherapeutin zu gehen. Sie wird allen Beteiligen helfen, ihre Stärken zu nutzen und sie gemeinsam zur Lösung der bei dem Kind aufgetretenen Schwierigkeiten einzusetzen.

• aktiv zuhören

Beschwichtigende Kommentare, die vielleicht als Trost gedacht sind („Du kannst doch unmöglich deshalb so traurig sein“ oder „Komm schon, du hast das Leben noch vor dir“ oder „Nimm doch nicht alles so ernst“), helfen dem Kind nicht, sondern machen alles nur noch schlimmer. Das Kind fühlt sich unverstanden und mit seinen Problemen allein gelassen. Hören Sie vielmehr genau zu, wiederholen Sie das Gesagte mit Ihren Worten, und fragen Sie, ob Sie alles richtig verstanden haben. Mildern Sie dabei die Problembeschreibung nicht ab, sondern übertreiben Sie sie eher in negativer Hinsicht. Das nämlich ermöglicht dem Kind nicht nur, sich verstanden zu fühlen, sondern motiviert es, den eigenen Blick darauf zu werfen, dass vielleicht doch nicht alles ganz so schlimm ist.

• das Gespräch suchen

Depressive Kinder ziehen sich oft schweigend zurück. Suchen Sie dann das Gespräch mit ihm. Versuchen Sie es aber nicht auszuquetschen („Was ist los?“ „Warum bist du in letzter Zeit immer so mürrisch?“), denn das Kind weiß das meist auch nicht genau. Formulieren Sie vielmehr Ihre Beobachtungen („Ich habe den Eindruck, du bist immer noch sehr traurig“), und sprechen Sie auch Ihre Vermutungen aus („Ich habe den Eindruck, du musst immer noch an deine Freunde an unserem letzten Wohnort denken und daran, wie glücklich du mit ihnen warst“). Das Kind wird sich wahrscheinlich verstanden fühlen. Gleichzeitig zeigen Sie ihm, wie man über Gefühle reden kann und dass dies eher erleichtert, als dass es alles noch schlimmer machen würde.

• auf die Stärken bauen

Setzen Sie auf die Stärken Ihres Kindes, heben Sie diese hervor, und reden Sie darüber. Jedes Kind hat besondere Fähigkeiten und positive Eigenschaften. Wenn Sie diese zum Thema machen, helfen Sie dem Kind mehr, als wenn Sie über seine Schwächen und Probleme sprechen. Lassen Sie das Kind am Abend darüber reden, was ihm gut gelungen ist und wo es zumindest einen ganz kleinen Erfolg gehabt hat. Wenn Sie dieses „Auf-die-Stärken-bauen“ konsequent verfolgen, wird sich mit der Zeit auch die Blickrichtung des Kindes ändern. Probleme löst man nicht, indem man über Probleme redet, sondern indem man über das redet, was an die Stelle der Probleme treten soll, und über die möglicherweise winzig kleinen Elemente dieses positiven Zustandes, die auch jetzt schon auftreten.

• familiäre Entlastung

Überlegen Sie, welche familiären Bedingungen das Kind belasten, und suchen Sie mit ihm gemeinsame Lösungen. Sprechen Sie offen beispielsweise über die Arbeitslosigkeit des Vaters oder der Mutter, und überlegen Sie, wie jeder – auch das Kind – dazu beitragen kann, mit weniger Geld auszukommen. Oder sprechen Sie ebenso offen über Ihren Schmerz, Ihre Trauer, Ihre Wut und Ihren Zorn darüber, dass Sie von Ihrem Ehepartner verlassen wurden, und überlegen Sie, wie Sie – eventuell gemeinsam mit Ihrem Kind – sich trotzdem von Zeit zu Zeit schöne Stunden machen können. Führt der Schmerz oder der Zorn über die Trennung dazu, dass Sie es kaum ertragen können, wenn Ihr Kind positiv über Ihren ehemaligen Ehepartner spricht? Reden Sie mit Ihrem Kind darüber, wie schwer das für Sie ist. Bemühen Sie sich, in diesen und ähnlichen Fragen mit dem Kind ganz offen zu sprechen, und suchen Sie gemeinsam mit ihm nach Lösungen, die für beide erträglich sind. Mit Hilfe Ihres Zutrauens, dass das Kind selbst viel zu der für Ihre besonderen Verhältnisse passenden Lösungen beitragen wird, stärken Sie das Kind in seinem Kampf gegen depressive Gefühle.

• schulische Entlastung

Zuweilen ist es notwendig, genau darauf zu schauen, ob das Kind den schulischen Anforderungen tatsächlich gewachsen ist. Entspricht die Schulform seiner Intelligenzkapazität? Liegen Teilleistungsstörungen vor, zum Beispiel eine Lese-Rechtschreibschwäche oder eine Rechenschwäche? Ist das Kind durch eine Aktivitäts- und Aufmerksamkeitsstörung daran gehindert, die erwarteten Schulleistungen zu erbringen? Erlebt es seitens der Eltern einen hohen Druck im Hinblick auf schulische Erfolge? Kinder spüren oft eine derartige Erwartungshaltung der Eltern, auch wenn diese immer wieder betonen, dass Schulleistungen für sie gar nicht so wichtig seien. Sie halten solche Beteuerungen für freundliche Zugeständnisse, die aber „in Wirklichkeit" nicht so gemeint seien, so dass Eltern überlegen müssen, auf welche Weise sie ihre Überzeugung trotzdem vermitteln können (beispielsweise durch ein besonderes Interesse für nicht-schulische Aktivitäten des Kindes).

• Selbstachtung stärken

Eltern sollten alles tun, um die Selbstachtung ihres Kindes zu stärken. Kinder mit Selbstachtung wissen um ihre Fähigkeiten, treffen eigene Entscheidungen, übernehmen Verantwortung für ihr Verhalten, ertragen Frustrationen und verfügen über eine vielfältige Gefühlswelt. Selbstachtung fördert man, indem man die Gefühle des Kindes achtet und ihm mit Respekt begegnet, indem man die eigenen Erwartungen an das Verhalten des Kindes deutlich ausdrückt und auf der Einhaltung gemeinsamer Regeln eindeutig besteht. Selbstachtung wächst bei dem Kind, wenn es das Interesse der Eltern an seiner Person spürt, an seinen Leistungen und Erfolgen, aber auch an seinen Misserfolgen und den daraus resultierenden Überlegungen, wie sie beim nächsten Mal zu vermeiden sind.

Eltern sollten niemals von ihrem Kind verlangen, dass es etwas einsieht („Du musst doch einsehen, dass das vernünftig ist"). Kinder haben ein Recht auf ihre Gefühle und ein Recht darauf, dass sie irgendwelche Dinge, die die Eltern für vernünftig halten, überhaupt nicht einsehen. Eltern sollten ihre Erwartungen formulieren und darauf bestehen. Sie sollten mit zunehmendem Alter fordern, dass das Kind Aufgaben im gemeinsamen Haushalt übernimmt und für bestimmte Bereiche die Verantwortung hat. Auch das fördert die Selbstachtung des Kindes. Und schließlich sollten Eltern möglichst viele und mit zunehmendem Alter immer mehr Gelegenheiten nutzen, dem Kind die Möglichkeit zu geben, eigenverantwortlich zu entscheiden, gegebenenfalls auch einmal Entscheidungen für die ganze Familie zu treffen (beispielsweise über das Ziel des Sonntagsausfluges).

• positive Denkmuster trainieren

Kognitiven Verzerrungen lässt sich entgegenwirken, indem man mit dem Kind positive Denkmuster trainiert. So kann man mit dem Kind überlegen, warum die Freundin nicht wie erwartet angerufen hat, was ihr dazwischen gekommen sein könnte oder was sie sonst daran gehindert haben könnte, um der willkürlichen Schlussfolgerung entgegenzuwirken: „Meine Freundin mag mich nicht mehr." Auch kann man mit dem Kind trainieren, die bedeutsamen Merkmale einer Situation angemessen zu werten und kleinere negative Details (den Ärger des Vaters über ein von dem Kind umgestoßenes Glas) nicht überzubewerten und dadurch dem gesamten Geschehen einen negativen Anstrich zu geben. Man kann mit dem Kind darüber reden, dass eine Einzelerfahrung („Im Weitsprung bin ich nicht gut“) keineswegs zu dem Schluss berechtigt: „Ich bin eine schlechte Sportlerin“, und nach Bereichen suchen, in denen es sportlich ganz gut abgeschnitten hat. In ähnlicher Weise kann man mit dem Kind trainieren, andere kognitive Verzerrungen zu vermeiden und Lebenserfahrungen angemessen zu bewerten.

- **verlernte Hilflosigkeit**

Eltern sollten Gelegenheiten suchen, dem Kind vor Augen zu führen, dass es – mal in kleinem, mal in größerem Umfang – in der Lage ist, seine Lebensumstände selbst zu bestimmen. Sie sollten den Einsatz hervorheben, den ein Kind für das Erreichen eines Erfolges erbracht hat, um bei einer solchen positiven Gelegenheit darauf hinzuweisen, dass Erfolge nicht Glücksache sind, sondern das Ergebnis von Einsatz und Ausdauer. Eltern sollten auch Gelegenheiten suchen, eigene Erfolge in Anwesenheit des Kindes zu genießen und sie zugleich mit der intensiven Arbeit und Anstrengung in Verbindung zu setzen, die sie dafür aufgebracht haben. Denn Eltern sind ein wichtiges Vorbild für das Kind auch in der Art ihrer Kontrollüberzeugungen. Sie sollten ebenso über den eigenen Misserfolg vor dem Kind sprechen und beispielsweise darüber, dass sie sich ärgern, nicht genug Arbeit in diese Aufgabe investiert zu haben.

- **soziale Fertigkeiten trainieren**

Viele depressive Kinder und Jugendliche sind schon mit frühen Jahren eher schüchterne, zurückgezogene Kinder gewesen, die wenig Sozialkontakte hatten und sich im Umgang mit Gleichaltrigen schon immer schwer getan haben. Mit ihnen kann man üben, soziale Situationen richtig einzuordnen und das Verhalten anderer Menschen dabei richtig zu verstehen, die Bedürfnisse und Gefühle anderer wahrzunehmen, eine Unterhaltung zu führen, sich mit jemanden anzufreunden und mit Konflikten umzugehen. Man kann sie auch darauf aufmerksam machen, wie sehr sie durch ihr eigenes Verhalten – beispielsweise ihren mürrischen Gesichtsausdruck und den unfreundlichen Tonfall ihrer Stimme – das Verhalten der anderen selbst negativ beeinflussen und Ablehnungsreaktionen selbst hervorrufen. Man kann sie anregen, einfach ein anderes Verhalten einmal auszuprobieren (auch wenn es „unecht“ ist), um sich selbst die Möglichkeit zu geben, andere Erfahrungen zu machen. Gegebenenfalls sollten die Erwachsenen überlegen, in welchen Gruppen ihr Kind am ehesten akzeptiert wird, und ihm dann dabei helfen, den Mut zu fassen, in eine solche Gleichaltrigengruppe zu gehen.

- **Problemlösefähigkeiten trainieren**

Wenn depressive Kinder vor einem Problem stehen, fallen ihnen nur wenige Lösungsmöglichkeiten ein. Sie unterschätzen die eigenen Möglichkeiten und neigen zu einem Alles oder Nichts (wenn es nicht sofort klappt, wird es nie klappen). Darum ist es nützlich, mit den Kindern gemeinsam darüber nachzudenken, welche kleinen Ziele auch schon gut sind, und mit ihnen gemeinsam Ideen zu sammeln, welche vielen unterschiedlichen Möglichkeiten es gibt, solch ein Ziel zu erreichen. Wägen Sie mit dem Kind die Schwierigkeiten, die Risiken und die Chancen, das Ziel zu erreichen, ab. Regen Sie es an, sich einen Plan zu machen und diesen zu verfolgen. Schauen Sie sich mit ihm an, was bei der Verfolgung des Planes gelingt und was nicht, und helfen sie ihm, seine Strategie gegebenenfalls zu ändern.

• Kinder stark machen

Wenn man Kindern helfen will, eine Stärke zu entwickeln, die es ihnen möglich macht, Lebenskrisen ohne langfristige Beeinträchtigung zu meistern, sollte man sich an Forschungen darüber orientieren, wie sich solche starken Menschen verhalten.

Zum ersten schämen sich solche Menschen ihrer Trauer, ihrer Tränen, ihrer Wut und ihrer Ängste nicht und versuchen nicht, ihre Gefühle zu unterdrükken. Zum zweiten denken sie nicht lange darüber nach, warum ihnen irgendetwas zugestoßen ist, sondern stellen sich auf eine schwierige und schmerzhafte Zeit ein und richten ihren Blick in die Zukunft. Sie grübeln nicht unentwegt über ein Problem nach, sondern sind sogar im tiefsten Schmerz in der Lage, nach Lösungsmöglichkeiten zu suchen. Drittens versuchen sie erst gar nicht, Schwierigkeiten im Alleingang zu lösen, sondern schauen nach Menschen aus, mit denen sie über ihre Sorgen sprechen können. Sie meiden Personen, die nur Sprüche klopfen (wie: „Die Zeit heilt alle Wunden“, „Anderen geht es noch schlechter als dir“, „Das Leben geht weiter“), sondern suchen solche Menschen, die ihnen Mut machen und sie an ihre Stärken erinnern. Viertens überwinden starke Menschen nach einiger Zeit das Opfergefühl und wenden sich von einem „Ich-kann-nicht“ zu einem „Ich-will-es-versuchen“. Und schließlich geben sich starke Menschen für die Schwierigkeiten in ihrem Leben nicht vorwiegend selbst die Schuld, sondern erkennen auch, was andere oder die Umstände dazu beigetragen haben. Sie sehen beispielsweise, dass sie unter wesentlich ungünstigeren familiären Umständen aufgewachsen sind als andere, und können damit erkennen, dass sie Vieles trotzdem geschafft haben.

• Psychotherapie

Nicht die Depression – ein Begriff, unter dem man bestimmte Beobachtungen und Erfahrungen zusammenfasst –, sondern die Störungen des Verhaltens und Befindens, unter denen das Kind – und mit ihm die ganze Familie – leidet, werden psychotherapeutisch behandelt. Die Maßnahmen werden also immer auf den Einzelfall orientiert und beziehen die wichtigen Personen der Umwelt – Eltern, Geschwister, Freunde und Bekannte, Lehrerinnen, Ausbilderinnen – je nach Bedarf mit ein. In der Familie geht es um das Erlernen einer offenen Kommunikation und um das Finden von familiär jeweils passenden Techniken zur Bewältigung von Meinungsverschiedenheiten. Für die Jugendliche geht es darum, die depressiven Denkschemata zu verändern, depressionstypische Gedanken zu hemmen und durch positive Denkmuster zu ersetzen. Sie lernt, emotionales Befinden, Denkabläufe und Handlungsweisen zu kontrollieren, so dass sie depressiven Entwicklungen entgegenwirken kann.

• medikamentöse Behandlung

Während leichtere depressive Zustände durch Medikamente relativ schlecht zu behandeln sind, wird in schweren Fällen eine medikamentöse Behandlung durch einen Kinder- und Jugendpsychiater notwendig sein. Dabei wird man heutzutage in erster Linie zu den so genannten selektiven Serotonin-Wiederaufnahmehemmern (SSRI) greifen, deren Nebenwirkungen geringer sind als die der früher üblichen tri- und tetrazyklischen Antidepressiva (die nach neueren Untersuchungen bei Kindern und Jugendlichen auch nur Plazebo-Wirkung haben). Zu beachten ist jedoch, dass der stimmungsaufhellende Effekt erst nach ein bis drei Wochen auftritt, während mögliche Nebenwirkungen wie Übelkeit, Schlafstörungen und Unruhe möglicherweise sehr bald bemerkt werden. Die medikamentöse Behandlung sollte in der Regel über mehrere Monate durchgeführt werden. Ein Absetzen des Medikamentes nach eingetretener Besserung soll niemals schlagartig erfolgen, da sonst die Gefahr besteht, dass die Depression gleich wieder auftritt. Anzumerken ist, dass diese Antidepressiva nicht zu einer Abhängigkeit führen. Blutbildkontrollen müssen während der Einnahme regelmäßig erfolgen.

• stationäre Therapie

Ist die depressive Episode stark ausgeprägt und werden zusätzlich noch Selbstmordgedanken geäußert oder sind Selbstmordhandlungen durchgeführt worden, ist eine stationäre Behandlung meist unverzichtbar. Auch hierbei ist die Mitwirkung der Eltern oder der gesamten Familie wichtig, gegebenenfalls auch ein Einbezug von Lehrerinnen und Ausbilderinnen. In der Stationsgruppe hat die Jugendliche gute Gelegenheit, ihr Sozialverhalten zu trainieren, neue soziale Verhaltensweisen zu lernen und ihr Kontaktverhalten zu verbessern. In den Gesprächen mit den Therapeutinnen und Betreuerinnen hat sie die Chance, anhand der täglichen, gut zu beobachtenden Begegnungen mit Gleichaltrigen und Erwachsenen an einer Veränderung ihrer kognitiven Bewertungen und ihres Verhaltens zu arbeiten.

Weitere Stichworte:

Aktivitäts- und Aufmerksamkeitsstörung (Band 1)
Angst (Band 1)
Daumenlutschen (Band1)

Drogensucht
Einkoten (Band 1)
Einnässen (Band 1)
Furcht (Band 1)
Jaktationen (Band 1)
Lese-Rechtschreibschwäche (Band 1)
Probleme von Kindern psychisch kranker Eltern
Rechenschwäche (Band 1)
Schüchternheit (Band 1)
Schulangst (Band 1)
Schulphobie (Band 1)
Selbstmordhandlungen
Selbstverletzendes Verhalten
Trennungsangst (Band 1)
Zwangsverhalten

Literatur

Altherr, P. (1993): Depression. In: Steinhausen, H. C., Aster, M. von (Hrsg.): Handbuch der Verhaltenstherapie und Verhaltensmedizin bei Kindern und Jugendlichen. Weinheim, Beltz: 239 – 265

BDI – Hautzinger, M. (1995): Beck-Depressions-Inventar (BDI). 2. Aufl. Bern, Huber

DIKJ – Stiensmeier-Pelster, J., Schürmann, M., Duda, K. (1989): Depressionsinventar für Kinder und Jugendliche (DIKJ). Göttingen, Hogrefe

DTK – Rossmann, P. (1993): Depressionstest für Kinder (DTK). Bern, Huber

Essau, C.A., Petermann, U. (2002): Depression. In: Petermann, F. (Hrsg.): Lehrbuch der Klinischen Kinderpsychologie und -psychotherapie. 5. Aufl., Göttingen, Hogrefe: 291 – 322

Goodman, R., Scott, St., Rothenberger, A. (2000): Kinderpsychiatrie kompakt. Darmstadt, Steinkopff

Harrington, R. (2001): Kognitive Verhaltenstherapie bei depressiven Kindern und Jugendlichen. Göttingen, Hogrefe

Kerns, L. L. (1997): Hilfen für depressive Kinder: Ein Ratgeber. Bern, Huber

Linares, J., Campo, C. (2003): Familientherapie bei Depression. Heidelberg, Carl-Auer-Systeme

Michels, H.-P. (2003): Depression im Jugendalter – Diagnostik und Behandlung. In: Michels, H.-P., Borg-Laufs, M. (Hrsg.): Schwierige Zeiten. Beiträge zur Psychotherapie mit Jugendlichen. Tübingen, dgvt: 71 – 114

Nuber, U. (1999): Das Konzept „Resilienz“: So meistern Sie jede Krise. Psychologie heute (5): 20 – 27

Rabenschlag, U. (2000): Wenn Kinder nicht mehr froh sein können. Depressionen bei Kindern erkennen und helfen. Freiburg, Herder

Reiter, L. (1988): Auf der Suche nach einer systemischen Sicht depressiver Störungen. In: Reiter, L., Brunner, E.J., Reiter-Theil, S.: Von der Familientherapie zur systemischen Perspektive. Berlin, Springer: 77 – 96

Remschmidt, H. (1992): Psychiatrie der Adoleszenz. Stuttgart, Thieme

Rossmann, P. (2002): Depressive Störungen. In: Esser, G. (Hrsg.): Lehrbuch der Klinischen Psychologie und Psychotherapie des Kindes- und Jugendalters. Stuttgart, Thieme: 263 – 276

Schäfer, U. (1999): Depressionen im Kindes- und Jugendalter: Ein kurzer Ratgeber für Eltern, Erzieher(innen) und Lehrer(innen). Bern, Huber

Schmidt, G. (2001): Systemisch-hypnotherapeutische Konzepte für die Kooperation mit depressiv definierten Menschen und ihren Beziehungspersonen. Psychotherapie im Dialog 2: 418 – 430

Wiesner, M., Reitzle, M. (2001): Prävention depressiver Störungen im Kindes- und Jugendalter. Kindheit und Entwicklung 10: 248 – 257

Drogensucht

Wahrnehmen und bewerten

• Umgang mit Drogen

Das Erlernen des Umgangs mit Drogen ist in unserer Gesellschaft eine wichtige Entwicklungsaufgabe, die sich jedem Kind und jedem Jugendlichen stellt. Kinder beobachten im häuslichen Rahmen den mehr oder weniger kontrollierten Umgang mit Nikotin und Alkohol. Ein großer Teil von ihnen probiert und konsumiert Drogen bereits in jungen Jahren.

• Nikotin

Die Raucherquote bei Kindern im Alter von 12 bis 13 Jahren beträgt laut „Bundeszentrale für gesundheitliche Aufklärung“ (BZgA 2001) 10% und steigt kontinuierlich bis auf einen Wert von 44% bei den 16- bis 17-jährigen Jugendlichen. 11% der Kinder probieren ihre erste Zigarette in einem Alter zwischen 8 und 10 Jahren. Im Hinblick auf den Nikotinkonsum sind Unterschiede zwischen Mädchen und Jungen sehr gering. Tabak gilt inzwischen als die Einstiegsdroge überhaupt, gefolgt von Alkohol.

• Alkohol

Alkohol trinken 37% der 16- bis 17-jährigen Jugendlichen mindestens einmal in der Woche. Nur 21% dieser Altersgruppe konsumieren Alkohol selten oder nie. Hier gibt es einen deutlichen Unterschied zwischen männlichen und weiblichen Jugendlichen: Bei den Jungen ist der Anteil der regelmäßigen Konsumenten fast doppelt so hoch. Im Alter von 16 bis 17 Jahren kommt es besonders häufig vor, dass Jugendliche betrunken werden: 56% dieser Altersgruppe sagen, sie hätten im letzten Jahr einen Alkoholrausch gehabt. Das Durchschnittsalter für den ersten Alkoholrausch liegt mit 15,6 Jahren unmittelbar vor diesem Zeitraum. Offenbar ist dies das Alter, in dem Jugendliche mit dem Alkoholtrinken experimentieren und erfahren, wie Alkohol wirkt.

• illegale Drogen

Die Wahrscheinlichkeit, dass ein Jugendlicher in seinem Leben einmal illegale Drogen angeboten bekommt, ist hoch. Bejaht wurde dies von 30% der 12- bis 17-Jährigen und 61% der 18- bis 25-Jährigen. Etwa die Hälfte von ihnen nehmen die Drogenangebote an und probieren zumindest einmal.

Die Bereitschaft, verschiedene illegale Drogen zu probieren, ist in den letzten Jahren deutlich angestiegen. Im Jahre 2001 gaben 45% der 12- bis 25-Jährigen an, sie würden vielleicht einmal Cannabis probieren. Im Hinblick auf Ecstasy liegt dieser Wert bei 12%, bei Amphetaminen bei 11% und bei LSD und Kokain bei 6%.

• schrittweiser Lernprozess

Einigkeit besteht heute darüber, dass der Konsum psychotroper Substanzen ein schrittweiser Lernprozess ist. Dieser Lernprozess beginnt mit dem Tabakrauchen, verläuft weiter über den Konsum von Alkohol hin zum Konsum von Cannabis und Ecstasy bis schließlich zum Konsum von LSD, Heroin und Kokain. Offensichtlich sind Jugendliche eher bereit, eine weitere Substanz zu probieren, wenn sie mit einer anderen bereits Erfahrung gesammelt haben. So erhöht Rauchen die Wahrscheinlichkeit für intensiveres Alkoholtrinken (bis zum Alkoholrausch), häufigere Rauscherfahrungen mit Alkohol erhöhen die Wahrscheinlichkeit des Konsums von Cannabis, und dieser wiederum führt eher zum Gebrauch anderer illegaler Drogen wie Ecstasy, Amphetamine, LSD oder Heroin. Die Konsumwahrscheinlichkeit erhöht sich besonders dann, wenn mehrere vorangegangene Substanzen genommen wurden.

• Ausstieg möglich

Dieses schrittweise fortschreitende Konsummuster vollzieht sich jedoch nicht als zwangsläufig ablaufender Prozess. Auf jeder Stufe ist ein Ausstieg möglich. 53% der 16- bis 17-jährigen Jugendlichen mit Drogenerfahrung gaben im Jahr 2001 an, in den nächsten 12 Monaten auf keinen Fall wieder Drogen einnehmen zu wollen. Diese Entscheidung wird einerseits durch die Häufigkeit der Drogenkontakte beeinflusst; andererseits werden als Ablehnungsmotive die Angst vor gesundheitlichen Schäden mit 26%, die Angst, süchtig zu werden, mit 24% und eine Angst vor dem unmittelbaren Rausch mit 16% angegeben.

• Suchtverhalten in unserer Gesellschaft

Nach Angaben der „Deutschen Hauptstelle gegen die Suchtgefahren" (DHS) ist die Anzahl der stoffgebundenen Suchtkranken in Deutschland mit 5% der Bevölkerung erschreckend hoch. Die meisten Suchtkranken sind jedoch von legalen Drogen abhängig. Die Bedeutung der illegalen Drogen wird in der Öffentlichkeit weit überschätzt. Rund 17 Millionen rauchen mehr als 16 Zigaretten täglich. Rund 1,4 Millionen sind von Medikamenten abhängig. Rund 2,5 Millionen sind behandlungsbedürftig alkoholabhängig. Demgegenüber sind „nur" 120.000 Menschen abhängig von illegalen Drogen. Entsprechend gibt es pro Jahr etwa 2.000 Todesfälle, die auf illegale Drogen zurückzuführen sind, während bis zu 40.000 Alkoholtote und 80.000 Tabaktote gezählt werden.

• Sucht

Das Wort „Sucht" leitet sich aus dem germanischen „siech" ab und weist auf Siechtum und Krankheit hin. Entsprechend wird heute Sucht als ein zwanghaftes, krankhaftes Verlangen nach einem bestimmten Erlebniszustand beschrieben. Die freie Entscheidung einer Person erweist sich als beeinträchtigt. Die sozialen Bindungen und die sozialen Chancen des Betroffenen werden zerstört.

Grundsätzlich kann jedes menschliche Verhalten zur Sucht werden, wenn bestimmte Bedingungen zusammentreffen. Sucht äußert sich dann in dem Bestreben, aus einer als unerträglich erlebten Lebenslage zu flüchten und nicht durch eigene, mitunter beschwerliche Anstrengungen einen Ausweg zu finden. Durch die Einnahme der Droge (zum Beispiel Alkohol, Medikamente oder Heroin) oder aber durch bestimmte Verhaltensweisen (zum Beispiel Spielen, Internetsurfen) wird das Unerträgliche jedoch nur für kurze Zeit verdeckt. Das führt dazu, dass der Wunsch nach kurzfristiger Bedürfnisbefriedigung ohne nennenswerte eigene Anstrengung immer wieder zurückkehrt und damit verbunden der Verlust der Kontrolle über das eigene Verhalten immer mehr zunimmt.

• Abhängigkeit

Bei allen Suchtformen ist der Übergang aus dem Bereich von Genuss und Entspannung in den Zustand der körperlichen und seelischen Abhängigkeit fließend. Auf dem Weg in die Abhängigkeit steigert sich das Verlangen, sein Bedürfnis zu befriedigen, immer mehr. Qualvolle Gefühle, Unruhe oder Entzugserscheinungen werden befürchtet. Es kommt zu Dosissteigerungen. Immer mehr treten schädigende Folgen im psychischen, sozialen und körperlichen Bereich auf. Die bis dahin verfolgten eigenen Interessen werden unwichtig; die Schulleistungen sinken, es findet ein schulischer Abstieg, beispielsweise vom Gymnasium über die Realschule bis zur Hauptschule und schließlich dem völligen Fernbleiben von der Schule, statt. Die Beziehungen in der Familie verlieren an Bedeutung. Die individuelle Lebensplanung tritt völlig in den Hintergrund. Die Jugendlichen geraten in eine zunehmende Isolation, und die Notwendigkeit, viel Geld für die Beschaffung der Drogen auszugeben, führt zu kriminellem Verhalten.

• körperliche Abhängigkeit

Die Gefahr der körperlichen Abhängigkeit ist je nach Droge unterschiedlich: Bei Nikotin, Haschisch, Kokain und LSD tritt kaum eine körperliche Abhängigkeit ein. Demgegenüber lösen Alkohol und Heroin eine hohe körperliche Abhängigkeit aus. Die körperliche Abhängigkeit wird dadurch bedingt, dass der Organismus die Substanz in seinen Stoffwechsel einbaut und nach und nach immer mehr des jeweiligen Suchtmittels verträgt. Deshalb muss der Abhängige die Dosis steigern, um dieselbe Wirkung wie zuvor zu erzielen. Ein Ausbleiben des Stoffes führt zu Entzugserscheinungen wie Unruhe, Gereiztheit, Frieren, Zittern, Schwindelgefühle, Übelkeit, Erbrechen und Schmerzen.

• seelische Abhängigkeit

Die seelische Abhängigkeit äußert sich vor allem in dem starken Wunsch oder Zwang, den Stoff ständig und immer wieder zu sich zu nehmen. Die Möglichkeit der freien Entscheidung darüber, ob der Betroffene die Droge konsumieren will oder nicht, ist weitgehend eingeschränkt. Der Gedanke an den Suchtstoff, an seine Beschaffung und an den mehr oder weniger kurzen Zustand des Wohlbefindens nach dem Drogenkonsum bestimmt in zunehmendem Maße das Denken und Handeln.

Seelische Abhängigkeit ist nicht weniger schlimm als körperliche. Im Gegenteil: Körperliche Entzugserscheinungen klingen insbesondere bei Jugendlichen in aller Regel rasch ab. Seelische Abhängigkeit hält aber gerade bei Jugendlichen besonders lange an. Sie brauchen den Stoff, um ihr seelisches Gleichgewicht zu halten, Angst, Spannungen und emotionale Belastungen auszuhalten und wenigstens kurze Phasen des Wohlbefindens zu erleben. Damit aber verpassen sie das, was Jugendliche üblicherweise in der Zeit zwischen 12 und 18 Jahren erlernen: sich den altersgemäßen Entwicklungsaufgaben zu stellen, sich mit der Frage nach der eigenen Identität auseinander zu setzen, Lösungsstrategien für auftretende Probleme und Schwierigkeiten zu entwickeln und Zukunftsperspektiven aufzubauen. Durch die seelische Abhängigkeit von Drogen geraten die Jugendlichen in einen nur schwer aufholbaren Entwicklungsrückstand.

• Auswirkungen auf das Gehirn

Suchtmittel wirken direkt auf das zentrale Nervensystem. Sie greifen in den Haushalt der Botenstoffe ein und können auch Veränderungen der Hirnstruktur bedingen. Werden Suchtmittel gelegentlich genommen, stellt der Körper sein natürliches Gleichgewicht nach einer Zeit des Drogenverzichts wieder her. Werden sie jedoch häufig konsumiert, hat das nachhaltigere Folgen. Das gilt insbesondere für Jugendliche, da die Entwicklung des Gehirns erst in einem Alter von 17 oder 18 Jahren abgeschlossen ist. Offensichtlich kann ein häufiger Drogenkonsum diesen Entwicklungsprozess erheblich beeinträchtigen; die Forschungen hierzu stehen jedoch noch am Anfang.

• Folgen eines frühen Einstiegs

Abhängigkeit und Sucht entwickeln sich im Jugendalter offensichtlich schneller als im Erwachsenenalter. Jugendliche, die im Alter von 16 und 17 Jahren beginnen, Alkohol zu trinken, haben nach Ansicht von Suchtexperten ein etwa 25%iges Risiko, später abhängig zu werden. Beginnen die Kinder schon vor dem 13. Lebensjahr, liegt dieses Risiko bei 45%. Neurobiologische Befunde verweisen darauf, dass es ein so genanntes „Suchtgedächtnis“ gibt, in dem positive Erlebnisse mit Suchtmitteln ebenso gespeichert werden wie die Erfahrung, dass negative Gefühle durch Drogenkonsum für kurze Zeit vermieden werden können. Angesiedelt ist dieses Suchtgedächtnis in dem stammesgeschichtlich alten „Belohnungssystem“ des Gehirns. Werden sehr häufig Suchtmittel konsumiert, wird dieses Suchtgedächtnis sozusagen programmiert.

• allgemeine Signale für Drogenkonsum

Man kann allgemeine Signale beschreiben, die – möglicherweise in Kombination mit spezifischen Signalen – Hinweise geben können darauf, dass eine Jugendliche oder ein Jugendlicher Drogen nimmt. Ob tatsächlich von einem problematischen Drogenkonsum oder bereits einer beginnenden Abhängigkeit gesprochen werden kann, ist nur festzustellen, wenn mit dem Kind geredet wird. In einem solchen Gespräch kann sich der Verdacht bestätigen. Aber ebenso gut kann es geschehen, dass ganz andere Probleme und Schwierigkeiten zur Sprache kommen.

Derartige allgemeine Signale sind beispielsweise auffallende Veränderungen im Verhalten des Jugendlichen, eine bemerkenswerte Vernachlässigung der Kleidung oder ein deutliches Absinken der Schulleistungen. Jugendliche verlieren das Interesse an ihren ehemaligen Freundinnen und Freunden, die früher wichtig waren. Sie ziehen sich immer mehr aus sozialen Kontakten zurück und isolieren sich. Allgemein nimmt das Interesse an Tätigkeiten, die sie früher geschätzt haben, ab. Verabredungen und Absprachen werden nicht oder nur unzuverlässig eingehalten. Insgesamt verschlechtert sich der Kontakt zu Eltern und Lehrern. Die Stimmung des früher fröhlichen Kindes wirkt niedergedrückt, im Verhalten zeigt es sich passiv. Oft kommt es zu spät zur Schule oder versäumt die Schule ganz. Besonders am Montagmorgen zeigt es sich müde, abgespannt und lustlos. Konzentrationsprobleme fallen nicht nur in der Schule, sondern auch bereits im täglichen Leben auf. Gegebenenfalls spricht die Jugendliche häufig über Drogen und deren Konsum. Immer häufiger versucht sie, sich Geld zu leihen.

• spezifische Signale für Drogenkonsum

Auch die spezifischen Signale können höchstens anzeigen, dass die Jugendliche Drogen genommen hat. Sie lassen jedoch keine Rückschlüsse darauf zu, ob bereits ein problematischer Konsum einer bestimmten Droge stattfindet. Zudem sind die spezifischen Signale nicht eindeutig. Rote Augen können beispielsweise bedeuten, dass man gekifft hat, können aber auch durch Probleme mit Kontaktlinsen bedingt sein. Andere Signale für Cannabiskonsum wie Lachanfälle sind auch allgemeine Pubertätsphänomene. Spezifische Signale sind deshalb ebenfalls nur erste Hinweise, die jedoch zu einem Gespräch mit dem Jugendlichen veranlassen sollten.

• Alkohol

Wegen der weiten Verbreitung des Alkoholkonsums sind Signale, die auf Alkoholkonsum hinweisen, gut bekannt: Der Atem riecht nach Alkohol; der

Jugendliche hat eine „Fahne“. Er hat weite Pupillen. Seine Sprache ist verwaschen und undeutlich. Beim Gehen schwankt er und kann sich nur schlecht auf den Beinen halten. Nach größerem Konsum tritt häufig Erbrechen auf. Der Jugendliche zeigt sich „angeheitert“, lautstark und enthemmt, zuweilen aber auch depressiv verstimmt und leicht reizbar. So äußert sich auch der Rausch bei jeder Person unterschiedlich, entweder in einem streitsüchtig-aggressiven Auftreten, in einem sentimentalen Verhalten, in verbalen Entgleisungen oder aber still und selbstbeschuldigend. Manche Jugendliche machen jedes Wochenende „Party“ und betrinken sich bis zum Vollrausch, während sie in der Woche keinen oder nur wenig Alkohol trinken. Die Menge des Konsums ist für die Eltern oft schwer einzuschätzen.

• Haschisch und Marihuana (Gras)

Viele Jugendliche zeigen eine unpassend heitere Stimmung im Sinne von „alles ist super“. Häufiger haben sie Lach- oder Kicheranfälle („Lachkick“). Sie haben Hungeranfälle („Esskick“) und viel Durst. Andere zeigen ein in sich selbst gekehrtes Verhalten und eine große Gleichgültigkeit allem gegenüber, was sie früher interessierte. Ihre Augen sind oft gerötet und lichtempfindlich. Im Gespräch fällt eine große Vergesslichkeit auf. Auf ein bereits regelmäßiges Kiffen verweisen Abbildungen eines Hanfblattes auf der Kleidung, Marihuanatütchen in der Kleidung oder Schultasche, Berichte über Besuche eines Coffieshops, häufigeres Sprechen über das Kiffen und Kenntnisse über verschiedene Sorten von Haschisch und Gras, Veränderungen der Kleidung und der Musik sowie ein Aufgehen in der Subkultur.

• Ecstasy

Die Jugendlichen sind sozial entspannt, zeigen die Zeichen eines leichten Rausches und sind voller Energie. Sie haben weite Pupillen und Schwierigkeiten, ihre Bewegungen zu koordinieren. Häufig klagen sie über Übelkeit und eine Trockenheit im Mund und Rachenraum, so dass sie viel Wasser trinken. Nachdem der Wirkstoff abgebaut ist, zeigen sie sich übermüdet und depressiv und berichten über Muskelkater im Nacken und in den Kiefermuskeln. Der Verdacht auf regelmäßigeren Ecstasykonsum wird nahe gelegt, wenn die Freunde ebenfalls konsumieren und regelmäßig Technopartys besucht werden, überhaupt die Technokultur bei der Kleidung und in der Musik dominiert. Die Jugendlichen äußern häufig großes Interesse an Ecstasy und anderen Pillen und wissen auch eine Menge darüber.

• Mischkonsum

Kinder und Jugendliche betreiben allerdings meist einen Mischkonsum und konsumieren das, was sie am ehesten erreichen und finanzieren können. Eine Spezialisierung auf eine einzige Droge, beispielsweise auf Alkohol oder Heroin, wie dies im Erwachsenenalter zu beobachten ist, findet sich bei ihnen eher selten.

Zuordnen und verstehen

• Verhaltensmodelle

Kinder lernen aus der Beobachtung ihrer Eltern und der übrigen nahen Erwachsenen. So beobachten sie beispielsweise, wie Erwachsene mit Unpässlichkeiten und gelegentlichen Schmerzen umgehen. Heutzutage erkennen sie am Vorbild der Erwachsenen häufig, dass es wichtig ist, solche Beschwerden möglichst schnell zum Verschwinden zu bringen, und dass dafür Medikamente – sprich: Drogen – umgehend eingesetzt werden. In vielen Fällen bekommen sie selbst mehr oder weniger regelmäßig Vitamintabletten, um die Leistungsfähigkeit zu steigern, Tropfen, um besser einschlafen zu können, und Pillen, um die Konzentrationsfähigkeit zu erhöhen.

Natürlich beobachten sie auch den Umgang der Eltern mit Drogen: Ist die Zigarette unverzichtbar? Wird das Glas Wein genossen, oder ist nur die Menge an Alkohol wichtig? Wird auf einer Party Alkohol getrunken und abends nach dem Essen, oder bereits morgens nach dem Frühstück?

• Gesundheitsverhalten

Immer wieder konnte festgestellt werden, dass die Sorge um die eigene Gesundheit für Jugendliche das häufigste Motiv ist, nach einem Probierverhalten den Drogenkonsum wieder aufzugeben. Entsprechend bedeutsam ist, was Kinder im Hinblick auf ihre Einstellung zur Gesundheit lernen. Achten die Eltern darauf, dass Kinder – unabhängig vom Wetter – sich jeden Tag draußen bewegen und nicht den Nachmittag nur vor dem Fernseher verbringen? Werden die Kinder zu Spiel und Sport angehalten, damit sie ihren Körper erfahren und eine aktive Einstellung zu ihrem Körper entwickeln? Wird Wert auf gesunde Ernährung gelegt?

• Kontrollüberzeugungen

Generell ist es für die körperlich und psychisch gesunde Entwicklung eines Kindes von hoher Bedeutung, dass es in angemessener Weise die Überzeugung gewinnt, die wichtigen Dinge in seinem Leben selbst beeinflussen und kontrollieren zu können. Diese Überzeugung ist auch von hoher Bedeutung für die Fähigkeit eines Jugendlichen, einen sicheren Umgang mit Drogen zu entwickeln, wie viele Untersuchungen gezeigt haben. Je stärker der Einzelne davon überzeugt ist, dass er über momentane und künftige Ereignisse selbst bestimmen kann, sich dies als eigene Fähigkeit zuschreibt und die soziale und dingliche Umwelt als Bedingungen begreift, die er beeinflussen und mitgestalten kann, um so geringer ist die Wahrscheinlichkeit, dass er in eine Abhängigkeit von Drogen gerät. Umgekehrt ist die Gefahr einer Suchtentwicklung umso größer, je mehr ein Mensch sich als Opfer der Umstände begreift oder sich ohne eigene Beeinflussungsmöglichkeiten den Einflüssen anderer Menschen ausgesetzt erlebt.

• generelles Konsumbedürfnis

In der Arbeit mit drogenabhängigen Jugendlichen, die eine Entwöhnungstherapie machen, fällt immer wieder auf, wie sehr diese Mädchen und Jungen zu einer passiven Konsumhaltung neigen: zu einem Abhängen vor dem Fernseher, einer Dauerberieselung durch Musik und Ähnliches. Sie haben es nicht gelernt, die eigene Zeit selbst zu gestalten, und sie haben es auch nicht gelernt, negative Gefühle wie Langeweile oder Ärger oder Enttäuschung auszuhalten, sondern versuchen, sie durch Ablenkung zu überspielen. Dementsprechend findet sich in der Geschichte von Drogenabhängigen oft, dass Konsum von den Eltern als Ersatz für etwas anderes, das in dem Moment nicht zu haben war, eingesetzt wurde: die Schokolade, um die Trauer zu überspielen, das Fernsehen, um die Langeweile nicht ertragen zu müssen, der Kauf des Teddys, weil die Mama gerade keine Zeit hatte, und das neue Spielzeug, weil der Papa in Ruhe arbeiten wollte.

Diese Kinder haben gelernt, sich mit Ersatz zufrieden zu geben. Sie verlernen, das ursprüngliche Bedürfnis zu spüren und das damit verbundene Gefühl ernst zu nehmen. Und dementsprechend ist es in der Entwöhnungsbehandlung von drogenabhängigen Jugendlichen eine der wichtigsten Aufgaben, ihnen zu helfen, ihre Gefühle wahrzunehmen und sie in Worte zu fassen. Dies hilft dabei, ihre Beziehungsfähigkeit zu fördern und ihre mangelnden Erfahrungen und Fähigkeiten im sozialen Umgang zu verbessern.

• sensation seeking

Viele Jugendliche zeigen ein hohes Bedürfnis nach Nervenkitzel und Abwechslung. Besonders im Schutz der Gruppe von Gleichaltrigen leben sie solche Bedürfnisse aus, gehen besondere Gefahren ein und begehen Gesetzesübertretungen als Nervenkitzel. Nach neurobiologischen Forschungen spielt dabei eine Rolle, dass das Kontrollzentrum im Gehirn, der so genannte präfrontale Kortex, im Jugendalter noch nicht voll ausgebildet und seine Entwicklung erst zu Beginn des Erwachsenenalters abgeschlossen ist.

Dieses „sensation seeking" scheint bei der Entwicklung einer Drogensucht eine erhebliche Rolle zu spielen, wie in vielen Untersuchungen nachgewiesen wurde. Es liegt nahe anzunehmen, dass auch hier eine allgemeine Haltung des passiven Konsumverhaltens eher dazu verführt, den „Kick" im Konsum von Drogen zu suchen, als beispielsweise durch eigene Aktivitäten beim Sport, im kreativen Gestalten oder anderen selbst bestimmten Tätigkeiten.

• Familienklima

In einer Befragung von Schülern der 8. Klasse im Lande Nordrhein-Westfalen gaben die Jugendlichen als Gründe für ihren regelmäßigen Konsum von Cannabis mit 52% „Streit zu Hause" und mit 28% „Stress zu Hause" an. Damit fand sich die von allen Experten geteilte Ansicht bestätigt, dass das

Familienklima eine sehr hohe Vorhersagekraft für jugendlichen Drogenkonsum hat. Dabei scheint eine Rolle zu spielen, dass ein Konflikt geladenes Familienklima die Jugendlichen geradezu in die Gleichaltrigencliquen treibt, in denen dann möglicherweise der Drogenkonsum als Symbol für das Erleben von Zusammengehörigkeit dient.

• mangelnde Konfliktfähigkeit

Genau so schädlich ist allerdings ein Familienklima, in dem Konflikte vermieden werden dadurch, dass die Kinder grenzenlos verwöhnt werden und ein schrankenloses Gewährenlassen vorherrscht. Und auch ein überbehütender Erziehungsstil führt häufig zu Schwierigkeiten, weil die Kinder lernen, Konflikten aus dem Wege zu gehen, und weil sie gegensätzliche Interessen und Ansichten als Bedrohung wahrnehmen. In all diesen Familien wird Konfliktfähigkeit nicht gelernt, wird nicht gelernt, sich richtig zu streiten und unterschiedliche Auffassungen, Wünsche und Träume miteinander auszutauschen und zu besprechen. Die Kinder erfahren nicht, dass Konflikte nicht aus der Welt zu schaffen sind, dass man aber Lösungen finden kann, bei denen zwar nicht jeder alles erreicht, aber die doch jedem irgendwie gerecht werden.

• die Gleichaltrigenclique

Die Gruppe der Gleichaltrigen gewinnt im Jugendalter zunehmend an Bedeutung gegenüber der Familie. In ihr findet der Jugendliche Unterstützung bei seiner Suche nach Identität, bei der Aufgabe, sich in seine Geschlechtsrolle hineinzufinden, bei der Ablösung aus dem Elternhaus und vielem anderen mehr. Die Jugendlichen handeln untereinander ihre gemeinsamen jugendtümlichen Regeln, Vorlieben und Abneigungen aus, sie bringen ihre Erfahrungen in Einklang, knüpfen Freundschaften und machen erste sexuellerotische Erfahrungen.

In der Jugendclique werden auch Regeln über den Drogenkonsum festgelegt. Nahezu alle Jugendlichen machen in der Gruppe ihre ersten Konsumerfahrungen. Das können zunächst Mutproben sein. Der Drogenkonsum kann aber in manchen Gruppen ein Merkmal für die Gruppenzugehörigkeit bilden. Will ein Jugendlicher deutlich machen, dass er Mitglied der Gruppe ist und sein will, muss er beim Drogenkonsum mitmachen.

Die Bedeutung der Zugehörigkeit zur Gleichaltrigenclique ist für einen Jugendlichen aber um so höher, je weniger erfreulich die Alternative, das Leben in seiner eigenen Familie, sich für ihn darstellt. Nicht wenige Jugendliche erleben sich gerade in Drogen orientierten Gleichaltrigencliquen akzeptiert und ohne weitere Bedingungen angenommen – eine Erfahrung, die ihnen in ihrer Familie aus unterschiedlichen Gründen versagt wird und die sie auch in der Schule, die Akzeptanz von Leistung abhängig macht, nicht machen können.

• Person – Umwelt – Droge

Kein Jugendlicher wird durch gelegentliches Probierverhalten süchtig. Die Drogen haben keine Macht, solange nicht die Person des Jugendlichen und die Umweltbedingungen dazu die Voraussetzungen schaffen. Die gleiche Droge kann einmal das psychische Gleichgewicht ausbalancieren und die Gesundheitsbilanz ausgleichen: Das Bier am Abend entspannt, die Zigarettenpause dient der Erholung, der Joint in geselliger Runde hebt die Stimmung. Diese Substanzen können andererseits aber bei regelmäßigem Gebrauch und häufigem Missbrauch eine hohe Gefahr für die Gesundheit darstellen und zu einem riskanten Hilfsmittel bei der Bewältigung des eigenen Lebens werden. Sie können Bedeutung erlangen, weil sie kurzfristig bei der Lösung aktueller Lebensaufgaben nützlich erscheinen, langfristig aber genau die Fähigkeiten blockieren, die für ihre Bewältigung notwendig sind.

• Phasen des Konsums

Menschen werden nicht von einem auf den anderen Moment süchtig. Der Suchtprozess verläuft vielmehr allmählich über eine Reihe von Phasen. In jeder Phase hat der Konsum eine andere Funktion. Je mehr der Prozess voranschreitet, desto abhängiger wird der Jugendliche von dem konsumierten Mittel. An den verschiedenen Phasen des Suchtprozesses lässt sich erkennen, ob eine Jugendliche den Konsum von Drogen wahrscheinlich noch relativ leicht wieder aufgeben kann oder ob sie sich bereits in der Gefahrenzone bewegt.

• Phase des Kennenlernens

Am Anfang steht die Neugier. Kinder und Jugendliche kommen erstmals mit einer bestimmten Substanz in Berührung. Sie sehen andere in ihrer Umgebung rauchen, sie bekommen an Festtagen ein Gläschen Wein angeboten, auf einer Fete geht ein Joint herum. Jugendliche treffen in dieser Situation bewusst oder unbewusst eine Entscheidung: Sie sind neugierig und probieren, oder sie sind uninteressiert und lehnen ab. Manche probieren und beginnen einen gelegentlichen Konsum, und manche probieren und beenden den Konsum danach. Bei allen ist der Wunsch, die Wirkung einer Droge kennen zu lernen und interessante Gefühlszustände zu erleben, das wichtigste aktuelle Motiv für den Einstieg in den Drogenkonsum.

• Phase des Experimentierens

Auf das Kennenlernen folgt die Experimentierphase: Die Jugendlichen suchen eigene Vorlieben zu entdecken und Grenzen abzutasten. Sie suchen dem Alltagstrott zu entfliehen, genießen die durch die Drogen ausgelöste Entspannung und eventuell auch den „Kick“, der aus dem Umgang mit dem Verbotenen entsteht.

• Phase des sozialen Konsums

In dieser Phase konsumieren die Jugendlichen in der Gruppe mit anderen, um etwas zu feiern oder aber um zu entspannen. Der kreisende Joint schafft ein Gefühl von Gemeinsamkeit; der Ruch des Verbotenen schweißt die Gruppe zusammen. Die Belastungen des Alltags werden vergessen: Der Krach in der Familie tritt in den Hintergrund, die Probleme in der Schule werden unbedeutend. Ohne es zu merken, konsumiert man mehr, öfter und aus anderen Gründen. Es kommt zur Gewohnheitsbildung, und bald ist der Konsum keine bewusste Entscheidung mehr.

• Phase des problematischen Konsums

Der soziale Konsum kann sich über die Gewohnheitsbildung zu einem problematischen Konsum ausweiten. Die Erfahrung setzt sich fest, dass die Droge „hilft", sich wohler zu fühlen. Während der Drogenwirkung treten die Probleme in Familie und Schule zwar zurück. Aber sie vergrößern sich durch den Drogenkonsum, und nach Ablauf der Drogenwirkung treten sie umso drängender in Erscheinung. Damit ist ein neuer Anlass gegeben, die „Lösung" Droge zu suchen. Es entsteht allmählich das Empfinden eines wachsenden Kontrollverlustes, und daraus erwachsen Schuldgefühle. Der Jugendliche versucht nun, den Gebrauch des Stoffes vor sich selbst und vor anderen zu rechtfertigen. Er versucht in einem weiteren Schritt, über das wahre Ausmaß seines Substanzgebrauchs hinwegzutäuschen, und verspricht sich und anderen, bald weniger zu konsumieren. Aber der Ausstieg ist an diesem Punkt schon sehr schwer, auch wenn er durchaus noch gelingen kann.

• Phase des süchtigen Konsums

In vielen Fällen jedoch ist das Verlangen größer als die bedrohlichen Folgen: Der Jugendliche bricht das Versprechen, das er sich selbst und anderen gegeben hat. In zunehmendem Maße fühlt er sich nur noch gut, wenn er unter Drogeneinfluss steht. Allmählich wird die Beschaffung der Droge zu einem wichtigen, wenn nicht gar zu dem einzigen Lebensinhalt. Bei Alkohol, Ecstasy oder Heroin muss immer mehr konsumiert werden, um denselben Effekt zu erzielen. Werden keine Drogen genommen, kommt es zu Entzugserscheinungen.

• „Ko-Abhängigkeit"

In den Verlauf der Drogenkarriere eines Jugendlichen werden sowohl die Einheit Familie als auch die einzelnen Familienmitglieder – wenn auch in unterschiedlicher Art und Ausprägung – mit einbezogen. Oft entstehen ungünstige Verhaltensmuster, die entgegen der eigentlichen Absicht zur Aufrechterhaltung der Drogenkarriere beitragen. Dabei sind die auftretenden Muster, wie beispielsweise die Überschreitung von Generationengrenzen, geringer Ausdruck von Gefühlen, geringes Ausmaß innerfamiliärer Kommunikation und andere Symptome, als charakteristische familiäre Reaktionen auf die Anforderungen einer chronischen Stresssituation, wie sie die Suchtkrankheit eines Familienmitglieds darstellt, anzusehen. Insofern ist der Begriff Ko-Abhängigkeit, der sich dafür eingebürgert hat, eigentlich unzutreffend, weil er etwas beschreibt, das bei allen die Familie belastenden Verhaltensproblemen auftritt.

Lösungen anregen und möglich machen

• aktives Handeln fördern

Viele Eltern und Erzieherinnen neigen heute dazu, Kindern und Jugendlichen ihre Wünsche großzügig zu erfüllen. Sie scheuen sich beispielsweise davor, von Kindern zu erwarten, dass sie ihre Langeweile aushalten, und nehmen ihnen damit die Chance, selbst auf Ideen für eigenes Handeln zu kommen. Bei Fernsehen und Video werden keine Einschränkungen gemacht, und gerade in Familien mit geringen finanziellen Möglichkeiten hat oft jedes Kind einen eigenen Fernsehapparat. Das hilft zwar, Konflikte zu vermeiden, und erscheint als angenehme Lösung. Kinder müssen aber lernen, selbst ihre Zeit aktiv zu gestalten. Nicht reguliertes Spielen im Freien ist dafür ebenso wichtig wie Sport, kreatives Gestalten, die Kindergruppe oder der Sportverein.

• negative Gefühle aushalten

Kinder müssen auch lernen zu verzichten. Kein Erwachsener kann sich alle Wünsche erfüllen – und darauf sollten Kinder frühzeitig vorbereitet werden. Gelegentlich Schmerzen zu haben, gehört ebenfalls zum normalen Leben. Medikamente sind nur erforderlich, wenn die Beschwerden wirklich sehr schlimm sind. Und immer muss man dann mit den Kindern erörtern, dass alle Medikamente auch negative Nebenwirkungen haben und deshalb ihr Einsatz wohl überlegt werden muss. Auch Traurigsein gehört zum Leben und muss weder durch tolle Konsumangebote verdrängt, noch durch Medikamente bekämpft werden.

• lernen zu genießen

Köstliche Mahlzeiten, gute Musik oder schöne Gemälde zu genießen gelingt keinem Kind auf Anhieb. Genießen muss gelernt und die dafür notwendigen Fähigkeiten, Gutes von Mittelmäßigem und Schlechtem zu unterscheiden, erarbeitet werden. Das ist eine große und wichtige Erziehungsaufgabe – nicht zuletzt, weil Genussfähigkeit eine bedeutsame Stärke ist, die einem Suchtverhalten vorbeugt.

• Selbstschutz stärken

Jugendliche müssen letztlich für sich selbst entscheiden, wie sie mit Drogen umgehen wollen. Eltern und Erzieherinnen können sie zwar zu einem möglichst überlegten Umgang mit Suchtmitteln anregen. Sie haben aber keinen direkten Einfluss und können nicht darüber bestimmen, wie die Jugendlichen handeln. Eltern und Erzieherinnen können aber einiges dafür tun, den Selbstschutz der Jugendlichen zu stärken, so dass diese den verlockenden Angeboten, vielleicht auch dem Gruppendruck und den günstigen Gelegenheiten besser widerstehen können.

Vielleicht am hilfreichsten ist es dafür, das Selbstbewusstsein des Jugendlichen dadurch zu stärken, dass die Eltern und Erzieherinnen ihre Aufmerksamkeit auf die positiven Verhaltensweisen des Jugendlichen lenken und Gelegenheiten suchen, um Komplimente zu machen. Das ist oft schwierig, wenn Angst, Ärger, Sorge und Kummer im Vordergrund stehen. Doch wenn Eltern und Erzieherinnen sich bewusst damit beschäftigen, positive Verhaltensweisen bei ihrem Kind wahrzunehmen und im Gespräch anzuerkennen, merken sie, wie eine kleine Veränderung der Aufmerksamkeit eine große Wirkung auf die Beziehung zum Kind und auf das Selbstwerterleben des Kindes haben kann und wie sich die Atmosphäre dann verbessert. Ein selbstbewusstes Kind, das über ein positives Selbstbild verfügt und das Familienklima als angenehm erlebt, wird am ehesten in der Lage sein, eigene und verantwortungsvolle Entscheidungen zu treffen.

• das Gespräch suchen

Wenn der Verdacht aufkommt, dass Kinder oder Jugendliche legale oder illegale Drogen konsumieren und möglicherweise einen zumindest problematischen Gebrauch davon machen, müssen Eltern und Erzieherinnen das Gespräch mit der oder dem Jugendlichen suchen. Dafür ist es aber wichtig, dass sie wissen, worüber sie sprechen. Das gibt Sicherheit, und die Chance, dass zwischen dem Kind und dem Erwachsenen ein Gespräch gelingt, steigt. Darüber hinaus ist es wichtig, dass Eltern und ErzieherInnen über die Gefahren des Konsums genau Bescheid wissen, sie nicht übertreiben, aber auch nicht verharmlosen.

• Tabak

Tabak besteht aus den gestoßenen und geschnitten Blättern der Tabakpflanze. Der Hauptwirkstoff ist das Nikotin. Es hat eine anregende und zugleich beruhigende Wirkung. Bei vielen Rauchern stellt sich beim Inhalieren des nikotinhaltigen Tabakrauches ein Gefühl der Gelassenheit ein. Bei hohem Verbrauch kehrt sich die Wirkung allerdings ins Gegenteil: Blutgefäße werden verengt und die Durchblutung im gesamten Körper beeinträchtigt. Der Blutdruck sinkt, und die Konzentration ist gestört.

Langfristiger Nikotinkonsum hat mannigfache negative Folgen: Das bei der Verbrennung entstehende Kohlenmonoxid wird vom Blut aufgenommen, blokkiert die Sauerstoffversorgung der Organe und trägt zur frühzeitigen Verkalkung der Blutgefäße bei. Die Gefahr von Herzinfarkten ist erhöht. Beim Rauchen setzt sich Teer als Reizstoff in den Atmungsorganen ab, der nur sehr langsam – wenn überhaupt – wieder abgebaut wird. Die im Tabakrauch enthaltenen Schadstoffe sind krebserregend und können vor allem Mundhöhlen-, Kehlkopf- und Lungenkrebs auslösen.

Beim Tabakrauchen steht nicht die körperliche Abhängigkeit im Vordergrund. Es entwickelt sich jedoch eine seelische Abhängigkeit, die durch die anregende und beruhigende Wirkung der Zigarette, aber auch durch Alltagsrituale und Gruppeneinflüsse bestimmt wird. Nicht so sehr das Bestreben nach Genuss gibt den Ausschlag, als vielmehr das Vermeiden von Unlust, die sich mit dem Verzicht einstellt.

• Alkohol

Alkohol ist ein Teil unseres Lebensalltags. Alkoholkonsum ist in unserer Gesellschaft so selbstverständlich, dass die meisten Menschen das Suchtpotenzial dieser Droge unterschätzen. Alkohol hat eine entspannende Wirkung, löst Verkrampfungen und nimmt Hemmungen. Die Befangenheit nimmt ab. Übermütige, überschwängliche, aber auch aggressive Verhaltensweisen können auftreten. Depressive und traurige Verstimmungen sind möglich.

Alkohol führt zu einem Verlust der Kontroll- und Steuerungsfähigkeit; Torkeln und Lallen sind bekannte Begleiterscheinungen. Die Konzentrationsfähigkeit nimmt ebenso ab wie das Reaktionsvermögen, was besonders im Straßenverkehr risikoreich ist. Im Alkoholrausch kann es zu einem black out, einem Erinnerungsverlust für eine bestimmte Zeitspanne, kommen. Langfristig überhöhter Konsum kann körperliche Beschwerden wie Magenschleimhautentzündung, Herzbeschwerden und Leberschäden bewirken. Gehirnzellen werden abgebaut, was eine frühzeitige Demenz zur Folge haben kann. Regelmäßiger Alkoholkonsum erhöht das Krebsrisiko.

Bei hoher Dosis treten Bewusstlosigkeit und Atemlähmung auf. Alkoholvergiftungen können zum Tode führen. Die Gefahr körperlicher und seelischer Abhängigkeit ist bei Alkohol groß. Alkoholabhängige Menschen bekommen, wenn sie den Konsum beenden, heftige Entzugserscheinungen.

Schwach alkoholische Getränke dürfen an Kinder unter 16 Jahren, stark alkoholische Getränke an Jugendliche unter 18 Jahren nicht verkauft werden. Am Straßenverkehr darf nicht teilnehmen, wer einen Alkoholpromillegehalt von 0,5 Promille und mehr hat. Dies entspricht in etwa zwei 0,3 Liter Gläsern Bier.

● Medikamente

Medikamente können wie andere Drogen auch körperliche und seelische Abhängigkeit bewirken. Die Zahl der Medikamentenabhängigen in Deutschland wird auf 1,4 Millionen geschätzt. Davon sind ca. 1,1 Millionen von Benzodiazepinen abhängig. Kinder und Jugendliche missbrauchen vor allem Amphetamine und Benzodiazepine.

Amphetamine (Speed, Crystal, Glaas) sind synthetisch hergestellte Substanzen und gehören zu den so genannten Weckaminen. Sie haben – je nach chemischer Struktur – aufputschende Wirkung und können Halluzinationen auslösen. Je nach Medikament und Dosis können die Weckamine vorübergehend leistungssteigernd wirken und zur Überschätzung der eigenen Fähigkeiten verleiten. Sie beseitigen das Schlafbedürfnis, die Ermüdung und das Hungergefühl und wirken stimmungsaufhellend. Bei längerer Einnahme führen sie jedoch zu Unrast, Schlaflosigkeit und möglicherweise auch zu paranoid-halluzinatorischen (schizophrenieähnlichen) Psychosen.

Amphetamine können schon nach wenigen Wochen zu einer psychischen Abhängigkeit führen. Eine länger dauernde Amphetaminabhängigkeit geht mit zunehmendem körperlichen Verfall und einem Rückzug aus dem sozialen Umfeld einher. Das Denken ist nur noch auf die Beschaffung der Droge orientiert. Chronische Amphetaminkonsumenten neigen häufig dazu, dieselben Tätigkeiten ständig zu wiederholen – beispielsweise immer wieder eine Schublade zu öffnen – und sich auf einen bestimmten Gedanken zu fixieren.

Benzodiazepine werden als Beruhigungsmittel (Tranquilizer) oder als Schlafmittel verabreicht und können zu körperlicher und seelischer Abhängigkeit führen. Sie werden oft in leichtsinniger Weise schon Kleinkindern verschrieben.

Die Medikamente haben vorübergehend eine entspannende, beruhigende und schlaffördernde Wirkung, können auch Angstgefühle unterdrücken. Bei vermehrter Einnahme kann es zu Gedächtnisstörungen und einer verminderten Wahrnehmungs- und Reaktionsfähigkeit kommen. Aber auch ein langjähriger regelmäßiger Konsum in niedriger Dosierung führt zu gesundheitlichen Schäden.

Werden Aufputschmittel (beispielsweise morgens eingenommen) und Schlafmittel (abends eingenommen) miteinander kombiniert, entsteht schon nach wenigen Wochen eine körperliche und seelische Abhängigkeit. Entzugserscheinungen zeigen sich dann in Angstzuständen und Depressionen, die zu einer erhöhten Selbstmordneigung führen können. Auch durch eine Kombination von Alkohol mit Benzodiazepinen wird die Gefahr einer rasch auftretenden körperlichen und seelischen Abhängigkeit heraufbeschworen.

• Haschisch und Marihuana (Gras)

Haschisch (sheet oder dope) und Gras (Marihuana) werden aus der Hanfpflanze (Cannabis sativa) gewonnen. Gras besteht aus den getrockneten und zerkleinerten Blättern, Blüten und Stängeln der Pflanze. Haschisch wird in Form von gepressten, erdfarbenen, manchmal olivgrünen oder rötlichen Platten oder Klumpen, aber auch als Pulver oder Krümel gehandelt. Man raucht es im Joint mit Tabak vermischt (kiffen) oder pur in einer Pfeife, trinkt es aufgelöst in Kakao oder Tee oder isst es im Gebäck (space-cake). Haschisch wirkt rund fünfmal stärker als Marihuana, Haschischöl sogar doppelt so stark wie Haschisch. Marihuana (Gras) riecht harzartig, stark würzig wie Heu.

Haschisch und Marihuana verstärken die jeweilige Stimmung, in der sich der Betroffene befindet: Wenn er fröhlich ist, fühlt er sich hinterher noch besser; wenn er niedergeschlagen ist, kann er in depressive Verstimmungen geraten. Die Empfänglichkeit für sinnliche Reize ändert sich: Die Wahrnehmung von Farben und Musik wird intensiver. Viele berichten auch, dass sie Töne fühlen und Farben schmecken. Auch das Gefühl für Raum und Zeit verändert sich. Anfänger bekommen oft einen Lachanfall oder einen Ess-Kick. Nach dem Kiffen kann man sich „stoned" fühlen: Man hat ein schweres Gefühl in den Armen und Beinen. Generell wechselt die Stimmung zur Passivität und verringerter Ansprechbarkeit. Müdigkeit, Apathie und Antriebsverlust können noch am nächsten Tag andauern.

Haschisch und Gras machen kaum körperlich abhängig, führen aber gerade im Jugendalter bei längerem Konsum zu psychischer Abhängigkeit. Konzentration und logisches Denkvermögen nehmen ab. Gereizte Stimmungen, die mit Antriebslosigkeit und Unruhe wechseln, Orientierungsstörungen, gerötete Augen und verlangsamte Bewegungen können den Cannabiskonsum begleiten. In gar nicht so seltenen Fällen werden Depressionen oder sogar Psychosen ausgelöst. Eher selten erlebt der Konsument einen flash back, eine Art Nachrausch, der lange nach dem Drogenkonsum eintreten kann.

Strafbar sind nach dem Gesetz der Anbau, der Besitz (auch zum ausschließlichen Eigenbedarf), der Erwerb und die Abgabe von Cannabisprodukten. Der Besitz kleinerer Mengen zum Eigenbedarf muss allerdings nicht bestraft werden. Welche Menge als klein bezeichnet werden kann, ist in den verschiedenen Bundesländern unterschiedlich geregelt.

• Ecstasy

Ecstasy gehört zu den so genannten „Partydrogen". Sie werden auch „Designerdrogen" genannt, weil sie im Labor aus unterschiedlichen Stoffen beliebig zusammengesetzt werden können. Deshalb ist ein Überblick über diese Drogen auch kaum noch möglich. Neben Ecstasy ist PCP oder angel dust und MBPP als „neues Heroin" am bekanntesten.

Designerdrogen werden als Pillen geschluckt und haben eine stimulierende Wirkung. Sie vermitteln das Gefühl, leichter auf andere Menschen zugehen zu können, Harmoniegefühle stärker zu empfinden und auf Partys länger durchhalten zu können. Die Wirkung tritt nach etwa einer halben bis einer Stunde ein und hält vier bis sechs Stunden an.

Das Problem von Ecstasy liegt darin, dass niemals genau gesagt werden kann, welche Stoffe in der Pille enthalten sind. Das hat zur Folge, dass andere als die erwarteten Wirkungen eintreten können. In hoher Dosierung kann es bei allen Kombinationen zu optischen Halluzinationen, Muskelkrämpfen, Erbrechen, Angst und zu einer Austrocknung kommen, weil Durst und Erschöpfungsgefühle nur noch unzureichend wahrgenommen werden. Auf Disko-Parties kann es zur Überhitzung durch langes Tanzen kommen. Bei gleichzeitigem Konsum von Alkohol steigt zudem das Risiko auszutrocknen. Viele Jugendliche erleben sich nach ein paar Dutzend Ecstasy-Trips antriebslos und gleichgültig. Nach längerem Gebrauch wird über Depressionen und Selbstmordimpulse berichtet. Es gibt Hinweise auf bleibende Gehirnschädigungen, die jedoch noch nicht vollkommen gesichert sind.

In einer Dosierung unter 50 mg gilt Ecstasy als milde psychoaktive Droge, die angenehme Gefühle schafft, ohne eine unmittelbar gefährliche Wirkung zu zeigen. Vergiftungserscheinungen drohen erst bei einer Dosis, die über 100 mg liegt. Ecstasy kann zu einer seelischen Abhängigkeit führen, so dass eine Party ohne Ecstasy nicht mehr genossen werden kann. Um die stimulierende Wirkung zu spüren, muss die Dosis mit der Zeit erhöht werden. Ecstasy macht aber kaum körperlich abhängig.

Ecstasy ist eine illegale Droge. Verkauf, Erwerb und Besitz, nicht aber der Konsum von Ecstasy-Pillen müssen strafrechtlich verfolgt werden.

• LSD (trips)

LSD gehört zu den Wirkstoffen des Mutterkorns. Es wird im Labor hergestellt und als „papertrip“ (einer Art Briefmarke, auf der LSD ist), als Pille oder als Flüssigkeit, die man auf Zuckerwürfel träufelt, verkauft.

Unter den Drogen, die Sinnestäuschungen und Veränderungen der Wahrnehmung hervorrufen, gilt LSD als stärkstes Rauschmittel. Der Konsument glaubt sich im Besitz übermenschlicher Kräfte und tut möglicherweise Dinge mit verheerenden Folgen (Sprung von der Brücke in der Überzeugung, fliegen zu können). Der Konsument sieht Dinge, die real nicht existieren. Farben und Geräusche werden wesentlich intensiver erlebt. Die Wirkung von LSD ist jedoch nicht vorhersehbar. Nicht selten kommt es zum Horrortrip: Angst und Panikzustände können dann bis zu zwölf Stunden anhalten. Eine

Trip-Erfahrung kann nach einigen Tagen oder Wochen erneut erlebt werden, ohne dass aktuell konsumiert wurde (flash back).

Wenn man LSD häufig aufeinander folgend konsumiert, verliert es an Wirkung. Die Gefahr der Abhängigkeit ist gering. Erwerb, Besitz, Herstellung, Abgabe und Handel werden strafrechtlich verfolgt. Ist die mitgeführte LSD-Menge offensichtlich zum Eigenkonsum bestimmt und handelt es sich um eine geringe Menge, kann der Staatsanwalt das Verfahren einstellen.

• Heroin (Opiate)

Heroin wird ähnlich wie Morphium und Opium aus dem milchigen Saft der unreifen Kapsel des Schlafmohns gewonnen. Heroin sieht wie ein körnig braun-graues Puder oder ein braun-grauer Klumpen aus. Es wird meist als Lösung mit Wasser und Ascorbinsäure wieder verflüssigt und gespritzt, seltener geschnupft und geraucht.

Beim Spritzen mit gebrauchten Nadeln ist die Gefahr einer Infektion vor allem mit Hepatitis, aber auch mit Aids hoch. Um diese Gefahr zu vermeiden, greifen einige Konsumenten häufiger zum „Blowen", dem Inhalieren des Rauchs von auf einer Alufolie erhitztem Heroin. Dieses Vorgehen ist aber teuer, weil es mehr Stoff verbraucht, und wird deshalb zugunsten des Spritzens meist wieder aufgegeben. Heroin ist immer mit anderen, oft auch schädlichen Stoffen gestreckt. Die Menge reinen Heroins ist dem Konsumenten meist nicht bekannt.

Die Wirkung des Heroins setzt mit einem starken flash ein: Das Selbstbewusstsein steigt, Konflikte, Probleme oder Anforderungen werden gleichgültig. Nach anfänglicher Hochstimmung kommt es zu einer beruhigenden, einschläfernden, schmerzstillenden Wirkung. Bei Überdosierung können Bewusstlosigkeit und Atemlähmung auftreten.

Heroin ist eine Droge mit sehr großem Suchtpotential. Es entsteht eine körperliche und eine seelische Abhängigkeit. Um ein angenehmes Gefühl zu erzielen, muss die Menge ständig erhöht werden. Wer die Droge absetzt, leidet unter heftigen Entzugserscheinungen: Gliederschmerzen, Schüttelfrost, Schweißausbrüche, Durchfall, Schlaflosigkeit und Gereiztheit. Langfristig entwickeln Heroinabhängige eine Reizbarkeit, Aggressivität und Egozentrik. Die Ausrichtung auf die Droge bestimmt das Leben. Der hohe Preis des Heroins führt zu Geldnot und in der Folge zu Kriminalität und Prostitution.

Heroin ist eine illegale Droge. Besitz, Handel und Produktion sind strafbar, nicht aber der Konsum.

Kokain (Coke)

Kokain ist ein weißes Pulver (Schnee), das aus den Blättern des südamerikanischen Kokastrauchs gewonnen wird. „Koks" wird geschnupft, seltener in Wasser aufgelöst gespritzt oder mit backpulverähnlichen Stoffen gemischt als „crack" in einer Pfeife geraucht. Kokain bewirkt ein gesteigertes Rede- und Kontaktbedürfnis, Hemmungen verschwinden, die Gefühle werden intensiviert. Nach einer halben Stunde erlischt die angenehm erlebte Wirkung von Kokain. Danach folgt oft Ruhelosigkeit, Angst und Aggression. Am nächsten Tag fühlt man sich schlecht. Man ist erschöpft und hat Konzentrationsschwierigkeiten. Angst, Gereiztheit, Depression und Irritation sowie Schuldgefühle in Zeiten ohne Droge führen zu dem Drang, den Rausch unbedingt zu wiederholen.

Kokain macht psychisch abhängig. Da die Wirkung nur eine halbe Stunde anhält, spürt der Konsument nahezu ständig den Drang nach mehr. Die Dosis muss laufend erhöht werden, um die gewünschte Wirkung zu erzielen.

Kokain ist eine illegale Droge. Produktion, Besitz sowie Handel mit Kokain ist strafbar. Lediglich der Konsum von Kokain wird nicht strafrechtlich verfolgt.

Phasen des Ausstiegs

Wenn Eltern und Erzieherinnen beunruhigt sind über den (vermuteten) Drogenkonsum einer Jugendlichen, sollten sie nicht nur einige grundlegende Kenntnisse über Drogen haben. Da die meisten Jugendlichen den Konsum von illegalen Drogen und den Missbrauch von legalen Drogen nach einiger Zeit wieder aufgeben, ist es für Eltern und Erzieherinnen auch wichtig, die verschiedenen Stadien des Ausstiegs zu kennen, um die Situation der Jugendlichen im Gespräch richtig erfassen und sie angemessen unterstützen zu können. Hier lassen sich unterscheiden: ein Vorstadium, eine Phase des Überlegens, eine Phase des Entscheidens, eine Phase des Ausführens und eine Phase des Durchhaltens.

Vorstadium

In diesem Stadium gehen Jugendliche davon aus, dass alles in Ordnung ist. Ein Problembewusstsein ist nicht vorhanden. Die Nachteile des Konsums werden nicht erkannt. Die Jugendlichen verstehen nicht, worüber sich die Erwachsenen so aufregen. Sie sehen auch keinen Zusammenhang zwischen dem Konsum von Drogen und schlechten schulischen Leistungen. In dieser Phase macht es im Gespräch mit der Jugendlichen überhaupt keinen Sinn, über eine Änderung des Verhaltens zu reden. Man kann lediglich Beobachtungen darüber anstoßen, dass der Drogenkonsum möglicherweise auch nachteilige Folgen haben könnte.

• Phase des Überlegens

In dieser Phase genießt der Jugendliche die angenehmen Seiten des Konsums: die Entspannung, das Mitmachen in der Gruppe, den Reiz des Verboten und vieles andere mehr. Es schleichen sich aber doch auch schon erste Zweifel und Sorgen ein: Die Drogen kosten sehr viel Geld, die Mitschüler bemerken etwas, morgens im Unterricht treten Konzentrationsschwierigkeiten auf, es gibt immer mehr Ärger mit den Eltern und Lehrerinnen. Vor- und Nachteile des Drogenkonsums werden abgewogen. Die Vorteile scheinen in den Augen des Jugendlichen aber zu überwiegen. Alles erscheint ihm noch im Rahmen. Auch in dieser Phase ist es noch zu früh, über Änderungen des Verhaltens zu reden. Man kann versuchen, mit der Jugendlichen eine Bilanz der Vor- und Nachteile aufzustellen, wobei man umso glaubwürdiger ist, je mehr man bereit ist anzuerkennen, dass der Drogenkonsum auch angenehme Seiten hat.

• Phase des Entscheidens

Die erlebten Nachteile sind inzwischen größer als die Vorteile. Die Bilanz erscheint negativ. Es wird der Entschluss getroffen, weniger zu konsumieren oder aufzuhören. Jetzt ist der Zeitpunkt gegeben, in dem man mit der Jugendlichen über konkrete Veränderungsschritte sprechen kann, darüber, wie diese aussehen sollen, wie sie zu erreichen sind und ob sie sich Unterstützung seitens des Erwachsenen wünscht und gegebenenfalls welche.

• Phase des Ausführens

In dieser Phase unternimmt die Jugendliche tatsächliche Schritte, um ihr Verhalten zu verändern. Im Gespräch mit der Jugendlichen kann überlegt werden, in welcher Weise die Erwachsenen ihr dabei helfen können. Welche Änderungen ihres Verhaltens sollten die Erwachsenen vollziehen, damit es der Jugendlichen leichter fällt, auf die Droge zu verzichten? Man kann der Antwort auch durch die umgekehrte Frage näher kommen: Durch welche Verhaltensweisen des Vaters, der Mutter oder sonstiger wichtiger Personen würde die Jugendliche am ehesten dazu gebracht, in alt vertraute Konsummuster wieder zurückzufallen?

• Phase des Durchhaltens

In dieser Phase sollen die neuen Verhaltensweisen zum selbstverständlichen Ablauf des Lebens werden. Es kann aber sein, dass es der Jugendlichen nicht gelingt, ihre Vorsätze vollständig umzusetzen, und dass sie in einer Situation hohen Risikos in alte Verhaltensweisen zurückfällt. Jetzt geht es darum, den Rückfall nicht als furchtbare Katastrophe zu dramatisieren, sondern aus der Situation, in der er geschah, abzuleiten, was der Jugendlichen noch schwer fällt, wie sie Situationen hohen Risikos vermeiden kann und wo sie Unterstützung braucht. Manchmal wird dieser Kreislauf mehrfach durchlaufen, ehe sich die Jugendliche neue Verhaltensmuster, die keinen Drogenkonsum einschließen, ganz zu Eigen gemacht hat.

Grundsätzlich gilt: Es ist eher normal, dass es auf dem Weg des Ausstiegs einmal oder mehrfach zu einem Rückfall kommt. Das zu akzeptieren und die Enttäuschung jeweils auszuhalten, ist allerdings für Eltern und Erzieherinnen oft unendlich schwer. In solchen Fällen sollte man sich die alte Regel aller erfahrenen Drogenberaterinnen und Drogentherapeutinnen vor Augen halten: Jeder Tag, an dem der Jugendliche nicht konsumiert und nicht konsumiert hat, ist ein Pluspunkt auf seinem Lebenskonto.

● das Eisen schmieden, wenn es kalt ist

Wenn es um Drogen geht, ist es für viele Eltern und Erzieherinnen schwierig, ruhig zu reagieren. In der aktuellen Situation, wenn beispielsweise gerade ein Marihuanatütchen im Zimmer des Sohnes gefunden wurde, kochen die Emotionen hoch: Angst und Sorge, Empörung und Wut, vor allem aber Enttäuschung. Wird jetzt das Gespräch mit dem Kind gesucht, kommt es mit einiger Sicherheit zu einer Eskalation an Vorwürfen und Beschuldigungen, die die Situation nur noch verschlimmern und das Verhältnis zu dem Kind weiter verschlechtern.

Eltern und Erzieherinnen sollten sich in dieser Situation mit dem Hinweis begnügen: Darüber reden wir später. Sie sollten sich ein oder zwei Stunden Zeit nehmen, bis sie ruhiger geworden sind, oder die Sache eine Nacht überschlafen. Mit größerer emotionaler Distanz lässt sich eher ein nützliches Gespräch führen, in dem der Jugendliche die Sorgen und Ängste des Erwachsenen erkennen kann, in dem er sich aber auch mit seinen eigenen Ansichten und Gefühlen ernst genommen erlebt. Ein solches Gespräch kann ein erster Schritt dahin sein, dass der Jugendliche erkennt, welche Motive ihn bewegen, und der Erwachsene Hinweise erhält, was dem Jugendlichen fehlt und was er seinerseits tun und ändern kann, um für den Jugendlichen da zu sein, wenn dieser ihn braucht.

● hilfreiche Überlegungen

Das Zurückstellen des Gesprächs auf einen späteren Zeitpunkt, an dem die erste große Erregung abgeflaut ist, hat noch einen weiteren Vorteil. Es gibt die Chance, sich in der Zwischenzeit folgende Fragen stellen: Ist das, was ich denke, wirklich wahr? Entspricht es den Tatsachen? Ist die Situation wirklich so katastrophal, wie ich im ersten Augenblick gedacht habe? Was hat das Kind bewegt, sich in dieser Weise zu verhalten? (Gehen Sie bei diesen Überlegungen davon aus, dass Ihr Kind einen wichtigen Grund für seinen Drogenkonsum gehabt hat.) Sind meine Vermutungen hilfreich für mich und für das Kind? (Denken Sie daran, dass es immer viele Erklärungen gibt.) Mit welchen Gedanken helfe ich mir und meinem Kind am besten? Und vor allem: Wie kann ich erreichen, dass ich das ganze Gespräch ruhig führe? Wie kann ich vermeiden, das Kind zu beschuldigen und ihm Vorwürfe zu machen?

• offenes Gespräch

Versuchen Sie ein offenes Gespräch zu führen, in dem Sie sich mit Ihrem eigenen Gefühl und Ihrer eigenen Meinung zunächst zurückhalten und ganz auf Ihr Kind konzentrieren. So geben Sie ihm die Chance, seine Geschichte zu erzählen, und Sie haben die Möglichkeit, zu erfahren, was in Ihrem Kind vorgeht, wie seine Gefühle, Gedanken und Meinungen sind und womit es sich beschäftigt. Wenn es gut geht, fühlt Ihr Kind sich anschließend besser verstanden und ernst genommen.

Diese Art der Gesprächsführung ist schwierig. Sie wollen dem Kind ja helfen, und aus dieser Idee heraus finden Sie sich schnell wieder dabei, Argumente vorzutragen und Lösungen aufzuzeigen. Viel wichtiger ist es aber, den Kindern Raum zu geben, damit sie selbst nachdenken, ihre eigenen Entscheidungen treffen und eigene Lösungswege überlegen können. Damit stärken Sie Verantwortungsgefühl und Selbstvertrauen. Sagen Sie dem Kind schließlich auch Ihre Meinung und formulieren Sie deutlich, was Sie von dem Kind erwarten. Erwarten Sie allerdings nicht, dass es sofort ja sagt und eine Lösung präsentiert. Halten Sie aus, dass Sie im Augenblick unterschiedlicher Meinung sind. Gestalten Sie vor allem zwischen den Gesprächen, die Sie mit der Jugendlichen führen und die notgedrungen konflikthaltig sind, ein entspanntes Familienklima. Zeigen Sie der Jugendlichen durch kleine Versöhnungsgesten (kleine Aufmerksamkeiten und Geschenke), dass Sie sie mögen und dass sie Ihnen wichtig ist.

• für sich selbst sorgen

Eltern dürfen ihre eigenen Interessen, ihre Grenzen und ihr Wohlergehen nicht vernachlässigen. Nur wenn Sie auf sich selbst achten und dem Jugendlichen unmissverständlich deutlich machen, wo Ihre eigenen Grenzen überschritten werden, können Sie erzieherisch wirksam handeln. Sie sollten sich klar machen, dass Sie keine Schuld an der Sucht Ihres Kindes haben. Sie sollten sich vergegenwärtigen, dass Sie keine Chance haben, über das Verhalten Ihres Kindes zu bestimmen, dass vielmehr das Kind selbst entscheidet, was es tut und tun wird. Sie müssen dafür sorgen, dass die Drogenproblematik Ihres Kindes nicht zum allgegenwärtigen Thema Ihres Lebens wird und Sie daran hindert, die eigenen Interessen und Pläne zu verfolgen. Um elterliche Präsenz zu zeigen, muss man nicht ständig das Tun des Kindes kommentieren oder Ratschläge geben, die das Kind schon zigmal gehört hat, und immer wieder Sorgen und Vorwürfe äußern. Der Gesprächsfaden zu dem Jugendlichen bleibt am besten erhalten, wenn man mit ihm von Zeit zu Zeit in Ruhe vorwurfsfrei spricht. Konzentrieren Sie sich auf das eine Problem, das am wichtigsten ist, und machen Sie ihm deutlich, dass Sie hierzu von ihm eine Lösung erwarten.

● Öffentlichkeit herstellen

Je mehr das Problemverhalten des Kindes eskaliert, um so mehr neigen viele Eltern dazu, sich von Kontakten zurückzuziehen und dafür zu sorgen, dass die schlimme familiäre Situation nicht bekannt wird. Sie entziehen sich damit selbst die Unterstützung, die sie von Freunden und Bekannten erhalten könnten. Die Eltern schwächen sich dadurch selbst. Deshalb ist es im Gegenteil wichtig, einige gute Verwandte und Freunde über die schwierige Situation mit dem Kind zu informieren und sie um Unterstützung zu bitten, beispielsweise durch einen Brief, eine SMS an das Kind oder ein Telefonat mit ihm. Über jedes neue gravierende Problemverhalten sollten sie die Verwandten und Freunde informieren. Erfahrungsgemäß hat dies sehr große Wirkung auf den Jugendlichen.

● fachliche Hilfe

Dies sind dann allerdings schon so schwierige Situationen, die Eltern und Erzieherinnen veranlassen sollten, fachliche Hilfe in Anspruch zu nehmen. Auch wenn die Jugendliche sich weigert mitzugehen, sollten Sie die nächste Drogenberatungsstelle aufsuchen oder einen in diesen Fragen erfahrenen Kinder- und Jugendpsychiater in einer Praxis oder Klinikambulanz um Unterstützung bitten. Systemisch-familientherapeutische Therapiemaßnahmen haben sich bei Drogenproblemen von Jugendlichen als besonders wirksam erwiesen. Allerdings dürfen Eltern und ErzieherInnen nicht die Erwartung haben, dass fachliche Hilfen zu schnellen Lösungen führen. Oft ist ein langer Prozess erforderlich, und vielfach muss man sich auch mit Teilerfolgen zufrieden geben.

● Hilfen zur Erziehung

Gegebenenfalls sollten Eltern sich auch an das Jugendamt wenden und dort Hilfen zur Erziehung in Anspruch nehmen. Diese Hilfen können vielfältiger Art sein. Im gemeinsamen Gespräch zwischen Eltern und MitarbeiterInnen des Jugendamtes sowie – wenn möglich – dem Jugendlichen wird dann nach dem besten und am ehesten Erfolg versprechenden Weg gesucht.

● Elternkreise und Selbsthilfegruppen

Schon wenn Sie einen Verdacht haben, aber nicht sicher sind, ob Ihr Kind Drogen nimmt, können Sie sich erkundigen, wo es in Ihrer Nähe einen Elternkreis gibt, in dem Sie Ihre Sorgen und Fragen mit anderen Eltern besprechen können. Anschriften bekommen Sie beim „Bundesverband der Elternkreise drogengefährdeter und drogenabhängiger Jugendlicher“ (BVEK), Köthenerstr. 38, 10963 Berlin, Tel.: 030 – 5567020. In solchen Elternkreisen haben Sie die gute Möglichkeit, offen über Ihre Situation zu sprechen, Ihre

Sorgen, Ängste und Befürchtungen darzustellen und Hinweise von anderen Eltern zu bekommen, die in ähnlichen Situationen sind oder waren. Oft ist es sehr entlastend festzustellen, dass andere Eltern die gleichen Erfahrungen gemacht haben und dass diese Eltern (auch) offensichtlich keine schlechten Eltern waren und sind. Einen Überblick über Adressen und Organisationen in der Suchtmedizin finden Sie im Übrigen im Internet unter: www.neuland.com/adressen/

• Informationsmaterial

Elternbroschüren zur Suchtprävention können Sie über die Bundeszentrale für gesundheitliche Aufklärung (BZGA), www.bzga.de, Postfach 91 01 52, 50667 Köln, Tel.: 0221 – 892031, erhalten. Auch die „Deutsche Hauptstelle gegen Suchtgefahren“ (DHS), www.dhs.de, Westring 2, 59065 Hamm, Tel.: 02381 – 90150, gibt eine Vielzahl von interessanten Veröffentlichungen zum Thema Sucht und Drogen heraus.

• Internetadressen

Die Drogenhilfe Köln wendet sich unter www.partypack.de vor allem an jugendliche und junge erwachsene Konsumentinnen und Konsumenten von so genannten Partydrogen und bietet neben einem umfangreichen Informationsspektrum professionelle Beratung über E-Mail.

Weitere Stichworte:

Depressive Störungen
Kriminelles Verhalten
Schizophrene Störungen
Schulangst (Band 1)
Schulschwänzen (Band 1)
Selbstmordhandlungen
Störungen des Sozialverhaltens

Literatur

Bundeszentrale für gesundheitliche Aufklärung (2001): Die Drogenaffinität Jugendlicher in der Bundesrepublik Deutschland. Köln

Ehmke, I., Schaller, A. (1997): Kinder stark machen gegen die Sucht. Der praktische Ratgeber für Eltern und Erziehende. Freiburg, Herder

Farke, W., Grass, H., Hurrelmann, K. (2003): Drogen bei Kindern und Jugendlichen. Stuttgart, Thieme

Goodyer, P. (1999): Kids & Drugs. Ein praktischer Elternratgeber. Freiburg, Herder

Hillenberg, L., Fries, B. (1998): Starke Kinder – zu stark für Drogen. Handbuch zur praktischen Suchtvorbeugung. Weinsberg, Kösel

Hurrelmann, K., Unverzagt, G. (2000): Wenn es um Drogen geht ... So helfen Sie Ihrem Kind und verlieren Ihre Panik. Freiburg, Herder

Lammel, U.A. (2003): Rauschmittelkonsum, Freizeitverhalten und Identitätsarbeit der 14 bis 18-Jährigen. In: Pauly, A.: Suchtfalle Familie?! Forschung und Praxis zu Lebensrealitäten zwischen Kindheit und Erwachsenenalter. Katholische Fachhochschule NW / Landschaftsverband Rheinland

Lindberg, L. (2003): Wenn ohne Joint nichts läuft. Was man über Cannabis wissen muss. Düsseldorf, Walter

Remschmidt, H. (2002): Alkoholabhängigkeit bei jungen Menschen. Deutsches Ärzteblatt 99: B 648 – B 653

Rotthaus, W. (2003): Die stationäre Behandlung drogenabhängiger Jugendlicher. In: Pauly, A.: Suchtfalle Familie?! Forschung und Praxis zu Lebensrealitäten zwischen Kindheit und Erwachsenenalter. Köln, Katholische Fachhochschule NW / Landschaftsverband Rheinland

Schepker, R. (2002): Medizinische Rehabilitation abhängigkeitskranker Kinder und Jugendlicher. In: Strunk, Ch., Möller, P.: Sucht im Jugendalter. Ein Thema, drei Hilfesysteme. Köln, Landschaftsverband Rheinland

Schiffer, E. (1999): Warum Huckle Berry Finn nicht süchtig wurde. Anstiftung gegen Sucht und Selbstzerstörung bei Kindern und Jugendlichen. Weinsberg, Beltz Taschenbuch

Thomasius, R., Schindler, A., Sack, P.-M. (2002): Familiendynamische und -therapeutische Aspekte des Drogenmissbrauchs in der Adoleszenz. Familiendynamik 27: 297 – 323

Thomasius, R. (Hrsg.) Psychotherapie der Suchterkrankungen. Krankheitsmodelle und Therapiepraxis – störungsspezifisch und schulenübergreifend. Stuttgart, Thieme

Weichold, K. (2003): Entwicklungspsychologische Perspektiven zur Entstehung von Substanzmissbrauch und -abhängigkeit bei Kindern und Jugendlichen. Psychotherapie im Dialog 4: 166 – 169

Wille, R. (1997): Sucht und Drogen und wie man Kinder davor schützt. München, Beck

Elternmisshandlung

battered parents

Wahrnehmen und bewerten

• Erscheinungsbild

Bei der Elternmisshandlung handelt es sich um eine spezifische Form innerfamiliärer Gewalt, die in bemerkenswert geringem Umfang zur Kenntnis genommen wird. Kinder und vor allem Jugendliche beschimpfen ihre Eltern über längere Zeit – häufig über Jahre – gewohnheitsmäßig und bedrohen sie mit körperlicher Gewalt. Zumeist im Zustand großer Erregung zerstören sie Gegenstände und demolieren das Mobiliar, zuweilen die gesamte Wohnungseinrichtung. Sie werfen mit Gegenständen nach ihren Eltern, gehen mit Faustschlägen und Tritten auf sie los und stoßen ihre Eltern hin und her. Andere greifen sie mit Messern oder sonstigen gefährlichen Gegenständen an.

• Streit zwischen Eltern und Kind

Der Angriff auf die Eltern entwickelt sich meist aus einem Streit zwischen Eltern und Kind. Die Eltern haben oft etwas getan, wodurch das Kind sich enttäuscht und zurückgesetzt erlebt und wodurch es in große Erregung gerät. Sie haben ein Verbot ausgesprochen oder sich zum Beispiel Geldforderungen, die das Kind bereits zum wiederholten Male stellt, diesmal widersetzt, weil sie eine Grenze setzen wollten oder die Forderung gar nicht mehr erfüllen konnten. Sie haben sich in einer Weise verhalten, die das Kind nicht vorhergesehen hatte, oder sie sind vom Kind zum wiederholten Male stark alkoholisiert angetroffen worden.

• gesunde Eltern

Dabei handelt es sich um gesunde Eltern, die nicht dem üblichen Opferbild entsprechen. Sie sind nicht körperlich schwach und hilfsbedürftig, nicht chronisch abhängig wie Kinder oder kranke, alte Menschen, die auch vom Gesetz wenig geschützt sind. In einzelnen Fällen nur ist die oder der groß gewachsene Jugendliche den Eltern körperlich überlegen und vermag sie damit einzuschüchtern.

Die Zahl der Alleinerziehenden ist unter den von ihren Kindern geschlagenen Eltern überdurchschnittlich hoch. Im Übrigen trifft die Gewalt der Kinder mehrheitlich die Mütter. Das Verhältnis Mütter zu Väter beträgt etwa vier zu eins.

• Schichtzugehörigkeit

Anders als bei den anderen Formen innerfamiliärer Gewalt, die in Unterschicht, Trennungs- und sogenannten Multiproblemfamilien gehäuft auftreten, beobachtet man Elternmisshandlung mit gleicher Häufigkeit in Familien der Unter-, Mittel- und Oberschicht. Allerdings sind die Angaben hierzu bei den verschiedenen Autoren unterschiedlich. Manche Autoren beschreiben eine Häufung der Elternmisshandlung in Mittel- und Oberschichtfamilien.

• Alter

Kinder, die ihre Eltern misshandeln, findet man ab einem Alter von acht bis zehn Jahren. Der Häufigkeitsschwerpunkt liegt jedoch eindeutig zwischen 13 und 16 Jahren. Im Kindesalter scheint die Zahl von Mädchen und Jungen, die ihre Eltern misshandeln, etwa gleich hoch zu sein, während im Jugendlichenalter ungefähr 70% Jungen zu sein scheinen. Aber auch in dieser Hinsicht gibt es in der Literatur kein einheitliches Bild.

• hohe Dunkelziffer

Derartige Unklarheiten liegen darin begründet, dass bei der Elternmisshandlung die Dunkelziffer außergewöhnlich hoch ist. Häufig werden derartige Fälle überhaupt nur zufällig bekannt, selbst wenn Eltern schon über Monate und Jahre von ihrem Kind geschlagen werden. Sogar wenn es aus einem anderen Anlass zu einer stationären Aufnahme eines Jugendlichen in der Kinder- und Jugendpsychiatrie kommt, wird dieses Symptom oft nicht benannt. Vielmehr wird es nicht selten erst im Verlauf der Therapie von dem Jugendlichen selbst offenbart. Auch sind Fälle bekannt, in denen nach dem Angriff eines Jugendlichen mit daraus entstandenen schweren Verletzungen eines Elternteils – beispielsweise durch einen Treppensturz – nur auf Drängen des Krankenhauses eine Anzeige bei der Polizei erstattet wurde, die die Eltern jedoch nach wenigen Tagen wieder zurückzogen.

• Verleugnung und Verschleierung

Diese Neigung, das Problem der Gewalt seitens des Kindes gegen seine Eltern oder gegen einen Elternteil zu verleugnen und zu verschleiern, ist ein in nahezu allen Fällen zu beobachtendes Merkmal. Die Eltern schützen ihr Kind, obwohl sie erhebliche Gewalt erleiden, und treffen gegen diese Gewalt keinerlei Maßnahmen. Zu diesem Zweck gehen sie soweit, Verwandte, Freunde und Nachbarn, aber auch einen Therapeuten zu belügen. Sie vermeiden jede Konfrontation oder offene Auseinandersetzung mit dem Problem. Alle Familienmitglieder verharmlosen und beschönigen die Gewalthandlungen, bis sie – trotz blauer Flecken und sonstiger Verletzungen – in ihrer Wahrnehmung kaum noch existieren.

• Beschuldigung der Eltern

Wenn jedoch die Elternmisshandlung in der Verwandtschaft, in der Nachbarschaft oder im Freundeskreis bekannt wird, machen die Eltern überraschende und wenig ermutigende Erfahrungen: In einem Großteil der Fälle wird ihnen nun die Schuld für das Verhalten des Kindes zugeschrieben, als wären sie die einzig Verantwortlichen. Besonders Mitglieder der weiteren Verwandtschaft entschuldigen und schützen den Jugendlichen, gleichgültig wie gewalttätig er sich verhält, und machen das Opfer, beispielsweise die geschlagene Mutter, zur Schuldigen.

• weitere Verhaltensauffälligkeiten

Am häufigsten beobachtet man bei den Kindern und Jugendlichen, die ihre Eltern schlagen, ein sozial eingeschränktes Verhalten und Kontaktstörungen, die nicht selten alle Familienmitglieder betreffen. Dies geht gehäuft einher mit Schulangst, Schulphobie und Schulverweigerung. Manche Jugendlichen fallen zudem durch Eigentumsdelikte, aggressives Verhalten auch außerhalb der Familie und Missbrauch von Alkohol und illegalen Drogen auf.

Zuordnen und verstehen

• Leid für die Eltern

Elternmisshandlung ist ein Familienproblem, an dem alle Familienmitglieder leiden. Die Eltern sind nicht nur Opfer der Gewalthandlung. Sie reagieren zugleich bestürzt und verwirrt auf das Verhalten der Jugendlichen, das sie nicht verstehen und dem sie sich ausgeliefert fühlen. Anfänglich fällt es ihnen schwer zu akzeptieren, dass ihr Kind ihnen gegenüber tatsächlich gewalttätig ist. Wenn sie das Problem schließlich als Eltermisshandlung erkennen und bemerken, dass in ihrer Familie grundliegend etwas in Unordnung geraten ist, reagieren sie mit Scham- und Schuldgefühlen. Sie sind deprimiert und wütend darüber, dass sie nicht fähig sind, ein glückliches Familienleben zu gestalten und fühlen sich als Versager. Ihre Entschlossenheit, das Problem niemandem zu offenbaren, führt zu Einsamkeit und Isolierung – oder verstärkt sie zumindest – und trägt wesentlich dazu bei, dass das Verhalten der Jugendlichen lange Zeit aufrechterhalten bleibt.

• Leid für die Jugendlichen

Aber auch die Jugendlichen erweisen sich meist als wenig selbstbewusst sowie als unzufrieden und unglücklich. Sie verstehen das eigene Verhalten ebenso wenig wie ihre Eltern, fühlen sich ihren Erregungsausbrüchen ausgeliefert, zeigen sich hilflos und erleben ebenfalls Schuldgefühle. Alle Beteiligten sehen sich in einem ständig wiederkehrenden Problemkreislauf, aus dem sie keinen Ausweg finden. Eine Problemlösung ist ihnen nicht möglich.

• Verkehrung der familiären Hierarchie

Manche Autorinnen sehen das gemeinsame Problem der Familien, in denen Kinder und Jugendliche Eltern misshandeln, in einer Verkehrung der familiären Hierarchie. Elterliche Zuständigkeiten und Verantwortlichkeiten werden zumeist weder von der Mutter noch von dem Vater wahrgenommen. Auf die

Frage, wer in der Familie die Regeln setzen und bestimmen sollte, antworten zumeist beide, dass das allen Familienmitgliedern gleichermaßen zukomme. Manche haben das Idealbild, der beste Freund oder die beste Freundin ihrer Tochter oder ihres Sohnes zu sein, und nehmen elterliche Funktionen nicht wahr. In der Folge sieht sich das Kind in der Position, Entscheidungen treffen zu müssen, zu denen es entwicklungsbedingt noch gar nicht in der Lage ist.

• pseudo-unabhängige, parentifizierte Kinder

Kinder und Jugendliche, die in der geschilderten Art und Weise elterliche Funktion übernehmen müssen (parentifiziert werden) und sozusagen zu Eltern ihrer Eltern werden, sehen sich gezwungen, ein unabhängiges, autonomes Verhalten zu zeigen, bevor sie in der Lage sind, eine entsprechende emotionale Unabhängigkeit zu entwickeln. Sie sind überfordert, pseudo-unabhängig und erleben sich in einer ständigen Anspannung. Die Gewalthandlungen können als Ausdruck dieser kontinuierlichen Stressbelastung verstanden werden und zugleich als ein Appell, dem eigenen, so offensichtlich unreifen Verhalten endlich einmal eine Grenze zu setzen. Hintergrund derartiger Entwicklungen können psychische Erkrankungen oder Drogenmissbrauch der Eltern sein, die bewirken, dass der Jugendliche in die Rolle des Versorgers der Familie gerät.

• Erziehungsunsicherheit

Offensichtlich hat in den letzten Jahrzehnten eine weit verbreitete Erziehungszurückhaltung und Erziehungsunsicherheit vermehrt derartige Entwicklungen begünstigt. Oft aus den wohlmeinendsten Gründen verzichten Eltern über lange Zeit darauf, ihren Kindern Regeln, Positionen und Orientierungen zu vermitteln und deren Einhaltung zu fordern. Gleichzeitig ermutigen sie ihre Kinder, Gefühle wahrzunehmen und auszuleben. Die Kinder erlernen dadurch in nur geringem Maße das Einhalten von Regeln und eine internalisierte Kontrolle. Dieses Erziehungsverhalten führt im ersten Lebensjahrzehnt des Kindes meist nicht zu großen, meist aber zu vielen kleinen Problemen. Größere Schwierigkeiten treten dann jedoch auf, wenn die Kinder zu Beginn des zweiten Lebensjahrzehntes das Gefühl haben, kein (kleines) Kind mehr zu sein. Sie orientieren sich zudem nach außen, haben aber gegenüber den Außeneinflüssen noch wenig sichere Positionen entwickelt, so dass sie sich leicht beeinflussen lassen. Wenn nun die Eltern – sozusagen erstmalig – beginnen zu erziehen, kommt es zu heftigen Konflikten mit den Kindern, die schon altersbedingt Erziehung kaum mehr akzeptieren. Diese Auseinandersetzungen können dann heftig eskalieren. In einigen Fällen geraten die Eltern in die Position der Schwäche und Hilflosigkeit, und alle Beteiligten schaffen eine Situation, in der es zur Elternmisshandlung durch die Kinder kommt.

• Elternkonflikt

Ein Kind kann aber auch dadurch in eine völlig unangemessene, dominante Position innerhalb der Familie geraten, wenn über eine lange Zeit ein ungelöster elterlicher Konflikt besteht und sich ein Elternteil gegen den anderen mit dem Kind verbündet. Vielfach übernimmt das Kind unausgesprochene und diesem nicht bewusste Aufträge seines Koalitionspartners, des einen Elternteils. Es wird von ihm gleichzeitig für sein Gewaltverhalten entschuldigt und in Schutz genommen, so dass angemessene Maßnahmen unterbleiben, um dieses Gewaltverhalten zu unterbinden. Das Kind bleibt – wie seine Eltern – bis auf weiteres in diesen erweiterten Ehekonflikt eingebunden, solange keiner der Beteiligten aus diesem familiären Verhaltensmuster heraustritt.

• elterliche Abhängigkeit

Eine andere Familienkonstellation, in der es zu Elternmisshandlung kommen kann, sind Familien mit sehr gering ausgebildeten, durchlässigen Grenzen zwischen den einzelnen Familienmitgliedern. Da solche Familien sich gleichzeitig gegen die Außenwelt stark abschotten, zeigen die einzelnen Familienmitglieder wenig Autonomie und haben kaum befriedigende Außenbeziehungen. Häufig handelt es sich um passiv-depressive Eltern, die sich von ihrem Kind emotional abhängig machen. Sie haben Angst, das Kind zu verlieren, und trauen sich deshalb nicht, sich seinen Forderungen zu widersetzen oder sein Verhalten einzugrenzen. Zugleich werden alle Ablösungsversuche des Jugendlichen durch Nachgiebigkeit aufgefangen. Dessen Gewalthandlungen können dann als hilfloses Sich-aufbäumen, als Wut oder Hass auf die „liebevolle Gefangenschaft“ verstanden werden.

• „kranke“ Kinder

In manchen Fällen, in denen es zur Elternmisshandlung kommt, zeigen die Kinder und Jugendlichen auch in anderer Hinsicht ein auffälliges Verhalten. Teils handelt es sich dabei um depressive Entwicklungen, teils um Störungen des Sozialverhaltens. Immer reagieren die Eltern auf die Fehlverhaltensweisen ihrer Kinder extrem verständnisvoll. Sie verweisen auf die „Krankheit“ des Kindes und sind der Überzeugung, dass das Kind nicht für sein Verhalten verantwortlich gemacht werden darf. Mit dieser Begründung erklären sie logische Konsequenzen auf das Verhalten des Jugendlichen für unangemessen, auch wenn sie selbst darunter zu leiden haben.

• missbrauchte Kinder

In einer Reihe von Fällen hat sich gezeigt, dass gewalttätige Jugendliche als kleine Kinder selbst Opfer von körperlichem, sexuellem oder emotionalem Missbrauch durch einen Elternteil oder beide Eltern waren. Aus Wut beispielsweise greifen sie ihren Vater an und beschimpfen ihre Mutter aggressiv und lautstark, damit sie sie hört und schützt. Meist haben diese Jugendlichen ein geringes Selbstwertgefühl und leiden an ihrer Verletzlichkeit und

Isolation. Sie versuchen verzweifelt, die ersehnte Aufmerksamkeit und emotionale Zuwendung ihrer Eltern zu bekommen.

• „Notwendigkeit“ von Verleugnung und Beschönigung

In zahlreichen Einzelfällen wird man einem Verstehen der jeweiligen familiären Situation nahe kommen, wenn man die Frage stellt, weshalb die Verleugnung des Geschehens und die Beschönigung der Situation so wichtig sind und weshalb die Bedrohung durch eingrenzende Reaktionen auf das Verhalten des Kindes so groß ist. Liegt es in der Überzeugung, „Fehler“ in der Erziehung des Kindes gemacht zu haben, und in dem Versuch, das eigene Selbstbild zu schützen? Ist es das Bemühen, eine Illusion, den Mythos der harmonischen und friedvollen, glücklichen Familie aufrechtzuerhalten? Ist es die Angst vor Trennung und Auflösung der familiären Gemeinschaft? Ein solches, nicht beschuldigendes Verstehen möglicher Motive aller beteiligten Familienmitglieder ist Grundlage dafür, solche Familien bei dem Versuch zu unterstützen, ihre Wünsche und Bedürfnisse ohne Gewalt in der Familie zu erreichen.

Lösungen anregen und möglich machen

• Offenheit

Offenheit über das, was in der Familie geschieht, ist das erste Anliegen, das man verfolgen muss, will man Lösungen anregen und möglich machen. Allerdings muss dies immer auf der Grundlage der Überzeugung geschehen, dass die Familie gute Gründe hat, Offenheit zu vermeiden. Jedes Nachfragen und Nachverfolgen muss deshalb von den Familienmitgliedern (auch) als bedrohlich erlebt und abgewehrt werden. Durch die Würdigung des offensichtlichen Leidens sowohl der Eltern als auch des Jugendlichen und das Vermeiden aller Beschuldigungen wird man am ehesten einen Prozess der kritischen Selbstreflexion und damit der Einstellungs- und Verhaltensänderung auslösen können.

• Arbeit mit der Familie

Eingreifende Maßnahmen – zum Beispiel die Unterbringung des Jugendlichen in einem Erziehungsheim oder in einer kinder- und jugendpsychiatrischen Klinik – werden alleine keine Änderung bewirken. Sie verstärken die Schuldgefühle der Eltern und dienen meist dazu, die Situation zu stabilisieren. Der Jugendliche, auch wenn er noch so gute Erfahrungen macht, wird den Eltern über schreckliche Erlebnisse im Heim oder in der Kinder- und Jugendpsychiatrie berichten, und die Eltern werden alles tun, den jeweiligen Aufenthalt möglichst schnell zu beenden. Nur durch eine sehr einfühlsame Arbeit mit der ganzen Familie ist es möglich, Änderungsschritte anzuregen.

● Trennung zwischen Person und Verhalten

Dabei muss es darum gehen, dass die Eltern lernen, eine deutliche Reaktion auf das unakzeptable Verhalten des Kindes nicht mit einer Ablehnung des Kindes gleichzusetzen. Eine unmittelbare, klare, eindeutige und unmissverständliche Reaktion auf das übergriffige Verhalten des Kindes schließt zudem nicht aus, dass man im zweiten Schritt versucht, sein Handeln zu verstehen, und dass man dem Kind diesen Versuch verdeutlicht und es mit einbezieht. Dabei müssen die Eltern darauf gefasst sein, dass sich das Kind gegen eine Veränderung der Situation zunächst wehren wird. Sie können aber darauf vertrauen, dass auch der Jugendliche die Eindeutigkeit der elterlichen Reaktion im Laufe der Zeit schätzen wird – eben auch, wenn er sich zunächst dagegen zur Wehr setzt.

● professionelle Hilfe

Die Aufgabe professioneller Helfer besteht darin, den Eltern dabei zu helfen, ihre Erziehungsmaßnahmen gegenüber ihrem gewalttätigen Kind zu ändern, ohne ihnen dabei die Schuld am Verhalten des Kindes zu geben. Eltern sollten die Therapeutin oder die Beraterin auch dann aufsuchen, wenn ihr Kind sich (zunächst) weigert mitzukommen. Es muss dann eben erfahren, dass in solchen Gesprächen Entscheidungen über sein Leben getroffen werden, die es selbst nicht mehr beeinflussen kann. In den meisten Fällen entscheidet sich das Kind nach einiger Zeit doch dazu, an den Gesprächen teilzunehmen.

● Elterntraining

Auf der Basis einer solchen – systemischen – Familienarbeit wird es im weiteren Verlauf auch möglich und in vielen Fällen sinnvoll sein, dass die Eltern an einem Elterntraining gemeinsam mit anderen Eltern teilnehmen. Hier gibt es in den verschiedenen Regionen unterschiedliche Möglichkeiten, über die man sich im Internet, aber auch in Beratungsstellen, bei niedergelassenen Kinder- und Jugendpsychiatern und kinder- und jugendpsychiatrischen Ambulanzen informieren kann.

Weitere Stichworte:

Aggressivität (Band 1)
Drogensucht
Probleme von Kindern psychisch kranker Eltern
Probleme von Kindern suchtkranker Eltern
Schulangst (Band 1)
Schulphobie (Band 1)
Schulverweigerung (Band 1)
Stehlen (Band 1)

Literatur

Charles, A. V. (1986) Physically abused parents. Journal of Family Violence 1: 343-355

Cottrell, B. (2002): Dringend Hilfe gesucht: Teenager misshandeln ihre Kinder. Systhema 16: 212 – 225

du Bois, R. (1994) Misshandelte Eltern – Analyse einer Umfrage. In: Thiersch, H.: Gewalt in Deutschland. Darmstadt, Wissenschaftliche Buchgesellschaft

Gadoros, J. (1990): The Abused parent. About some cases of Intrafamiliar Child to Parent Aggression. Psychiatria Hungarica 5: 195 – 211

Harbin, H., Madden, D. (1979): Battered Parents. A New Syndrome. American Journal Psychiatry 136: 1288-1291

Hardin, J., Schlader, T. (1987): Dynamics of parental abuse. Journal nat. med. Association 79: 674 – 676

Nissen, G. (1994): Störungen des Sozialverhaltens. In: Eggers, C., Lempp, R., Nissen, G., Strunk, P.: Kinder- und Jugendpsychiatrie. Berlin, Springer: 119-150

Omer, H., von Schlippe, A. (2002): Autorität ohne Gewalt. Elterliche Präsenz als systemisches Konzept. Göttingen, Vandenhoeck und Ruprecht

Omer, H., von Schlippe, A. (2004): Autorität durch Beziehung. Gewaltloser Widerstand in Beratung und Therapie. Göttingen, Vandenhoeck und Ruprecht

Paulson, M. J., Coombs, R. H. (1990): Youths who physically assault their parents. Journal of Family Violence 5: 121-133

Rotthaus, W. (2002): Wozu erziehen? Entwurf einer systemischen Erziehung. 4. Aufl., Heidelberg, Carl-Auer-Systeme

Trott, G.E., Friese, H.-J., Reitze, K., Wirth, S., Nissen, G. (1993): Seelische und körperliche Elternmisshandlung. Münchener medizinische Wochenschrift 135: 41 – 44

Internetsucht

Wahrnehmen und bewerten

• Kinder und Jugendliche online

Computer und Internet spielen für Kinder und Jugendliche eine wichtige Rolle. 77% der bundesdeutschen Jugendlichen nutzen das Internet inzwischen regelmäßig. Sie suchen Spaß im Netz und steuern oft dieselben Unterhaltungsseiten an, auf denen sie regelmäßig neue und originelle Inhalte erwarten. Sie nutzen das Internet aber auch, um sich Informationen und aktuelles Wissen zu besorgen. Zudem verhalten sie sich im Internet besonders interaktiv: Sie tauschen sich – mehr als Erwachsene – mit anderen in Chats aus, nutzen aber auch stärker die Interaktionsmöglichkeiten auf den Websites. Dabei gibt es einen deutlichen Spitzenwert der Nutzung im Tagesverlauf: Er liegt zwischen 14.00 und 16.00 Uhr. Offensichtlich wird nach der Schule der PC angeschaltet, ein bißchen gechattet und geflirtet – und so wird der Schulstress abgeschüttelt.

• Missbrauch

Wie alle Medien und alle Mittel können auch PC und Internet missbraucht werden. Die Kinder und Jugendlichen sitzen dann lange und häufig vor ihrem PC – einem Platz, den sie nur äußerst ungern verlassen. Ihre größte Angst besteht darin, etwas zu verpassen. Sie sind unfähig, sich eine zeitliche Grenze zu setzen, was als „Nur-noch-fünf-Minuten-Syndrom" beschrieben wird. Sie wollen sich nur noch diesen einen Link und diese eine Seite ansehen. Gefördert wird der übermäßige Konsum durch ein verzerrtes Zeiterleben.

• Internetsucht

Von Internetsucht oder Onlinesucht wird aber erst gesprochen, wenn sich das Verhalten der Betroffenen ganz auf diese eine Tätigkeit einengt, wenn es zu einem Kontrollverlust und einer Toleranzentwicklung kommt, wenn Entzugserscheinungen bei längerer Unterbrechung der Internetnutzung auftreten und wenn es wegen der Internetaktivitäten zu sozialen Problemen und einem Leistungsabfall in Schule oder Lehrstelle kommt.

• Einengung des Verhaltens

Internetabhängige Kinder und Jugendliche verbringen den größten Teil ihrer freien Zeit vor dem Computer. Sie haben alle anderen Interessen und Tätigkeiten, die ihnen früher wichtig waren, aufgegeben. Auch wenn sie gar nicht im Netz sind, kreisen ihre Gedanken ständig um das Internet. Wenn sie nicht im Web surfen, so sind sie doch zumindest mit Verbesserungsarbeiten am Computer beschäftigt.

• Kontrollverlust

Die Kontrolle über ihre Internetnutzung ist diesen Kindern und Jugendlichen weitgehend verloren gegangen. Viele haben schon häufiger vergeblich versucht, ihre Zeit im Internet zu begrenzen. Andere aber unternehmen derartige Versuche überhaupt nicht, obwohl ihnen immer mal wieder bewusst wird, dass ihr Verhalten persönliche und soziale Probleme zur Folge hat.

• Toleranzentwicklung

Ein recht typisches Merkmal ist, dass sich das Verlangen danach, mehr Zeit im Internet zu verbringen, ständig erhöht. Die „Internet-Dosis" muss fortlaufend heraufgesetzt werden, um die angestrebte positive Stimmungslage zu erreichen.

• Entzugserscheinungen

Viele onlineabhängige Kinder und Jugendliche schildern, dass sie unruhig und nervös werden, wenn sie längere Zeit nicht im Internet sind. Dieses psychische Verlangen („craving") nach der Internetnutzung tritt auf, wenn die Kinder und Jugendlichen längere Zeit von ihrem PC ferngehalten werden. Neben Unruhe und Nervosität sind Unzufriedenheit, Gereiztheit und Aggressivität als typische Entzugserscheinungen zu beobachten.

• negative Folgen

Das vielleicht wichtigste Merkmal sind die negativen Folgen, die durch die Internetsucht bedingt werden. Es kommt zu einem Leistungsabfall in der Schule oder im Beruf. Freundschaften werden nicht mehr gepflegt; die Gleichaltrigen ziehen sich von dem Betroffenen zurück. Die Aussage „Ich fühle mich einsam" wird von der Mehrzahl der Kinder und Jugendlichen, die sich internetsüchtig verhalten, bejaht, wobei es allerdings oft unklar bleibt, wie weit dieses Einsamkeitserleben Ursache oder Folge der Internetsucht ist.

• Onlinezeit

In einer großen Befragung in Deutschland wurde unter anderem untersucht, wieviel Zeit Internetsüchtige pro Woche online im Internet verbringen. Diejenigen, die die dargestellten Kriterien für Onlinesucht erfüllten, waren durchschnittlich 35 Stunden pro Woche online im Internet. Eine zweite Gruppe, die als Risikogruppe bezeichnet wurde, hatte eine durchschnittliche Onlinezeit von 29 Stunden pro Woche. Die Gruppe der unauffälligen Internetnutzer nutzten das Internet nach eigenen Angaben durchschnittlich 8 Stunden pro Woche.

• Häufigkeit

Nach den vorliegenden Erkenntnissen ist Internetsucht vornehmlich als Jugendproblematik anzusehen. Denn die Rate der Internetabhängigen unter den Internetnutzern liegt mit 10,3% in der Gruppe der unter 15-Jährigen am höchsten, fällt dann fortlaufend auf 5,7% bei den 17-Jährigen und schließlich auf 2,2% in der Gruppe der 21- bis 29-Jährigen. Dieser Häufigkeitsverlauf verweist darauf, dass relativ viele Jugendliche sich über eine gewisse Zeit internetsüchtig verhalten, dass die meisten von ihnen dieses Suchtverhalten aber mit wachsendem Alter wieder aufgeben.

Bis zum Alter von 18 Jahren sind Jungen im Durchschnitt doppelt so häufig wie Mädchen unter den Internetabhängigen auszumachen. Ab dem Alter von 19 Jahren kehrt sich dieses Verhältnis um; bei den Älteren sind jeweils mehr Frauen betroffen. Insgesamt geht man über alle Altersgruppen von einer Zahl von 600.000 Internetsüchtigen in Deutschland aus.

• Nutzungsschwerpunkte

Hinsichtlich der genutzten Internetinhalte gibt es deutliche Unterscheide zwischen den Internetsüchtigen und den unauffälligen Internetbenutzern. Bei den Internetsüchtigen nehmen die Kommunikationssysteme wie Chats, Foren oder die Newsgroups den größten Raum des Nutzungsverhaltens ein. Bei den Mädchen entfallen zwei Drittel aller Aktivitäten, bei den Jungen knapp ein Drittel aller Aktivitäten auf diese interaktiven Dienste. An zweiter Stelle stehen die Musikangebote, die von den Internetsüchtigen ebenfalls relativ häufiger genutzt werden als vom Durchschnitt der Jugendlichen, gefolgt von interaktiven Spieleplattformen (ohne Geldeinsatz) und Erotikangeboten.

• Gefahren

Die Gefahren des Internetmissbrauchs und der Internetsucht liegen – wie dargestellt – vor allem darin, dass die Kinder und Jugendlichen ihren altersgemäßen Entwicklungsaufgaben und -anforderungen nicht mehr nachkommen. Schule und Schulleistungen verlieren an subjektiver Bedeutsamkeit und werden vernachlässigt. Zunehmend häufig kommt es auch zum Schulschwänzen. Ebenso vernachlässigt werden die Kontakte zu den Gleichaltrigen, die bestenfalls noch im Netz, aber nicht mehr von Person zu Person gepflegt werden.

Die Gefahren sind aber auch abhängig von den bevorzugten Internetinhalten. Wenn das interaktive Verhalten im Vordergrund steht und ein kommunikativer Umgang mit den jeweiligen Interaktionspartnern angestrebt wird, scheinen sie eher gering zu sein. Demgegenüber sind die Gefahren deutlich höher einzuschätzen, wenn bestimmte Themenbereiche wie Sexualität – teils auch in Verbindung mit sozialer Interaktion über entsprechende Dienste – oder Gewaltdarstellungen und Spiele mit Gewalthandlungen vornehmlich aufgesucht werden. In diesen Fällen droht das Problem, dass der Betroffene das Internet als eigene erträumte Wunschwelt erlebt, in die er flüchtet und derentwegen er sich nach außen abschottet. Zudem führen zumindest alle allein gespielten Computerprogramme zu einer Zunahme aggressiven Verhaltens, insbesondere wenn sie dazu dienen, die in der Realität erlebte Minderwertigkeit, die Enttäuschungen und Misserfolge durch die Identifikation mit den imaginären aggressiven Modellfiguren zu verdrängen oder auszugleichen.

Zuordnen und verstehen

• Chancen des Internets

Die hohe Zahl der Internetnutzer unter den älteren Kindern und den Jugendlichen und die gleichfalls hohe Zahl der Mädchen und Jungen, die internetsüchtig werden, haben sicher damit zu tun, dass Kinder und Jugendliche einen unmittelbareren Zugang zu Computer und Internet haben als Erwachsene. Sie lassen sich durch diese Medien faszinieren und zeigen hohes Geschick im Umgang mit ihnen. Vieles spricht auch dafür, dass zumindest ein Teil der Jugendlichen das Internet als nützlich für die Bewältigung ihrer Entwicklungsaufgaben entdeckt hat. Im Chat mit Gleichaltrigen, aber auch durch das Abrufen von Informationen finden sie Orientierung in der für Jugendliche schwierigen Entwicklungsphase mit ihren körperlichen, psychischen und sozialen Veränderungen. Die Anonymität bietet ihnen die Chance, verschiedene Rollen und Identitäten gefahrlos zu testen und mit der Zeit ihre eigenen Positionen zu finden. Sie können den Kontakt zu Gleichaltrigen suchen und von ihnen (virtuelle) Anerkennung einholen. Und nicht zuletzt können sie das Internet auch als Mittel zur Abgrenzung von der Erwachsenenwelt nutzen.

• Lebensprobleme

Zuweilen wird Kritik an dem Begriff „Internetsucht“ geäußert mit dem Hinweis, dass es nicht das Internet sei, das süchtig mache. Dieser Einwand ist zwar richtig, gilt aber für alle Abhängigkeitserkrankungen. Ebenso wie nicht primär die Droge süchtig macht, muss die Internetsucht als eine Störung angesehen werden, die Ausdruck und Symptom persönlicher Probleme und psychischer Störungen ist.

• soziale Ängstlichkeit und Einsamkeit

Am häufigsten wird der Zusammenhang von Internetsucht und sozialer Ängstlichkeit und Einsamkeit diskutiert. Zwar gibt es eine Studie, in der die befragten internetabhängigen Studenten sich selbst als sozial kompetenter einschätzten als ihre nicht abhängigen Kolleginnen und Kollegen und angaben, dass sie das Internet häufig als Kontaktmedium zum Aufbau neuer, in der Realität gelebter Bekanntschaften nutzen würden. Mehrere andere Untersuchungen ergaben jedoch, dass die Zahl der Jugendlichen, die sich einsam und allein fühlen, unter den Internetabhängigen besonders hoch ist und dass Internetabhängige eher schüchterne, sozial ängstliche Personen sind, die dazu neigen, sich in die eigenen vier Wände zurückzuziehen. Auch wurden bei ihnen erhöhte Depressivitätswerte festgestellt. Dabei konnte – wie schon gesagt – auch in diesen Untersuchungen keine Aussage darüber gemacht werden, ob der soziale Rückzug Ursache oder Folge der Internetabhängigkeit ist.

• Schulbildung

Bemerkenswert ist ein Zusammenhang zwischen Schulbildung und Internetsucht. So ergab eine Untersuchung im Jahre 1999, dass der prozentuale Anteil an Internetsüchtigen umso höher ausfällt, je geringer die Schulbildung ist. Auch hier kann nur von einem Zusammenhang gesprochen werden: Zweifellos führt Internetsucht zu einer Vernachlässigung des Interesses an der Schule und an schulischen Leistungen. Andererseits können das Schulversagen und der schulische Misserfolg Auslöser für einen Missbrauch des Internets und für süchtiges Verhalten sein. In jedem Fall droht die Gefahr einer wechselseitigen Eskalation: Je schlechter die Schulleistungen, umso mehr Zeit wird im Internet verbracht – und je mehr Zeit im Internet verbracht wird, umso stärker wird das Interesse von den Schulleistungen abgelenkt.

• Flucht in die fiktive Welt

Diese Gefahr ist besonders hoch, wenn angesichts einer unerträglichen realen Welt die virtuelle Welt des Internets zunehmend an Bedeutung gewinnt. Angesichts unlösbar scheinender Probleme und angesichts einer unzureichenden Problemlösekompetenz bietet das Internet die Möglichkeit zur Flucht in eine Traumwelt mit der Folge eines Verlustes an Realitätsorientierung. Auch hier setzt wieder ein verhängnisvoller Kreislauf ein. Denn der Verlust an Realitätsorientierung führt dazu, dass Versuche einer Problemlösung kaum noch oder gar nicht mehr unternommen werden und die Unerträglichkeit des realen Lebens immer mehr steigt. Insofern können alle Faktoren, die unter den Stichworten „Drogensucht" und „Schnüffeln" angesprochen werden, auch bei der Internetsucht eine Rolle spielen.

Lösungen anregen und möglich machen

• das Internet realistisch bewerten

Für Eltern und Erzieher ist es ebenso ungeschickt wie unberechtigt, das Internet mit seinen interaktiven Angeboten, seinen Musikangeboten, den Spielen und sonstigen vielfältigen Möglichkeiten negativ zu bewerten. Vielmehr ist es wichtig, das Gespräch mit der Jugendlichen zu suchen und ein realistisches Bild über die vielfältigen Funktionen, die Vorteile und Gefahren des Internets miteinander auszutauschen. Aus solchen Gesprächen entwickeln sich Ideen für einen kompetenten und angemessenen Umgang mit diesem Medium – Ideen, von denen man hoffen kann, dass sie das Verhalten der Jugendlichen beeinflussen.

• Selbsteinschätzung

Wenn Sie den Eindruck haben, dass eine Jugendliche in missbräuchlicher oder süchtiger Weise das Internet nutzt, sollten Sie sie dazu anzuregen versuchen, ihr eigenes Verhalten kritisch einzuschätzen und selbst zu einer Einsicht in ihr missbräuchliches oder süchtiges Verhalten zu kommen. Dazu kann man ihr die folgenden Aussagen vorlegen und sie bitten, selbst zu beurteilen, ob die Aussagen für sie zutreffend sind (ohne zu erwarten, dass sie Ihnen das Ergebnis mitteilt):

- Die meisten Freunde, die ich habe, kenne ich aus dem Netz.
- Ich versuche, vor anderen zu verheimlichen, wie viel Zeit ich wirklich im Netz verbringe.
- Oft bekomme ich zu wenig Schlaf, weil ich zu viel im Netz bin.
- Meine Leistungen in Schule und Beruf haben sich verschlechtert, seit ich im Netz bin.
- Wenn ich im Urlaub bin, denke ich daran, bald wieder ins Netz zu kommen.
- Meine Familienangehörigen und meine Freunde beschweren sich öfter darüber, dass ich so viel im Netz bin.
- Meine Freunde sagen, ich hätte mich in letzter Zeit verändert.
- Obwohl ich es wirklich versuche, kann ich meine Netznutzung nicht reduzieren.

• Selbstbeschränkung

Falls Sie im Gespräch mit der Jugendlichen zu dem Ergebnis kommen, dass sie das Internet missbraucht oder gar internetsüchtig ist, stellt sich die Frage, ob die Jugendliche selbst daran interessiert ist, Maßnahmen zur Einschränkung der Internetnutzung zu ergreifen. Hierfür könnte man die Netzverbindung so konfigurieren, dass alle zwanzig Minuten eine Meldung erfolgt und ein Trennen vorgeschlagen wird. Man könnte mit einer Uhr zudem die Zeit messen, in der die Jugendliche online ist, damit sie selbst eine korrekte Rückmeldung über das Ausmaß ihres Verhaltens erhält. Man kann den Schreibtischsessel mit einem Gymnastikball austauschen, bei dem sich eher eine Ermüdung beim langen Sitzen einstellt, oder man könnte den Computer auf ein Stehpult stellen; Stehen ist gesünder als Sitzen, weil man sich mehr und freier bewegt. Und auch dabei registriert man die Ermüdung deutlicher.

• Außenkontrolle

Falls die Jugendliche sich als völlig unfähig beschreibt, irgendwelche Maßnahmen zur Selbstkontrolle aufzugreifen, wird man nicht umhin kommen, Außenkontrollen zu vereinbaren – beispielsweise durch ein Wegschließen des PCs oder ähnliche Maßnahmen. Allerdings hat ein solches Vorgehen nur dann einen Sinn, wenn die Jugendliche die Notwendigkeit dieser Maßnahme akzeptiert. Ansonsten würde sie lediglich zu Freunden oder ins Internetcafè gedrängt, ohne dass eine wesentliche Änderung ihres Verhaltens erfolgt.

• Alternativen anregen

Man sollte davon ausgehen, dass die Jugendliche ihr internetsüchtiges Verhalten nicht aufgeben kann, ohne ein anderes, positiv erlebtes Verhalten an seine Stelle zu setzen. In erster Linie muss es darum gehen zu überlegen, wo und mit wem die Jugendliche reale Kontakte knüpfen kann, und sie dabei zu unterstützen, dass sie diese Kontakte positiv gestaltet und aufrechterhält.

• Schulprobleme klären

Ebenso dürfte es in den meisten Fällen von Bedeutung sein zu klären, ob die meist vorhandenen Schulprobleme eher sozialer oder leistungsmäßiger Art sind. Es ist zu prüfen, ob der Schultyp der richtige ist, ob die Anforderungen der Begabung der Jugendlichen entsprechen, ob Teilleistungsschwächen vorliegen, die an schulischen Erfolgen hindern, oder ob andere Probleme ausschlaggebend sind.

• fachliche Hilfe

Eltern und Erzieher sollten sich nicht scheuen, fachliche Unterstützung in Beratungsstellen und bei Therapeutinnen zu suchen. Auch wenn viele Beraterinnen und Therapeutinnen noch wenig Erfahrung mit internetsüchtigen Kindern und Jugendlichen haben, ist die im Hintergrund stehende Problematik doch bei allen süchtigen Verhaltensweisen ähnlich, so dass man mit wirksamer Hilfe und Unterstützung rechnen kann.

• Internetadressen

Weitere Informationen erhalten Sie unter folgenden Internetadressen:
www.internetsucht.de, www.psychohelp.at, www.onlinesucht.de
www.lehrer-online.de, http://netaddiction.com

Weitere Stichworte:

Angst (Band 1)
Depressive Störungen
Drogensucht
Schnüffeln
Schulangst (Band 1)
Schüchternheit (Band 1)

Literatur

Berens, C (2001): Eine wissenschaftliche, qualitative Studie zu dem Phänomen Internetsucht. http://userpage.fu-berlin.de

Döring, N. (2003): Sozialpsychologie des Internets. 2. Auflage. Göttingen, Hogrefe

Hahn, A., Jerusalem, M. (2001): Internetsucht: Jugendliche gefangen im Netz. In: Raithel, J. (Hrsg.): Risikoverhaltensweisen Jugendlicher. Opladen, Leske und Budrich: 279 – 294

Zimmerl, H. D., Panosch, B., Masser, J. (1998): Internetsucht – Eine neumodische Krankheit? http://gin.uibk.ac.at

Kriminelles Verhalten

Wahrnehmen und bewerten

• Begriffsbestimmung

Als kriminell bezeichnet man ein Verhalten, das gegen geltende Gesetze verstößt. Erst wenn rechtliche Normen übertreten werden, kann man von Kriminalität sprechen. Im strengen Sinne kann man deshalb auch nicht von Kinderkriminalität reden, da Kinder noch nicht strafmündig sind.

• Jugendkriminalität

Mit dem Begriff Jugendkriminalität wird ein Kriminalitätsbereich vom Alter der Täter her beschrieben. Es wird eine Verbindung hergestellt zwischen einer Entwicklungsphase, dem Jugendalter, mit ihren alterstypischen Anforderungen und damit auch den sich ständig ändernden gesellschaftlichen Lebens- und Problemlagen für Jugendliche einerseits sowie dem Norm verletzenden Verhalten Jugendlicher andererseits. Somit wird berücksichtigt, dass Jugendliche sich in einem von vielen stützenden oder störenden Faktoren beeinflussten Prozess der Aneignung von kulturellen Normen befinden. Infolgedessen ist auch an Stelle des Strafgesetzbuches für Erwachsene ein spezielles Jugendstrafrecht entwickelt worden, das in Berücksichtigung des jugendlichen Entwicklungsstandes eine erzieherische Absicht verfolgt.

• Delinquenz und Kriminalität

Die Begriffe Delinquenz und Kriminalität werden in verschiedenen Ländern unterschiedlich gebraucht, was nicht nur die Beurteilung von Untersuchungsdaten erschwert, sondern ganz allgemein zu Unklarheiten führen kann. Während man in Deutschland den Begriff Delinquenz vorwiegend bei den noch nicht strafmündigen Kindern unter 14 Jahren verwendet und erst bei Jugendlichen (14;0 bis 17;11 Jahren) und Heranwachsenden (18;0 bis 20;11 Jahren) von Kriminalität spricht, wird in Großbritannien der Begriff Delinquenz auf Personen zwischen 10 und 17 Jahren angewandt, die Gesetzesübertretungen begehen, während dieselben Taten bei Erwachsenen als Kriminalität bezeichnet werden.

• Häufigkeit

Angaben über Delinquenz und kriminelles Verhalten von Kindern, Jugendlichen und Heranwachsenden und die daraus abgeleiteten Folgerungen über eine Zunahme oder Nicht-Zunahme erscheinen oft widersprüchlich. Das beruht darauf, dass sich die verschiedenen Autoren auf unterschiedliche Statistiken beziehen. Die meisten Häufigkeitszahlen beruhen auf den Daten der polizeilichen Kriminalstatistik (PKS), die alljährlich vom Bundeskriminalamt vorgelegt wird. Diese PKS ist eine Leistungsstatistik der Polizei; sie zählt die Tatverdächtigen, bei denen nach Abschluss der polizeilichen Ermittlungsarbeit ein begründeter Tatverdacht bestehen bleibt. Demgegenüber wird die Zahl der verurteilten Jugendlichen und Heranwachsenden in der „Verurteiltenstatistik“ der Justiz erfasst. Da nicht jeder Tatverdächtige verurteilt wird, liegen diese Angaben unter denen der PKS. Beispielsweise wurden 1997 in Deutschland etwa 9% der männlichen Jugendlichen von der Polizei verdächtigt, eine Straftat begangen zu haben, aber nur 2% der Jugendlichen wurden durch die Gerichte verurteilt. 1999 wurden von der Polizei rund 7,2% aller deutschen Jugendlichen (10,4% der männlichen und 3,9% der weiblichen) als tatverdächtig ermittelt.

Im Jahre 2002 sank die Zahl tatverdächtiger *Kinder* gegenüber 2001 um knapp 6%. Der starke Anstieg, der seit 1993 zu verzeichnen war, hat sich ab 1999 nicht mehr fortgesetzt. Vielmehr ist seitdem ein Rückgang der Kinderdelinquenz zu beobachten, der alle wichtigen Deliktbereiche betrifft. Es dominiert der Ladendiebstahl, dessen statistische Häufigkeit nicht zuletzt auch vom Kontroll- und Anzeigeverhalten im Einzelhandel beeinflusst wird.

Der Anteil der deutschen *Jugendlichen* an den Tatverdächtigen insgesamt ist seit 1998 ebenfalls kaum noch gestiegen und schwankt um 13%. Ein Anstieg war im Jahr 2002 allerdings bei Körperverletzung, Cannabisdelikten und Straftaten gegen das Waffengesetz zu verzeichnen.

Die Anzahl der tatverdächtigen deutschen *Heranwachsenden* stieg auch im Jahr 2002 weiter leicht an. Sie nahm bei Körperverletzung am stärksten zu, außerdem bei Sachbeschädigung und Leistungserschleichung.

• Geschlechtsverteilung

Kriminelles Verhalten ist eine Auffälligkeit vor allem der männlichen Jugendlichen. Der Anteil der weiblichen tatverdächtigen Kinder und Jugendlichen liegt erheblich unter dem der männlichen. Bei den Jugendlichen stellten die Mädchen im Jahr 2002 einen Anteil von 26% und bei den Heranwachsenden einen Anteil von 19,7%. Auch in anderen Ländern Europas und in Nordamerika finden sich männliche Straftäter je nach Delikt dreimal bis zehnmal häufiger als weibliche, wobei vor allem bei aggressiven Delikten das männliche Geschlecht überwiegt.

• nichtdeutsche Jugendliche

Die tatsächliche Kriminalitätsbelastung von in Deutschland lebenden nichtdeutschen Kindern und Jugendlichen im Vergleich zu den deutschen ist nur schwer zu bestimmen. Sie hängt zum einen von dem prozentualen Anteil der Nichtdeutschen in der Bevölkerung ab. Zum anderen fließen Zahlen über Verstöße gegen das Ausländergesetz mit ein, die deutsche Jugendliche nicht begehen können. Zu berücksichtigen ist auch, dass sich die deutsche Bevölkerung von den Personen ohne deutsche Staatsangehörigkeit strukturell unterscheidet (hoher Anteil an Personen mit geringem Ausbildungsniveau und an Berufen mit niedrigem Anforderungsprofil). Schließlich spielt eine Rolle, wie gut die nichtdeutschen Kinder und Jugendlichen in Deutschland integriert sind. Insgesamt ist die Zahl der nichtdeutschen tatverdächtigen Kinder und Jugendlichen – nicht zuletzt wegen des allgemeinen Rückgangs dieser Bevölkerungsgruppe – seit 1994 rückläufig.

• Wiederholungstäter

Wie in ausländischen Untersuchungen hat sich auch in Deutschland bestätigt, dass eine kleine Gruppe von Straftätern für einen sehr großen Teil aller registrierten Delikte verantwortlich ist. Nach polizeilichen Untersuchungen begehen etwa 5% einer Altergruppe als Jugendliche oder Heranwachsende rund 30% der auf die jeweilige Gruppe in einem Kalenderjahr entfallenden registrierten Delikte. In einem Verlaufszeitraum bis zu zehn Jahren verübten 6 – 10% eines Jahrganges zwischen 50 – 65% aller amtlich erfassten Straftaten. Bei Mädchen ist der Unterschied noch deutlicher: Bei ihnen gibt es vermehrt so genannte „chronische“ Delinquentinnen, deren Taten allerdings zumeist nur leicht und geringfügig sind.

50 – 75% der Menschen, die einmal einer Straftat überführt wurden, werden kein zweites Mal straffällig. Nur eine Gruppe von etwa 25% steht in der Gefahr, wiederholt Straftaten zu begehen. Umgekehrt zeigt die „Cambridge-Längsschnittstudie“, dass 75% derjenigen, die als Jugendliche mehr als dreimal einer Straftat überführt wurden, schließlich als junge Erwachsene fortgesetzt Straftaten begangen haben.

Insgesamt legen die vorliegenden Befunde nahe, zwischen einer großen Gruppe von nur gelegentlich und episodenhaft handelnden Straftätern und einer kleineren Gruppe zu unterscheiden, die dauerhaft auffallen. Bei der Gruppe derer, die sich nur gelegentlich und episodenhaft kriminell verhalten, wird davon ausgegangen, dass die Delinquenz und Kriminalität im Kindes- und Jugendalter als ein alterstypisches Übergangsphänomen zu verstehen ist. Bei der Gruppe der dauerhaft auffallenden Jugendlichen und auch Heranwachsenden dagegen zeigt sich häufig ein Nebeneinander von mehrfachen Belastungen und Benachteiligungen unterschiedlicher Art, wobei es oft in der Wechselwirkung zwischen Jugendlichen und Umwelt zu einem Kreisprozess von geringeren Chancen, einer erhöhten Kontrolle der Umwelt, einer intensiveren Bestrafung und einer damit verbundenen Diskriminierung kommt.

Zuordnen und verstehen

● entwicklungsbedingtes Kriminalitätsverhalten

Ein episodenhaftes, gelegentliches Auftreten von delinquenten Verhaltensweisen ist offensichtlich auf dem Hintergrund einer zunehmenden Pluralisierung oder Differenzierung der Formen der Lebensführung in unserer Gesellschaft zu verstehen. Der Prozess der verstärkten Individualisierung und das Zurückgehen von normativen Richtlinien führt innerhalb des Entwicklungsprozesses – vornehmlich im Jugendalter – dazu, dass Grenzen erprobt werden, und das eben durchaus auch in Form von leichteren Gesetzesübertretungen. Durch ein provozierendes Verhalten werden normative und auch gesetzliche Vorgaben innerhalb und außerhalb des familialen Rahmens ausgetestet und kritisch hinterfragt. Der Jugendliche sucht, den eigenen Standpunkt in seiner Generation zu finden, und ist bestrebt, die eigene Haltung vor sich selbst und vor den Gleichaltrigen zu bewähren. Besonders die Mädchen müssen ihre Geschlechtsrolle annehmen, auch wenn sie in unserer Gesellschaft widersprüchlich und zwiespältig ist und in hohem Maße aus einer männlichen Sicht geprägt wird. Ein gewisser Grad von Auflehnung und Abgrenzung vom normativ vorgegebenen Verhalten seitens der Jugendlichen ist deshalb durchaus altersgerecht. Führt dieser Prozess zu einem delinquenten Handeln, so kann dies in vielen Fällen als ein normaler, temporärer und episodenhafter Prozess angesehen werden.

● Mehrfachbelastung

Untersuchungen haben gezeigt, dass 90% der jugendlichen Wiederholungstäter bereits in der mittleren Kindheit eine Störung des Sozialverhaltens (siehe dort) gezeigt haben. Das bedeutet: Gravierendes kriminelles Verhalten entsteht nicht aus dem Nichts, sondern entwickelt sich über einen längeren Zeitraum. Umgekehrt zeigte sich, dass die meisten Jugendlichen, die nur einmal straffällig geworden waren, im Kindesalter eine unauffällige psychosoziale Entwicklung genommen haben. Diese Ergebnisse stützen das Entwicklungsmodell antisozialen Verhaltens, das die Entwicklung kriminellen Verhaltens in Abhängigkeit von einem Übermaß an langfristig bestehenden Belastungen und Benachteiligungen und einem relativen Mangel an schützenden Faktoren sieht.

● Multidimensionalität der Bedingungen

Kriminelles Verhalten ist multidimensional bedingt. Die Delinquenz entwickelt sich innerhalb einer spezifischen Kind-Umwelt-Interaktion. Neben den Jugendlichen, ihrer Familie und den Gleichaltrigengruppen wirken an diesem Prozess auch die Fachleute und Fachinstitutionen mit, wie beispielsweise die Schule, die Jugendhilfe, die Jugendberatungsstellen, die Jugendpsychiatrien, die Medien, die Stadtplaner, die sozialpolitische Gesetzgebung und die Jugendgerichte. Welchen Einfluss die jeweiligen Systeme im Einzelfall ausgeübt haben, lässt sich in der Rückschau nur sehr unsicher und annähernd erfassen.

• familialer Ressourcenmangel

Jeder Mensch macht während seiner Entwicklung spezifische Lernerfahrungen, die seine spätere Einstellung, sein Verhalten und auch die Bewertung von Ereignissen oder Verhaltensweisen bestimmen. In diesem Lernprozess spielen die Erfahrungen, die das Kind in seiner Familie macht, naturgemäß eine große Rolle. Familie verfügen aber in sehr ungleichem Maße über die erforderlichen Ressourcen, um ein stützendes Familienklima schaffen und Kraft für die Erziehungsprozesse seitens der Eltern aufbringen zu können. Einschränkende Faktoren sind beispielsweise Arbeitslosigkeit, Armut, beengte Wohnverhältnisse, ungünstige Wohnviertel, Erkrankungen, Suchtmittelabhängigkeiten und mangelnde Unterstützung durch Verwandte, Nachbarn oder Freunde.

• sozioökonomischer Status

Die Bedeutung der familiären finanziellen Ressourcen für die Gruppe der dauerhaft auffallenden delinquenten Jugendlichen wird unterschiedlich eingeschätzt. Eine englische Untersuchung verweist jedoch darauf, dass die Häufigkeit der Delinquenz von Jugendlichen bei lediglich 5% lag, wenn die erwachsenen Familienmitglieder bezahlte Arbeit hatten und das Zusammenleben gut gestaltet werden konnte. Wurde das Familieneinkommen jedoch lediglich durch Gelegenheitsarbeiten bestritten, lag diese Zahl dagegen bei 25%.

• Wohnsituation

In engem Zusammenhang mit den wirtschaftlichen Verhältnissen einer Familie steht die Wohnsituation. Das Wohnviertel, seine Gestaltung und die daraus resultierenden Beziehungsverhältnisse der Bewohner sind vielfach als ein Faktor im Hinblick auf eine delinquente Entwicklung nachgewiesen. So ist die kriminelle Belastung bei Jugendlichen, die in so genannten Trabantenstädten leben oder in innerstädtischen Ballungsgebieten aufwachsen, nachweislich höher. Deshalb wurde mancherorts versucht, durch städteplanerische und gebäudeplanerische Aspekte Einfluss auf diese gesellschaftspolitisch bedeutsamen Faktoren zu nehmen.

• Familiengröße

Auch eine große Kinderzahl gilt als möglicher Belastungsfaktor, insbesondere wenn die finanziellen Möglichkeiten der Familie begrenzt sind und sich viele Kinder eine enge Wohnung teilen müssen. Demgegenüber ergaben Untersuchungen für Einzelkinder eine relativ geringe Kriminalitätsrate.

• Vorbildverhalten

Das Vorbildverhalten von Eltern, Geschwistern oder anderen Bezugspersonen spielt bei der Entwicklung von delinquentem Verhalten zweifellos eine bedeutsame Rolle. Zu denken ist hier an Eltern, die selbst ein dissoziales Verhalten zeigen oder aggressive Handlungen begehen. Zum einen besteht die Möglichkeit, dass die Kinder sich mit ihren Eltern identifizieren und deren Verhalten übernehmen, insbesondere, wenn dieses erfolgreich ist und wenn es in der Familie eine positive Bewertung erfährt. Zum anderen sind die Chancen der Kinder oder Jugendlichen eingeschränkt, Vorbilder zu beobachten, die sich prosozial verhalten, und die Erfahrung zu machen, dass solche Verhaltensweisen eine soziale Akzeptanz erfahren und damit „belohnt" werden.

• Erziehungserfahrungen

Häufige Erziehungserfahrungen von Jugendlichen, die delinquentes Verhalten zeigen, sind: eine insgesamt feindliche familiäre Atmosphäre; Verhaltensweisen der Bezugspersonen, die durch Ärger, Ablehnung und ein geringes Verständnis für die Jugendlichen gekennzeichnet sind; ein Mangel an Fürsorge, Aufsicht und Kontrolle, selbst Norm abweichendes Verhalten wird mit Gleichmut betrachtet; ein Desinteresse für die Institutionen wie Schule oder Ausbildungsstätte, die für das Kind von Bedeutung sind; ein widersprüchliches Erziehungsverhalten, das die erzieherische Situation für das Kind undurchschaubar und nicht voraussehbar macht; eine Unklarheit und geringe Eindeutigkeit im Hinblick auf die erwünschten Verhaltensweisen.

• spezifische familiale Konstellationen

In Familien mit delinquenten Jugendlichen finden sich zudem Konstellationen, die die erzieherische Autorität zumeist eines Elternteiles einschränken. In der Familientherapie findet sich dafür beispielsweise der Begriff des rigiden Dreiecks, einer Konstellation, in der ein Mitglied des Erwachsenensystems sich mit einem Kind gegen den anderen Elternteil verbündet. Derartige Konstellationen können verdeckt oder offen sein: Sie führen dazu, dass die Erziehungskompetenz eines Elternteiles eingeschränkt, wenn nicht sogar ausgeschlossen wird. Ebenso können Abwertungsprozesse stattfinden, die auf einen der beiden Partner bezogen sind. Oft schwächen sie diesen und untergraben seine oder ihre Autorität.

Auch offene Streitsituationen zwischen den Ehepartnern können ein Elternteil im erzieherischen Sinne unwirksam werden lassen. Kommt es immer wieder über einen längeren Zeitraum zu Abwertungen eines Elternteils oder zum Schlagen des Ehepartners, so kann dieses Beziehungsverhalten vom Jugendlichen nachgeahmt werden. Gerade Jungen übernehmen nicht selten das aggressive Verhalten des Vaters gegenüber der Mutter und lassen sich von ihr nicht mehr erziehen. Sie übertragen dieses Verhalten aber auch auf

Situationen außerhalb der Familie und fallen dann gehäuft durch Delikte wie Körperverletzung auf.

• häufiger Systemwechsel

Ein häufiger Wechsel des primären Lebensortes – beispielsweise von der Primärfamilie in eine Stieffamilie, in eine Pflegefamilie, in ein Heim, in eine Wohngruppe – ist für Kinder und Jugendliche ein besonderer Belastungsfaktor. Der häufige Systemwechsel verhindert die Integration in eine tragfähige Gemeinschaft und eine dauerhafte Bindung an Bezugspersonen. Beide Faktoren sind aber wichtige Voraussetzungen für die Akzeptanz von Regeln einer Gemeinschaft.

• Medieneinfluss

Auch wenn seit Jahrzehnten über dieses Thema gestritten wird: Aufgrund der vorliegenden wissenschaftlichen Untersuchungen kann es keine Zweifel daran geben, dass die Fülle an Gewalt- und Aggressionsdarstellungen in den Medien, vor allem im Fernsehen, auf Video, DVD und in Computerspielen, die Gewalt- und Kriminalitätsbereitschaft der Kinder und Jugendlichen erhöht. Besonders über die visuellen Medien werden aggressive und delinquente Verhaltensmuster vermittelt und im Gehirn durch entsprechende Veränderungen gespeichert, so dass die Hemmschwelle gegenüber solchen Verhaltensweisen sinkt. Die Umsetzung in der Realität geschieht dann vor allem bei denen, die bereits aufgrund anderer Einflüsse besonders gefährdet sind. Allerdings ist dieser Zusammenhang zwischen Gewalt im Fernsehen und Gewalt in der realen Welt oft zeitlich versetzt: Ähnlich wie bei der Beziehung zwischen Rauchen und Lungenkrebs zeigt er sich häufig erst mit einer zeitlichen Verzögerung von etwa einem Jahrzehnt.

• Arbeitslosigkeit

Besondere Beachtung muss die Arbeitslosigkeit von Jugendlichen finden. Arbeitslose Jugendliche müssen erleben, dass die Gesellschaft sie nicht braucht. Sie erfahren nicht, wo ihr Platz ist und was die Gesellschaft von ihnen erwartet, und sie erfahren ebenso wenig, was die Gesellschaft ihnen an Entwicklungsmöglichkeiten bietet. Jugendliche brauchen aber sowohl eine Perspektive, für die es sich lohnt, Anstrengungen auf sich zu nehmen, als auch insgesamt eine verlässliche, überschaubare und strukturierte Lebensumwelt für die Entwicklung und Stabilisierung prosozialen Verhaltens. Wird ihnen all dieses verweigert, werden sie „gezwungen", in einen unstrukturierten, sinnlosen Tag hinein zu leben, erhöht sich zwangsläufig das Risiko von delinquenten Verhaltensweisen.

• Dynamik institutioneller Interventionen

Im Falle einer delinquenten Entwicklung eines Jugendlichen kommt es zwangsläufig zu einem Eingreifen der Institutionen, die mit den Problemen

Jugendlicher befasst sind. Meist sind mehrere helfende Institutionen beteiligt, die eine intensive Kooperationsbereitschaft und eine hohe wechselseitige Akzeptanz zeigen müssen, wollen sie erfolgreich sein. Aber gerade das schwer zu beeinflussende und ebenso schwer zu ertragende Verhalten von Jugendlichen mit kriminellem Verhalten führt leicht zu einer offenen oder verdeckten Konkurrenz zwischen den Institutionen, die zudem noch durch eine unzureichende Kenntnis der Arbeitsweise des jeweils Anderen verstärkt wird. Im Einzelfall können auch unterschiedliche Vorstellungen und Konzepte über die jeweils angemessene Art des Vorgehens die Arbeit mit den Jugendlichen behindern.

• Bedeutung familiärer Loyalität

Ebenso gefährlich ist es, wenn die Helfer in Pflegefamilie, Heim, Jugendpsychiatrie und Jugendamt die Loyalitätsbindungen des Jugendlichen an seine Familie unterschätzen, auch wenn die sich nicht selten hinter heftigen Vorwürfen gegen die Eltern verbergen. Leibliche Eltern bleiben für die Jugendlichen wichtig, ebenso wie die Jugendlichen für ihre Eltern immer Bedeutung behalten (auch wenn dies bei oberflächlicher Betrachtung leicht übersehen werden kann). Werden die Eltern nicht fortlaufend und hinreichend häufig in den Prozess der Erziehung einbezogen, drohen die Jugendlichen in eine Zwickmühle zwischen leiblichen Eltern und den aktuellen Erzieherinnen zu geraten. Dem Jugendlichen wird damit eine klare Orientierung genommen; eine Aufrechterhaltung oder sogar eine Verstärkung des kriminellen Verhaltens ist nicht selten die Folge.

Lösungen anregen und vermitteln

• immer ernst nehmen

Die Tatsache, dass vereinzeltes delinquentes und kriminelles Verhalten im Kindes- und Jugendalter in zahleichen Fällen als alterstypisches Übergangsphänomen zu bewerten ist, bedeutet keineswegs, man brauche diese Handlungen des Jugendlichen nicht allzu ernst zu nehmen. Wenn es sich tatsächlich um ein Austesten von Grenzen handelt, dann ist der Erwachsene gefordert, der die Grenzsetzung vertritt. Steht das rechtsverletzende Verhalten bereits in Zusammenhang mit anderen antisozialen Verhaltensweisen, sind die Erwachsenen in besonderem Maße zu einer hohen Aufmerksamkeit und zur Entwicklung von Hilfemaßnahmen aufgerufen. Oft wird es notwendig sein, Unterstützung im weiteren familiären Umfeld, in der Schule und im Freundeskreis, aber auch professionelle Hilfe in Beratungsstellen, im Jugendamt oder beim Psychotherapeuten und Kinder- und Jugendpsychiater in Anspruch zu nehmen und darauf zu achten, dass mehrere Maßnahmen, so sie erfolgen, gut miteinander abgestimmt werden. Entscheidend wichtig dabei ist, dass unangemessene Zuschreibungsprozesse („Tim ist aggressiv“ oder

„Julian ist ein Straftäter") unterbleiben. Wenn Sie sorgfältig darauf achten, das delinquente Verhalten im Zusammenhang der jeweiligen Situation zu beschreiben und zu verstehen (nicht zu entschuldigen), haben Sie die größte Chance, dass das Verhalten tatsächlich ein vorübergehendes Phänomen bleibt.

- **der multidimensionale Systemansatz**

Länger anhaltendes delinquentes Verhalten von Jugendlichen ist zumeist in so vielfältiger Weise auffällig und störend, dass in der Regel unterschiedliche Systeme mit diesen Jugendlichen befasst sind, beispielsweise die eigene Familie, das Jugendamt, pädagogische oder therapeutische Einrichtungen wie Heime oder kinder- und jugendpsychiatrische Kliniken, Gerichte und Strafvollzugsanstalten. Infolgedessen müssen Lösungsversuche einem multidimensionalen Systemansatz folgen. Zunächst ist dabei zu untersuchen, welche Systeme oder Systemfaktoren an dem problematischen Verhalten beteiligt sind, wie die verschiedenen Systeme miteinander zusammenarbeiten und welchen Sichtweisen und Konzepten sie folgen. Des Weiteren ist festzustellen, über welche Ressourcen und schützenden Faktoren die jeweiligen Systeme verfügen und wie hoch ihr Risikopotenzial ist.

- **Motivation zur Arbeit mit der Familie**

Jugendliche mit dauerhaft delinquentem Verhalten – und zuweilen auch ihre Familien – haben häufig kein Interesse an Veränderung. Die Jugendlichen bewerten ihr delinquent-kriminelles Verhalten anders als die übrige soziale Umwelt. Es wird von ihnen verbunden mit dem Erleben von Stärke und Überlegenheit, oder es wird als eine realistische Antwort auf soziale Gegebenheiten, auf Benachteiligungen und Belastungen angesehen. Zudem haben sie häufig auch negative Erfahrungen mit Institutionen gemacht, da sie bereits Störungen des Sozialverhaltens aufwiesen, die erfolglos versucht wurden, pädagogisch oder therapeutisch zu beeinflussen.

Der erste Schritt auf dem Weg zu Lösungen sollte in solchen Fällen darin bestehen, in und mit der Familie nach konkreten Einflussmöglichkeiten oder Ansatzpunkten zu suchen. Selbst wenn die Familie unter dem Problem leidet, ist damit noch nicht zwangsläufig verbunden, dass sie auch die Bereitschaft aufbringt, beispielsweise an einer Familienberatung oder -therapie teilzunehmen. Häufig ist Motivationsarbeit zu leisten, die vor allem darauf absetzt, die Familie so zu akzeptieren, wie sie ist, ihre Bemühungen und ihre – möglicherweise seltenen – positiven Handlungsansätze anzuerkennen und ihre Liebe zu dem Jugendlichen nicht in Frage zu stellen. Eltern nehmen oft nicht mehr wahr, welche Bedeutung sie als Vater oder als Mutter für den Jugendlichen trotz aller Auseinandersetzungen und trotz aller eventueller Feindseligkeiten haben. Sie nehmen auch nicht mehr wahr, dass sie trotz aller Schwierigkeiten durchaus noch Einflussmöglichkeiten auf ihre Tochter oder ihren Sohn haben. Allerdings wird man in vielen Fällen nicht darauf warten können, dass die Eltern zu einer Therapeutin in einer Institution gehen; vielmehr wird die Therapeutin die Familie in ihrem Zuhause aufsuchen müssen, wie es im Rahmen der aufsuchenden Familientherapie sehr erfolgreich durchgeführt wird.

• Koordination der Hilfesysteme

In vielen Fällen braucht der Jugendliche und braucht seine Familie Unterstützung zugleich von mehreren Institutionen und Hilfesystemen, wie dem Jugendamt, einem stationären Jugendhilfeträger, der Kinder- und Jugendpsychiatrie, der Schule, der Justiz, dem Sozialamt. Diese Hilfemaßnahmen können aber nur erfolgreich sein, wenn die Vertreterinnen der verschiedenen Institutionen ihre Arbeit gut koordinieren, ihre Sichtweisen auf das Problem miteinander austauschen und Entscheidungen darüber treffen, wie und zu welchem Zeitpunkt die verschiedenen Maßnahmen ineinander greifen. Der und die Jugendliche selbst muss bei solchen Helferkonferenzen ebenso wie die Eltern einbezogen werden. Denn nur unter allen Beteiligten abgestimmte und gut koordinierte Maßnahmen bieten in diesen schwierigen Fällen einige Aussicht auf Erfolg. Das erfordert viel Aufwand und Zeit und macht deshalb erhebliche Kosten, die viele Institutionen scheuen. Langfristig machen sich diese Anstrengungen aber nach aller Erfahrung bezahlt.

• Ressourcen- und Zukunftsorientierung

In welcher Konstellation und welcher Institution auch immer: Ziel sollte es sein, dass der Jugendliche lernt wahrzunehmen, über welche Ressourcen und Fähigkeiten er verfügt. Es sollte angestrebt werden, dass er erlebt, dass andere, prosoziale Verhaltensweisen Befriedigung vermitteln können und ihm die Anerkennung der sozialen Umwelt sichern.

• Moderation von Gruppengesprächen

Zuweilen ist die Zusammenarbeit zwischen den Institutionen jedoch durch einen offenen oder verdeckten Streit oder durch Konkurrenzerleben erschwert. Die Arbeit des jeweils anderen wird kritisiert und in Frage gestellt, auch wenn man seine Hilfe und Mitarbeit in Anspruch nehmen muss. In solchen Fällen kann es erforderlich sein, zu den gemeinsamen Gesprächen einen erfahrenen Moderator hinzuzuziehen. Ziel sollte es sein, dass alle Beteiligten zumindest in die Lage versetzt werden, das ernsthafte Bemühen des anderen wahrzunehmen oder auch einfach nur zu unterstellen. Die Kreativität jeder Fachgruppe wächst in dem Moment, wenn sich die Beteiligten der Akzeptanz, des Respekts und der Achtung des anderen im Netz der Hilfesysteme sicher sind und nicht den Eindruck haben, dass ihre fachliche Kompetenz infrage gestellt wird.

• Umstrukturierung gelernten Verhaltens

Soll ein umschriebenes dissoziales Verhalten, sei es Schulschwänzen, Diebstahl oder Drogenmissbrauch, verändert werden, so gilt es als erstes, danach zu fragen, was dieses Verhalten für den Jugendlichen bedeutet, wie er selbst es bewertet und was er damit erreichen möchte. Immer ist das aus Sicht der Gesellschaft unerwünschte Verhalten für den Jugendlichen auch mit positiven Erfahrungen verbunden. Immer ist das kriminelle Verhalten für den Jugendlichen in dieser speziellen Situation und unter den gegebenen individuellen und sozialen Bedingungen das subjektiv „beste“ für ihn. Diese Erkenntnis führt zwangsläufig zu der weiteren Überlegung, auf welche andere Weise der Jugendliche ähnlich positive Erfahrungen machen und was er an die Stelle des kriminellen Verhaltens setzen kann.

• Ablösung von kriminellen Gruppen

Das Gesagte gilt auch für die Bindung an eine kriminelle Jugendgruppe. Die Zugehörigkeit zu einer bestimmten Gruppe, auch wenn diese kriminelle Verhaltensweisen zeigt, bedeutet für manchen Jugendlichen die einzige stabile Bindung. Hier erfährt er – eben auch durch delinquente Handlungen – Anerkennung, Vertrauen und Halt. Den übrigen Gruppenmitgliedern gegenüber verhält er sich loyal, er schützt sie und setzt sich für sie ein. Er zeigt prosoziale Verhaltenweisen in einem dissozialen Kontext. Will man den Jugendlichen von diesen „schlechten Freunden“ fernhalten, wird man überlegen müssen, welche wichtigen Erfahrungen ihm die Gruppe geboten hat (akzeptiert sein, anerkannt werden, Geborgenheit oder Ähnliches) und auf welche Weise er diese wichtigen Erlebnisinhalte außerhalb der dissozialen Gruppe finden kann.

• multisystemische Therapie

Die positive Beeinflussung kriminellen Verhaltens ist schwierig, über den besten Weg wird nach wie vor heftig gestritten. Die üblichen Gefängnisstrafen oder andere juristische Vorgehensweisen, beispielsweise kurze, möglichst rasch auf das kriminelle Verhalten folgende Bestrafungen, scheinen ebenso wenig wie langzeitige Einzeltherapien mit Sozialtrainings wesentlichen Einfluss auf die weitere Entwicklung dieser Jugendlichen zu haben. Zumindest haben alle bisherigen Untersuchungen überzeugende Erfolge nicht nachweisen können. Relativ gute Ergebnisse konnten für die multisystemische Therapie nachgewiesen werden. Sie scheint ein erneutes straffällig Werden der Jugendlichen zu reduzieren und darüber hinaus das sozialverträgliche Verhalten zu fördern. Die multisystemische Therapie umfasst sechs Elemente, die flexibel angewendet werden können, nämlich:

1. Familientherapie, die sich auf eine effektive Kommunikation, systematische Belohnungs- und Bestrafungssysteme und das Problemlöseverhalten in alltäglichen Konflikten bezieht.

2. Stärkung des Jugendlichen und der Eltern, um mit Problemen in Familie, Schule, Freundeskreis und Wohngebiet besser umgehen zu können. Besonderes Gewicht wird darauf gelegt, die familiären Ressourcen und adäquates Problemlöseverhalten zu fördern, damit die Beteiligten nicht immer wieder auf alte, untaugliche Verhaltensmuster zurückgreifen.
3. Den Jugendlichen ermutigen, mehr Zeit mit solchen Altersgenossen zu verbringen, die keine sozialen Probleme haben, und die Beziehung zu anderen Delinquenten abzubrechen.
4. Förderung der individuellen Entwicklung einschließlich eines Selbstbehauptungstrainings zum Schutz gegenüber negativen Einflüssen von Altersgenossen.
5. Zusammenarbeit mit der Schule halten, um Lern- und Hausarbeitsverhalten zu verbessern, sowie die Zeit außerhalb der Schule gut zu strukturieren.
6. Zusammenarbeit mit anderen Institutionen (zum Beispiel Jugendhilfe, Jugendgerichtshilfe, Sozialarbeit, Gesundheitsdienst, Erziehungswesen).

Weitere Stichworte:

Aggressivität (Band I)
Aufmerksamkeits- und Aktivitätsstörung (Band I)
Lügen (Band I)
Manische und manisch-depressive Störungen
Oppositionelles Verhalten
Schulschwänzen (Band I)
Stehlen (Band I)
Störungen des Sozialverhaltens
Trotz (Band I)

Literatur

Albrecht, G., Howe, C.-W. (1992): Soziale Schicht und Delinquenz. KZfSS 44: 697 – 730

Beulke, W. (1994): Gewalt im sozialen Nahraum – Zwischenbericht eines Modellprojekts. MschrKrim 77: 360 – 376

Bliesener, T., Köferl, P., Lösel, L. (1990): Protektive Faktoren bei Jugendlichen aus „Multiproblem-Milieus“ mit hohem Risiko der Delinquenzentwicklung. In: Höfling, S., Butollo, W. (Hrsg.): Psychologie für Menschenwürde und Lebensqualität. Bonn, DPV: 80 – 93

Borduin CM et al (1995): The development of offending and antisocial behaviour from childhood: key findings from the Cambridge study in delinquent development. Journal of Child Psychology and Psychiatry 36: 929 – 964

Conen, M.-L. (Hrsg.) (2002): Wo keine Hoffnung ist, muss man sie erfinden. Aufsuchende Familientherapie. Heidelberg, Carl-Auer-Systeme

Engel, U., Hurrelmann, K. (Hrsg.) (1989): Psychologische Belastung im Jugendalter. Berlin, Walter de Gruyter

Frommel, M. (1994): Fremdenfeindliche Gewalt. Polizei und Strafjustiz 27: 323 – 343

Grymer, H. (1981): Strukturelle Gewalt. Städtische Umwelt und Jugenddelinquenz. KrimJ 13: 4 – 31

Henggeler, S.W., Schoenwald, S.K. (1994): Boot camps for juvenile offenders: Just say no. Journal of Child and Family Studies 3: 243 – 248

Hermann, D. (2003): Werte und Kriminalität. Wiesbaden, Westdeutscher Verlag

Huizinga, D., Esbensen, F.-A., Weiher, A. W. (1991): Are there Multiple Paths to Delinquency? JCrimLaw 82: 83 – 118

Kiefl, W., Lamnek, S. (1983): Delinquenz, Kriminalisierung und Deliktbewertung Jugendlicher. MschrKrim 66: 12 – 26

Lösel, F. (1999): Delinquenzentwicklung in der Kindheit und Jugend. In: Lempp, R., Schütze, G., Köhnken, G. (Hrsg.) Forensische Psychiatrie und Psychologie des Kindes- und Jugendalters. Darmstadt, Steinkopff

Rutter M. L., Giller. H., Hagell, A. (1998): Antisocial behavior by young people. New York, Cambridge University

Sheldrick, C. (1994): Treatment of delinquents. In: Rutter, M., Taylor, E., Hersov, L. (eds). Child and Adolescent Psychiatry: Modern Approaches. 3rd edn. Oxford. Blackwell Science: 968 – 982

Spitzer, M. (2002): Lernen. Gehirnforschung und die Schule des Lebens. Heidelberg, Spektrum

Walter, M., Kubink, M. (1993): Ausländerkriminalität – Phänomen oder Phantom der (Kriminal-)Politik? MschrKrim 76: 306 – 319

Walter, M., Pitsela, A. (1993): Ausländerkriminalität in der statistischen (Re)Konstruktion. KrimPäd 21, H. 34: 6 – 19.

Magersucht

(Anorexie)

Wahrnehmen und bewerten

● Gewichtsverlust

Die Magersucht ist eine Essstörung mit selbst herbeigeführter Gewichtsabnahme oder während der Wachstumsperiode selbst verhinderter Gewichtszunahme. Die Betroffenen wiegen weniger als 85% des Idealgewichtes, errechnet nach dem Broca-Index: kg = Körpergröße in cm – 100 abzüglich 15% bei Frauen oder 10% bei Männern. Heutzutage wird allerdings meist der Body-Mass-Index (BMI) bestimmt, errechnet aus dem Körpergewicht in kg dividiert durch das Quadrat der Körperlänge (m^2). Bei einem BMI von 17,5 und weniger spricht man von einer Magersucht.

Zumeist wird der Gewichtsverlust durch Einschränkung der Nahrungszufuhr und zusätzlich meist auch eine verstärkte körperliche Aktivität erreicht. In einer Reihe von Fällen wird die Gewichtsabnahme jedoch zusätzlich durch phasenhaftes oder regelmäßiges Erbrechen, die Einnahme von Abführmitteln und Medikamenten zur Entwässerung unterstützt. Schließlich gibt es auch noch die Magersucht mit Bulimieattacken. Es kommt zu Heißhungeranfällen und der Aufnahme großer Nahrungsmengen; eine Gewichtszunahme wird jedoch durch Erbrechen, verstärkte körperliche Aktivität und den Missbrauch von Abführmitteln verhindert. Die beiden letzten Formen sind prognostisch ungünstig, weil sie oft zu medizinischen Komplikationen führen.

● die Idee, zu dick zu sein

Neben dem Gewichtsverlust ist ein Merkmal der Magersucht die bei den meisten Betroffenen zu beobachtende Überzeugung, trotz ihres Untergewichtes zu dick zu sein, oder die überwertige Angst, dick zu werden. Man spricht in diesem Zusammenhang von einer Körperschema-Störung, einer gestörten Körperwahrnehmung. Daran ändert sich auch dadurch nichts, dass die Betroffenen von anderen darauf angesprochen werden, wie dünn sie geworden sind. Sie vollziehen einen Bewertungsprozess, der von der sozialen Norm abweicht. Manche Jugendliche verbringen viel Zeit damit, ihre „Problemzonen" wie Bauch, Hüfte und Oberschenkel vor dem Spiegel zu betrachten. Oft tragen sie weite Kleidung, um ihre wahre Figur zu verbergen.

● endokrine Störungen

Ein weiteres Merkmal ist das Ausbleiben der Regelblutung bei Mädchen und der Verlust von sexueller Erregung und der Potenz bei Jungen. Tritt die Magersucht vor der Pubertät auf, sind die Folgen schwer wiegender, da Kinder über eine geringere Fettmasse verfügen. Die Abfolge der pubertären Entwicklungsschritte ist verzögert oder gehemmt: Es kommt zum Wachstumsstopp, bei Mädchen bleiben die Brustentwicklung und die erste Regelblutung, bei Jungen das Wachstum des Geschlechtsteils und der erste Samenerguss aus.

• weitere körperliche Auswirkungen

Hinzu treten bei länger dauernden Hungerzuständen Veränderungen der Haut, Haarausfall, Speicheldrüsenschwellungen, ausgeprägte Karies, Veränderungen des Blutbilds, Elektrolytstörungen, Störungen in der Verarbeitung der Schilddrüsenhormone und der Insulinsekretion und Veränderungen im EKG. Ungefähr ein Drittel aller anorektischen Personen weisen eine Osteoporose auf, wobei insbesondere solche Menschen betroffen sind, die häufig erbrochen oder einen Missbrauch von Abführmitteln betrieben haben.

• Beginn

Häufig beginnt die Magersucht damit, dass die Betroffenen auf kalorienreiche Speisen verzichten. Sie vermeiden Süßigkeiten, Süßspeisen und Kuchen; fettreiches Essen wird als eklig empfunden. Sie nehmen vorwiegend so genannte „gesunde“ Kost zu sich, beschränken sich auf vegetarische Nahrung. Gleichzeitig begrenzen sie die Nahrungsmenge und verringern die Essenszeiten. Auch wenn sie schließlich nur noch Obst oder Vollkornbrot zu sich nehmen und das Essen auf eine einmalige Nahrungsaufnahme – zumeist am Abend – einschränken, steht doch das Thema „Essen“ im Mittelpunkt ihres Interesses. Sie denken ständig darüber nach, was und wie viel sie essen wollen. Der Einkauf und schließlich das Essen der wenigen Nahrungsmittel nimmt unverhältnismäßig viel Zeit in Anspruch. Manche Jugendliche gestalten die Essenssituation sehr feierlich und zelebrieren die karge Mahlzeit.

• Sucht

Nicht zu Unrecht wird die Anorexie im Deutschen als Magersucht bezeichnet. Wie bei anderen Suchtformen ist es schwer, der Magersucht wieder zu entkommen, wenn sie erst deutlich ausgeprägt ist und über längere Zeit besteht. Die Essgestörten selber bezeichnen sich zuweilen selber als süchtig. In ihren Gedanken dreht sich alles um das Essen – wie bei Süchtigen um die Droge. Das Hungern verändert ähnlich wie die Droge das psychische, körperliche und soziale Leben des Menschen. Viele Essgestörte unterschätzen wie Drogensüchtige ihre Abhängigkeit von ihrem Suchtverhalten, sie verleugnen oder verharmlosen sie.

• Häufigkeit

Etwa 1% aller weiblichen Jugendlichen und erwachsenen Frauen im Alter zwischen 14 und 24 Jahren leiden an einer Magersucht. Der Häufigkeitsgipfel liegt bei 15 bis 16 Jahren. Der Anteil der Kinder im Alter von 9 bis 13 Jahren beträgt demgegenüber nur 5%, unter den stationär behandelten allerdings zwischen 10 und 20%. Mädchen und Frauen sind zehnmal häufiger betroffen als Jungen und Männer. Je jünger die Betroffenen sind, umso höher ist allerdings der Anteil der Jungen. Unter Hochleistungssportlerinnen, Balletttänzerinnen und Modells ist die Zahl der Magersüchtigen besonders hoch.

Die meisten Studien verweisen darauf, dass die Häufigkeit der Störung in den letzten 50 Jahren unter den Mädchen und Frauen zwischen 15 und 24 Jahren deutlich angestiegen ist. Vor allem gibt es eine zunehmend große Gruppe von Jugendlichen mit Vorformen einer Magersucht, die zwar noch nicht das volle Bild der Essstörung entwickelt haben, aber doch schon behandlungsbedürftig sind. Diese Gruppe wird auf etwa 15 – 35% der weiblichen Jugendlichen geschätzt.

In östlichen Kulturkreisen sind Essstörungen in wesentlich geringerem Maße als bei uns zu beobachten – eine Ausnahme ist allerdings Japan. Aber auch innerhalb Europas gibt es bereits große Unterschiede. So zeigen Griechinnen, die in München leben, dreimal so häufig magersüchtiges Verhalten wie Griechinnen in Griechenland. Ältere Untersuchungen hatten zum Ergebnis, dass etwa zwei Drittel der Väter von Kindern mit Magersucht und Bulimie Akademiker, Beamte, selbstständige Kaufleute oder Angestellte seien. Diese Beobachtung konnte in neueren Studien nur für das Diätverhalten, nicht aber für die voll ausgeprägte Störung der Magersucht bestätigt werden.

• weitere Störungen

Viele Magersüchtige leiden unter depressiven Verstimmungen, die zumeist auch nach einer Gewichtszunahme nur langsam zurückgehen. Ehemals kontaktfreudige Jugendliche verhalten sich zunehmend sozial unsicher, ziehen sich aus allen Kontakten zurück und isolieren sich. Viele zeigen eine hohe Stimmungslabilität und eine erhöhte Reizbarkeit mit häufigen Wutausbrüchen. Viele entwickeln Schlafstörungen, manche Zwangsstörungen. Trotz erheblicher Gewichtsabnahmen erzielen viele Jugendliche anhaltend gute Schulleistungen, benötigen aber sehr viel Zeit für die Vorbereitung.

• Verlauf

Die Magersucht hat mit 2,2% aller magersüchtigen Jugendlichen neben der Drogensucht das höchste Todesrisiko. Annähernd die Hälfte der Todesfälle geht auf Selbstmordhandlungen, die andere Hälfte auf die direkten und indirekten Folgen der Hungerzustände zurück. Der Verlauf ist langwierig, und Rückfälle sind häufig. Im Durchschnitt vergehen fünf bis sechs Jahre bis zu einer vollständigen Heilung. Die Betroffenen bedürfen häufig über Jahre einer ambulanten oder stationären therapeutischen Hilfe. Die Heilungsraten liegen im Jugendalter zwischen 68 bis 83%, sind bei Erwachsenen schlechter. Alle Altersgruppen einbegriffen erreichen nach mehrjährigem Verlauf etwa 50% eine vollständige Heilung, 30% nur eine teilweise Besserung und 20% keine Besserung.

Für die Störung ist eine verspätete Inanspruchnahme professioneller Hilfen typisch. Eltern nehmen häufig sehr spät wahr, wie sehr ihr Kind abgemagert ist. Sie übersehen das Ausmaß der Abmagerung ebenso sehr wie ihre Töchter selber. Jedoch sind die Heilungschancen wesentlich erhöht, wenn die Störung frühzeitig behandelt werden kann. Als ein spezieller Risikofaktor ist anzusehen, dass eine Magersucht in etwa 10 – 20% der Fälle in eine chronische Bulimie übergeht.

Zuordnen und verstehen

• zwei Einflussbereiche

Das Verhalten von Jugendlichen mit Magersucht ist am besten zu verstehen, wenn man zwei grundlegende Einflussbereiche berücksichtigt: Da sind zum einen die Änderungen des Verhaltens, die als Folgen des Hungerns anzusehen sind. Da sind zum anderen individuelle, lebensgeschichtliche, familiäre und gesellschaftliche Einflüsse, die das Hungerverhalten angestoßen und bedingt haben. Im konkreten Einzelfall wird man die unterschiedlichen Faktoren in der Rückschau nur schwer voneinander trennen können. Die beiden Einflussbereiche geben aber die Richtungen vor, wenn es darum geht, Lösungen anzuregen und möglich zu machen.

• Verhaltensänderungen bei anhaltenden Hungerzuständen

Bereits vor über 50 Jahren wurde an der Universität Minnesota eine Studie durchgeführt, die die Auswirkungen von Hungern untersuchte. 36 gesunde junge Männern, die sich als Alternative zum Militärdienst zur Teilnahme an der Studie bereit erklärt hatten, wurden drei Monate hinsichtlich ihrer Nahrungsmenge und ihrer Essgewohnheiten beobachtet. Sodann wurde bei jedem über sechs Monate die üblicherweise aufgenommene Kalorienmenge halbiert, wodurch das Körpergewicht durchschnittlich um 25% sank. Anschließend folgte eine dreimonatige Beobachtungsphase, in der die Männer wieder essen konnten, was und so viel sie wollten.

Alle Teilnehmer beschäftigten sich während der Hungerphase zunehmend mit Gedanken an Essen und Nahrung, wodurch ihre Konzentration auf andere Sachverhalte immer mehr geschmälert wurde. Die Ausrichtung auf das Essen war derart intensiv, dass sie vorher nicht gekannte Interessen entwickelten, einige Männer beispielsweise damit begannen, Kochbücher zu sammeln. Auch veränderten sich während der Hungerphase die Essgewohnheiten. Die Männer verbrachten einen Großteil des Tages mit Planungen, wie sie ihre Ration zu sich nehmen wollten, und versuchten, die Essenszeiten auszudehnen. Dieses Verhalten wurde auch nach Beendigung der Hungerzeit während der dreimonatigen Beobachtungsphase beibehalten.

- **emotionale Auswirkungen von anhaltenden Hungerzuständen**

Die emotionalen Veränderungen, die in der Minnesota-Studie festgestellt wurden, korrespondieren ebenfalls mit den psychischen Störungen und Auffälligkeiten, die Jugendliche oder auch Erwachsene mit Anorexie zeigen. Die Teilnehmer der Minnesotastudie waren vor dem Versuch als psychisch gesund eingestuft worden. Dennoch traten während des Hungerns folgende Störungen auf: Einige erlebten vorübergehende, andere anhaltende depressive Störungen. Es trat zudem eine erhöhte Reizbarkeit mit häufigen Wutausbrüchen auf. Bei den meisten wurde Angst beobachtet; die ehemals ausgeglichenen Männer zeigten Symptome wie Nägelbeißen oder nervöses Rauchen. Die ehemals kontaktfreudigen Teilnehmer isolierten sich während der Hungerphase immer mehr. Es wurde eine wachsende soziale Unsicherheit konstatiert. Ebenso nahmen sowohl das sexuelle Interesse der Teilnehmer als auch der direkte Kontakt zu Frauen ab. Einige Teilnehmer erlebten Phasen ausgeprägter emotionaler Unruhe. 20% der Männer waren in ihrer Funktionsfähigkeit stark beeinträchtigt. Diese emotionalen Veränderungen verschwanden nicht mit dem Ende der Hungerzeit, sondern dauerten noch einige Wochen an. In ganz entsprechender Weise hält auch bei Jugendlichen mit Magersucht die Depression nach einer Gewichtszunahme noch längere Zeit an.

- **kulturelle Einflüsse**

In unserer westlichen Kultur sind Frauen vielschichtigen, verdeckten oder auch offenen Anforderungen ausgesetzt. Das Leitbild der Frau misst den Wert der Person an dem Aussehen, an der Figur und am Gewicht. Viele Jugendliche und auch junge Frauen bemühen sich, diesem gesellschaftlich vermittelten Schönheitsideal zu genügen. Sie orientieren sich an Modellen, die nach dem Body-Mass-Index untergewichtig, wenn nicht magersüchtig sind (Twiggy). Der Druck, der von den Massenmedien und von der Gleichaltrigengruppe auf ein junges Mädchen ausgeübt wird, ist extrem. Dementsprechend macht nahezu jedes zweite Mädchen zeitweilig eine Diät (aber nur jeder fünfte Junge). Jugendliche, die eine Diät durchführen, zeigen aber ein erheblich höheres Risiko, eine Magersucht zu entwickeln, als solche ohne Diätversuche. Diäten gelten heute als die Eintrittskarte für eine Magersucht.

- **die Wirksamkeit der gesellschaftlichen Vorstellungen**

Wie bedeutsam diese gesellschaftlichen Vorstellungen über das Idealgewicht einer Frau sind, kann an den Angaben junger Männer über wichtige Eigenschaften ihrer zukünftigen Partnerin abgelesen werden: Sie nennen an erster Stelle das attraktive Aussehen, die schlanke Figur. Demgegenüber gaben die Mädchen als wichtigste Eigenschaft ihres Partners die Intelligenz an. Mädchen haben denn auch wesentlich häufiger als Jungen ein negatives Körperbild. Die Frage: Bist Du mit Deinem Körper zufrieden? beantworten 51% der Jungen, aber nur 19% der Mädchen mit Ja. Dementsprechend bewerten Mädchen Gewichtsabnahmen fast durchweg als positiv, während Jungen diese eher negativ sehen.

• das Misserfolgschema der Diät

Der Magersucht geht in der Regel eine Phase großer Unzufriedenheit mit dem eigenen Körper voraus. Das Durchführen einer Diät oder mehrerer Diäten ist dann oft der erste Schritt hin zu einer schließlich rigorosen Nahrungseinschränkung. Solche Diäten, die durch eine erhebliche Begrenzung der Kalorienzufuhr in kurzer Zeit zum Erfolg führen sollen, werden in vielfältigen Variationen in allen Zeitschriften und stets aufs Neue angeboten. Oft wird kurzfristig zumindest ein Anfangserfolg erreicht. Es kommt zu einer Gewichtsreduktion. Doch dann stagniert die Gewichtsabnahme. Die Jugendliche bricht daraufhin die Diät ab und geht zu ihren alten Essgewohnheiten über. Nun macht sie die Erfahrung, dass sie wieder zunimmt, oft über ihr vorheriges Gewicht hinaus (Jojo-Effekt).

Jugendliche, die später eine Magersucht entwickeln, geben an diesem Punkt nicht auf. Die erneute Gewichtszunahme spricht in ihren Augen nicht gegen die Sinnhaftigkeit und die Wirksamkeit der Diät. Vielmehr belegt sie nur das persönliche Versagen. So wird die Hoffnung genährt, mit einer anderen Diät besser abnehmen und mit mehr persönlicher Entschiedenheit länger durchhalten zu können. Wenn dies gelingt, ist die Befriedigung und der Stolz über das Erreichte hoch und die Versuchung groß, sich über noch mehr Abmagern noch mehr Befriedigung zu verschaffen. Der Einstieg in die Magersucht ist getan, ein Stopp des Magerns oft nur schwer noch zu erreichen.

• Ausgleich von Selbstunsicherheit und Minderwertigkeitserleben

Insbesondere für selbstunsichere Mädchen mit geringem Selbstwertgefühl kann diese Befriedigung über die offensichtliche Willensstärke eine wichtige Triebfeder für weiteres Abmagern oder zumindest die Aufrechterhaltung des Untergewichts sein. Einzelne schildern später in der Therapie, wie sie durch die Straßen gegangen sind und alle Augen auf sich gerichtet erlebten, wie in ihren Vorstellungen die Leute ihre schmale Figur betrachteten und sie wegen ihrer Willenskraft bewunderten.

• Abwehr körperlicher Veränderungen in der Adoleszenz

Die Adoleszenz ist die Zeit, in der weit reichende körperliche Veränderungen stattfinden. Bei den Mädchen entwickeln sich die Brüste, der wachsende Anteil an Körperfett zeigt sich besonders im Hüftbereich, die erste Monatsblutung tritt auf. Ihre Entwicklungsaufgabe besteht darin, diese Veränderungen der körperlichen Erscheinung und damit den Schritt vom Mädchen zur Frau anzunehmen und in ihre Zukunftsvorstellungen zu integrieren. Forderungen nach Verselbstständigung und Ablösung von den Eltern gehen damit einher und können Angst machen. In dieser Situation vermag das Abmagern zwei Funktionen zu erfüllen: Zum einen wird die Entwicklung eines fraulichen Körpers verhindert, und die Monatsblutung bleibt aus. Zum anderen bestimmt die Auseinandersetzung über das Essen und das Gewicht den Alltag vom Morgen bis zum Abend und drängt die Angst machenden Themen in den Hintergrund.

• weitere aufrechterhaltende Faktoren

Das Magersucht-Verhalten hat vielfältige weitere Auswirkungen auf die Betroffene selbst und auf ihre Umwelt, die dazu beitragen, dass die Magersucht aufrechterhalten wird. Wird der Gewichtsverlust nur durch Einschränkung der Nahrungszufuhr und eine verstärkte körperliche Aktivität erreicht, so machen die Jugendlichen die Erfahrung, dass sie nicht mehr den Wechselbädern von kontrolliertem und unkontrolliertem Essen ausgesetzt sind. Sie haben ihr Essverhalten unter Kontrolle, zeigen viel Disziplin und Stärke. Auszehrung und körperliche Schwäche bieten zudem eine Möglichkeit, aus sozialen und zwischengeschlechtlichen Konfliktsituationen zu flüchten.

Der Prozess des Hungerns und der daraus resultierende reduzierte Allgemeinzustand führen innerhalb der Familie oder im sozialen Umfeld zu Sorge und Fürsorglichkeit. Möglicherweise machen die Mädchen die Erfahrung, dass weniger von ihnen verlangt wird. In jedem Fall rückt die Jugendliche ganz ins Zentrum der familiären Aufmerksamkeit. Hungern ist aber zugleich auch ein Mittel, Macht und Einfluss zu gewinnen. Mahatma Gandhi führte 17 Hungerstreiks durch, um die Unabhängigkeit Indiens von England zu erkämpfen. In England setzten Frauen Hungerstreiks ein, um das Wahlrecht zu erlangen. Entsprechend machen Magersüchtige die Erfahrung, dass sie innerhalb der Familie Macht und Kontrolle gewinnen. Sie erleben, dass sie durch Hungern in der Lage sind, sich abzugrenzen, ohne dass sie andere verletzen. Auch erleben sie nicht selten, wie das magersüchtige Verhalten zu einer Verringerung der Konflikte zwischen den Familienmitgliedern führt, da sich alle auf die Störung konzentrieren.

• Nachteile und Gefahren

Diese positiven Erfahrungen führen jedoch zu einem Dilemma. Denn die körperlichen Belastungen und Gefahren sind ebenso wenig zu übersehen wie die Einschränkungen der Leistungsfähigkeit und der Stillstand der psychosozialen Entwicklung. Möglicherweise werden die durch dieses Dilemma ausgelösten Widersprüche und kognitiven Dissonanzen dadurch aufgelöst, dass die Normen für Wohlergehen und Aussehen umdefiniert werden und eine neue und nur subjektiv gültige Sichtweise geschaffen wird. Einzelne

Autoren gehen davon aus, dass dies die Grundlage für die beschriebene Störung der Körperwahrnehmung ist.

• latente Esssucht als Risiko

Die latente Esssucht ist gekennzeichnet durch einen Wechsel zwischen normalem oder auch sehr kontrolliertem Essverhalten und Phasen von unkontrollierter Nahrungsaufnahme vieler Süßigkeiten und fetter Speisen mit daraus folgender Gewichtszunahme. Entsprechend ihrem Essverhalten schwanken die Betroffenen in kurzen Abständen zwischen einem höherem oder niedrigerem Normalgewicht und einem Übergewicht. Diese Essstörung ist eigentlich noch relativ unauffällig. Sie ist sozial akzeptiert und findet bei jungen Mädchen eine sehr große Verbreitung. Oft geht man zusammen essen, genießt, nimmt viel Fastfood oder Süßigkeiten zu sich, um sodann wieder zu einem teils sehr kontrollierten Essverhalten überzugehen, weil man mit dem eigenen Aussehen unzufrieden ist. Diese Gewichtsschwankungen sind manchmal sehr hoch. Sie können 5 kg in zwei Wochen betragen. Charakteristisch ist die hohe Ambivalenz zwischen der Befriedigung durch Essen und dem Wunsch, schlank zu sein. Körperlich wirkt sich die latente Esssucht zunächst „nur" in der starken Belastung des Kreislaufes aus. Sie ist aber häufig der Einstieg in andere Formen einer Essstörung. Da es mit jeder neuen Diät schwerer wird abzunehmen, greifen die Mädchen entweder zu immer drastischeren Mitteln der Gewichtsmanipulation und entwickeln sei es eine Magersucht, sei es eine Bulimie oder sie resignieren und werden übergewichtig.

• Essen und Familie

Es besteht eine elementare Verbindung zwischen Essen und Familie. Die Familie sorgt für die Ernährung ihrer Mitglieder. Über das Essen werden Beziehungserfahrungen vermittelt, die durch Gemeinsamkeit, Entspannung und Zufriedenheit, zuweilen aber auch durch Spannung und Konflikte geprägt sind. Jede Familie hat ihre eigene Esskultur, die das Erleben von Nähe und Distanz, die Erwartung an Aussehen und Gewicht und auch den Umgang mit Genussmitteln und ihren Gefahren bestimmt. Dominiert innerhalb der eigenen Familie das kulturelle Schönheitsbild der Schlankheit, so wird eine Jugendliche sich gedrängt fühlen, diesem Ideal zu entsprechen. Finden sich innerhalb der Familie Erwachsene, die beispielsweise häufiger eine Diät durchführen, so steigt die Wahrscheinlichkeit, dass sich die Heranwachsende daran orientiert und ebenfalls frühzeitig zu Diäten greift.

Vor allem die Unzufriedenheit mit dem eigenen Körper wird in hohem Maß familiär geprägt und hat Einfluss auf das Selbstwertgefühl und die Entwicklung von Autonomie. Ein negatives Selbstwerterleben kann aber auch durch lang anhaltend gestörte familiäre Beziehungen bedingt sein und ein übermäßiges Essen bewirken, mit dem die Jugendliche sich einen Ersatz für ihre negativen familiären Erfahrungen zu schaffen sucht. Unzufriedenheit mit dem eigenen Körper ist dann die Folge und möglicherweise Grundlage für die Entwicklung einer Essstörung.

• familiendynamische Muster bei Anorexie

Eine so genannte „Magersuchtsfamilie“ gibt es nicht. Es lassen sich aber familiäre Muster beschreiben, die eine Magersucht aufrechterhalten. Wie weit diese familiären Muster auch schon vor dem Auftreten der Magersucht bestanden haben oder aber als Reaktionen auf den Stress zu betrachten sind, den die Magersucht eines Familienmitglieds in der Familie auslöst, lässt sich meist schwer entscheiden und ist auch wenig bedeutsam, wenn es darum geht, Lösungen anzuregen und möglich zu machen.

Häufiger finden sich in Familien mit einem magersüchtigen Mitglied folgende Merkmale: Es herrscht eine geringe Abgrenzung zwischen den Familienmitgliedern; die Grenzen sind verwischt und unklar. Dies gilt sowohl auf der Ebene der Eltern als auch für die Abgrenzung zwischen Eltern und Kindern. Nicht selten finden sich Umkehrungen der Hierarchie, das heißt: Ein Kind wird in die Elternrolle gedrängt, während sich ein Elternteil eher kindhaft verhält. Diese diffusen Grenzen sind ein Merkmal von „verstrickten“ Beziehungen der Familienmitglieder, erschweren die Entwicklung von Autonomie und begünstigen eine Trennungsangst. Die Strukturen in diesen Familien sind starr und erschweren eine Anpassung an neue Lebensphasen und eine Bewältigung kritischer Lebenssituationen. Die unterstützenden Faktoren, die eine Entwicklung zur Selbstständigkeit ermöglichen, sind eingeschränkt. Die Jugendlichen zeigen eine hohe Bereitschaft, sich für die Familie einzusetzen. Die Gefühle der anderen sind ihnen sehr wichtig; die eigenen, abweichenden Gefühle jedoch werden vernachlässigt oder verleugnet. Oft herrschen in den Familien hohe Leistungsanforderungen vor, denen die Jugendlichen zu entsprechen suchen.

Lösungen anregen und möglich machen

• Alarmzeichen wahrnehmen

Wie schon gesagt: Je früher eine Magersucht behandelt wird, umso besser sind die Heilungschancen. Deshalb ist es wichtig, rechtzeitig eine Entwicklung zur Magersucht zu erkennen. Auffällig ist, wenn Mahlzeiten immer öfter übersprungen, die Portionen immer kleiner werden. Die Nährwertangaben auf den Verpackungen der Lebensmittel werden genau studiert, die Nahrungsmittel nach dem Kaloriengehalt ausgewählt. Die Betroffenen lehnen es zunehmend ab, in Gesellschaft zu essen. Nicht selten kochen sie gern für die Familie oder für Freunde, beteiligen sich jedoch nicht am Essen, sondern geben vor, schon beim Kochen zu viel probiert zu haben.

Es wird viel Zeit damit verbracht, die „Problemzonen“ wie Bauch, Hüfte und Oberschenkel vor dem Spiegel zu betrachten. Die Betroffenen halten sich für fett, obwohl sie bereits sehr abgemagert sind. Sie treiben in fast zwanghafter Weise Sport und sind unglücklich, wenn sie ihr tägliches Pensum aus irgendwelchen Gründen nicht erledigen können. Besonders wichtig sind im Übrigen Hinweise auf selbst herbeigeführtes Erbrechen, Abführmittel oder sonstige Medikamente zur Verringerung des Gewichts.

• Gewichtszunahme

Liegt eine Magersucht vor, muss großer Wert auf eine geregelte Gewichtszunahme gelegt werden, mit der ein Mindestgewicht (15% unter Normalgewicht oder ein BMI von 17,5) erreicht wird. Denn viele Symptome der Magersucht können allein durch den anhaltenden Hungerzustand bedingt sein. Dies gilt vor allem für die Unlust an sozialen Kontakten, das depressive Erleben und die Selbstwertprobleme. In vielen Fällen ist eine Ernährungsberatung zu empfehlen, damit eine qualitativ hochwertige Ernährung erfolgt. Die Gewichtszunahme ist regelmäßig zu kontrollieren. Diese Vorgehensweise und die Konsequenzen, die erfolgen, wenn Abmachungen nicht eingehalten werden, werden im Voraus eingehend besprochen und festgelegt. Gelingt es der Jugendlichen nicht, die abgesprochenen Schritte der Gewichtszunahme zu erreichen, muss vorübergehend eine Nahrungszufuhr über eine Magensonde erfolgen.

Ist ein Mindestgewicht erreicht, übernimmt die Jugendliche wieder ganz die Verantwortung für ihr Gewicht. Allerdings bleibt es noch für längere Zeit die Aufgabe der Erwachsenen, mit möglichst wenigen Kontrollmaßnahmen doch auf mögliche Rückfälle zu achten.

• Rückfallprophylaxe

Im Gespräch mit der Jugendlichen sollte erarbeitet werden, welche Lebenssituationen für sie schwierig sind und unter welchen Bedingungen ein Rückfall in altes Verhalten des Abmagerns befürchtet werden muss. Dabei können ganz unterschiedliche Dinge zur Sprache kommen: das Erleben, nicht mehr so wichtig zu sein und weniger Aufmerksamkeit zu bekommen, Enttäuschungen im Kontakt mit Gleichaltrigen, Angst vor Zurückweisung durch Jungen und vieles andere mehr. Es geht dann darum, Strategien zu entwickeln, wie die Jugendliche mit solchen Situationen anders umgehen kann als durch Abmagern und wie sie trotzdem das erwünschte Ziel erreicht.

• Bedürfnisse erkennen

Meist haben Jugendliche mit länger bestehender Magersucht große Schwierigkeiten darin, ihre eigenen Bedürfnisse wahrzunehmen und auszusprechen. Sie müssen erstmalig oder wieder lernen, ihre Bedürfnisse zu erkennen und zu formulieren. Die Erwachsenen sollten ihnen dabei helfen, indem Sie einfühlsam das vermutete innere Erleben ansprechen oder derartigen Andeutungen nachgehen und sich nach der Berechtigung ihrer Annahmen erkundigen. Auch sollten sie in dieser Hinsicht Vorbild sein, über die eigenen Gefühle und Bedürfnisse sprechen und deren Hintergründe darlegen.

• Sozialverhalten unterstützen

Jugendliche mit magersüchtigem Verhalten entwickeln im Laufe der Zeit immer mehr soziale Ängste und isolieren sich. Auch die Gleichaltrigen, die in der Anfangssituation das anhaltende Hungern vielleicht noch bewundert haben, ziehen sich immer mehr zurück und sind über die Starrheit des Verhaltens befremdet. Eltern und Erzieherinnen sollten bestrebt sein, jeden Ansatz zu einem positiven Kontaktverhalten wahrzunehmen und zu unterstützen. Sie sollten das Verhalten der ehemaligen Freundinnen erläutern und verständnisvoll zu vermitteln suchen, wie das eigene Verhalten der Magersüchtigen den Rückzug der anderen bewirkt hat.

• Stärken stärken

Jede Jugendliche verfügt über bestimmte Fähigkeiten und Stärken. Versuchen Sie, diese zu erkennen und weiter zu vertiefen. Über die Probleme immer wieder zu reden, hilft wenig. Erfolgreicher ist es, über die Zeiten zu sprechen, in der die Magersucht verschwunden und wieder Freude in das Leben eingekehrt ist. Versuchen Sie wahrzunehmen, wann die Jugendliche eine neue, positive Verhaltensstrategie zeigt, gehen Sie darauf ein, unterstützen Sie diese durch Zuwendung und emotionale Reaktionen Ihrerseits. Sie erleichtern in dieser Weise die positive Selbstbewertung und die Selbstannahme der Jugendlichen. Unterstützen Sie das Kontaktverhalten und emotionale Äußerungen.

• mit dem Überfluss umgehen lernen

In den westlichen Industrienationen leben wir in einer Überflussgesellschaft. Essen ist jederzeit zugänglich – auch für Kinder und Jugendliche. Jahrtausendelang war das tägliche Brot knapp, und es gab verheerende Hungersnöte. Noch 1816/17 oder 1846/47 kostete dies Millionen von Menschen das Leben. Das Überangebot an Nahrungsmitteln hat bei uns zwar ein altes Menschheitsproblem gelöst, aber auch neue Probleme geschaffen. Während früher der menschliche Organismus wirkungsvolle Anpassungsmechanismen entwickelt hatte, um Mangelzustände auszugleichen, ist es heutzutage offensichtlich schwieriger, sich an Überflussbedingungen anzupassen. Das Thema Ernährung ist in allen Medien ständig präsent. Der Markt offeriert ständig Hilfen, um Schlankheit zu erreichen. Es ist offensichtlich nicht leicht, mit dem Überangebot umzugehen. Und daraus erwächst Eltern und Erzieherinnen eine besondere Aufgabe.

• Essen ist eine Vergünstigung

Aus Sorge um ihre Entwicklung werden Kinder häufig zum Essen angehalten oder manchmal sogar zum „Aufessen“ gezwungen. Manches Kind kommt den Aufforderungen seiner Eltern nach, um ihnen eine Freude zu bereiten oder endlich seine Ruhe zu haben. Damit jedoch wird die Wahrnehmung des Hunger- oder Sättigungsgefühls durch das Kind gestört, die eine Voraussetzung für ein gesundes Essverhalten ist.

Halten Sie sich an die Regel: Essen ist eine Vergünstigung und nicht eine Pflicht. Grundsätzlich isst jedes Kind mit Spaß, wenn es eine ausgewogene Ernährung erfährt, viel Bewegung hat und weder im körperlichen noch im seelischen Bereich einer extremen Belastung ausgesetzt ist. Solche Kinder essen üblicherweise auch nicht über ihr Sättigungsgefühl hinaus, sie essen nicht, bis ein unangenehmes Völlegefühl auftritt, sondern hören auf zu essen, wenn sie satt sind.

• Gestaltung einer familiären Esskultur

Eng mit dem Nahrungsmittelüberfluss verbunden sind die in den letzten Jahrzehnten drastisch veränderten Lebens- und Essgewohnheiten in der westlichen Zivilisation. In vielen Familien kommt es zu einer Auflösung verbindlicher Rhythmen und Regeln für das Essen. Die Esssituation wird individualisiert, ohne dass Kinder und Jugendliche bereits über die notwendige Selbstkontrolle verfügen, um diese Situation angemessen zu bewältigen. Daraus erklärt sich eine Über- oder Untersteuerung des Essverhaltens oder auch der Wechsel zwischen beiden Formen.

Eine Esskultur innerhalb der Familie zu entwickeln, ist deshalb von besonderer Bedeutung. Sie kann sehr verschiedenartig sein, abhängig von den jeweiligen familiären Bedingungen. Vorteilhaft ist jedoch, wenn zumindest eine Mahlzeit gemeinsam eingenommen wird, die in entspannter Atmosphäre stattfindet und in der Gewohnheiten und Regeln geschaffen werden, die die Eltern modellhaft vorführen. Wichtig sind auch Esstraditionen, wie beispielsweise ein spezielles Weihnachtsmenü oder ein besonderes Geburtstagsessen. Derartige Traditionen schaffen ein Erleben von Gemeinsamkeit, und sie verbinden das Essen mit guten Gefühlen.

• Trennung von Esssituationen und anderen Tätigkeiten

Die Wahrnehmung des Sättigungsgefühles wird häufig dadurch erschwert, dass die Mahlzeiten eingenommen werden, während gleichzeitig der Fernseher läuft. Die Aufmerksamkeit ist geteilt, und es ist weder möglich, aufmerksam zu genießen, noch sensibel wahrzunehmen, ob der Körper nach Nahrung verlangt. Auch das Knabbern von Süßem oder Salzgebäck beim Fernsehen, während der Erledigung der Schularbeiten oder bei anderen Tätigkeiten geschieht zumeist mehr aus Gewohnheit als aufgrund eines Hungergefühls. Solche Situationen führen dazu, dass die Wahrnehmung der Bedürfnisse des Körpers eingeschränkt wird und Signale für Hunger oder für Sättigung nicht zur Kenntnis genommen werden.

• flexible Kontrollstrategien

Zeigen Sie innerhalb der Familie ein flexibles Kontrollverhalten, wenn Sie beispielsweise Ihr Gewicht verringern wollen. Crash- oder Blitzdiäten mit exakten Ernährungsvorschriften und einer starren Einteilung der Lebensmittel in Dickmacher und Schlankmacher können negative Auswirkungen auf Ihr Kind haben. Denn mit diesen 1000-Kalorien-Diäten sind die Vorsätze verbunden wie „Ab morgen esse ich nie mehr Schokolade!" oder „Ab morgen esse ich nur noch Salate!", die Beispiele für starre Kontrollstrategien sind. Abweichungen von diesen Vorsätzen werden als Misserfolge gewertet, die wiederum Selbstzweifel und Schuldgefühle auslösen. Starre Verbote führen zu einem höheren Reiz der betreffenden Lebensmittel und zu einer Aktivierung von Gegenregulationen. So werden Süßigkeiten als „Dickmacher" häufig völlig verbannt. Doch früher oder später wird für viele Menschen das Bedürfnis nach dem süßen Geschmackserlebnis übermächtig, das Scheitern ist vorgegeben.

Wählen Sie deshalb flexible Verhaltensstrategien. Sie lassen die Wahrscheinlichkeit einer Gegenreaktion geringer werden, da ein einmaliges Überschreiten nicht gleich zum Zusammenbruch der Vorgabe führt. Flexible Kontrollen führen dazu, dass Sie nicht das Gefühl entwickeln, etwas nicht zu dürfen. Sie geraten nicht unter Zwang. Die flexible Zielsetzung steigert die Wahrscheinlichkeit eines Erfolgserlebnisses. Und wenn tatsächlich der Verzehr von bestimmten Nahrungsmitteln ganz unterbleibt, kann das als besonderer Erfolg gewertet werden.

• familiale Unterstützung in der Adoleszenz

Essstörungen entstehen in der Adoleszenz, in der Mädchen in unserer Gesellschaft einen massiven Druck in Richtung auf Schönheit und Schlankheit erfahren. Die Entwicklung ihrer Identität wird durch diese Sichtweise geprägt. Zudem werden Frauen in unserer Gesellschaft – auch wenn viele Veränderungen erfolgt sind – noch immer benachteiligt. Sie erhalten vielfach immer noch nicht die gleiche Bezahlung für die gleiche Arbeit. In vielen Berufen haben sie wesentlich schlechtere Chancen als Männer. Väter erleben durch die Geburt eines Sohnes noch immer eine größere Selbstbestätigung als durch die Geburt einer Tochter. All diese Faktoren führen dazu, dass Mädchen unsicherer sind und in höherem Maße nach äußerer Bestätigung suchen. Sie leiden oft unter den körperlichen Veränderungen während der Pubertät und haben Schwierigkeiten, ihre körperliche Erscheinung anzunehmen. Sie vergleichen sich mit dem gesellschaftlichen Schönheitsideal, sind mit ihrem Erscheinungsbild unzufrieden und bewerten das Abnehmen positiver als

Jungen. Folglich haben fast 50% der Mädchen zwischen elf und dreizehn Jahren in Westeuropa bereits eine Diät gemacht haben. Ebenfalls 50% normalgewichtiger oder untergewichtiger Mädchen bezeichnen sich als zu dick.

All diesen hemmenden Faktoren kann begegnet werden, wenn innerhalb der Familie das Mädchen akzeptiert und anerkannt wird, wenn die körperlichen Veränderungen während der Adoleszenz begrüßt werden, der Eintritt der Menarche nicht verheimlicht und verschämt behandelt wird, sondern positiv aufgenommen, wenn nicht sogar „gefeiert" wird. (Bei vielen so genannten Kulturvölkern ist dies ein ritueller Anlass für ein Fest.) Entscheidend für ein Mädchen ist, wie viel Geborgenheit, Akzeptanz, Anerkennung und Freude es innerhalb der Familie während dieser Zeit der körperlichen Umstrukturierung erfährt und wie ernst es genommen wird. Gerade Väter sollten in dieser Phase ihre Zuwendung zu ihrer Tochter deutlich werden lassen, das Gespräch suchen und ihr Entwicklungsmöglichkeiten beruflicher Art aufweisen.

• Informationsgespräche

Ein offener Austausch über leichtere Essstörungen und die gravierenden Formen der Magersucht und der Bulimie ist für Jugendliche durchaus hilfreich, insbesondere wenn er frühzeitig einsetzt. Dabei sollte nicht nur über die Auswirkungen von anhaltenden Hungerzuständen gesprochen, sondern auch vor kurzfristigen Diäten gewarnt werden. Auch wenn auf dem Markt über 500 verschiedene Diäten angeboten werden und 75% aller Frauen bereits eine durchgeführt haben: Es gibt kein Produkt auf dem Markt, das langfristig zu einer Gewichtsreduktion führt. Fünf-Jahres-Studien haben bewiesen, dass alle kommerziellen Diätprodukte langfristig wirkungslos sind. Zwei von drei Personen erreichen nach einer vom Arzt verordneten Diät bereits nach sieben Monaten ihr Ausgangsgewicht wieder. Schützen Sie Ihr Kind vor diesem gefährlichen Unsinn, und klären Sie es auf. Empfehlen Sie ihm, wenn ein Abnehmen sinnvoll ist, eine Strategie der Langsamkeit, ein allmähliche Umstellung der Essgewohnheiten. Das fällt leichter, fordert allerdings Konsequenz über längere Zeit. Damit beugen Sie ebenfalls einer latenten Essstörung vor, einem Wechsel zwischen kontrolliertem und unkontrolliertem Essverhalten, die auch ein Einstieg zu einem magersüchtigen Verhalten sein kann.

Sprechen Sie auch über Abführmittel und Appetitzügler. Abführmittel sind schädlich – auch wenn sie als pflanzlich ausgezeichnet sind. Sie können abhängig machen und verursachen bei Missbrauch schwere körperliche Schäden. So kann ein Kaliummangel auftreten, der wiederum Herzrhythmusstörungen bedingt. Appetitzügler sollten – wenn überhaupt – nur für einen kurzen Zeitraum eingenommen werden, und dann unter ärztlicher Kontrolle. Auch die so genannten Light-Produkte sind nur bedingt zu empfehlen. Meist handelt es sich um fettreduzierte Lebensmittel, die jedoch mit Wasser angereichert und teuer sind. Wenn sie – wie zumeist in Getränken – Zuckeraustauschstoffe enthalten, haben sie häufig einen paradoxen Effekt: Diese Stoffe setzen das Sättigungsgefühl herab, so dass eine größere Menge an Nahrungsmitteln notwendig wird, um satt zu werden.

• fachliche Hilfen

Wie schon gesagt: Die Heilungschancen einer Magersucht sind umso größer, je früher eine Behandlung einsetzt. Nehmen Sie also fachliche Hilfe in Anspruch, sobald Sie magersüchtiges Verhalten bei Ihrem Kind vermuten. Zumeist allerdings wird das Kind die Annahme einer Essstörung zunächst weit von sich weisen. Es ist deshalb Ihre Aufgabe, dafür Sorge zu tragen, dass Ihre Tochter sich zu einer Behandlung entschließt. Je nach Ausmaß der Magersucht kann es sich dabei um rein ambulante Maßnahmen oder zunächst um eine stationäre Therapie mit nachfolgender ambulanter Behandlung über einen längeren Zeitraum handeln.

Wie dargestellt, steht eine kontrollierte Gewichtszunahme an erster Stelle der therapeutischen Maßnahmen. Sie reicht aber nicht aus, sondern ist Voraussetzung für den Erfolg der erforderlichen Psychotherapie. Unterschiedliche Verfahren sind geeignet: Verhaltenstherapie, Systemische Therapie, Gesprächspsychotherapie, Gestalttherapie und Tiefenpsychologische Therapie, aber auch Körper orientierte Verfahren zur Verbesserung der Einstellung zum eigenen Körper.

Eine Einbeziehung der Familie ist immer hilfreich und notwendig, wenn auch je nach Einzelfall in unterschiedlichem Umfang. Themen sind: Schwierigkeiten in der Verselbstständigungsphase und hiermit einhergehende Identitätsprobleme durch familiäre, oft mehrgenerationale Bindungs- und Loyalitätsmuster; Essen, Essrituale sowie Gewichts- und Aussehensfragen, die in der Familie eine besondere emotionale Besetzung – eventuell über mehrere Generationen – erfahren haben; konflikthafte Interaktionsmuster um das gestörte Essverhalten; allzu durchlässige Grenzen zwischen den Generationen; Veränderungen und Individuationsschritte der Patientin, durch die sich die Familie bedroht fühlt.

• Informationen

Informationen können Sie von der Bundeszentrale für gesundheitliche Aufklärung per Post (51101 Köln) oder im Internet (www.bzga-essstörungen.de) erhalten. Informationsquellen für Betroffene: www.hungrig-online.de, www.magersucht.de, www.essprobleme.de und www.praevention-von-essstörungen.de/home.html. Online-Beratungen sind unter www.anad-pathways.de und www.das-beratungsnetz.de zu finden.

Weitere Stichworte:

Bulimie
Depressive Störungen
Posttraumatische Verhaltensstörung
Übergewicht
Verhaltensstörungen nach sexuellem Missbrauch
Zwangsstörungen

Literatur

Bundeszentrale für gesundheitliche Aufklärung (2001): Essstörungen. Ratgeber für Eltern, Partner, Geschwister, Angehörige, Lehrer und Betreuer. Köln, BZgA

Carl, A., Herzog, T. (1996): Konzentrative Bewegungstherapie in der stationären Behandlung von Essstörungen. In: Herzog, W., Munz, D., Kächele, H. (Hrsg.): Analytische Psychotherapie bei Essstörungen. Therapieführer. Schattauer. Stuttgart: 129 – 140

Deter, H.C, Herzog, W. (1994): Anorexia in a long-term perspective: results of the Heidelberg-Mannheim Study. Psychosomatische Medizin 56: 20 – 27

Eisler, I., C. Dare, C., Russell, G. F., Szmukler, G., le Grange, D., Dodge, E. (1997): Family and individual therapy in anorexia nervosa. Arch Gen Psychiatry 54: 1025 – 1030

Gerlinghoff, M., Backmund, H. (2003): Essen will gelernt sein. Ein Arbeits- und Rezeptbuch. Weinheim, Beltz

Goris, E. (2001): Und die Seele wird nie satt. Ratgeber zur Überwindung von Essstörungen bei Kindern und Jugendlichen. München, Heyne

Herpertz-Dahlmann, B., Remschmidt, H. (1994): Anorexia und Bulimia nervosa im Jugendalter. Deutsches Ärzteblatt 91: 906 – 911

Herpertz-Dahlmann, B., Müller, B., Herpertz, S., Heussen, N., Hebebrand, J., Remschmidt H. (2001): Prospective 10-year follow-up in adolescent anorexia nervosa-coures, outcome, psychiatric comorbidity, and psychosocial adaptation. Journal Child Psychology Psychiatry 42: 603 – 612

Leibl, C., Leibl, G. (2000): Wenn die Seele hungert. Essstörungen und was sich dagegen tun lässt. Freiburg, Herder

Ludewig, K. (2004): Plan schlägt Geist – Ein systemisches Konzept der stationären Behandlung magersüchtiger Jugendlicher. Psychotherapie im Dialog: 24 – 31

Reich, G. (2003): Familientherapie der Essstörungen. Göttingen, Hogrefe

Selvini Palazzoli, M., Cirillo, S. Selvini, M., Sorrentino, A.M. (1999): Anorexie und Bulimie. Neue familientherapeutische Perspektiven. Stuttgart, Klett-Cotta

Vandereycken, W., Meermann, R. (2000): Magersucht und Bulimie. Ein Ratgeber für Betroffene und ihre Angehörigen. Stuttgart, Huber

Wardetzki, B. (2002): Iss doch endlich mal normal. Hilfen für Angehörige von essgestörten Mädchen und Frauen. 6. Aufl. München, Kösel

Weber, G., Stierlin, H. (2003): In Liebe entzweit. Ein systemischer Ansatz zum Verständnis und zur Behandlung von Magersuchtsfamilien. 2. Aufl. Heidelberg, Carl-Auer-Systeme

Manische und manisch-depressive Störungen

Wahrnehmen und bewerten

• manische Störungen

Manische Störungen sind – in jeweils unterschiedlicher Akzentuierung – gekennzeichnet durch eine heitere Verstimmung und eine Störung des Antriebs. Die Jugendlichen zeigen einen großen Rededrang, eine hohe Ablenkbarkeit und Ideenflucht, eine vorher nicht gekannte Kritiklosigkeit und Selbstüberschätzung, ein vermindertes Schlafbedürfnis und eine große Unruhe. Zuweilen haben sie Halluzinationen und hören Stimmen, die andere nicht wahrnehmen können. In der Regel sind die Jugendlichen unnatürlich hochgestimmt oder albern, zuweilen auch sehr reizbar. Ihre Aktivität ist enorm gesteigert. Sie handeln leichtsinnig und überschätzen ihr Leistungsvermögen. Sie trauen sich praktisch jede Handlung zu und sind der Überzeugung, die Welt aus eigener Kraft retten zu können. Ihr Verhalten wirkt sprunghaft, getrieben und betriebsam. Zugleich verlieren sie die Übersicht über ihre vielfältigen Planungen und verzetteln sich schon bei den ersten Ansätzen, ihre Gedanken in die Tat umzusetzen. Ihr Schlafvermögen ist stark vermindert, ohne dass sie Müdigkeit verspüren. Viele Regeln und Normen, die sie früher selbstverständlich einhielten, sind plötzlich bedeutungslos, und es kommt zu zahlreichen Tabuverletzungen und auch zu Gesetzesübertretungen.

Manische Zustände treten als zeitlich umschriebene Episoden relativ unvermittelt auf und werden von einer Phase weitgehend normalen Erlebens und Handelns gefolgt. Meist werden sie nach Ablauf der manischen Phase von dem Jugendlichen als fremd und ihm wenig zugehörig erlebt.

• manisch-depressive Störungen

Nicht selten wechseln sich manische Episoden mit depressiven Phasen ab, zuweilen auch mit gemischt manisch-depressiven Episoden. In diesen Fällen spricht man von einer manisch-depressiven oder bipolaren Störung.

Die depressiven Phasen sind gekennzeichnet durch eine Verlangsamung des Denkens, der Sprache und der Bewegungen. Pessimismus, Selbstzweifel, Mutlosigkeit und Angst quälen die Jugendlichen, der sich in diesem Zustand mit Selbstmordgedanken befassen und Selbstmordhandlungen durchführen.

In den manischen Phasen zeigen die Jugendlichen oft eine hohe Reizbarkeit. Sie reagieren auf Versagungen rasch mit Wutanfällen und verhalten sich gehäuft aggressiv gegen andere. In der Schule reden sie ständig und ungehemmt dazwischen und stören den Unterricht. Sie kommen vom Hundertsten ins Tausendste. Probleme existieren nicht, und ihre Gefühle wirken oft unpassend zu der jeweiligen Situation.

• Abgrenzung von ADHD

Als besonders schwierig erweist es sich, die manisch-depressive Störung von der Aufmerksamkeits-Aktivitätsstörung abzugrenzen. In beiden Fällen zeigen die Kinder eine erhöhte Aktivität, sind redselig und verhalten sich unkonzentriert, fallen in der Schule unangenehm auf und sind schwer einzugrenzen. Im Hinblick auf die therapeutischen Maßnahmen sollte man jedoch versuchen, eine Unterscheidung zu treffen, was oft durch den Blick auf den Verlauf über eine längere Zeit gelingt.

• schneller Phasenwechsel

Eine Besonderheit von bipolaren Störungen im Jugendalter scheint ein schneller Phasenwechsel zu sein. Anders als bei Erwachsenen dauern die „Hochs" und „Tiefs" oft nur Wochen oder sogar wenige Tage an, was insbesondere im Hinblick auf die Selbstmordgefahr in depressiven Phasen von Bedeutung ist, die ohne Vorwarnung auftreten kann.

• Folgeprobleme

Während der manischen Episoden kann es zu dissozialem und delinquentem Verhalten kommen, zu Leistungsstörungen in Schule und Ausbildungsstätte, zu Missbrauch von Alkohol und illegalen Drogen, zu kriminellem Verhalten und zu ungehemmtem sexuellen Verhalten mit der Gefahr von Geschlechtskrankheiten und Schwangerschaft. In der depressiven Phase drohen vor allem Selbstmordhandlungen.

• Häufigkeit

Manische und manisch-depressive Störungen sind vor dem 10. Lebensjahr kaum zu beobachten. In der ersten Hälfte des zweiten Lebensjahrzehntes sind sie auch noch eher selten, während sie dann bei Jugendlichen mit wachsendem Alter häufiger auftreten.

Allerdings gibt es in der Einschätzung der Häufigkeit bipolarer Störungen im Kindes- und Jugendalter große Meinungsunterschiede. So glauben einige Fachleute, dass bipolare Störungen im Kindes- und Jugendalter häufig nicht erkannt werden, und schätzen, dass eins von hundert Kindern betroffen ist. Unstrittig ist, dass etwa 20% der Erwachsenen mit manischen oder bipolaren Störungen diese Auffälligkeiten erstmalig vor dem 20. Lebensjahr gezeigt haben.

• Verlauf

Für die manischen und manisch-depressiven Störungen gilt, dass nur etwa 15% der Betroffenen mehr als fünf Störungsphasen in ihrem gesamten Leben durchlaufen. Allerdings unterscheidet sich die Dauer der Phasen und der störungsfreien Zwischenräume bei den einzelnen Betroffenen erheblich. Im Jugendalter sind die Störungsphasen – wie gesagt – eher kürzer als bei Erwachsenen. Auch beim Wiederauftreten einer manischen Phase nimmt die Dauer dieser Störungsphase nicht zu. In der Regel ist die Gesundung zwischen den Störungsphasen vollständig.

Zuordnen und verstehen

• schwer nachvollziehbares Verhalten

Manisches Verhalten wirkt sehr befremdend und ist nur schwer zu verstehen. Der Jugendliche zeigt sich wie verwandelt und lässt sich kaum eingrenzen. Nicht selten kommt es aus der Idee heraus, dass es sich bei dem Verhalten des Jugendlichen um ungesteuerte pubertäre Aktivitäten handelt, zu Bestrafungen, die jedoch keinerlei Wirkung zeigen. Das kann wiederum eskalierende Bestrafungen zur Folge haben, wenn die Erwachsenen nicht erkennen, dass der Jugendliche nicht oder kaum in der Lage ist, sein Verhalten zu steuern.

• erbliche Faktoren

Die wiederkehrenden manischen oder wechselnd depressiv-manischen Phasen treten familiär gehäuft auf. Bei eineiigen Zwillingen sind manische und manisch-depressive Störungen deutlich häufiger, als das bei zweieiigen Zwillingen der Fall ist. Ebenso ist durch Studien der Adoptionsforschung belegt, dass früh adoptierte Kinder von biologischen Eltern mit manischen oder manisch-depressiven Störungen später überdurchschnittlich häufig solche Störungen zeigen, obwohl sie bei gesunden Adoptiveltern aufwachsen. Die Wahrscheinlichkeit des Auftretens von manischen Störungen erhöht sich bei entsprechender erblicher Belastung etwa um das fünffache. Dabei muss allerdings berücksichtigt werden, dass nicht die Störung selbst, sondern nur die Anlage für die Störung vererbt wird. Erst aus dem Zusammenwirken von Anlage und Belastungsmomenten der Lebensgeschichte und der Umwelt kann sich die manische oder manisch-depressive Störung entwickeln.

• Auslöser durch Substanzgebrauch

Im Einzelfall ist sorgfältig darauf zu achten, ob eine manische Episode durch Missbrauch illegaler Drogen, insbesondere durch den Missbrauch von Amphetaminen, Kokain oder Schnüffelstoffen bedingt oder ausgelöst wurde. Auch eine Überdosierung von Kortison und antidepressiven Medikamenten (SSRI) kann ebenso wie eine Überdosierung von Schilddrüsenmedikamenten (ähnlich wie eine Überfunktion der Schilddrüse) das Bild einer manischen Episode auslösen.

● Stabilisierung des emotionalen Gleichgewichts

Depressives und manisches Verhalten sind verstehbar als Versuche, das emotionale Gleichgewicht zu stabilisieren. Die Depression schützt, indem sie die Gefühle der Verzweiflung und der Überforderung in einer Art Lähmung bindet. Manisches Verhalten entlastet, weil es Gefühle von Angst und Überforderung gar nicht aufkommen lässt. Beide Verhaltensweisen können verstanden werden als ein Ausdruck fehlenden Zutrauens in sich selbst und seine Fähigkeiten angesichts von unlösbar erscheinenden Problemen.

● innerfamiliäre und schulische Belastungen

Abnorme Erziehungsbedingungen, akute belastende Lebensereignisse, Probleme in Schule und Beruf und besondere gesellschaftliche Belastungen (wie zum Beispiel politische Verfolgung) werden im Vorfeld von manischen Störungen beobachtet und können ihren Verlauf beeinflussen und gegebenenfalls auch die Wiedereingliederung nach Ablauf der Episode erschweren.

● familiäre Beziehungsmuster

Untersuchungen verweisen darauf, dass Familien der Jugendlichen mit manischen Störungen sehr starre und rigide Vorstellungen darüber haben, wie die Welt gesehen werden muss, welche Werte einzuhalten sind und wie jeder sich zu verhalten hat. In den Familien herrscht ein Entweder-oder-denken vor, das Konflikte ebenso ausschließt wie ein Erleben von Ambivalenz. Die Kommunikation ist eintönig und dient nur der Bestätigung der von allen geteilten Eindeutigkeit. Die Möglichkeit, auf Unvorhergesehenes unvorhergesehen zu reagieren, ist eingeschränkt. Im Prinzip geht es in den Familien um die Wünsche und Ängste im Hinblick auf Distanz, Autonomie und Trennung einerseits und die Wünsche und Ängste im Hinblick auf Nähe und Zusammenleben andererseits. Um den eigentlich unvermeidlichen Konflikt zwischen beidem zu vermeiden, wird nur die Seite gelebt, die zurzeit am ehesten von allen Familienmitgliedern positiv bewertet wird. Diese Einseitigkeit führt oft zu einem Verhalten, das dem Außenstehenden wenig einfühlbar erscheint. Zeigt ein Familienmitglied Tendenzen zur Abweichung, werden diese in sehr empathischer Art und Weise durch Kontrollmaßnahmen eingedämmt.

Lösungen anregen und möglich machen

● stationäre Behandlung

Häufig sind die Verhaltensauffälligkeiten so gravierend und der Jugendliche so schwer einzugrenzen, dass eine stationäre Behandlung – auch gegen den Willen des Jugendlichen – notwendig ist. Hinzu kommt, dass die Belastung in der Familie und die Hilflosigkeit der einzelnen Familienmitglieder zumeist sehr groß sind. In der Klinik geht es zunächst darum, den Patienten in seinem Aktionsdrang einzugrenzen, ihn so weit wie möglich kontinuierlich zu begleiten, ein Angebot strukturierter Beschäftigung zu machen, auf eine regelmäßige Nahrungsaufnahme, Körperpflege und auf seinen Schlafrhythmus zu achten sowie Hilfen bei der Auseinandersetzung mit den anderen Jugendlichen zu geben.

• medikamentöse Behandlung

In der Akutphase wird in der Regel eine Verhaltensberuhigung durch die Behandlung mit Neuroleptika angestrebt und zumeist auch in relativ kurzer Zeit erreicht. Heutzutage werden dabei die neueren atypischen Neuroleptika wegen ihrer geringeren Nebenwirkung bevorzugt. Im weiteren Verlauf wird man die Wahrscheinlichkeit des Wiederauftretens einer manischen Episode einschätzen, um bei hoher Rückfallgefahr Vorschläge einer längerfristigen Behandlung mit Lithium, alternativ mit Carbamazepin bzw. Oxcarbazepin oder Valproat zu machen.

• Psychotherapie

Jugendliche mit manischen oder manisch-depressiven Störungen sollten mit einem vielschichtigen Ansatz behandelt werden. Die Jugendlichen müssen über ihre Störung und die unterschiedlichen Möglichkeiten des Verstehens informiert werden. In einer Einzeltherapie kann angestrebt werden, die Beunruhigung über das Erleben der Störung zu bearbeiten, persönliche Neuorientierungen zu vollziehen, die eine Entlastung darstellen, und dafür zu sensibilisieren, wodurch das Auftreten weiterer manischer oder depressiver Episoden ausgelöst werden kann. Durch eine Familientherapie können die familiären Beziehungsmuster beeinflusst und die fehlende Seite des Konflikterlebens in die Kommunikation innerhalb der Familie wieder eingeführt und Einfühlbarkeit wieder erreicht werden. Eltern können angeregt werden, ihr Kind wirksam zu unterstützen und mit den eigenen Gefühlen, die das Auftreten dieser Störung in ihnen ausgelöst hat, besser umzugehen.

• Informationen

Informationen sind über die Deutsche Gesellschaft für Bipolare Störungen e.V. (DGBS), Postfach 920249, 21132 Hamburg, www.dgbs.de, zu erhalten.

Weitere Stichworte:

Aufmerksamkeits- und Aktivitätsstörung (Band 1)
Depressive Störungen
Drogensucht
Kriminelles Verhalten
Selbstmordhandlungen
Störungen des Soziaverhaltens

Literatur

Deutsche Gesellschaft für Bipolare Störungen (2002): Weißbuch Bipolare Störungen in Deutschland. Hamburg

Eggers, Ch., Röpke, B. (2004): Affektive Psychosen. In: Eggers, Ch., Fegert, J. M., Resch, F. (Hrsg.): Psychiatrie und Psychotherapie des Kindes- und Jugendalters. Berlin, Springer: 435 – 452

Geislinger, R., Grunze, H. (2002): Bipolare Störungen. Ratgeber für Betroffene und Angehörige. Hamburg, Deutsche Gesellschaft für Bipolare Störungen

Goodman, R., Scott, St., Rothenberger, A. (1997): Kinderpsychiatrie kompakt. Darmstadt, Steinkopff

Kerns, L. L. (1997): Hilfen für depressive Kinder: Ein Ratgeber. Bern, Huber

Retzer, A. (2004): Systemische Therapie der Psychosen. Göttingen, Hogrefe

Rothenberger, A. (Hrsg.) (1992): Die Behandlung von affektiven Störungen bei Jugendlichen. München, Zuckschwerdt

Steinhausen, H.-Ch. (2000): Seelische Störungen im Kindes- und Jugendalter. Stuttgart, Klett-Cotta

Okkultismus – Satanismus

Wahrnehmen und bewerten

• Okkultismus

Als Okkultismus (von dem lateinischen Wort „occultum“ = das Verborgene) bezeichnet man die Beschäftigung mit Erscheinungen des Natur- und Seelenlebens, die mit unseren wissenschaftlichen Erkenntnissen scheinbar nicht zu erklären sind. Sie scheinen die gewohnten Gesetzmäßigkeiten unserer Erfahrung zu durchbrechen und werden infolgedessen häufig als „übernatürliche“ Phänomene angesehen. Es handelt sich dabei beispielsweise um besondere Wahrnehmungen wie ein Erspüren von Dingen, die in großer Ferne geschehen (Telepathie) oder die sich in Zukunft ereignen werden (Hellsehen), das Erklingen einer Stimme, die keinem Menschen zugeordnet werden kann, oder um die Bewegungen von Gegenständen ohne erkennbare Ursache. Für viele, beispielsweise in Séancen auftretende Phänomene hat allerdings die parapsychologische Forschung plausible Erklärungen erbracht.

• Spiritismus

Eine besondere Form des Okkultismus ist der Spiritismus (vom lateinischen Wort „spiritus“ = der Geist), der die okkulten Phänomene auf ein Eingreifen der Geisterwelt zurückführt. So wird angenommen, dass beispielsweise in speziellen Sitzungen (Séancen) die Geister Verstorbener durch ein so genanntes Medium mit den Lebenden in Verbindung treten und die okkulten Phänomene bewirken. Zurzeit sind in Esoterikkreisen medial vermittelte Botschaften höherer Geistwesen unter dem Namen „Channeling“ wieder populär geworden.

• Verborgenheit als Kennzeichen

Kennzeichnend für die okkulte Szene ist, dass die Geschehnisse im Verborgenen bleiben. Meist wissen Eltern, Erzieherinnen und Lehrerinnen nichts davon, wenn Kinder und Jugendliche okkulte Praktiken durchführen oder auch in entsprechenden Kreisen verkehren. Sie halten es – zumeist auch den Gleichaltrigen gegenüber – geheim, wenn sie an einem Treffen teilgenommen haben, bei dem beispielsweise ein Glas hin und her geschoben worden ist, das die Fragen der Teilnehmer beantworten sollte.

• Häufigkeit

Okkultismus, also beispielsweise der Versuch, durch bestimmte Praktiken wie Tischerücken, Gläserrücken oder Pendeln mit der Geisterwelt oder mit dem Jenseits in Kontakt zu treten, ist bei Jugendlichen erstaunlich weit verbreitet. Bei Befragungen von Schülern zeigten sich drei Viertel der Jugendlichen über okkulte Praktiken informiert, etwa die Hälfte zeigte ein Interesse an Informationen über Okkultismus, etwa einem Viertel waren okkulte Praktiken passiv oder aktiv vertraut und fünf Prozent der befragten Schüler waren bereits in weitem Umfang aktiv oder passiv in okkulte Praktiken eingebunden. Der Anteil der Mädchen liegt um das zwei- bis dreifache über dem Anteil der Jungen.

• Bedeutung

Viele Jugendliche interessieren sich für okkulte Phänomene und haben einmal Glasrücken oder Pendeln betrieben. Berichte über schwere Schädigungen beruhen allerdings auf Vermutungen oder Befürchtungen. Nur in Einzelfällen lösen okkulte Erfahrungen schwere Ängste aus. Dies kann beispielsweise geschehen, wenn bei einer Séance ein angeblicher Geist den Todeszeitpunkt eines Jugendlichen vorhersagt. Auch wenn in anderer Weise während einer Séance Ungewöhnliches geschieht, kann der erwünschte Gruseleffekt in eine nicht mehr gewünschte, weil nicht mehr beherrschbare Angst umschlagen.

• Satanismus

Spiritistische Séancen und andere okkultistische Praktiken sind vom Satanismus zu unterscheiden. Allerdings gibt es zuweilen Übergänge. Dies ist beispielsweise der Fall, wenn in okkultistischen Séancen der Satan angerufen wird, wie es bei Jugendlichen nicht ganz selten geschieht.

• Merkmale

Das beliebteste Ritual der Satanisten ist die so genannte „Schwarze Messe". Sie wird zu Ehren Satans weitgehend in Anlehnung an die katholische Messfeier begangen, allerdings im Sinne der Umkehrung – der Satan als das Gegenprinzip Gottes, als Widergott – wenigstens teilweise rückwärts gelesen. Für eine Ritualmesse werden beispielsweise geweihte Hostien aus Kirchen gestohlen. Oft werden Tieropfer dargebracht und das Blut – zumeist von den Priestern – getrunken. Es gibt eine Fülle weiterer Rituale, die vielfach variieren.

• Unterteilungen der Satanistenszene

Zu unterscheiden sind zum einen der Jugendsatanismus, auch Gruftie-Satanismus oder latenter Satanismus, zum anderen die Satansgruppen, die schwarzen Gruppen oder Satanssekten und schließlich der Satansorden oder die Satanslogen, auch ritueller Satanismus genannt. Während die Jugendlichen beim Jugendsatanismus selbst aktiv agieren, werden sie bei den beiden anderen Formen eher in bestehende Systeme einbezogen.

• Jugendsatanismus

Im Jugendsatanismus nehmen die Jugendlichen selbst spiritistische Satansbeschwörungen vor. Die beliebteste Handlung besteht im Zelebrieren einer Schwarzen Messe. Sie finden in leer stehenden Häusern, Kellern, Rohbauten, Lichtungen im Wald, im elterlichen Partykeller, in Tiefgaragen und vor allem auf Friedhöfen statt. Gerade bei dem Jugendsatanismus finden in den Schwarzen Messen Tieropfer statt, meistens von Hunden, aber auch von anderen Tieren wie Katzen oder Meerschweinchen.

• Gemeinsamkeiten der Rituale

Trotz der Vielfalt der Rituale sind folgende Gemeinsamkeiten festzuhalten: Die Teilnehmer sind ein verschworener Kreis von Jugendlichen. Der einzelne Jugendliche gilt als Geheimnisträger und steht unter Verratsverbot bei angedrohter Strafe. Die Jugendlichen stimulieren sich oft durch Alkohol oder sonstige Drogen. Das Ritual beinhaltet in irgendeiner Weise die Verehrung von Satan, die durch Opfern eines Tieres erfolgt. Dabei wird das Tierblut getrunken, vermischt mit einer geweihten Hostie. Zunehmend soll es auch in den Schwarzen Messen Jugendlicher zu sexuellen Handlungen kommen. Die rituellen Praktiken gehen im Übrigen häufig mit einem Vandalismus einher.

• Grufties

Jugendliche Satansverehrer sind in der Regel auch Grufties. Das bedeutet aber nicht, dass im Umkehrschluss auch jeder Gruftie ein Satansanbeter sei. So muss zwischen dem Modegruftie, dem Gruftie, der tatsächlich an der Welt trauert, und dem okkult-satanistisch aktiven Gruftie unterschieden werden. Äußerlich sind sie nicht zu trennen. Die Jugendlichen sind schwarz gekleidet und haben meist schwarz gefärbte und gestylte Frisuren. Das Gesicht wird häufig weiß geschminkt, was Totenblässe signalisieren soll, und die Augen werden schwarz umrandet. Getragen werden umgedrehte Kreuze, dazu vielleicht das Pentagramm (ein fünfzackiger Stern, auf der Spitze stehend), ein Totenkopf oder eine Spinne. Grufties tragen schwarz als Zeichen der Trauer über diese Welt. Sie wollen jedoch auch den Tod ins Leben hineinholen. Generell ist der Tod für sie ein zentrales Thema.

• Satanssekten

In den Satanssekten, Satanskulten oder Schwarzen Sekten wird Satanismus zum Ausleben spezieller Neigungen benutzt – oft auch mit einem Vermarktungstrend versehen. Angeboten werden alle erdenklichen sexualorgiastischen Ausschweifungen einschließlich Domina-Praktiken, Sodomie und Ähnlichem. Meist gibt es einen kleinen Kreis von Satanspriestern, die ihr Wissen und ihren Anspruch auf eine Wiedergeburt des Aleister Crowley oder die Kenntnis alter Bücher oder von Überlieferungen schwarzmagischer Geheimwissenschaften zurückführen. Es gibt ein Umfeld, das häufig als „Meute“ bezeichnet wird. Dies können durchaus 100 und mehr Personen sein. Sie werden mit Ritualen bei der Stange gehalten. In diese Meute werden auch Jugendliche geworben, die zu allerlei Dienstleistungen herangezogen werden. Zum Beispiel werden Mädchen dazu gebracht, sich innerhalb und außerhalb des Kultes zu prostituieren. Andere müssen die benötigten Hostien stehlen, Drogen erwerben oder Tiere besorgen, die bei der schwarzen Messe geopfert werden.

Der Zugang zur Mitgliedschaft einer satanistischen Gruppe, die schwarze Messen feiert, verläuft häufig über eine Kriminalisierung. So werden Mutproben wie Sachbeschädigungen oder Diebstahl gefordert und im Weiteren dazu genutzt, die Jugendlichen abhängig zu halten. Die in diesen Gruppierungen durchgeführten Inszenierungen werden meist von den jüngeren Mitgliedern nicht durchschaut. Denn letztlich sind die satanistischen Praktiken nur ein Lockmittel, um Macht sowie sadistische und sexuelle Wünsche und Bedürfnisse auszuleben.

• Satanismus in der Geschichte

Satanistische Geheimkulte werden schon in Pariser Gerichtsprotokollen aus der Zeit Ludwig XIV. erwähnt. In höheren Gesellschaftskreisen wurden schwarze Messen gelesen, die dazu dienen sollten, mit Satanskraft Menschen zu töten, erotische Beziehungen zu stören oder herzustellen. Bei diesen Riten wurde das Blut von ermordeten, neugeborenen Kindern verwendet. Weiter half man der Magie auch durch die Anwendung von Gift nach, um beispielsweise Nebenbuhler zu beseitigen. Auch im 18. Jahrhundert lebten Formen des Satanismus weiter. Im 19. Jahrhundert wurde Satan die Rolle des Befreiers der Menschen von den Zwängen der Kirche, der Gesellschaft und der überkommenen Moral zugeschrieben. Hier bildeten sich erste Ansätze eines so genannten Protestsatanismus heraus, der auch heute im Jugendsatanismus eine erhebliche Rolle spielt.

• Merkmale des Neosatanismus

Alle thelemitisch orientierten Neosatanisten und Kultorden haben als Leitsatz die Formel: „Tue, was du willst, soll sein das ganze Gesetz." Sie beziehen sich auf das Gesetz von Thelema des Aleister Crowley, der in der ersten Hälfte des 20. Jahrhunderts lebte. Dort heißt es unter anderem: „Das Gesetz des Starken: Das ist unser Gesetz. Und die Freude der Welt. Tue, was du willst, soll sein das ganze Gesetz. Du hast kein Recht, als deinen eigenen Willen zu tun. Tue den, und kein anderer soll nein sagen. Jeder Mann und jede Frau ist ein Stern. Es gibt keinen Gott außer den Menschen. Der Mensch hat das Recht, nach seinem eigenen Gesetz zu leben. Zu arbeiten, wie er will, zu spielen, wie er will, zu ruhen, wie er will, zu sterben, wann und wie er will. – Der Mensch hat das Recht zu essen, was er will, zu trinken, was er will, zu wohnen, wo er will, zu reisen auf dem Antlitz der

Erde, wie er will. Der Mensch hat das Recht zu denken, was er will, zu sagen, was er will, zu schreiben, was er will, zu zeichnen, malen, schnitzen, ätzen, gestalten und bauen, wie er will. Der Mensch hat das Recht zu lieben, wie er will. Auch erfüllt euch nach dem Willen in Liebe, wie ihr wollt, wann, wo und mit wem ihr wollt. Der Mensch hat das Recht, all diejenigen zu töten, die ihm diese Rechte zu nehmen suchen."

• Satansorden

Die Satansorden stehen zumeist auf dem Boden der Lehren Crowleys. Sie sind in den USA weit verbreitet. In der Bundesrepublik gibt es den „Ordo Saturni". Hier werden vielfältige Kurse zur so genannten „persönlichen Weiterentwicklung" angeboten. Verführung oder Vergewaltigung sollen für den Beteiligten Emanzipation oder Erleuchtung sein. Ehebruch, Inzest oder Kindesmissbrauch werden als Mittel zur „Befreiung" und „Initiation" eingesetzt. Alkohol und andere Drogen werden benutzt. Ehemalige berichten, dass sie im Rahmen der Schulung zum Trinken von Alkohol gezwungen wurden, dass sie einem „Vorgesetzten" Gehorsam schwören und dass sie sexuelle Misshandlungen, Ekeltraining und Körperverletzungen (Zigaretten werden an der Brust von Mädchen ausgedrückt) erdulden mussten. Will jemand die Vereinigung verlassen, so wird er bedroht, mit Telefonterror überzogen oder auf der Straße belauert und verfolgt.

• der gefährliche Übergang

Satansorden sind streng organisiert, hierarchisch aufgebaut und verfügen oft über eine nicht unbeträchtliche wirtschaftliche Macht. Erwachsene Satanisten operieren vorsichtig, aber die Orden benötigen Jugendliche für ihre schwarzen Messen und sonstigen Riten. Es gibt geschulte „Missionare" – Werber, die Jugendliche beispielsweise in bestimmten Diskotheken, in denen schwarze Musik gespielt wird, beobachten, sie dann ansprechen und ihre Einstellung darauf überprüfen, ob sie wirklich Interesse an der satanistischen Sache haben. Auch wird der Grad ihrer Kirchenfeindlichkeit eingeschätzt. Abgesehen von solcher Werbung in Szene-Lokalen werden Jugendliche auf Festivals angesprochen. Es werden Schulungen angeboten, oder es wird mit Kleinanzeigen um Jugendliche geworben, wie beispielsweise die Church of Satan es tut.

Die Jugendlichen werden dann als „Novizen" aufgenommen und müssen an Schulungen teilnehmen. Durch Wohlverhalten und Beweise, dass sie Angst und Ekel überwinden und keine Schwäche bei Schmerzen zeigen, können sie sich allmählich „nach oben" arbeiten. Ziel der Satansorden ist es, den Einsteiger ganz aus seinem Umfeld herauszulösen und alle bestehenden Beziehungen zu zerstören.

• Häufigkeit und Bedeutung

Die Häufigkeit satanistischer Praktiken kann kaum angegeben werden, da Geheimhaltung eines der wichtigsten Prinzipien dieser Gruppierungen ist. In den Vereinigten Staaten sollen angeblich 10 Millionen Amerikaner Schwarzmagie betreiben. Es wird geschildert, dass jährlich Tausende von Kindern als Opfer in den Satanskult einbezogen werden. Zahlen aus Deutschland liegen nicht vor. Während Mädchen häufiger okkulte Praktiken durchführen, die keinerlei Bezug zu Satan haben, finden sich bei den satanistischen Praktiken vermehrt Jungen.

Der dargestellte Glaube der Satanisten steht eindeutig im Widerspruch zu allen unseren rechts- und sozialstaatlichen Normen. Die eingesetzten Praktiken zur Umprägung der Persönlichkeit wie Ekeltraining, Zwang zum Alkoholmissbrauch, sexuelle Misshandlungen, Selbstverstümmelung und sexualorgiastische Praktiken können besonders bei Jugendlichen zu schweren Traumatisierungen und daraus folgenden Verhaltensstörungen führen.

• Satanismus in der Rockmusik

Der Teufel oder der Satan durchzieht die Rockmusik seit ihren Anfängen. Am Anfang stand der Hard Rock beispielsweise der Rolling Stones, die damit ein entgrenztes Lebensgefühl ausdrücken wollten. Gruppen wie Black Sabbath, deren Sänger Ozzy Osborne während der Konzerte Schwarze Messen zelebrierte, setzten den satanistischen Kult in der Musikszene fort. Inspiriert von ihm bildete sich der so genannte New Wave of British Heavy Metal, der von Gruppen wie Iron Maiden, Judas Priest oder Motörhead gespielt wird. Inzwischen ist der Heavy Metal in eine Vielzahl von Stilen zerfallen: Black Metal, Doom Metal, Funky Metal oder Trash Metal. Härte und Brutalität müssen in dieser Szene aus kommerziellen Gründen ständig gesteigert werden, wie es die Gruppe Venom mit ihren satanisch-okkulten Texten beweist.

• Randgebiete des Satanismus

Es gibt einige Bewegungen, die zwar einige Berührungspunkte mit dem Satanismus haben, aber doch sorgfältig davon unterschieden werden müssen. In der neuen Hexenszene (Wicca-Bewegung) verbinden vornehmlich Frauen ihr Interesse an Magie mit einer Selbstidentifikation als „Hexe“. Der Kult verehrt „die große Göttin“, die über alle Kräfte des Weiblichen verfügt. Die neuheidnische Bewegung versucht eine Wiederbelebung alter germanischer, nordischer oder keltischer Religionen. Und in der Gothic-Szene geben Jugendliche ihrem von der Trauer über die Vergänglichkeit geprägten Lebensgefühl durch eine besondere Art des Schminkens und schwarze, betont schöne Kleidung Ausdruck.

• Neugier und Experimentierverhalten

Jugendliche sind zumeist neugierig und experimentierfreudig. Sie suchen ihre Umwelt zu erkunden und zugleich ihre eigene Position zu finden. Insofern interessieren sich viele Jugendliche für den Okkultismus. Sie wollen herausfinden, ob es stimmt, was beispielsweise ein Orakel sagt. Sie sind fasziniert von dem Gedanken, mit den Geistern der Verstorbenen Kontakt aufnehmen zu können. Bei einem Übergang zum Jugendsatanismus geht es dann auch darum zu erfahren, ob Satan wirklich existiert. Dies Verhalten von Jugendlichen ist ein typisches Durchgangsphänomen. Bei den meisten Jugendlichen klingt das Interesse an okkulten Handlungen rasch wieder ab.

• der Wunsch nach Veränderung der Situation

Bei einigen wenigen Jugendlichen geht das vorübergehende Interesse an okkulten Praktiken in eine andauernde Beschäftigung mit diesen Themen über. Sie leiden unter einer – wodurch auch immer bedingten – belasteten Lebenssituation und hoffen beispielsweise, dass die Geister ihnen eine bessere Zukunft voraussagen. Treffen bestimmte Voraussagen ein, steigert sich das Interesse. Die okkultistischen Aktivitäten nehmen zu, das Thema gewinnt zunehmend an Bedeutung – die Jugendlichen werden förmlich süchtig, bis sie – wie eine Jugendliche schilderte – „ganz in dem Treiben eingebunden" sind, „wo es richtig zur Sache geht". Okkultismus kann in diesen Fällen eine labile Persönlichkeit noch zusätzlich verunsichern. Dies gilt verschärft für jenen Okkultismus, bei dem gezielt die dunklen Mächte herausgefordert werden sollen: den Jugendsatanismus. Eine magische Weltsicht kann entstehen, die eine realistische Einschätzung der Lebensereignisse und ihrer Zusammenhänge verhindert und eine Bewältigung der realen Anforderungen des Lebens erschwert oder sogar unmöglich macht.

Zuordnen und verstehen

• gegen die Langeweile und innere Leere

Jugendliche sind in unserer Erlebnisgesellschaft häufig auf der Suche nach dem besonderen Kick, beispielsweise für die Gestaltung eines gemeinsamen Abends. In einer solchen Situation kann eine Satansanrufung auf dem Friedhof als spannende Möglichkeit angesehen werden. Das Geheimnisvolle, das Unheimliche und das Verbotene stellen einen großen Reiz dar. Häufig kommt es dabei zu einem erheblichen Vandalismus, der – wenn er verfolgt wird – die Gruppe zusammenschweißt. Das nächste Treffen wird abgesprochen, Regeln der Geheimhaltung werden verschärft und die okkulten Praktiken gesteigert. Besonders anfällig für solche Prozesse sind Jugendliche, die ein geringes Selbstwertgefühl haben, sozial isoliert leben und nicht in ein tragfähiges soziales Netz eingebunden sind.

● Abgrenzung

Jugendliche sind auf der Suche nach ihrer eigenen Identität. Die Beziehungen zu den Eltern erfahren eine Neubewertung. Das frühere Eltern-Kind-Verhältnis, in der das Kind abhängig war, erhält eine neue Qualität. Jugendsatanistische Symbole und Praktiken können dabei als Instrument eingesetzt werden, um Eigenständigkeit und die neue Position zu markieren. Jugendliche gestalten beispielsweise ihr Zimmer mit satanistischen Zeichen oder solchen, die sie dafür halten. Schwarze Kleidung wird bevorzugt. Oft bleiben diese Aktivitäten auf den familiären Raum beschränkt. Die Jugendlichen grenzen sich von den Erwachsenen ab. Die geheimnisvoll wirkende Atmosphäre, die sie zu schaffen suchen, steigert ihr Selbstwertgefühl und ihr Bedeutungserleben.

● Protest

Satanismus ist eine Form des Protestes Jugendlicher, die für unsere Zeit besonders geeignet zu sein scheint: So kann ein Jugendlicher Satanist seine christlichen Eltern herausfordern, indem er ihre Religion umkehrt und lächerlich macht. Er kann jedoch auch atheistische Eltern schockieren, weil er sich an Satan – als einer letztlich religiösen Macht – orientiert und sich von der Vernunft distanziert. Der Protest richtet sich möglicherweise aber auch gegen Erziehungspraktiken, die den notwendigen Entwicklungsraum des Jugendlichen in nicht nachvollziehbarer Weise einschränken.

Wenn jugendsatanistische Handlungen über den familiären Raum hinaustreten, äußern sie sich vorwiegend zerstörerisch. Die Jugendlichen protestieren gegen die gesamte Welt der Erwachsenen und ihre Werte, in der sie selbst keinen Platz gefunden haben. Auf diese Weise äußerten sich beispielsweise Jugendliche, die Friedhöfe verwüstet haben, in Gerichtsprozessen. Sie gaben als Motivation an, es der Gesellschaft heimzahlen zu wollen. Sie bleiben dabei im Zerstören stecken, da sie keine positive Alternativen sehen.

Grabschändung ist Protest gegen eine Gesellschaft, die den Jugendlichen überfordert, ihm Regeln auferlegt, ihn aber nicht einbindet und keine Zukunftsperspektiven erkennen lässt. Oft sind solche Jugendliche wenig erfolgreich in Schule und Beruf. Sie fühlen sich nicht beachtet, gefördert und akzeptiert. Das Aktionsfeld Friedhof wird aus vielerlei Motiven heraus gewählt. Er ist zum einen einer der letzten Bereiche, die durch ein Tabu geschützt sind. Das bietet die Chance, viele Menschen zu schockieren, wenn dort satanistische Praktiken ausgeübt werden. Zudem ist ein Friedhof faszinierend und beängstigend zugleich. Ein Grabschänder begegnet bei einem nächtlichen Friedhofsbesuch seiner eigenen Angst und kann sich nach der Überwindung derselben als mutig erleben. Dies stützt wiederum sein Selbstwertgefühl.

• Hilflosigkeit im Umgang mit aggressiven Gefühlen

Jugendliche stehen in dem Prozess der Identitätsfindung, der mit den Fragen verbunden ist: Wer bin ich? Was kann ich? Wie sehe ich mich? Wie sehen mich die anderen? In dieser Phase sind junge Menschen leicht zu verunsichern. Von Jungen wird beispielsweise erwartet, dass sie sachlich, durchsetzungsfähig, erfolgreich, unabhängig und leistungsorientiert sind. Jugendliche Satanisten sind jedoch gerade solche, die erfolglos und isoliert sind, soziale Probleme haben und sich als einflusslos erleben. Ihre Zukunftsperspektiven sind begrenzt. All dies weckt Aggressionen und Wut. Gleichzeitig haben die Jugendlichen jedoch nicht gelernt, mit derartigen Gefühlen kompetent umzugehen. Der Vandalismus, eine Grabschändung oder anderes sind ihre Lösungsstrategien. Die kurzfristig erlebte Erleichterung und Bedeutungssteigerung führt jedoch zu neuer Suche nach einem weiteren Kick-Erleben.

• Gruppenidentität

Jugendliche benutzen satanistische Praktiken, um sich eine eigene Gruppenidentität zu verschaffen. Satanistische Praktiken und die Aura des Geheimnisvollen schirmen die Gruppe nach außen ab. Zugehörigkeit vermittelt das Erleben von Bedeutung und Besonderheit. Dazu tragen Aufnahmerituale wie das Bestehen einer Mutprobe bei. Zugleich schaffen die Verpflichtung zur Geheimhaltung und kriminelle Handlungen einen großen Gruppendruck, der durch eine starre hierarchische Rangordnung sowie eine Verpflichtung zum Gehorsam gesteigert wird. Auf diese Weise wird es für den einzelnen oft sehr schwer, sich aus der Gruppe zurückzuziehen.

Offensichtlich hat sich auch ein Konkurrenzverhalten unter den verschiedenen satanistischen Gruppen herausgebildet. Das Gefühl der Stärke wächst, gehört man einer Gruppe an, die besonders zerstörerisch handelt und von den Medien eine besondere Beachtung findet. Medienberichte über derartige Taten führen dazu, dass die Jugendlichen sich jetzt beachtet, wahrgenommen und mächtig erleben – ein Gefühl, das sie vorher nicht kannten.

Lösungen anregen und möglich machen

• verzögertes Reagieren

Wenn Sie von okkultistischen oder satanistischen Praktiken eines Jugendlichen erfahren, ist zunächst ein genaues Hinsehen gefordert. Erzieherinnen sollten versuchen, nicht zu rasch zu reagieren. Ruhiges Beobachten ist gefragt, um Hinweise zu erhalten, wo der Jugendliche steht und welche Bedeutung die okkultistischen oder satanistischen Praktiken und Ideen für ihn haben. Jugendliche mit okkultistischen Erfahrungen sind meist durchaus bereit, über ihre Erlebnisse zu berichten. Und so lange das „Satanische" in irgendeiner Form, beispielsweise durch Kleidung, Abzeichen und anderes, zur Schau gestellt wird, gibt es die Möglichkeit, dieses Angebot zum Gespräch zu nutzen. Vermeiden Sie dramatische Reaktionen. Vermeiden Sie auch, die Äußerungen des Jugendlichen abzuwerten. Dies führt dazu, dass er sich als minderwertig und allein gelassen erlebt. Eine ruhige, aufmerksame und interessierte, gelassene Herangehensweise ist Erfolg versprechender. Das heißt aber nicht, die Dinge zu verharmlosen, zu verniedlichen oder gar zu übersehen.

• Entzauberung

Zeigen Sie als Eltern oder Erzieher Interesse an den okkulten Praktiken, von denen Sie erfahren. Erfahrungen zeigen, dass die Jugendlichen oft sehr bereit sind, mit Erwachsenen ihre Erlebnisse zu besprechen. Das setzt aber voraus, dass sie sich in diesen Gesprächen ernst genommen und nicht von oben herab belehrt fühlen. Wenn der Erwachsene die Erfahrungen der Jugendlichen lediglich abwehrt oder lächerlich macht, bewirkt er eher eine Steigerung des Interesses und gleichzeitig ein Verheimlichen aller weiterer Aktivitäten. Oft wird der Erwachsene sich dafür selbst in Literatur oder Internet über die okkulten Phänomene informieren müssen, darüber, was beispielsweise in Séancen geschieht und welche Erklärungen es für die merkwürdigen Dinge gibt, über die die Jugendliche berichtet. Eventuell bietet es sich an, einzelne okkulte Praktiken – wie beispielsweise das Pendeln – in Experimenten, die man mit der Jugendlichen durchführt, zu erklären und damit zu entzaubern. Wenn man sich mit ihren Erfahrungen ernsthaft auseinander setzt, zeigen Jugendliche meist eine Bereitschaft, kritischer hinzuschauen.

• Carpenter-Effekt

Viele Jugendliche haben beispielsweise Erfahrungen mit dem Pendeln: In einer Séance stützt er seinen Arm mit dem Ellbogen auf dem Tisch auf und versucht, das Pendel über dem Mittelpunkt der Pendelkarte mit ihren aufgezeichneten Antworten in Ruhe zu halten. Das Pendel beginnt nun scheinbar ohne äußere Krafteinwirkung über einem Antwortfeld zu schwingen. Das Pendel scheint also eine Antwort auf die Schicksalsfrage zu kennen. Die spiritistische Hypothese besagt: „Das Pendel schwingt aufgrund der Strahlung aus dem Jenseits." Tatsächlich aber handelt es sich um einen physikalisch gut erklärbaren Effekt mit psychologischem Hintergrund. Denn warum bewegt sich das Pendel? Es ist gar nicht so leicht, ein Pendel vollkommen ruhig zu halten. Kleinste Bewegungen der Hand, hervorgerufen durch Puls, Atem oder angespannte Muskeln, verhindern das Ruhighalten und lenken das Pendel. Aber woher kennt das Pendel das richtige Feld? Der Jugendliche – das Medium – wählt unbewusst die Antwort aus, die er auf der Pendelkarte lesen kann. Es handelt sich um den so genannten Carpenter-Effekt, der in vielen Experimenten nachgewiesen werden konnte.

• Entschlüsselung der Symbole

Versuchen Sie auch, die Mitteilung zu verstehen, die in den Symbolen liegt, mit denen die Jugendliche sich umgibt. Fragen Sie sich, was die Jugendliche Ihnen und anderen mitteilen möchte, wie sie sich darstellen will und wie sie sich selbst erlebt. Was bedeutet der Jugendlichen die schwarze Kleidung? Was bedeutet ihr das Tragen von satanistischen Symbolen wie Pentagramm, Luziferzeichen, die Zahl 666, der gehörnte Stier, das umgekehrte Kreuz? All dies sind Ausdrucksformen, die Sie als Erwachsener versuchen können zu entschlüsseln. Bemühen Sie sich, ein auf die Jugendliche konzentriertes Gespräch zu führen, in dem Sie sich in die Jugendliche, in ihre Gedanken, Gefühle und Ideen hineinversetzen und ihre Sicht nachvollziehen. Stellen Sie dann im zweiten Schritt auch ihre eigene Sicht dar – nicht als die bessere oder richtigere, sondern schlicht als die Ihrige. Zu einer offenen Kommunikation, die Vertrauen erweckt, gehört neben dem Bemühen um Verstehen auch, offen und direkt die eigene Position darzustellen.

• mit der Herausforderung umgehen

Beim Jugendsatanismus spielt die Ablösung von der Familie, von ihren Werten und Normen, von christlichen Einstellungen und Haltungen oft eine große Rolle. Der erziehende Erwachsene gerät dann leicht in eine schwer zu bewältigende Situation, da er sich ganz persönlich mit all seinen Einstellungen und Verhaltensweisen in Frage gestellt, kritisch bewertet und letztlich angegriffen sieht. Oft mischt sich das mit Selbstvorwürfen, mit der Idee, in der Erziehung versagt zu haben. Nicht selten treten Auseinandersetzungen – und wechselseitige Schuldvorwürfe – mit dem Ehepartner hinzu. Und über allem steht ein Gefühl von Hilflosigkeit. Machen Sie sich dann klar, dass Sie Ideen und Gedanken zwar nicht verbieten können. Sie können aber als Eltern und Erzieher Präsenz zeigen und – ohne Vorwurf und ständiges Kritisieren – Ihr Interesse an dem Jugendlichen und seinem Lebensweg deutlich machen.

• Alternativen finden

Für den Umgang mit einem Jugendlichen, der einer satanistischen Gruppe angehört oder zuneigt, heißt das auch: Der Erwachsene muss sich fragen, welche Bedeutung die Zugehörigkeit zu einer satanistischen Gruppe für den Jugendlichen hat und welche Funktion sie erfüllt. Werden in der Gruppe bereits extreme satanistische Praktiken und extreme Auffassungen von Satanismus vertreten, dann ist zu fragen: Was bedeutet die Gewalt, die menschenverachtende Aggression für ihn? Welches Bedürfnis wird hier befriedigt? Der nächste Schritt ist zu überlegen, auf welche Weise die für den Jugendlichen so wichtigen Ziele auf angemessene, nicht destruktive Weise zu erreichen sind. Hier beginnt oft ein harter Prozess in kleinen Schritten und mit vielen Rückschlägen, der den Erwachsenen erheblich herausfordert. In diesem Prozess muss dem Jugendlichen ständig interessierte Aufmerksamkeit, Respekt und vor allem Zuverlässigkeit begegnen. Gleichzeitig sind sein Verantwortungsgefühl und sein Erleben von Einfluss zu stärken.

• Vermitteln von Medienkompetenz

Kinder und Jugendliche sehen schon früh eine Fülle von gewalttätigen Szenen im Fernsehen, die oft den Aggressor verherrlichen. Und Horrorfilme erleichtern erfahrungsgemäß den Einstieg in satanistische Zirkel. Sie werden als Eltern oder Erzieher – trotz aller Einschränkungen, vor denen Sie sich nicht scheuen sollten – Ihre Kinder nicht von solchen Einflüssen fernhalten können. Nehmen Sie es aber gegebenenfalls auf sich, mit Ihrem Kind gemeinsam einen solchen Film zu sehen, und suchen Sie anschließend das Gespräch. In Horrorfilmen dominiert zumeist die Lust an der Macht über andere. Ein Mitempfinden und ein sich Einfühlen in die Situation des Opfers wird nicht vermittelt. Versuchen Sie, diese Aspekte anzusprechen, sich in ein Opfer hineinzuversetzen und sein vermutliches Erleben zu spiegeln.

• Black-Metal-Musik

Das Lebensgefühl des jugendlichen Satanisten wird in besonderer Weise über Musik – Dark Metal, Boom-Metal, Black Metal und andere Stile – transportiert. Sie befriedigt ein Bedürfnis nach Dramatik, Destruktivität, Macht und Gewalt. Jugendliche, die aus der Satanistenszene ausgestiegen sind, haben berichtet, dass sie speziell die Black-, Crash-, Dath- oder Okkult-Metal-Musik erst an die Satanistenszene gebunden habe. Zwar ist nicht jeder Black-Metal-Fan ein praktizierender Satanist. Jedoch sind manche Texte und auch Auftritte von Bands nicht zu verharmlosen. Das heißt: Sie müssen entscheiden, ob Sie das Abspielen solcher Musik in Ihrem Haus dulden können und ob Sie mit dem Besuch entsprechender Konzerte einverstanden sind. Die Musik gemeinsam anzuhören und musikalische und inhaltliche Elemente voneinander zu trennen, kann durchaus hilfreich sein. Es hat sich gezeigt, dass manche Jugendliche den Text gar nicht verstehen. Gespräche über die – vielleicht erst zu übersetzenden – Texte können durchaus die Kritikfähigkeit des Jugendlichen fördern.

• Anregung sinnvoller Freizeitbeschäftigung

Helfen Sie dem Jugendlichen, eine sinnvolle Freizeitbeschäftigung zu finden. Suchen Sie nach den Stärken des Jugendlichen und geben Sie ihm die Chance, diese auszubauen und auszuleben. Woran könnte er Spaß finden? Gibt es Projekte in der Gemeinde, an denen er sich beteiligen kann? Gibt es eine Sportart, in der er Geschick zeigt? Im Sportverein, im Technischen Hilfswerk oder in der Freiwilligen Feuerwehr könnte der Jugendliche nicht nur Freunde finden, sondern sich auch in einer Gemeinschaft eingebunden und zugehörig erleben, Anregungen finden und Sinn im aktiven Handeln erfahren. Könnte es förderlich sein, wenn er die Verantwortung für ein Tier übernimmt? Zu lernen, in richtiger Weise auf ein Tier zuzugehen, zu erkennen, was ein Tier fühlt, und zu akzeptieren, dass es eigene Wünsche und Bedürfnisse hat, sind wesentliche Erfahrungen.

• fachliche Hilfen

Ist eine Jugendliche in einen Satansorden Erwachsener geraten, so ist ein Ausstieg, selbst wenn die Jugendliche das anstrebt, ohne fachliche Hilfe kaum zu erreichen. Aber auch in weniger dramatischen Fällen sollten Sie nicht zögern, sachkundige Unterstützung in Anspruch zu nehmen. Dazu können Sie sich an Beratungsstellen wenden und sich erkundigen, ob man dort in solchen Fragen Erfahrung hat, oder einen Sektenbeauftragten der Kirche in Ihrer Region ansprechen.

• Informationsquellen

Evangelische Zentralstelle für Weltanschauungsfragen www.ekd.de/ezw, Katholische Sozialethische Arbeitsstelle www.ksa-hamm.de, www.confessio.de, www.bistum-trier.de/sekten, www.sekten-sachsen.de, www.agpf.de, www.relinfo.ch, www.sekten.ch, www.bildung-mv.de/sekteninfo/broschuere 300dpi.pdf .

Weitere Stichworte:

Aggressivität (Band 1)
Störungen des Sozialverhaltens
Kriminelles Verhalten

Literatur

Biewald, R. (2000): Okkultismus – Satanismus. Mit Arbeitshilfe für Schule und Gemeinde (Erwachsenenbildung). Leipzig, Evangelische Verlagsanstalt

Christiansen, I. (2000): Satanismus. Faszination des Bösen. Gütersloh, Gütersloher Verlagsanstalt

Grandt, G., Grandt, M. (2000): Satanismus. Die unterschätzte Gefahr. 2. Aufl., Düsseldorf, Patmos

Harder, B. (2002): Die jungen Satanisten. München, Pattloch

Hemminger, H. (2002): Geister, Hexen, Halloween, Esoterik und Okkultismus im Alltag. Ein Ratgeber für Eltern. Gießen, Brunnen

Höhn, M. (1996): Sympathie für den Teufel. Kritischer Ratgeber Okkultismus. 2. Aufl., Köln, PapyRossa

Hund, W. (1996): Okkultismus – Materialien zur kritischen Auseinandersetzung. Mülheim, Verlag an der Ruhr

Hund, W. (2000): Falsche Geister, echte Schwindler? Esoterik und Okkultismus kritisch hinterfragt. Würzburg, Echter

LaVey, A. S. (1999): Die satanische Bibel. 2. Aufl., Berlin, Second Sight Books

Posttraumatische Verhaltensauffälligkeiten

Wahrnehmen und bewerten

• traumatische Situationen

Unter einer traumatischen Situation werden Erlebnisse mit schweren körperlichen und/oder seelischen Verletzungen sowie Erfahrungen außergewöhnlicher Bedrohung verstanden, die bei fast jedem Menschen eine tiefe Verzweiflung hervorrufen würden. Traumatische Erfahrungen übersteigen den Rahmen alltäglicher Geschehnisse und Belastungen in hohem Maße.

• Häufigkeit

Weltweit gesehen werden täglich eine große Anzahl von Kindern und Jugendlichen traumatischen Ereignissen ausgesetzt wie Kriegen, Hungersnöten, Erdbeben, Stürmen und Bränden. Sie erleben Schießereien, werden gekidnappt, misshandelt, sexuell missbraucht oder vergewaltigt. Von 1.035 untersuchten Jugendlichen gaben 22,5% an, dass sie mindestens einem traumatischen Ereignis ausgesetzt gewesen seien. In einer anderen Studie berichteten 42,7% der Jugendlichen im Alter von 18 Jahren, ein Trauma wie einen Überfall, eine Vergewaltigung oder eine plötzliche Verletzung erlebt zu haben. In der BRD geht man davon aus, dass es jährlich zu 300.000 Fällen von sexuellem Missbrauch kommt. UNICEF schätzt, dass jährlich 10 Millionen Kinder nicht nur einer einzelnen Traumasituation ausgesetzt sind, sondern fortgesetzte Traumatisierungen in Kriegs- und Krisengebieten erleiden.

• Trauma

Ob und in welchem Maße eine traumatische Situation bei einer Person zu einem Trauma führt, hängt aber nicht nur von den objektiven Gegebenheiten, sondern auch von den subjektiven Verarbeitungsprozessen des Einzelnen ab. Je mehr die bedrohliche Situation bei dem jeweiligen Menschen mit dem Erleben von Hilflosigkeit und emotionaler Betäubung einhergeht, umso größer ist die Traumatisierung. Entscheidend ist das vitale Diskrepanzerleben zwischen bedrohlichen Situationsfaktoren und individuellen Bewältigungsmöglichkeiten, das zu dem Gefühl schutzloser Preisgabe führt und so eine dauerhafte Erschütterung des Selbst- und Weltverständnisses bewirkt.

• Reaktionen auf eine traumatische Erfahrung

Schon die Erstreaktionen auf traumatische Erfahrungen sind sehr vielfältig und umfassen eine große Bandbreite unterschiedlicher Verhaltensweisen. Auch ist es keineswegs zwingend, dass eine traumatische Erfahrung eine vorübergehende oder chronische Störung zur Folge haben muss. Viele Menschen verarbeiten ein traumatisches Erlebnis mit Hilfe ihrer inneren und äußeren Ressourcen so, dass sie nie Verhaltensauffälligkeiten entwickeln. Bei anderen treten Verhaltensauffälligkeiten oder Störungen auf. Ihr Ausmaß hängt von Art und Stärke des Ereignisses, von anderen situativen Faktoren, von belastenden Einflüssen der Lebensgeschichte sowie von schützenden (protektiven) Merkmalen der Person und seines Umfelds ab. In ihrer Ausformung sind die Verhaltensauffälligkeiten und Verhaltensstörungen vielgestaltig, und sie verändern sich während des weiteren Entwicklungsprozesses.

● mögliche Erstreaktionen

Nach einer traumatischen Erfahrung sind die Betroffenen zumeist von Angst besetzt, die sich in vielfältigen Formen über lange Zeit äußern kann. Typisch ist ein kopfloses Handeln. Nicht nur Jugendliche, sondern auch Erwachsene sind verwirrt, und ihre Reaktionen sind desorganisiert. Einfache Fragen können beispielsweise nicht mehr beantwortet werden. Eine andere typische Reaktion besteht in einem inneren Rückzug. Die Betroffenen wirken erstarrt, wie tot; sie sind still und erscheinen häufig teilnahmslos. Manche wirken aber auch unauffällig; sie können situativ angemessen handeln. Dies bedeutet jedoch keineswegs, dass diese Menschen die Situation angemessen bewältigt haben. Vielmehr kann sich die Erfahrung erst viel später in auffälligen Erlebens- und Verhaltensweisen ausdrücken. Gelegentlich wirken Betroffene unmittelbar nach dem traumatischen Ereignis wie von dem Geschehenen überschwemmt; sie schreien, weinen, reden viel und hektisch und reagieren auch körperlich sehr unruhig. Andere verhalten sich aggressiv, schlagen um sich, lassen niemanden an sich heran und beschimpfen auch solche Menschen, die ihnen helfen wollen. Zu werten sind diese Verhaltensweisen als eine Form der Erregungsabfuhr auf der Basis des Erlebens von Angst.

Alle diese möglichen Verhaltensformen sind aber „normale" Reaktionen auf eine „unnormale" Situation, die die Grenzen normaler Erfahrung überschreitet. Auffällige Erstreaktionen verweisen jedoch darauf, dass sich später mit hoher Wahrscheinlichkeit Störungen entwickeln. Besondere Aufmerksamkeit ist dann geboten, wenn – über das eben Dargestellte hinausgehend – bei einem Betroffenen Erinnerungslücken, Verleugnungen, dissoziative oder wahnhafte Phänomene auftreten.

● die akute Belastungsreaktion

Unter einer akuten Belastungsreaktion wird eine vorübergehende Störung von beträchtlichem Schweregrad verstanden, die sich bei einem psychisch zuvor nicht gestörten Menschen als Reaktion auf eine außergewöhnliche körperliche oder seelische Belastung hin entwickelt und im Allgemeinen innerhalb von Stunden oder Tagen abklingt. Das Ausmaß einer akuten Belastungsreaktion ist abhängig davon, wie weit die traumatische Situation als überwältigend erlebt wird. Die jeweils verfügbaren Bewältigungsstrategien des betroffenen Kindes oder Jugendlichen spielen somit eine wichtige Rolle. Körperliche Erschöpfungen oder Verletzungen erhöhen das Risiko.

Kinder mit einer akuten Belastungsreaktion zeigen zumeist ein festgelegtes Muster des Suchens von Schutz einerseits und des Vermeidens von Reizen andererseits. Sie intensivieren ihr Bindungsverhalten, klammern sich an ihre Bezugspersonen und suchen nach Unterstützung. Übergangsobjekte, wie zum Beispiel ein Stofftier, werden wieder bedeutsam. Ebenso kann der Kontakt zu einem Haustier intensiviert werden. Bei Kindern können regressive Symptombildungen auftreten wie ein Mutismus, ein Einnässen sowie Schlafstörungen. Die Kinder und Jugendlichen wollen nicht alleine sein, verweigern die Nahrung, zeigen nach anfänglicher Betäubung depressive Symptome, Angst, Ärger und Verzweiflung. Sie sind entweder überaktiv oder ziehen sich zurück. Zudem ist die Aufmerksamkeit häufig eingeengt, und sie können eine Desorientierung sehr unterschiedlicher Art zeigen. Nicht selten tritt ein teilweiser oder vollständiger Verlust der Erinnerung (eine Amnesie) an die traumatisierende Situation ein.

- **die posttraumatische Belastungsstörung**

Die posttraumatische Belastungsstörung ist gekennzeichnet durch drei Symptombereiche: das Wiedererleben, die Reizvermeidung und die Übererregtheit.

Das Kriterium *Wiedererleben* kann sich in dem plötzlichen Auftreten von unausweichbaren Gedanken oder Erinnerungen äußern, in wiederkehrenden, belastenden Träumen (Alpträumen) und in Gefühlen oder körperlichen Empfindungen. Diese Formen des Wiedererlebens werden durch Hinweis- oder Schlüsselreize ausgelöst, die die (teils nicht bewusste) Erinnerung an das traumatische Ereignis anstoßen. Bei jüngeren Kindern zeigt sich ein Wiedererleben häufig auf der Handlungsebene in einem wiederholten, stereotypen Spiel. Auch die Alpträume scheinen bei ihnen noch diffus zu sein. Schulkinder dagegen fühlen sich oft durch immer wiederkehrende Bilder oder ausgedehnte Bildfolgen bedrängt. Hinweisreize auf die traumatische Erfahrung können besonders bei Jugendlichen auch Panikzustände auslösen.

Das Kriterium *Reizvermeidung* zeigt sich darin, dass Gedanken, Gefühle und Gespräche, die in irgendeiner Weise die Erinnerung an das Trauma auslösen können, vermieden werden. Ebenso werden Aktivitäten, Orte oder auch Menschen, die an das Trauma erinnern, gemieden. Dies geschieht vielfach unbewusst; denn häufig findet sich eine Unfähigkeit, Teile des Ereignisses zu erinnern. Kinder und Jugendliche zeigen darüber hinaus ein im Vergleich zu der Zeit vor der traumatischen Erfahrung vermindertes Interesse an wichtigen Aktivitäten. Sie haben ein Gefühl der Losgelöstheit oder Entfremdung und das Erleben einer eingeschränkten Zukunft. Die Bandbreite ihrer Affekte ist begrenzt. Zuweilen wirken sie unansprechbar, wie in Trance. Sie sind vergesslich. Manche haben so genannte Fantasiegefährten, einen inneren Gesprächspartner, mit dem sie sich in Rede und Gegenrede unterhalten können und zu dem nicht selten eine fantasierte Gestalt gehört. Auch berichten sie über körperliche Missempfindungen und zeigen Anzeichen einer Depression. In der Schulklasse können sie ein Störverhalten zeigen, das als Abwehr von Entfremdungsgefühlen eingesetzt wird.

Das Kriterium *Übererregtheit* äußert sich in Schlafschwierigkeiten, in einer Reizbarkeit und Irritabilität. Kindern und Jugendlichen fällt es schwer, sich zu konzentrieren. Sie sind übertrieben wachsam, motorisch überaktiv und zeigen übertriebene Schreckreaktionen. Allerdings scheint die Häufigkeit der Verhaltensauffälligkeiten in Abhängigkeit vom Entwicklungsstand bei Kindern und Jugendlichen unterschiedlich zu sein. So zeigen sich bei Kindern vermehrt Angststörungen, Schlafstörungen, Konzentrations- und Aufmerksamkeitsstörungen, während bei Jugendlichen – wie bei Erwachsenen – eher Depressionen, Selbstmordgedanken und Panikattacken zu finden sind.

• andauernde Persönlichkeitsveränderungen

Hält ein Trauma lange an oder wird es beispielsweise bei einem über Jahre andauernden sexuellen Missbrauch häufig wiederholt, so kann dies langfristig – man geht von mindestens zwei Jahren aus – zu einer Persönlichkeitsveränderung führen. Häufig entwickelt sich eine feindliche und misstrauische Haltung der Welt gegenüber und ein sozialer Rückzug. Es entsteht ein Gefühl der Leere, der Hoffnungslosigkeit und Entfremdung, ein chronisches Gefühl von Nervosität und das Erleben von ständigem Bedrohtsein.

• Regulation von Affekten und Impulsen

Eine posttraumatische Belastungsstörung lässt sich konkret an Schwierigkeiten in sechs unterschiedlichen Bereichen erkennen. Der erste betrifft die Regulation von Affekten und Impulsen. Hier stellen sich die Fragen: Ist die Jugendliche schon durch kleine Probleme aus der Fassung zu bringen? Wird sie beispielsweise schon bei einer geringen Frustration wütend? Weint sie leicht? Hat sie Schwierigkeiten, sich wieder zu beruhigen, wenn sie innerlich aufgewühlt ist? Fällt es ihr generell schwer, zur Ruhe zu kommen? Fällt es ihr schwer, ihren Ärger zu kontrollieren? Hat sie Gedanken oder Vorstellungen, jemanden zu verletzen? Hat sie versucht, sich absichtlich selbst zu verletzen? Hat sie daran gedacht, sich das Leben zu nehmen? Ist es ihr unangenehm, körperlich berührt zu werden? Vermeidet sie es, an Sexualität zu denken, oder denkt sie mehr an Sex, als ihr lieb ist? Nimmt sie sexuell-erotische Kontakte auf, ohne in der Lage zu sein, Grenzen zu setzen, die sie nicht überschritten sehen möchte? Setzt sie sich gefährlichen Situationen aus; kommt sie beispielsweise mit Leuten zusammen, die ihr etwas antun könnten?

• Wahrnehmung und Bewusstsein

In diesem Bereich stellen sich folgende Fragen: Kann sich die Jugendliche an Teile ihres Lebens nicht erinnern? Ist sie beispielsweise unsicher, ob bestimmte wichtige Dinge ihr tatsächlich passiert sind oder nicht? Hat sie Schwierigkeiten, ihren Alltag zu planen und zu organisieren? Klinkt sie sich offensichtlich aus der realen Welt aus, wenn sie Angst hat oder unter Stress steht? Berichtet sie von Augenblicken, in denen sie wie in einem Traum lebt?

• Selbstwahrnehmung

Hat die Jugendliche das Gefühl, dass etwas mit ihr nicht stimmt? Hat sie das Erleben, dass sie im Grunde keinen Einfluss darauf hat, was in ihrem Leben passiert? Fühlt sie sich ständig schuldig wegen aller möglichen Sachen? Hat sie das Erleben, ganz anders zu sein als andere Menschen?

• Beziehung zu anderen Menschen

Fällt es der Jugendlichen schwer, anderen Menschen zu trauen? Vermeidet sie Kontakte zu anderen Menschen? Hat sie Schwierigkeiten, Meinungsverschiedenheiten und Konflikte auszutragen? Gerät sie immer wieder in Situationen, bei denen ihre Grenzen verletzt werden?

• körperliche Beschwerden

Hat die Jugendliche häufig Kopfschmerzen, Schwindel, Bauchschmerzen? Fühlt sie sich erschöpft, ohne dass eine körperliche Erkrankung festgestellt werden konnte? Fühlt sie sich durch diese Beschwerden in ihrem Alltag erheblich beeinträchtigt? Glaubt sie, an einer ernsthaften Erkrankung zu leiden, auch wenn die Ärzte sagen, dass alles in Ordnung sei?

• Zukunftsperspektive

Klagt die Jugendliche darüber, dass ihr Leben seinen Sinn verloren hat? Erscheint ihr die eigene Zukunft hoffnungslos und ohne Perspektive? Gibt sie an, keine liebevollen Empfindungen anderen Menschen gegenüber aufbringen zu können? Sind schulische und sonstige Anforderungen für sie nur eine Last, ohne dass je Befriedigung erlebt werden kann?

• Verlauf und Prognose

Nach einem traumatischen Erlebnis kommt es in den ersten Stunden oder Wochen häufig zu einem Schockzustand mit den bereits dargestellten Erstreaktionen des Verhaltens oder zu einer akuten Belastungsreaktion. Eine posttraumatische Verhaltensauffälligkeit tritt üblicherweise innerhalb der ersten Monate nach der Traumatisierung auf. Ein verzögerter Beginn einer posttraumatischen Verhaltensstörung wird auf etwa 10% der Fälle beziffert.

Insgesamt wird der Verlauf – wie das Auftreten der Störung überhaupt – sowohl durch die objektiven Merkmale der traumatisierenden Situation bestimmt als auch durch die in jedem Einzelfall unterschiedliche Bewertung derselben durch die Betroffenen und ihre Angehörigen. Inzwischen sind vier Faktoren bekannt, die den Verlauf wesentlich beeinflussen: die Art des Traumas, der Grad der Betroffenheit, das Ausmaß der Erstreaktion und die Auswirkung auf den Lebensalltag.

• Art des Traumas

Naturkatastrophen führen seltener zu Auffälligkeiten oder Störungen als technologische Katastrophen, und diese wiederum weniger als Unfälle, die durch Menschen verursacht wurden. Die stärkste Wirkung in negativer Hinsicht geht von absichtlichen, aggressiven Aktionen von Seiten anderer Menschen aus, ob im Krieg oder im Frieden. Das heißt: Die Bewertung der Verursachung spielt eine große Rolle. Je mehr ein Ereignis als unausweichlich angesehen wird, umso geringer sind üblicherweise die nachfolgenden Auffälligkeiten. Umgekehrt sind diese umso größer, je mehr ein schädigendes Ereignis als von einer anderen Person schuldhaft verursacht beurteilt wird.

Zudem ist entscheidend, ob es sich um innerfamiliäre Traumata handelt oder um ein traumatisches Erleben außerhalb der Familie. Das heißt: Je näher der Verursacher der traumatischen Situation dem Kind oder Jugendlichen steht, umso heftiger sind in der Regel die Auswirkungen. Dies gilt in besonderem Maße für den Missbrauch des Kindes oder der Jugendlichen durch den Vater oder die Mutter, weil das Kind zu Recht gerade von diesen Personen das Gegenteil, nämlich Schutz und Sicherheit, erwartet.

• Grad der Betroffenheit

Vom Grad der eigenen Betroffenheit und Gefährdung ist die Erstreaktion abhängig und damit auch die Ausprägung einer späteren posttraumatischen Verhaltensstörung. Ereignisse, die unmittelbar erlebt wurden und eventuell sogar zu einer Verletzung führten, üben eine stärkere Wirkung aus als beobachtete Geschehnisse. Zu den direkt erlebten zählen beispielsweise: gewalttätige Angriffe auf die eigene Person wie Vergewaltigung, Straßenüberfall, Raubüberfall, ein körperlicher Angriff, Naturkatastrophen oder durch Menschen verursachte Katastrophen. Bei Kindern wird auch eine ihrem Entwicklungsstand unangemessene sexuelle Erfahrung, ohne dass Gewalttätigkeit, Verletzungen oder Drohungen im Spiel sind, als traumatische Situation gewertet. Zu den beobachteten traumatischen Ereignissen werden unter anderem gerechnet: die Beobachtung eines schweren Unfalles, einer schweren Verletzung oder eines unnatürlichen Todes bei einer anderen Person durch gewalttätigen Angriff, der unerwartete Anblick eines toten Körpers oder von Körperteilen, die plötzliche Information über den unerwarteten Tod eines Familienmitgliedes oder einer sonstigen nahe stehenden Person und das Erleben einer lebensbedrohlichen Krankheit eines nahen Angehörigen.

Nicht unerheblich im Hinblick auf die persönliche Betroffenheit und damit auf die Gefahr einer Traumatisierung ist die Dauer des traumatischen Ereignisses: So ist nachvollziehbar, dass ein sexueller Missbrauch, der sich über Jahre hinzieht, mit hoher Wahrscheinlichkeit gravierendere Folgen hat als ein einmaliges derartiges Ereignis. Entsprechendes gilt für körperliche oder seelische Misshandlungen, die sich über Jahre hinziehen, auch für Geiselhaft und Folter.

- **die Stärke der Erstreaktion**

Wie bereits erwähnt, spielt das Ausmaß der Erregung bei der Entstehung eines Traumas eine Rolle. Dementsprechend haben Studien nachgewiesen, dass die Stärke der Angstreaktion während des Ereignisses oder während der Ereignisse und auch im unmittelbaren Anschluss daran den Grad der späteren Störung vorhersagt.

- **die Auswirkung auf den Lebensalltag**

Die Auswirkungen eines traumatischen Geschehens auf den Lebensalltag eines Betroffenen haben eine hohe Bedeutung für den weiteren Verlauf. Als ein wichtiger Faktor gilt beispielsweise der Verlust der gewohnten Wohnumgebung. Von noch höherer Bedeutung allerdings ist der Verlust an Vertrauen und Sicherheit gebender Bindung anzusehen, sobald nahe Angehörige durch ihr Verhalten die Traumatisierung bewirken.

- **Chronifizierung**

Im ersten Jahr nach dem traumatischen Erlebnis verschwindet etwa in der Hälfte der Fälle das posttraumatische Störungsbild vollständig, ohne dass eine Behandlung erfolgt wäre. Andererseits leidet etwa die Hälfte der Menschen mit einer unbehandelten posttraumatischen Verhaltensstörung auch noch nach zehn Jahren unter den Symptomen. Zudem sind andere Folgen bekannt wie zum Beispiel Depressionen, Süchte, psychosomatische Erkrankungen wie Migräne oder Magengeschwüre. Ebenso können Beziehungsprobleme, ein sozialer Rückzug oder eine chronische Nervosität auftreten. Alle diese möglichen Folgen einer unbewältigten Extrembelastung wirken sich stark lebensbeeinträchtigend aus. Bei der medizinischen oder psychologischen Behandlung solcher Phänomene oder Krankheitsbilder sollte stets an die Möglichkeit eines vorangegangenen Traumas gedacht werden.

- **schützende Faktoren**

Es wurden Faktoren erarbeitet, die Kindern und Jugendlichen helfen können, eine belastende Situation zu verarbeiten, ohne dass Störungen auftreten. Hierzu gehören: ein hoher Familienzusammenhalt; eine stabile Beziehung zu mehreren Bezugspersonen; das Aufwachsen in einem größeren Familienverband, in dem Großeltern eine unterstützende Funktion wahrnehmen;

eine überdurchschnittliche Intelligenz; ein aktives und umgängliches Temperament; ein sicheres Verhalten in Beziehungen oder Bindungen; eine Unterstützung sozialer Fähigkeiten durch Jugendgruppen, Schule oder die Kirche; eine Verlässlichkeit der Erwachsenen und wenig generelle Risikosituationen. Vor allem bei einem Elternverlust sind bereits vorher bestehende Bindungen zu anderen Bezugspersonen von ausschlaggebender Bedeutung.

● belastende Faktoren

Zu den Faktoren, die das Auftreten einer Störung begünstigen können, gehören: eine schlechte wirtschaftliche Situation der Herkunftsfamilie; eine geringer Bildungsgrad der Eltern; große Familien ohne angemessenen Lebensraum; kriminelles oder asoziales Verhalten eines Elternteiles; eine chronische Disharmonie innerhalb der Familie; psychische oder psychosomatische Störungen von Vater oder Mutter; ein autoritäres Verhalten des Vaters; der Verlust einer primären Bezugsperson (zumeist der Mutter); häufiger Wechsel der Bezugspersonen; Erfahrung von Misshandlung und sexuellem Missbrauch; ein geringer Kontakt oder eine konfliktbeladene Beziehung zu Gleichaltrigen; weniger als 18 Monate Abstand zu der Geburt eines Geschwisters.

Zuordnen und verstehen

● Stressüberflutung

Ein psychisches Trauma ist eine unausweichliche, alle verfügbaren Bewältigungsmechanismen überfordernde Erfahrung, die alle psychophysiologischen und psychobiologischen Stress- und Notfallmechanismen aktiviert. Der Blutdruck und die Muskelanspannung sind erhöht, der Herzschlag beschleunigt, die Atmung schnell und oberflächlich. Durch die Stressüberflutung kommt es zu einer Schädigung synaptischer Verbindungen im Gehirn mit der Folge, dass keine Weiterleitung des Erfahrenen zum Frontalhirn erfolgt.

Das Frontalhirn hat die Aufgabe, die unterschiedlichen Wahrnehmungseindrücke zu ordnen, zu einer Geschichte zu verknüpfen und Bewertungen vorzunehmen. Es ist die beurteilende Organisation, die bei angstauslösenden Ereigniseindrücken üblicherweise den Gesamtzusammenhang herstellt und dann das Angstzentrum, das Amygdalon, heruntersteuert.

● fragmentierte Erinnerung oder Amnesie

Diese Funktion ist nach einem Traumaerleben gestört. Die Erlebnisbilder sind einzelheitlich in niederen Hirnregionen – dem Thalamus – gespeichert, aber sie sind nicht oder nur unzureichend in einen Zusammenhang eingeordnet und bedeutungsmäßig bewertet. Das heißt: Die Erinnerung an das Trauma kann nicht zusammenhängend aufgerufen und sprachlich dargestellt werden. Sie ist in jeweils unterschiedlichem Ausmaß unzusammenhängend (fragmentiert) und kann in unterschiedlichsten Bildern, Stimmen, Geräuschen, Gerüchen und Geschmacksempfindungen, in körperlichen Empfindungen, Gefühlszuständen und Verhaltensmustern bestehen. Etwa 25% der Traumatisierten – so schätzt man – können sich aktiv (bewusst) überhaupt nicht erinnern; sie leiden an einer Amnesie (Nicht-Erinnerung).

• Reaktivierung des Traumas

Da die Wahrnehmung der Elemente der traumatischen Situation jedoch in niederen Hirnregionen gespeichert ist, kann es zu einem späteren Zeitpunkt geschehen, dass ein bestimmter Reiz wie ein optischer Eindruck, ein Geräusch oder ein Geruch – ein so genannter Trigger-Reiz – das Traumageschehen reaktiviert und die damaligen überflutenden Gefühle auslöst. Das Gehirn reagiert nach einer Traumatisierung wegen der ausgebliebenen Verarbeitung durch das Frontalhirn nach dem „Alles-oder-Nichts-Prinzip". Manche durchleben in solchen Situationen das gesamte Trauma erneut (den Vorgang bezeichnet man als flash back), andere erleiden eine Gefühlsüberschwemmung, ohne dass die Bilder der traumatischen Situation auftreten. Generell führen diese Situationen des Wiedererlebens zu einer immer stärkeren Verankerung des traumatischen Ereignisses.

• unverständlich quälendes Erleben

In den Fällen, in denen eine völlige Erinnerungslosigkeit für das Trauma vorliegt, sind diese durch Trigger-Reize ausgelösten Gefühle und Erlebnisse für die Betroffenen selbst nicht nachvollziehbar und erklärbar. In solchen Fällen empfinden die Kinder und Jugendlichen ihr eigenes Verhalten und dann bald die eigene Person als „unnormal", als nicht in Ordnung, „krank" oder Ähnliches. Außenstehende erkennen zwar, dass das Kind oder der Jugendliche quälendem Erleben ausgesetzt ist. Ihnen erscheint aber auch das Verhältnis von auslösendem Reiz und nachfolgender Reaktion – nachvollziehbarer Weise – ganz unangemessen und damit das Verhalten des Kindes oder Jugendlichen als unkontrolliert oder gestört.

• unverständlich lange Dauer der Auffälligkeiten

In den Fällen, in denen einzelne Erinnerungsbilder an das Trauma auftreten und Kinder oder Jugendliche darüber berichten, erfahren sie sehr häufig zunächst von anderen Menschen Verständnis, Zuwendung und Sympathie. Sie werden getröstet und man gibt sich Mühe, sie in ihren Reaktionen – auch wenn sie manchmal fremd erscheinen mögen – zu verstehen. Nach einiger Zeit jedoch vermischt sich die Zuwendung sehr häufig mit ersten Äußerungen von Ungeduld, die zunächst in Beschwichtigungen und Versicherungen wie: „Die Zeit heilt die Wunden" oder „Es wird bald so sein wie früher" zum Ausdruck kommen.

Tatsächlich aber bilden sich die Verhaltensauffälligkeiten in vielen Fällen keineswegs mit der Zeit zurück. Vielmehr führt jedes erneut angestoßene Traumaerleben zu einer Verfestigung des Traumas. Eine Besserung erfolgt erst dann, wenn es gelingt, das nicht Erinnerte oder das bruchstückhaft Erinnerte im Frontalhirn zu bearbeiten, ohne dass es zu einer emotionalen Überschwemmung kommt.

Aus diesem Grund dauern die posttraumatischen Verhaltensauffälligkeiten oft über lange Zeit an, schwächen sich vorübergehend ab und verstärken sich wieder. Das ist für Außenstehende oft schwer zu ertragen. Ihre Ungeduld mischt sich dann mit Angst vor den exzessiven und sich ständig wiederholenden Emotionen der Betroffenen. Zur Ungeduld kommt zudem Ärger und Irritation über „das ständige Gejammer" und die vielfältigen Empfindlichkeiten und „Anstellereien". Die Folge ist, dass man dem traumatisierten Kind oder Jugendlichen zunehmend auszuweichen sucht. Der „Tröster", der bislang schon so viel Mühe investiert hat, fühlt sich hilflos, da seine Beruhigungsversuche nicht geholfen haben und nicht helfen. Er gerät zunehmend in eine innere Anspannung und denkt, dass die Betroffene sich bei all der Zuwendung doch endlich einmal beruhigen könnte. Dies gilt umso mehr, wenn die Betroffenen auf die innere Spannung, die durch die Erinnerung an das Trauma ausgelöst wird, mit selbstverletzenden Verhaltensweisen (siehe dort) reagieren.

• der Versuch, Trigger-Reize zu meiden

Viele traumatisierte Kinder und Jugendliche entwickeln – in höchst sinnvoller Weise – Strategien und Techniken, mögliche Trigger-Reize zu vermeiden. Sie weichen – je nach Art der traumatisierenden Erfahrung – körperlichen Berührungen, insbesondere sexuell getönten, aus, steigen in kein Auto mehr ein oder weigern sich, mit dem Zug zu fahren. Auch solche Verhaltensweisen sind für Außenstehende oft schwer verständlich, wenn die Zusammenhänge nicht klar sind. Aber selbst wenn das dahinter stehende Trauma bekannt ist, fällt es Angehörigen doch oft sehr schwer, diesen Reaktionen, die so lang andauern und oft zu großen Einschränkungen führen, mit Verständnis und Geduld zu begegnen.

• Belastung der gesamten Person

Über die unmittelbaren, auf das Trauma bezogenen Verhaltensauffälligkeiten hinaus, hat das Erleiden einer Traumatisierung in vielen Fällen Auswirkungen, die alle Persönlichkeitsbereiche betreffen. Traumatische Erfahrungen beeinträchtigen bei Jugendlichen das Gefühl von Sicherheit und Geborgenheit in der Welt und das Erleben einer Unverletzlichkeit. Zweifel an der Fähigkeit, sicher zu handeln und Situationen zu kontrollieren, treten auf. Das Vertrauen in sich selbst und die Beziehung zu sich selbst sowie das Verhältnis zum eigenen Körper sind betroffen. Mit all diesen möglichen Konsequenzen eines zentralen Eingriffes in das Leben müssen sich der Betroffenen auseinandersetzen, und sie müssen Wege finden, um damit zu leben.

Lösungen anregen und möglich machen

● Akzeptanz der Reaktionen

Die psychischen Reaktionen auf traumatische Ereignisse – von Naturkatastrophen, Verkehrsunfällen bis hin zu sexuellem Missbrauch und Vergewaltigungen – sind so individuell und verschiedenartig wie Fingerabdrücke. Schon die Erstreaktionen auf ein traumatisches Ereignis weisen in Abhängigkeit von Faktoren der traumatischen Situation einerseits und den psychosomatischen und sozialen Gegebenheiten andererseits eine große Bandbreite auf. Welches Verhalten auch immer gezeigt werden mag: Die Reaktionen sind zu akzeptieren, dem Betroffenen ist Respekt und Verständnis entgegenzubringen.

● normale Reaktionen auf eine unnormale Situation

Von Anfang an ist bedeutsam, den Jugendlichen durch Haltung und Einstellung zu vermitteln, dass ihre Reaktionen eine „normale Antwort auf eine unnormale Situation" sind. Auch im weiteren Verlauf der Verarbeitung eines Traumas ist diese Haltung seitens der unterstützenden Person(en) von besonderer Wichtigkeit. Es bleibt eine Aufgabe für Helfer oder Helferinnen, möglicherweise auftretende Symptome als bekannte, in vielen Fällen übliche Reaktionen auf ein außergewöhnliches Ereignis zu verstehen und den Jugendlichen dabei zu helfen, diese Sichtweise ebenfalls einnehmen zu können.

● Hilfen am Ort des Geschehens

Eine Grundregel lautet: Hilfen für Betroffene müssen zuerst für die äußere und dann für die innere Sicherheit Sorge tragen. Solange Betroffene nicht real eine äußere Sicherheit erleben können, kann sich auch nicht das innere Gefühl von Sicherheit, welches durch die Traumasituation verloren ging, wieder einstellen. Entsprechend der Vielfalt von möglichen traumatisierenden Situationen sind Maßnahmen, die die äußere Sicherheit zum Ziel haben, ebenfalls unterschiedlich. Ist ein Jugendlicher von einem Lawinenunglück betroffen, so stehen andere Maßnahmen im Vordergrund, als wenn er oder sie häuslicher Gewalt ausgesetzt war. Vor allem in Fällen sexueller Gewalt in der Familie ist der äußeren Sicherheit besondere Beachtung zu schenken und die Betroffene in einem ersten Schritt so vor dem Täter zu schützen, dass eine erneute Traumatisierung nicht möglich ist.

Die innere Sicherheit kann – zumindest teilweise – zurückgewonnen werden, wenn die Jugendliche spürt, wie auf sie einfühlsam eingegangen wird, wie ihr individueller Zustand, ihr Erleben und ihre Ressourcen berücksichtigt werden. Beruhigend wirkt eine unaufgeregte, klare Art des Verhaltens, die der Jugendlichen ermöglicht, Halt zu finden. Zu vermeiden sind andererseits Versuche, das Geschehen herunterzuspielen („Das ist halb so schlimm"), Vorwürfe und Vorhaltungen („Haben wir dir denn nicht gesagt, dass du ..."), ein Belügen der Jugendlichen über ihren Zustand (dabei steht häufig die verbale Aussage im Widerspruch zu Tonfall oder Mimik) oder furchterregende Aussagen („Das sieht nicht gut aus").

• Fürsorge auch bei unauffälligem Verhalten

Manche Kinder und Jugendliche können nach der Erfahrung einer traumatischen Situation ganz ruhig und gelassen wirken. Junge Menschen gelten jedoch grundsätzlich als Risikopersonen. Sie benötigen einen Erwachsenen zum Aufbau eines „Schutzschildes" oder eines „Sicherheitsraumes". Wenn Angehörige oder Helfer sie darin unterstützen, wieder zu ihrer inneren Sicherheit zurückzufinden, so ist das außerordentlich bedeutend für die Verarbeitung der traumatischen Erfahrungen. Das bedeutet, dass man sich immer um Kinder und Jugendliche bemühen sollte, auch wenn sie beispielsweise nicht verletzt sind oder anscheinend recht gut mit der Situation umgehen können. Nicht nur Kinder, sondern auch Jugendliche brauchen emotionale Zuwendung. Jüngere werden zumeist einen Körperkontakt als beruhigend und angstreduzierend empfinden. Jugendliche reagieren in dieser Hinsicht anders, und es ist sehr genau auf ihre Signale zu achten: In dem einen Fall kann ein Körperkontakt als hilfreich erlebt werden. Aber genauso gut ist es möglich, dass dieser von einer anderen Jugendlichen als Grenzüberschreitung erlebt wird und damit die Situation verschärfen würde. Grundsätzlich sollte man einen jungen Menschen in einer solchen Situation niemals unvorbereitet allein lassen, sich vielmehr darum bemühen, dass das Kind oder der Jugendliche möglichst rasch Kontakt zu seinen engsten Bezugspersonen findet, zu denen ein Vertrauensverhältnis besteht und die als schützend und Sicherheit gewährend erlebt werden.

• offene Kommunikation

Will die Jugendliche über das Geschehen sprechen und zeigt sie dabei keine Anzeichen unkontrollierter Panik, ist es wichtig, ihr aktiv zuzuhören. Es besteht dann die gute Chance, dass es ihr mit Hilfe des darüber Redens gelingt, den notwendigen Verarbeitungs- und Bewertungsprozess zu vollziehen. Benötigt sie dafür Informationen und erfragt sie diese, so sind sachlich prägnante und zutreffende Angaben zu machen.

• die zwischenmenschliche Sicherheit intensivieren

Die Familie und die übrigen Bezugspersonen haben entscheidenden Anteil daran, ob und wie die Jugendliche die traumatische Erfahrung im Weiteren verarbeitet. Auch hier gilt als erstes Prinzip, die möglicherweise schwierigen Verhaltensweisen des Jugendlichen zu akzeptieren und sie als eine normale

Reaktion auf ein extrem belastendes Ereignis zu verstehen. Das zweite Prinzip heißt Schutz und Sicherheit: Alle beruhigenden, unterstützenden und Sicherheit fördernden Handlungen sind hilfreich, und jeder Kontakt dieser Art ist zu fördern. Belastungen sollten reduziert oder eingeschränkt werden. Dazu gehört auch, dass Eltern beispielsweise akzeptieren, wenn ein Kind oder eine Jugendliche Sicherheit suchende Verhaltensweisen zeigt, die normalerweise nur bei einem jüngeren Kind auftreten und gar nicht altersgemäß erscheinen.

• Notwendigkeit von Informationen

Traumatisierte brauchen Informationen über möglicherweise auftretende Gefühle oder Gedanken nach einer traumatischen Situation. Reaktionen verlieren an Schrecken und wirken weniger verwirrend, wenn die Betroffene darauf vorbereitet ist und sie als eine normale Konsequenz auf ein solches Ereignis betrachtet. Eltern können ihr Kind von einem Berater informieren lassen, oder sie können selbst mit ihrem Kind über solche Gefühle oder Gedanken sprechen, wenn sie sich selbst Hilfe geholt haben. In jedem Fall gilt: Beide, Eltern und Kinder, sollten über mögliche Reaktionen informiert sein. Dieses beiderseitige Wissen schafft eine Situation, die für die Betroffenen entlastend wirkt.

• hilfreiche Beschreibungen

Die folgenden Beschreibungen können erfahrungsgemäß für traumatisierte Kinder und Jugendliche hilfreich sein:

Plötzlich auftretende Gefühle

„Möglicherweise kommt es dir so vor, als ob du das Ereignis noch einmal erleben würdest. Dies kann geschehen, wenn Erinnerungen in dir wach werden."

Sich hartnäckig aufdrängende Gedanken und Bilder von dem Ereignis

„Gedanken und Bilder können in dein Bewusstsein eindringen, auch wenn du dies nicht willst. Sie sind unter Umständen sehr intensiv, und vermutlich hast du das Gefühl, als ob alles nochmals geschehe. Vielleicht tauchen sogar Bilder, Geräusche oder Gerüche auf. Dieses wiederholte Erleben kommt bei Menschen in deiner Situation häufig vor. Das kann zuweilen sehr belastend und Furcht einflößend sein."

Fast nichts fühlen

„Vielleicht empfindest du in vielen Situationen kaum mehr Gefühle, was dich und andere Menschen erstaunt. Es gut möglich, dass du dich einfach betäubt fühlst, wie unter Narkose."

Sich isoliert fühlen

„Möglicherweise hast du Schwierigkeiten damit, auf andere Menschen einzugehen oder dich ihnen gegenüber normal zu verhalten. Vielleicht fühlst du dich von anderen fast abgeschnitten oder isoliert, sogar von denen, die du liebst und gut kennst. Das kann sehr belastend und unangenehm sein."

Schuldgefühle
„Nachdem du ein Unglück miterlebt hast, bei dem andere gestorben und schwer verletzt wurden, ist es möglich, dass du später Schuldgefühle empfindest. Vielleicht denkst du, du hättest sterben sollen oder es sei unfair, dass die anderen schwere Verletzungen erlitten haben und du nicht. Vielleicht wünschst du dir, du hättest dich damals anders verhalten. Solche Gefühle oder Gedanken sind zwar abwegig; trotzdem können sie dich sehr stark belasten."

Konzentrations- und Gedächtnisschwäche
„Derartige Schwierigkeiten können dich ärgern oder beunruhigen. Vielleicht denkst du, dass du ‚deinen Verstand verlierst'. Ein schlechtes Gedächtnis und mangelnde Konzentration können aber nach einem traumatischen Ereignis manchmal sehr lange anhalten."

Nervös sein
„Es ist möglich, dass du dich dabei ertappst, wie du nervös oder verängstigt reagierst. Vielleicht lassen dich Geräusche aufschrecken, auch leise Geräusche, oder Menschen, die den Raum unerwartet betreten oder verlassen."

Vermeidung von Erinnerungen an das Trauma
„Möglicherweise meidest du auch längere Zeit nach dem Ereignis gewisse Tätigkeiten oder Orte, da sie dich an das Unglück erinnern. Dieses Verhalten kann dich einige Zeit schützen und dir helfen. Aber später wirkt es sich meist nachteilig aus."

Schlecht schlafen
„Vielleicht hast du Schwierigkeiten einzuschlafen oder du wachst immer wieder auf, vor allem wenn dich Alpträume quälen. Wenn du dann einmal wach bist, ist es manchmal unmöglich, den Schlaf wieder zu finden. Oft geschieht das, wenn Nachrichten oder Filme im Fernsehen Erinnerungen an das Ereignis ausgelöst haben."

• andere Kontaktpersonen informieren

In manchen Fällen ist es hilfreich, wichtige Kontaktpersonen wie Lehrerinnen, Hortbetreuerinnen oder Sporttrainer über die Traumatisierung zu informieren. Allerdings ist streng darauf zu achten, dies insbesondere bei Jugendlichen nur mit deren Einverständnis zu tun. Diesen Kontaktpersonen helfen Informationen über mögliche Verhaltensweisen und deren Hintergrund dabei, angemessen auf die möglicherweise schwierigen Verhaltensweisen des Kindes oder Jugendlichen zu reagieren.

• Zeit und Aufmerksamkeit widmen

Traumatisierte Kinder und Jugendliche brauchen jetzt sehr viel Zeit von ihren Bezugspersonen. Hören Sie zu, und zeigen Sie sehr viel Geduld, wenn die Jugendliche immer wieder über die traumatische Situation sprechen möchte. Akzeptieren Sie bruchstückhafte und unklare Darstellungen. Versuchen Sie nicht zu korrigieren. Beantworten Sie jede Frage stets ehrlich, und achten Sie darauf, ob bei Ihnen selbst Hemmungen auftreten, bestimmte Fakten anzusprechen.

• Interessen reaktivieren

Manche Jugendliche zeigen nach einer Traumatisierung Interesselosigkeit und Passivität. Sie ziehen sich zurück und haben eine Tendenz, sich sozial zu isolieren. Versuchen Sie, ohne zu drängen, Interessen zu reaktivieren. Unterstützen Sie jegliche Initiative, wenn die Jugendliche wieder ein Hobby, sportliche Aktivitäten oder sonstiges aufnehmen möchte. Erinnern Sie sich an die früheren Fähigkeiten, Stärken und Erfolge der Jugendlichen, und versuchen Sie, einen Kontakt zu diesen früheren Lebenserfahrungen herzustellen.

• Umgang mit dem eigenen Schock

Auch Bezugspersonen haben mit Phänomenen eines Schocks oder je nach Situation mit dem Erleben von Trauer, Ratlosigkeit, Enttäuschung, Zukunftsängsten und anderem zu kämpfen. Unterdrücken Sie die eigenen Emotionen nicht, weil Sie Ihr Kind nicht noch weiter belasten möchten. Eher ist umgekehrt für die Verarbeitung des Kindes unterstützend, wenn es erlebt, dass auch Sie – um des Kindes willen – betroffen sind und dass sie sich mit der Verarbeitung Ihrer Emotionen auseinander setzen.

• das Selbstbild stärken

Traumatisierte haben eine Situation erlebt, in der sie die Fähigkeit verloren haben, die Intensität von Gefühlen und Handlungsimpulsen zu steuern. Dies ist für die Betroffenen die weit reichendste Folge traumatischer Belastungen. Insbesondere Jugendlichen passt es nicht in die vertrauten Bewertungen, wenn sie in der Ablösung von ihren primären Bezugspersonen und im Prozess der Autonomiefindung plötzlich mit eigenen Verhaltensweisen konfrontiert sind, die Hilflosigkeit und ein Ausgeliefertsein ausdrücken. Manchen erscheinen die eigenen Verhaltensweisen in der Belastungssituation – das kopflose Agieren, das Weinen oder anderes – nicht verstehbar und nicht akzeptierbar. Liegt eine solche Diskrepanz zwischen dem Selbstbild und den konkreten Verhaltensweisen in der Belastungssituation vor, quälen sich die Betroffenen häufig mit wortlosem „Hätte-ich-doch..." oder „Wäre-ich-doch..." Überlegungen. Eine solche Situation beeinflusst das Selbstbild wie auch das Bild von anderen und der Welt.

Als Bezugsperson ist es in einem solchen Fall von größter Bedeutung, ein Verhalten zu zeigen, das dem Jugendlichen hilft, sein Selbstwertgefühl wiederzufinden. Es gilt, einerseits – wie dargestellt – emotional verstehend die Normalität des Verhaltens in der traumatischen Situation zu vermitteln und andererseits die Kompetenzen und Stärken des Jugendlichen zu betonen. Dies verlangt eine sehr hohe Aufmerksamkeit, da jeder Mensch nach einiger

Zeit dazu neigt, die kritischen Verhaltensweisen des Jugendlichen herunterzuspielen oder zu kritisieren, was beides für den Prozess der Verarbeitung nicht förderlich ist.

• entspannte Situationen schaffen

Gestalten sie entspannende Situationen im Tagesverlauf. Planen Sie systematisch Phasen ein, in denen sich die Jugendliche wohlfühlen kann. Wahrscheinlich müssen Sie Ihr Kind zunächst gut beobachten, um herauszufinden, in welchen Situationen es sich entspannen kann und auf welche Weise Sie erreichen können, dass solche Situationen häufiger auftreten.

• fachliche Hilfen

Werden einige oder viele Jugendliche von einem traumatischen Ereignis betroffen, wie beispielsweise bei einer Naturkatastrophe oder einem traumatischen Ereignis innerhalb einer Schule, so werden die Jugendlichen und ihre Bezugspersonen heute nicht mehr allein gelassen. Es erfolgt ein psychologischer Notfalleinsatz. Traumatisierte müssen zunächst ihr Gefühl der Ohnmacht abwehren. Sie müssen die reale äußere Sicherheit erleben und auch das innere Gefühl von Sicherheit, Handlungsfähigkeit, Kontrolle und Autonomie wiedererlangen. Die Aufgabe der psychologischen Notfallhelfer ist es, die Betroffenen in diesem Prozess der psychischen Stabilisierung zu unterstützen. Denn die psychische Stabilisierung der Betroffenen ist genau so wichtig wie die körperliche Versorgung, um langfristige seelische Krankheitsfolgen zu verhindern oder zu mindern. Diese zeitlich begrenzten Erstmaßnahmen umfassen: körperliche Betreuung und Zuwendung, sachliche Information, Beruhigung und einfache Entspannung, psychologische Information und Beratung. Notfallhelfer beraten auch Angehörige von Betroffenen. Sie geben Hilfestellung für eine spätere Nachbetreuung und verfügen über Informationspapiere, die über psychische Reaktionen auf Traumatisierungen bei Betroffenen und ihre Angehörigen aufklären.

• Informationsblätter

Diese Informationsblätter enthalten Angaben über die Besonderheiten des Verhaltens nach einer traumatischen Situation, die den meisten Eltern und Erzieherinnen nicht bekannt sind. Solche Informationsblätter sind aber gegebenenfalls auch hilfreich für die Aufklärung von Verwandten, Mitschülern, Vereinsmitgliedern, Lehrern und Lehrerinnen. Es ist jedoch darauf zu achten, dass eine derartige Information des sozialen Umfeldes nicht wahllos durchgeführt wird. Keinesfalls darf geschehen, dass die Jugendlichen von ihrer Umgebung nun auf einmal nur noch „wie ein rohes Ei“ behandelt werden, dass sie keine „normalen“ Erfahrungen mehr machen und letztlich von allen signalisiert bekommen, den üblichen Anforderungen des Lebens nicht mehr gewachsen zu sein.

• individuell erlebte traumatische Situation

Ist ein einzelner Jugendlicher von einer traumatischen Situation betroffen oder leidet ein Jugendlicher an einem traumatischen Geschehen über längere Zeit, so ist es sinnvoll, dass sich die Bezugspersonen Hilfe von Fachleuten holen, um den Verarbeitungsprozess adäquat begleiten zu können. Ziel einer solchen Beratung wird sein, die Belastung zu reduzieren und eine spätere Störung oder eine Chronifizierung von Verhaltensauffälligkeiten zu vermeiden. Berater und Beraterinnen werden die Entwicklung des Jugendlichen genau beobachten, die im Einzelfall gegebenen belastenden und schützenden (protektiven) Faktoren einschätzen und entsprechende Hilfestellungen geben. Solche Hilfe kann man bei niedergelassenen psychologischen oder ärztlichen Psychotherapeuten, in Beratungsstellen oder kinder- und jugendpsychiatrischen Ambulanzen finden.

• psychotherapeutische Maßnahmen

Es gibt ein Phasenmodell der Traumabehandlung, das eine Therapieabfolge in drei Schritten vorgibt: zunächst eine Stabilisierungsphase, dann eine Konfrontationsphase (Phase einer Traumaexposition) und schließlich eine Integrationsphase. Die Wirksamkeit dieses Drei-Phasen-Modells hat sich in jüngster Zeit bestätigt und wird fast in allen neueren Ansätzen einer Traumabehandlung verfolgt. Insgesamt wird heute bei der Psychotherapie traumatisierter Kinder und Jugendlichen ein integratives, Schulen übergreifendes Vorgehen bevorzugt, das sich an der individuellen Situation des betroffenen Jugendlichen und seiner Bezugspersonen orientiert.

• Stabilisierungsphase

Ziele und Methoden während der Stabilisierungsphase sind:

– Vertrauensbildende Maßnahmen und Förderung der inneren Sicherheit

Betroffene sind in ihrem Verhalten aufgrund der traumatischen Erfahrung innerlich erschüttert. Sie reagieren dem Therapeuten gegenüber oft sehr zurückhaltend und haben als Reaktion auf die erfahrene Hilflosigkeit ein starkes Kontrollbedürfnis. Diesem Bedürfnis ist durch Verabredung von Kommunikationsregeln Rechnung zu tragen. Beispielsweise kann eine Stopp-Regel vereinbart werden, die es der Jugendlichen erlaubt, die Kommunikation zu jedem Zeitpunkt zu unterbrechen oder zu beenden.

Spannungsreduktion und Distanzierungstechniken

Betroffene können Entspannungsverfahren erlernen, wie beispielsweise die progressive Muskelrelaxation nach Jacobsen oder das Autogene Training, oder es können Atemtechniken, wie beispielsweise die Bauchatmung, eingeübt werden. Hilfreich sind auch Imaginationstechniken wie zum Beispiel der „sichere Ort", die „Lichtstromtechnik" oder der Gedankenstopp.

Vermittlung von Informationen über die posttraumatische Verhaltensstörung

In Abhängigkeit vom Alter sollen Informationen über mögliche Reaktionen und Erklärungsansätze über die Entstehung und Aufrechterhaltung außergewöhnlichen Verhaltens gegeben werden. Diese Informationen ermöglichen einer Jugendlichen eine erste Einordnung und Bewertung des eigenen Verhaltens. Dadurch kann die Irritation der Betroffenen beeinflusst und ihre Angst gemindert werden.

• Konfrontationsphase

Alle Experten einer Traumatherapie betonen die Notwendigkeit der Integration der extremen traumatischen Ereignisse in die Lebensgeschichte der Betroffenen. Dies bedeutet, dass Symptome wie Vermeidungsverhalten und Abspaltungen aufgehoben werden sollten. Traumatisierte sollten allmählich dazu befähigt werden, sich den Bildern und Erinnerungen bewusst und kontrolliert zu stellen. Zum anderen sollen die traumatischen Erinnerungen, die meist fragmentiert „abgelegt" wurden und vom Gehirn nicht integriert werden konnten, im Frontalhirn bearbeitet und als integriertes Material neu gespeichert werden. Damit soll verhindert werden, dass der Jugendliche erneut in unerträglicher Weise von Stress überflutet wird.

• Integrationsphase

Während der Integrationsphase soll der Betroffene weiter stabilisiert werden und lernen, mit dem Trauma zu leben, statt „nur zu überleben". Das traumatische Ereignis soll in die Lebensgeschichte integriert werden. Ziele in dieser Phase sind: Akzeptanz des Traumas und seiner Folgen, der Aufbau von Zukunftsperspektiven und eine Vorbereitung auf spätere Krisensituationen oder spätere Rückfälle.

• Kriterien der Verarbeitung

In der Literatur wurden acht Kriterien der Genesung nach einer traumatischen Erfahrung formuliert:

1. Alle physiologischen Symptome halten sich in überschaubaren Grenzen.
2. Der Betroffene kann die Gefühle ertragen, die mit der traumatischen Erinnerung verbunden sind, ohne sie auszuschalten oder davon überwältigt zu werden.
3. Er kann die Geschichte des Traumas zusammenhängend erzählen.
4. Er hat die Erinnerungen unter Kontrolle.
5. Sein geschädigtes Selbstwertgefühl ist wieder hergestellt.
6. Er hat alle wichtigen Beziehungen wieder aufgenommen.
7. Das Trauma kann in ein neu aufgebautes, eigenes Wertesystem integriert werden.
8. Der Jugendliche hat einen Platz gefunden, den die traumatische Erfahrung in seinem Leben zugewiesen bekommt. Er kann sich von seiner Opferrolle verabschieden und sich einordnen als „Überlebender".

Weitere Stichworte:

Angst (Band 1)
Depressive Störungen
Einnässen (Band 1)
Mutismus (Band 1)
Selbstverletzendes Verhalten
Selbstmordhandlungen
Schlafstörungen (Band 1)

Literatur

Birck, A., Pross, Ch., Lansen, J. (Hrsg.) (2002): Das Unsagbare. Die Arbeit mit Traumatisierten im Behandlungszentrum für Folteropfer Berlin. Heidelberg, Springer

Butollo; W., Krüsmann, M., Hagl, M. (1998): Leben nach dem Trauma. München, Pfeiffer

Eschenröder, C. T. (Hrsg.) (1997): EMDR – Eine neue Methode zur Verarbeitung traumatischer Erinnerungen. Tübingen. Dgvt

Essau, C. A., Karpinski, N. A., Petermann, F., Conradt, J. (1998): Häufigkeit und Komorbidität psychischer Störungen bei Jugendlichen: Ergebnisse der Bremer Jugendstudie. Zeitschrift für Klinische Psychologie, Psychiatrie und Psychotherapie 46: 105 – 124

Fischer, G., Riedesser, P. (1998): Lehrbuch der Psychotraumatologie. München, Reinhardt

Flatten, G., Hofmann, A. Wöller, W., Siol, T., Liebermann, P., Petzold, E. (2001): Posttraumatische Belastungsstörungen – Leitlinie und Quellentext. Stuttgart, Schattauer

Greenwald, R. (1993): Using EMDR with children. Manuskript zu beziehen durch das EMDR Institute, P.O. Box 51010, Pacific Grove, CA 93950-6010

Herbert, M. (1999): Posttraumatische Belastung. Bern, Huber

Herman, J. L. (1993): Die Narben der Gewalt. München, Kindler

Irmler, D. (2001): „Mein Zimmer heißt Schmerz." Überleben und Leben – Systemische Therapie mit schwerst traumatisierten minderjährigen Flüchtlingen. In: Rotthaus, W. (Hrsg): Systemische Kinder- und Jugendlichenpsychotherapie. Heidelberg, Carl-Auer-Systeme

Lamprecht, F. (2000): Praxis der Traumatherapie. Was kann EMDR leisten? – Stuttgart, Klett-Cotta

Landolt, M. A. (2004): Psychotraumatologie des Kindesalters. Göttingen, Hogrefe

Lovett, J. (2000): Kleine Wunder. Paderborn, Junfermann

March, J. S., Amaya-Jackson, L., Murray, M.C., Schulte, A. (1998): Cognitive-behavioral psychotherapy for children and adolescents with posttraumatic stress disorder after a single-incident stressor. Journal of the American Academy of Child and Adolescent Psychiatry 37: 585 – 593

Meichenbaum, D. (1999): Behandlung von Patienten mit posttraumatischen Belastungsstörungen: Ein konstruktiv-narrativer Absatz. Verhaltenstherapie 9: 186 – 189

Ottomeyer, K., Peltzer, K. (Hrsg.) (2002): Überleben am Abgrund. Psychotrauma und Menschenrechte. Klagenfurt, Drava

Ryn, V., Needham, C. (2001): Non-directive play therapy with children experiencing psychic trauma. Clinical Child Psychology and Psychiatry 6: 437 – 453

Schubbe, O. (1997): EMDR in der Therapie psychisch traumatisierter Kinder. In: Eschenröder, C. T. (Hrsg.): EMDR. Eine neue Methode zur Verarbeitung traumatischer Erinnerungen. Tübingen, dgvt

Shapiro, F. (1998): EMDR. Grundlagen und Praxis. Paderborn, Junfermann

Signer-Fischer, S. (2001): Die Bedeutung der Erinnerung für das Individuum – Umgang mit traumatischen Erlebnissen. In: Rotthaus, W. (Hrsg): Systemische Kinder- und Jugendlichenpsychotherapie. Heidelberg, Carl-Auer-Systeme

Tinker, R., Wilson, S. (2000): EMDR mit Kindern. Paderborn, Junfermann

Zielke, M., Meermann, R., Hackhausen, W. (Hrsg.) (2003): Das Ende der Geborgenheit. Lengerich, Pabst Science

Zielke, M., von Keyserling, W. H., Hackhausen, W. (Hrsg.) (2001): Angewandte Verhaltensmedizin in der Rehabilitation. Lengerich, Pabst Science

Probleme von Kindern psychisch kranker Eltern

Wahrnehmen und bewerten

• Problemstellung

Schätzungen zufolge gibt es in Deutschland etwa 500.000 Kinder von Eltern, die an schwerwiegenden psychiatrischen Störungen erkrankt sind. Sie leben unter belastenden Lebensverhältnissen und müssen neben ihren normalen Entwicklungsaufgaben vielfältige zusätzliche Anforderungen bewältigen. Viele von ihnen schaffen dies in bewundernswerter Weise. Andere zeigen sich nach außen unauffällig, leiden aber unter den vielfältigen Entbehrungen und Problemstellungen, die ihr Leben so anders sein lassen, als sie das bei den Gleichaltrigen beobachten. Wieder andere entwickeln Verhaltensauffälligkeiten und Verhaltensstörungen und brauchen psychologische, psychotherapeutische und psychiatrische Hilfe.

• Ausprägung

Wie sehr die psychische Erkrankung der Eltern die Lebensverhältnisse des Kindes beeinflusst und beeinträchtigt, hängt von vielen unterschiedlichen Faktoren ab. Wenn beide Eltern erkrankt sind – besonders depressive Menschen verbinden sich häufig mit Personen, die selbst psychisch auffällig oder krank sind –, hat dies nachvollziehbarer Weise schwerwiegendere Auswirkungen als die Erkrankung nur eines Elternteils. Die Erkrankung der Mutter wirkt sich üblicherweise stärker aus als die des Vaters. Die Schwere der Störung, ihre Ausprägung, ihre Dauer und die Häufigkeit ihres Wiederauftretens im Laufe der Jahre sind weitere wichtige Einflussfaktoren auf die Lebensbedingungen der Kinder. Schließlich ist auch das Alter eines Kindes beim erstmaligen Auftreten der Erkrankungssymptome seiner Eltern, seiner Mutter oder seines Vaters von entscheidender Bedeutung.

• Desorientierung und Angst

Schwerwiegende psychische Erkrankungen verändern das Erleben und Verhalten der Betroffenen. Kinder nehmen das häufig als Erste wahr, denn sie sind noch stark und mit hoher Sensibilität auf die Eltern bezogen. Wenn ein Elternteil plötzlich ganz anders reagiert, wenn er Unverständliches redet, sich verwirrt oder in nicht nachvollziehbarer Weise erregt zeigt, wenn er plötzlich unvermittelt weint und sich am Tag müde und an allem desinteressiert zurückzieht, dann muss das dem Kind oder dem Jugendlichen Angst machen.

● Einsamkeit

Diese Angst und Beunruhigung erleben alle Kinder und Jugendliche von Eltern, die an einer schwerwiegenden psychischen Erkrankung leiden. Sie zerbrechen sich den Kopf über die Gründe für dieses Verhalten und suchen nicht selten die Schuld bei sich selbst. Meist trauen sie sich nicht, mit anderen darüber zu reden. Oft gibt es in Familien mit einem psychisch kranken Elternteil auch ein Schweigegebot nach innen und nach außen. Denn psychische Erkrankungen sind heute leider immer noch schambesetzt. Das führt zu Problemen mit den Freunden, die vielleicht Fragen zu dem merkwürdigen Verhalten der Mutter oder des Vaters stellen und die nicht mehr eingeladen werden können. So bleiben viele Kinder psychisch kranker Eltern allein mit ihrem Problem, ziehen sich zurück, werden einsam und fühlen sich verlassen.

● Verhaltensambivalenz

Andere Kinder psychisch kranker Eltern – besonders Jungen – fallen eher durch ein sehr unausgeglichenes Verhalten auf. Einerseits zeigen sie expansive Verhaltenauffälligkeiten, sind unruhig, widersetzlich, verhalten sich laut, oppositionell und suchen Streit. Andererseits können sie plötzlich sehr anhänglich sein und suchen in geradezu kleinkindhafter Art Kontakt und körperliche Nähe.

● indirekte Hinweise

Für Außenstehende ist es aber oft nicht leicht zu erkennen, was diese Kinder bewegt. Wenn die Familie sorgfältig darauf achtet, dass nichts von ihrem Problem bekannt wird, können oft nur indirekte Zeichen beispielsweise eine Lehrerin darauf verweisen, dass ein Kind Hilfe braucht: Elternteile, die sich merkwürdig verhalten oder auffällig kleiden; wiederholte Angaben des Kindes, dass die Mutter oder der Vater im Krankenhaus oder für längere Zeit nicht zu Hause sei; Elternteile, die zwar dem Lehrer gegenüber sehr bemüht sind, aber jede Frage nach der häuslichen Situation abwehren; das offensichtliche Fehlen jeglicher häuslichen Unterstützung; das verträumte, abwesende Verhalten des Kindes oder andere auffällige Verhaltensweisen.

● rechtzeitige Hilfe

Die meisten Kinder psychisch kranker Eltern leben in ihren Familien. Sie brauchen rechtzeitige Beratung, Betreuung und Hilfe. Je früher die Kinder Unterstützung erfahren, umso geringer ist die Gefahr, dass sie selbst auch Störungen oder Auffälligkeiten entwickeln, und umso besser die Chance, dass sie in ihrer Familie verbleiben können. In seltenen Fällen allerdings werden die Kinder in die Krankheitsprozesse des Elternteils so sehr hineingezogen, dass das Kindeswohl innerhalb der Familie nicht mehr gewährleistet ist. Oft hat der Elternteil dann aufgrund seiner Erkrankung keine Einsicht in dieses Problem, so dass – zumindest vorübergehend – seitens des Jugendamtes auch gegen den Willen der Eltern Maßnahmen getroffen werden müssen, um weiteren Schaden von dem Kind abzuwenden.

• Risiko, selbst zu erkranken

Rechtzeitige Hilfen für Kinder psychisch kranker Eltern sind deshalb auch so wichtig, weil diese Kinder in besonderer Weise gefährdet sind, selbst psychisch zu erkranken. So haben Kinder depressiver Eltern im Vergleich zu Kindern unauffälliger Eltern ein zwei- bis dreifach erhöhtes Risiko, eine leichtere Form der Depression, ein sechsfach erhöhtes Risiko, eine schwere Depression zu entwickeln. Sind beide Eltern depressiv erkrankt, beträgt die Wahrscheinlichkeit für die Kinder, im Laufe ihres Lebens irgendeine Form einer Depression zu entwickeln, 70%. Darüber hinaus tragen Kinder depressiver Eltern auch ein erhöhtes Risiko für andere psychiatrische Störungen. Die Risikorate variiert je nach Untersuchung zwischen 30% und 45%.

Bei einem schizophren erkrankten Elternteil ist die Wahrscheinlichkeit für das Kind, selbst an einer Schizophrenie zu erkranken, im Vergleich zu anderen Kindern um das gut dreizehnfache erhöht. Wenn beide Eltern schizophren erkrankt sind, steigt dieser Wert auf 46%.

Zuordnen und verstehen

• Familienkrankheit

Psychische Erkrankungen sind Familienkrankheiten. Sie betreffen jedes Familienmitglied. Die erkrankte Mutter oder der erkrankte Vater sind zur Zeit einer akuten Erkrankungsphase häufig am normalen Lebensvollzug gehindert. Sie sind oft mutlos und erleben sich auch in unauffälligen Zeiten – beispielsweise durch die Einnahme von Medikamenten – eingeschränkt und behindert. Sie zweifeln an ihrer Fähigkeit, gute Eltern zu sein und ihren Kindern all das zu geben, was sie für ihre Entwicklung brauchen. Sie schämen sich, dass sie ihren Kindern und ihrer Partnerin oder ihrem Partner so viele zusätzliche Belastungen zumuten. Vor allem haben sie Angst, man könnte ihnen ihr Kind wegnehmen.

Die gesunden Ehepartner sehen sich aufgrund der Erkrankung ihrer Frau oder ihres Mannes mit Problemen konfrontiert, auf die sie nicht vorbereitet sind. Der psychisch kranke Partner braucht Unterstützung und Betreuung, die Kinder müssen versorgt und erzogen werden, der Haushalt ist zu organisieren und der finanzielle Unterhalt der Familie darf nicht vernachlässigt werden. Sie erleben das Befremdende, den unheimlichen Charakter der psychischen Erkrankung, sind verunsichert, fragen sich, ob sie sich dem Partner und den Kindern gegenüber richtig verhalten, und entwickeln Schuldgefühle aus dem Erleben, alle diese Aufgaben nur unzureichend erfüllen zu können.

Die Kinder übernehmen Verantwortung in der Familie, der sie oft noch nicht gewachsen sind. Weil beide Eltern mit ihren eigenen Problemen befasst und meist überfordert sind, müssen sie Aufmerksamkeit und Zuwendung entbehren. Für ihre eigenen Sorgen und Nöte bleibt keine Zeit, ihr Wunsch nach einer ganz normalen Kindheit unerfüllt.

- **individuelle Leugnung und Tabuisierung**

Während man über körperliche Erkrankungen in unserer Gesellschaft meist offen spricht und sich ohne allzu große Einschränkungen zu ihnen bekennt, ist der Umgang mit psychischen Erkrankungen (noch) anders: Die Erkrankten selbst haben meist den Wunsch, dass niemand von ihrem Problem erfährt. Sie schämen sich ihrer Erkrankung und versuchen, sie sogar gegenüber der weiteren Verwandtschaft zu verbergen. Nicht selten fühlen sie sich „verraten", sollte ihr Kind mit anderen darüber sprechen. Besonders bei schizophrenen Erkrankungen fehlt der oder dem Betroffenen häufig auch die Einsicht in den Krankheitszustand, was die innerfamiliäre Kommunikation noch zusätzlich erschwert. Solche Menschen sehen sich nicht selten als Opfer böswilliger Aktionen ihrer Partner, als Opfer der Medizin oder als gesunde Personen in einer kranken Umwelt.

- **familiäre Leugnung und Tabuisierung**

Zuweilen wird aber auch unter den gesunden Familienmitgliedern das Sprechen über die Erkrankung der Mutter oder des Vaters gemieden, so, als könnte man dadurch ein Stück Normalität bewahren. Aus falsch verstandener Rücksichtnahme wird mit den (jüngeren) Kindern über die Störung des Elternteils nicht geredet. Die Kinder nehmen dann zwar die merkwürdigen Verhaltensweisen des Elternteils wahr, können sie aber nicht einordnen und verstehen. So entwickelt sich leicht eine unheimliche, gespannte und zuweilen regelrecht gespenstische Familienatmosphäre.

Im Hinblick auf die Umwelt sind sich manche Familien ganz darin einig, dass nichts über die psychische Erkrankung ihres Familienmitgliedes nach außen dringen soll. Wenn Fremde ins Haus kommen, wird der (akut) psychisch kranke Vater versteckt. Äußerungen von Außenstehenden über ihre Beobachtungen von merkwürdigen Verhaltensweisen werden bagatellisiert, Ausreden werden erfunden und eine Scheinwelt wird nach außen demonstriert.

All diese Verleugnungen und Tabuisierungen aufrechtzuerhalten, ist nicht nur anstrengend und Spannung erzeugend. Es führt auch zu einer Isolierung der Familie als Ganzes und jedes einzelnen Familienmitgliedes. Zudem verhindert es die Möglichkeit, sich durch ein darüber Sprechen Erleichterung zu verschaffen und Distanz zu der schwierigen Familiensituation zu gewinnen, die für eine Bewältigung der Problematik unerlässlich ist.

• gesellschaftliche Leugnung und Tabuisierung

Aber auch in der Gesellschaft ist ein offener, interessierter und von Mitgefühl getragener Umgang mit psychischer Erkrankung, so wie es bei körperlichen Erkrankungen üblich ist, eher selten. Viele Menschen sind im Umgang mit psychisch Kranken verunsichert, so dass sie nicht mehr offen auf sie zugehen. Vielmehr ziehen sie sich zurück und brechen den Kontakt zu der Familie ab. Zuweilen begegnet man den Angehörigen psychisch Kranker mit Vorurteilen, und wenig reflektierte Äußerungen können zu tiefen Verletzungen führen. So kann gerade unter Kindern ein Satz wie „Du spinnst ja genau so wie dein Vater" schnell ausgesprochen, aber der Anlass für einen nachhaltigen Rückzug des Kindes aus der Gleichaltrigengruppe sein.

• Angst vor der Mutter oder dem Vater

Was es für ein Kind bedeuten muss, nicht über die psychische Erkrankung eines Elternteils mit anderen reden zu können, wird erkennbar, wenn man sich vergegenwärtigt, welche vielfältigen Ängste solche Erkrankungen auslösen können. Wie schon erwähnt, kann das veränderte Verhalten der Mutter oder des Vaters, die Fremdartigkeit, die nicht nachvollziehbare Erregtheit tief verunsichern und beunruhigen. Die Kinder erleben ihre Eltern in für sie unverständlichen Gefühlszuständen, in denen sie unerreichbar sind. Ältere Kinder empfinden das Gefangensein der Eltern in einer bedrohlichen inneren Welt, aus der sie ausgeschlossen sind. Jüngeren Kindern fällt es demgegenüber noch schwer zu begreifen, dass die Eltern in einer anderen inneren Welt leben, und dementsprechend höher ist die Gefahr, dass sie sich in das krankhafte Erleben mit einbeziehen lassen. So kann es geschehen, dass Eltern das Kind an ihrem Wahnerleben aktiv beteiligen, sei es, dass sie auch die Umwelt des Kindes als feindselig und bedrohlich darstellen, sei es, dass sie das Kind selbst als Bedrohung wahrnehmen, beispielsweise als denjenigen, der die Mahlzeiten vergiftet.

• Angst um die Mutter oder den Vater

Andererseits wird das Kind in vielen Situationen Angst um den erkrankten Elternteil entwickeln. Es hat Ängste darum, dass die Mutter oder der Vater sich in ihrer Erregung etwas antun. Es hat Ängste darum, dass die Erkrankung wieder so schlimm wird, dass ein Krankenhausaufenthalt – eventuell auch noch gegen den Willen des Betroffenen – notwendig wird. Und es hat Ängste darum, dass die Mutter oder der Vater nie wieder so wird wie zuvor.

• Angst um die Familie

Damit stellt sich dem Kind aber sehr bald die Frage: Werden wir als Familie zusammenbleiben können? Werden wir es schaffen, alle anstehenden Aufgaben trotz der Erkrankung zu meistern? Wird der gesunde Elternteil durchhalten? Und vielleicht noch bedrohlicher: Wenn erst einmal bekannt wird, dass wir Hilfe brauchen, wird man uns dann auseinander reißen? Diese Angst ist nicht unberechtigt, liegt doch die Zeit, da man psychisch Kranken das Recht absprach, Kinder aufzuziehen, noch nicht so lange zurück. Und schließlich kann es tatsächlich im Sinne des Kindes auch notwendig werden, für eine außerhäusliche Unterbringung – zumindest für einen gewissen Zeitraum – zu sorgen.

• Angst, selbst zu erkranken

Eine weitere große Angst kommt noch hinzu, nämlich die Frage: Kann mit mir dasselbe geschehen, wie mit der Mutter oder dem Vater? Kann ich genauso krank werden, so dass ich nicht mehr recht weiß, was ich tue? Kann sich die Krankheit von der Mutter auf mich vererbt haben? Man sieht, wie wichtig es ist, dass Kinder und Jugendliche ausreichend Möglichkeit haben, über all diese Ängste zu sprechen und zutreffende, klare und eindeutige Antworten auf ihre Fragen zu erhalten.

• belastete Eltern-Kind-Beziehung

Wie stark Kinder durch die Erkrankung ihrer Mutter oder ihres Vaters in Mitleidenschaft gezogen werden, hängt sehr davon ab, wie sehr die Eltern-Kind-Beziehung beispielsweise durch aggressive Gefühle beeinträchtigt wird.

Depressive Mütter lassen im Kontakt mit ihrem Kind weniger Interesse und emotionale Beteiligung erkennen. Sie erweisen sich als weniger einfühlsam und äußeren den Kindern gegenüber vermehrt negative Gefühle und Feindseligkeiten. Auch verhalten sie sich eher passiv und zeigen ein eingeengtes kommunikatives Repertoire.

Ähnliche Interaktionsstile finden sich auch bei Müttern mit schizophrenen Störungen. Untersuchungen mit schizophren erkrankten Müttern von Kleinkindern verweisen auf einen Mangel an Sensitivität, positiver Emotionalität und spielerischem Kontakt. Die Mütter ließen eine große Unsicherheit in Bezug auf die Bedürfnisse des Kindes erkennen. Die überdauernden Störungen in Form von Zurückgezogenheit, mangelnder Sensitivität und großer Selbstbezogenheit waren bei ihnen ausgeprägter als bei depressiv erkrankten Müttern.

• belastetes Erziehungsklima

Depressive Eltern unterscheiden sich sowohl im ihrem Erziehungsverhalten wie auch in ihrer Erziehungskomptenz deutlich von unauffälligen Eltern. Depressive Mütter zum Beispiel sind in ihrem Erziehungsverhalten häufig inkonsequent und zeigen weniger elterliche Unterstützung und Zuneigung. Sie sehen ihre Rolle als Erzieherinnen selbst wenig positiv. Häufig fühlen sie sich den Ansprüchen der Erziehung nicht gewachsen und erleben sich als wenig kompetente Eltern. Bemerkenswerterweise beschreiben sie ihre Kinder häufig auch als auffällig und schwierig, obgleich dies von neutralen Beobachtern nicht bestätigt wird.

• belastete Elternbeziehungen

Chronische Ehekonflikte stellen für alle Kinder einen wesentlichen Risikofaktor dar. Insofern ist es von Bedeutung, dass es in Familien mit einem psychisch kranken Elternteil gehäuft zu erheblichen ehelichen Auseinandersetzungen kommt. Sie dauern oft über viele Jahre an, da der gesunde Elternteil sich durch die Erkrankung des Partners über lange Zeit daran gehindert fühlt, sich zu trennen. Aber auch die Scheidungsraten sind in den Familien mit einem psychisch kranken Elternteil überdurchschnittlich hoch.

• Übernahme familiärer Verantwortlichkeiten

Für alle Kinder hat die Familie eine große Bedeutung. Darum sind sie in Notsituationen, wie bei der psychischen Erkrankung eines Elternteils, oft auch bereit, sehr viel Verantwortung zu übernehmen: Verantwortung für die Einkäufe, Verantwortung für die Mahlzeiten, Verantwortung für die jüngeren Geschwister und vieles andere mehr. Gleichzeitig müssen sie sich aber auch den eigenen Verpflichtungen, beispielsweise in der Schule, und den eigenen Entwicklungsaufgaben stellen, zu denen es gehört, Kontakte zu Gleichaltrigen zu pflegen, in die Disko zu gehen, Sport zu treiben und Ähnliches. Kinder aus Familien mit einem psychisch kranken Elternteil geraten damit in einen schwer zu lösenden Konflikt: Wie viel Recht auf eigenes Leben dürfen sie sich zugestehen, ohne Schuldgefühle zu entwickeln? Befragungen von Erwachsenen, die in Familien mit einem psychisch kranken Elternteil aufgewachsen sind, haben gezeigt, dass diese Auseinandersetzung zwischen der familiären Loyalität einerseits und dem Recht auf ein eigenes Leben andererseits und die daraus erwachsenden Schuldgefühle das bestimmende Thema ihrer Kindheit und Jugend war.

• parentifizierte Kinder

Besonders das älteste Kind gerät leicht in die Situation, über die Übernahme einzelner Verantwortlichkeiten hinaus generell Elternfunktionen wahrzunehmen. Die familiäre Hierarchie gerät dadurch in eine Schieflage. Das „Elternkind" versucht einerseits, seine Geschwister zu erziehen; es ist aber dadurch überfordert und beschwört üblicherweise auch heftige Konflikte mit den Geschwistern herauf, die das nicht so ohne weiteres akzeptieren. Andererseits bringt die Rolle des Elternkindes es mit sich, dass das Kind selbst sich von dem gesunden Elternteil nicht mehr erziehen lässt; so kann es auch hier zu heftigen Konflikten kommen. Die Schieflage in der familiären Hierarchie schafft auf allen Ebenen ein Klima der Auseinandersetzung und des Streites, über das die Familienmitglieder oft sehr verzweifelt sind, zumal sie die zugrunde liegenden systemischen Prozesse meist nicht durchschauen.

Lösungen anregen und möglich machen

• Kinder brauchen ihre Eltern

Kinder psychisch kranker Eltern haben dann gute Entwicklungschancen, wenn ihre Familien rechtzeitig Hilfe erhalten. Durch eine jeweils individuell gestaltete Unterstützung kann oft erreicht werden, dass eine Fremdplatzierung der Kinder nicht erforderlich ist. Dazu ist es notwendig, dass Eltern, Angehörige und auch Fachleute lernen, angemessen mit der psychischen Erkrankung umzugehen, und dass Rahmenbedingungen geschaffen werden, damit sich sowohl die Patienten als auch die Kinder auf tragfähige Beziehungen stützen können.

• individuelle Endtabuisierung

Voraussetzung ist, dass über die psychische Erkrankung offen geredet werden kann. Ihre Auswirkungen auf das Familienleben müssen zum Thema gemacht und die individuellen Probleme jedes Familienmitgliedes angesprochen werden können. Für den erkrankten Elternteil bedeutet das, sich zu seiner psychischen Erkrankung zu bekennen und so mit ihr umzugehen, wie man mit einem Diabetes oder einer chronischen Nierenerkrankung umgehen würde: die Lebensgewohnheiten darauf einstellen, die notwendigen Medikamente regelmäßig einnehmen und ergänzende Maßnahmen nach Notwendigkeit durchführen. Dies sollte als (später zu erreichendes) Ziel auch dann verfolgt werden, wenn ein Elternteil in der akuten Phase seiner Störung keine Krankheitseinsicht zeigt.

• kindbezogene Endtabuisierung

Manche Eltern fürchten, ihre Kinder durch Informationen über die Erkrankung noch zusätzlich zu belasten. Das Gegenteil ist der Fall: Nur das Kind, das – in altersgemäßer Form – über die Störung seiner Mutter oder seines Vaters aufgeklärt wurde, das ihre Auswirkungen versteht und Informationen über ihren Verlauf hat, kann lernen, mit der Erkrankung zu leben und umzugehen. Der gesunde Elternteil sollte seinem Kind beispielsweise die Möglichkeit geben, psychiatrischen Fachkräften die ihm wichtigen Fragen zu stellen, und braucht keine Sorgen zu haben, das Kind könne dadurch auch „psychiatrisiert“ werden. Die Kinder müssen so gut informiert sein, dass sie Fragen von Fremden nicht fürchten müssen, sondern offen und direkt beantworten können.

• familiäre Endtabuisierung

Innerhalb der Familie muss es möglich sein, über die Störung und ihre Folgen offen zu sprechen. Die Kinder müssen wissen, dass es nur zu berechtigt ist, Wut, Ärger und Zorn über die Einschränkungen, die die psychische Erkrankung des Elternteils mit sich bringt, zu empfinden. Sie müssen erfahren, dass es dem gesunden Elternteil nicht anders geht, und sollten wissen, welche Strategien dieser entwickelt hat, damit fertig zu werden.

• außerfamiliäre Endtabuisierung

Zudem müssen die Kinder die Erlaubnis haben – und letztlich dazu ermuntert werden –, auch außerhalb der Familie mit nahen Verwandten oder guten Freunden und Bekannten über die Erkrankung und ihre Folgen für die Familie und für sie persönlich zu sprechen. Sie müssen lernen, die psychische Störung ihrer Mutter oder ihres Vaters als „normal" anzusehen, um selbstverständlich und möglichst unbelastet auch im Kontakt mit Gleichaltrigen darüber sprechen zu können.

• „besondere" Familien

Familien mit einem psychisch kranken Elternteil sind besondere Familien mit besonderen Regeln und Gewohnheiten, die für diese Familie passend und hilfreich sind. Die unterschiedlichen Bedingungen in jeder einzelnen Familie machen es notwendig, das Familienleben individuell zu organisieren, und die Familienmitglieder sollten nicht das unerfüllbare Ziel anstreben, eine „ganz normale" Familie zu sein. Wenn es gelingt, eine Atmosphäre zu gestalten, in der Kinder die familiären Erlebnisse und die besonderen Erfordernisse primär als Herausforderung wahrnehmen, dann – so zeigen Untersuchungen – werden die Kinder in der Bewältigung dieser Erfahrung unterstützt und entwickeln Stärken, die ihnen jetzt und im späteren Leben nützlich sind. Sie lernen dann unter ihren schwierigen Bedingungen das, was Menschen für das Leben stark macht: sich trotz aller Schwierigkeiten darum zu bemühen, die Umwelt aktiv zu meistern und ein Gespür für die eigene Kraft zu entwickeln.

• alltagspraktische Unterstützung

Beide Eltern sollten sich nicht selbst überfordern, sondern vielmehr in hinreichendem Umfang für das eigene Wohl, für die eigene körperliche und seelische Verfassung sorgen. Nur dann sind sie in der Lage, für ihre Kinder das ihnen Mögliche zu leisten. Deshalb ist es wichtig, je nach Bedarf Hilfen für die Haushaltsführung zu organisieren, eine entlastende Kinderbetreuung zu suchen, die Unterstützung bei den Hausaufgaben durch andere Personen durchführen zu lassen und sonstige Unterstützungsmaßnahmen in Anspruch zunehmen. Manche Familien finden Hilfe im Verwandten- und Freundeskreis. Andere suchen die Unterstützung des Jugendamtes, das vielfältige Hilfeformen anbietet.

• Mut zur Erziehung

Viele Eltern in Familien mit einem psychisch kranken Elternteil fühlen sich in der Erziehung unsicher und gehen besonders vorsichtig mit ihren Kindern um. Andere überlegen sich, wie sie einen Ausgleich für die schwierige Familiensituation schaffen können, und neigen dazu, die Kinder zu verwöhnen. Wieder andere erschrecken, wenn ihre Kinder schwierige Verhaltensweisen zeigen. Aber das gibt es in allen Familien. Und in Familien mit einem psychisch kranken Elternteil haben die meisten Probleme der Kinder nichts mit der Erkrankung der Eltern zu tun. Für die Kinder ist es am besten, wenn sie erzieherisch so behandelt werden, als gäbe es kein besonderes Problem in der Familie. Sie brauchen keine besondere Vorsicht und keine besondere Schonung. Vielmehr finden sie – wie alle Kinder – Unterstützung in Eltern, die klare pädagogische Vorstellungen haben und eindeutige erzieherische Erwartungen und Forderungen aussprechen.

• zuverlässige, berechenbare Beziehungen

Wissenschaftliche Untersuchungen von Menschen, die sich dadurch auszeichnen, dass sie psychische Belastungen gut bewältigen und ohne Schaden überstehen, haben gezeigt, dass sie als Kinder und als Jugendliche – ganz besonders aber in den ersten Lebensjahren – eine zuverlässige, stabile und berechenbare soziale Beziehung zu zumindest einem Erwachsenen hatten. Wenn ein Elternteil krank war, hatte der andere Elternteil dies ausgeglichen, oder die Kinder hatten eine für sie wichtige Bezugsperson entweder im weiteren Familienkreis, beispielsweise Großmutter oder Großvater, oder außerhalb der Familie gefunden. In Familien mit einer psychisch erkrankten Mutter oder einem psychisch erkrankten Vater ist der gesunde Elternteil mit der Sorge um den Partner oft so in Anspruch genommen, dass ihm wenig Zeit für die Kinder bleibt. Er sollte deshalb die Kinder anregen und darin unterstützen, in der weiteren Verwandtschaft oder im Freundes- und Bekanntenkreis eine Bezugsperson zu finden, die ein zuverlässiger Ansprechpartner für alle ihre Fragen, Sorgen und Probleme sein kann. Die Gefahr, dass Eltern dadurch den Kontakt zu ihrem Kind verlieren, ist gering. Vielmehr steigt die Chance, dass die Kinder sich ganz normal entwickeln und damit auch ganz normale Beziehungen zu ihren Eltern unterhalten.

• erbliche Belastung

Viele Eltern quälen sich mit der Frage, ob sie ihre Erkrankung den Kindern vererbt haben, und auch viele Kinder sind beunruhigt darüber, ob sie später ebenfalls psychisch erkranken werden. Diese Sorgen sind sehr verständlich und auch nicht unberechtigt. Tatsächlich zeigen Kinder psychisch kranker Eltern häufiger als andere Kinder psychische Auffälligkeiten und haben auch – wie bereits ausgeführt – ein erhöhtes Risiko, selbst psychisch zu erkranken. Erbliche Faktoren spielen dabei eine Rolle in dem Sinne, dass eine erhöhte Verletzlichkeit genetisch weitergegeben wird. Nur so lässt sich erklären, dass eineiige Zwillinge hinsichtlich der Erkrankung an einer Schizophrenie eine Übereinstimmung von 48%, zweieiige Zwillinge jedoch nur eine Übereinstimmung von 17% aufweisen.

Die Zahlen dürfen jedoch nicht überbewertet werden. Kinder psychisch kranker Eltern müssen keineswegs psychische Probleme entwickeln und schon gar nicht psychiatrisch erkranken. Im Gegenteil: Die Mehrzahl der Kinder von Eltern mit psychischen Erkrankungen entwickelt sich ganz normal, und rund 90% der Kinder von Eltern mit einer psychotischen Erkrankung entwikkeln im späteren Leben keine Psychose.

Entscheidend ist, wie die Kinder die besondere Situation des Aufwachsens in einer Familie mit einem psychisch erkrankten Elternteil bewältigen. Und dabei kann man Kinder unterstützen. Dazu gehört auch, sie über diese Sachverhalte in altersgemäßer Weise, aber sehr präzise aufzuklären. Nichts ist belastender als Ungewissheit.

• Gruppenangebote

Seit einigen Jahren gibt es vermehrt Gruppenangebote für Kinder psychisch kranker Eltern. Sie haben das Ziel, die Stärken der Kinder zu fördern und ihre Bewältigungsstrategien zu erweitern. Die Kinder erfahren Erleichterung dadurch, dass sie andere Kinder mit ganz ähnlichen Problemen und Schwierigkeiten kennen lernen. Sie werden kompetenter und sicherer im Umgang mit Gleichaltrigen. Sie üben sich darin, über ihre psychische Situation und ihre Gefühle zu sprechen. Sie erfahren Entlastung dadurch, dass sie lernen, dass sie durch ihr Verhalten die Krankheit der Eltern weder bewirken, noch heilen können. Sie werden darin unterstützt, sich gegenüber dem kranken Elternteil abzugrenzen, und ermutigt, sich den eigenen Entwicklungsaufgaben zuzuwenden.

Auch in den Gruppen steht der Wunsch der Jugendlichen nach Informationen über die Erkrankung und über die Vererbung dieser Krankheiten an erster Stelle. Darüber hinaus werden oft konkrete Probleme aus dem Alltagsleben angesprochen, beispielsweise: Wie muss ich mit der Mutter oder dem Vater umgehen? Wie viel Rücksicht muss ich nehmen? Auch Fragen zur Bewältigung von Schule und Berufsausbildung und zur allgemeinen Zukunftsplanung sind in diesen Gruppen von großer Bedeutung, beispielsweise die Frage: Wo und wie lebe ich in zehn Jahren?

• Familiengespräche

Familientherapeutische Gespräche können allen Familienmitgliedern dabei helfen, die besonderen familiären Bedingungen zu bewältigen. Dabei kann je nach angesprochenem Thema die personelle Zusammensetzung verändert werden. Stehen die Eheprobleme im Vordergrund, wird man eher mit dem Ehepaar sprechen. Aber in der Regel hat die Erkrankung Auswirkung auf alle Familienmitglieder, die deshalb sinnvollerweise auch alle eingeladen werden. In manchen Fällen hat es sich bewährt, auch die besonderen Bezugspersonen eines Kindes mit in das Gespräch einzubeziehen.

Die Chance von Familiengesprächen – auch wenn sie als ein spezielles Programm angeboten werden – liegt vor allem darin, dass auf die jeweils besonderen familiären Bedingungen eingegangen werden kann und dass die wissenschaftlichen Erkenntnisse über die Erkrankung selbst und über die Auswirkungen auf die verschiedenen Familienmitglieder in ihrer Bedeutung in der jeweiligen Familie reflektiert werden können. Es kann ein Bild davon gewonnen werden, welche speziellen Vorannahmen und Beziehungsmuster die jeweilige Familie entwickelt hat und auf welche Weise die Familie angeregt werden kann, ihre Fähigkeiten und Stärken sowie die außerfamiliären Ressourcen im vollen Umfang zu nutzen.

● hilfreiche Adressen

Deutschland: Bundesverband der Angehörigen psychisch Kranker. Thomas-Mann-Straße 49a, 53111 Bonn, Tel.: 0228–632646 (Vermittlung regionaler Adressen); Dachverband psychosozialer Hilfsvereinigungen, Thomas-Mann-Straße 49a, 53111 Bonn, Tel.: 0228–632646. (Hier sind Informationsbroschüren für Kinder, Jugendliche und Eltern zum Thema „Kinder psychisch kranker Eltern“ erhältlich.); Arbeitsgemeinschaft „Kinder mit psychisch erkrankten Eltern“, c/o Prof. Dr. Fritz Mattejat, Klinik für Kinder- und Jugendpsychiatrie, Philips-Universität Marburg, Hans- Sachs-Straße 6, 35039 Marburg, Tel.: 06421–283060.

Österreich: Hilfen für Angehörige psychisch Kranker (HPE), 1070-Wien, Bernardgasse 36/4/14, Telefondienst: Montag, Mittwoch, Donnerstag, 9.00 bis 15.00 Uhr, Dienstag 12.00 bis 18.00 Uhr, Freitag 9.00 bis 12.00 Uhr, Tel.: 01–5264202 und 5267854 (Vermittlung regionaler Adressen).

Schweiz: Vereinigung der Angehörigen von Schizophrenie- und psychisch Kranken (VASK), Postfach 6161, 8023-Zürich, Telefondienst: Dienstag und Donnerstag 14.00 bis 18.00 Uhr, Tel.: 01–3120102 (Vermittlung regionaler Adressen).

Weitere Stichworte:

Depressive Störungen
Manische und manisch-depressive Störungen
Schizophrene Störungen

Literatur

Beardslee, W.R., Wright, E., Rothberg, P.C., Salt, P., Versage, E. (1996): Response of families to two preventive intervention strategies: Long-tem differences in behavior and attitude change. Journal of the American Academy of Child and Adolescent Psychiatry 35: 774 – 782

Dierks, H. (2001): Präventionsgruppen für Kinder psychisch kranker Eltern im Schulalter (Auryngruppen). Praxis Kinderpsychologie Kinderpsychiatrie 50: 560 – 568

Gundelfinger, R. (1997): Welche Hilfen brauchen Kinder psychisch kranker Eltern? Kindheit und Entwicklung 6: 147 – 151

Mattejat, F. , Lisofsky, B. (Hrsg.) (2001): ... nicht von schlechten Eltern. Kinder psychisch Kranker. 3. Aufl., Bonn, Psychiatrie

Remschmidt, H., Mattejat, F. (1994): Kinder psychotischer Eltern. Göttingen, Hogrefe

Werner, E. (1993): Risk, resilience and recovery: Perspectives from the Kauai longitudinal study. Development and Psychopathology 5: 503 – 515

Wüthrich, Ch., Mattejat, F., Remschmidt, H. (1997): Kinder depressiver Eltern. Kindheit und Entwicklung 6: 141 – 146

Probleme von Kindern suchtkranker Eltern

Wahrnehmen und bewerten

● alkoholabhängige Eltern

In Deutschland gibt es etwa 2,5 Millionen Alkoholiker. Die Zahl der Kinder **alkoholabhängiger Eltern** wird auf 2 bis 3 Millionen geschätzt. Alkoholabhängigkeit lässt sich am ehesten mit dem Kontrollverlust beschreiben, den alle alkoholkranken Menschen erleben. Sie verbrauchen in der Regel einen Großteil ihrer Aufmerksamkeit und Energie dafür, dass Suchtmittel zu beschaffen und zu verstecken, das eigene schlechte Gewissen, den Verzicht wieder einmal nicht geschafft zu haben, zu beruhigen und zu verdrängen sowie das Alkoholproblem, seine körperlichen und seelischen Folgen und vor allem auch seine Folgen für die Familienmitglieder vor sich selbst und vor anderen zu leugnen.

● Verhaltensauffälligkeiten der Kinder

Die Verhaltensauffälligkeiten der Kinder alkoholkranker Eltern liegen bei Jungen vorwiegend im Bereich der expansiven Störungen wie Hyperaktivität, Impulsivität, Aggressivität und Störungen des Sozialverhaltens, bei Mädchen schwerpunktmäßig im Bereich affektiver Störungen wie Angst und Depression. Hinzu kommen Essstörungen. Mädchen wie Jungen zeigen häufig schulische Leistungsprobleme. Und für beide gilt, dass sie ein sechsfach erhöhtes Risiko tragen, selbst abhängigkeitskrank zu werden.

● Ausmaß der Störungen

Das Ausmaß der Störungen ist abhängig von der Gesamtkonstellation der Risiko- und Schutzfaktoren im Einzelfall. Man geht davon aus, dass knapp zwei Drittel der Kinder aus suchtbelasteten Familien keine ausgeprägten Verhaltensauffälligkeiten entwickeln. Teilweise bilden sie in der Auseinandersetzung mit dem Problem Stärken und Fähigkeiten aus, von denen sie in ihrem späteren Leben profitieren. Generell entstehen im Falle mütterlicher Abhängigkeit größere psychische Probleme als bei väterlicher Abhängigkeit. Wenn beide Eltern abhängig sind, entwickeln sich die ausgeprägtesten Problemkonstellationen. Das Ausmaß der Störungen steigt darüber hinaus mit der Zahl der alkoholabhängigen Verwandten, das heißt: mit dem Grad, in dem Alkoholmissbrauch ein Lebensstil der gesamten erweiterten Familie ist. Die Söhne aus suchtbelasteten Familien scheinen mehr psychische Probleme zu entwickeln als die Töchter.

● Situation nach Erreichen von Abstinenz

Lange Zeit herrschte die Vorstellung vor, die Probleme der Kinder seien vorbei, wenn die abhängigkeitskranken Eltern trocken würden. Die meisten Eltern, die abstinent werden, machen jedoch zunächst die überraschende Erfahrung, dass die Kinder ein unbequemeres und auffälligeres Verhalten entwickeln. Kleinere Kinder nässen wieder ein, ältere werden aufmüpfig und aggressiv. Vor allem verlieren die Kinder für lange Zeit nicht die Angst, die Eltern könnten wieder rückfällig werden und der ganze Kreislauf werde wieder von neuem beginnen.

• erwachsene Kinder von Alkoholikern

In vielen Fällen bleiben die Probleme der Kinder von alkoholabhängigen Eltern bis ins Erwachsenenalter bestehen. Erwachsene Kinder von alkoholabhängigen Eltern werden – wie schon gesagt – sechsmal so häufig selbst abhängig wie Kinder aus anderen Familien. Sie haben Probleme mit ihrem Selbstwertgefühl und mit intimen Partnerbeziehungen. Infolgedessen kommt es bei ihnen vermehrt zu Trennungen und Scheidungen. Sie berichten oft über depressive Gefühle, haben psychosomatische Beschwerden und sind mit ihrem Leben unzufrieden. Im Übrigen fällt es ihnen auffallend schwer, Entscheidungen zu treffen.

• drogenabhängige Eltern

Gegenüber der Zahl der von der Droge Alkohol abhängigen Eltern sind die **Eltern, die von illegalen Drogen abhängig** sind – im Folgenden dem üblichen, aber eigentlichen unkorrekten Sprachgebrauch folgend als drogenabhängige oder drogenkranke Eltern bezeichnet –, mit etwa 35.000 eine verhältnismäßig kleine Gruppe. Sie haben zu zwei Drittel ein Kind und zu einem Drittel zwei Kinder, so dass die Zahl der Kinder drogenkranker Eltern zwischen 40.000 – 50.000 liegt. Allerdings leben nur ein Drittel der drogenkranken Eltern mit ihren Kindern zusammen.

• Verhaltensauffälligkeiten der Kinder

Den Kindern drogenabhängiger Eltern hat die Forschung noch später und in noch geringerem Maße Aufmerksamkeit gewidmet als den Kindern alkoholkranker Eltern. Entsprechend ist der Erkenntnisstand gering. Ihre Störungsbelastung scheint aber noch höher zu sein als die der Kinder alkoholabhängiger Eltern. Geschildert werden eine erhöhte Aggressivität und Impulsivität, Schulprobleme, Störungen des Sozialverhaltens und Delinquenz. Hinzu treten früher Alkohol- und Drogenkonsum sowie eine erhöhte Selbstmordrate.

• von Drogenabhängigen erzogene Kinder

Mit der starken Ausbreitung der Substitution werden im Verlauf der letzten Jahre immer weniger Kinder drogenkranker Eltern fremdplatziert. Das bedeutet, dass immer mehr Kinder bei ihren drogenkranken Eltern aufwachsen. Dies entspricht der Überzeugung, dass auch die Kinder drogenabhängiger Eltern das Recht haben, von ihren eigenen Eltern erzogen zu werden. Allerdings stellen sich damit – nicht nur aufgrund der vielfältigen Problematik des Beikonsums – eine Reihe von Schwierigkeiten und Gefahren, die durch eine gute medizinische Betreuung der Eltern, durch eine Unterstützung der Eltern – die auch eine Kontrolle einschließt – in ihrer Sorge für ihre Kinder und durch eine Unterstützung der Kinder aufgefangen werden müssen.

Zuordnen und verstehen

• Familienerkrankungen

Suchterkrankungen sind Familienerkrankungen. Dies gilt nicht nur in dem Sinne, dass das Abhängigkeitsverhalten des Elternteils oder beider Eltern die familiären Lebensbedingungen in vielfältiger Art und Weise beeinflusst und bestimmt. Vielmehr werden durch das Abhängigkeitsverhalten auch die Struktur und die Interaktion der Familie verändert und geprägt. Die handlungsleitenden Ideen, Wünsche und Bedürfnisse der einzelnen Familienmitglieder orientieren sich auf das Problem der Abhängigkeit des Vaters und/ oder der Mutter. Parallel zu dem zunehmenden Verlust an Flexibilität und Gestaltungsfähigkeit im Leben des Abhängigen engen sie sich ein, und es resultieren zunehmend starre Verhaltensmuster bei allen Familienmitgliedern. Sie schränken ihre Verhaltensmöglichkeiten und damit die Entwicklungschancen der Kinder ein und tragen oft gleichzeitig im Sinne der Koabhängigkeit dazu bei, die Problematik aufrechzuerhalten.

Im Folgenden wird zunächst die Situation der **Kinder alkoholkranker Eltern** dargestellt, um anschließend auf die Besonderheiten der Kinder drogenabhängiger Eltern einzugehen.

• Sorge um die Eltern

Kinder alkoholkranker Eltern sind oft sich selbst überlassen. Für ihre Anliegen hat auch der nichtabhängige Elternteil zu wenig Zeit und Kraft. Aber die Sorgen der Kinder gelten meist nicht ihrer eigenen Person. Vielmehr übernehmen sie Aufgaben im Haushalt und in der Betreuung von Geschwistern, mit denen sie oft überfordert sind. Sie ängstigen sich zudem um die Eltern, besonders wenn die Mutter suchtkrank ist. In der Schule beschäftigen sich ihre Gedanken mit dem, was zu Hause Schlimmes geschieht oder geschehen kann. Zurück aus der Schule durchsuchen sie die Wohnung auf bekannte und noch unbekannte Verstecke für Alkohol und leeren die gefundenen Flaschen in der – vergeblichen – Hoffnung darauf, den Alkoholmissbrauch dadurch eingrenzen zu können. Sie übernehmen viel Verantwortung und entwickeln – aus der Sicht Außenstehender – ein frühreifes, altersunangemessenes Verhalten. Als Jugendliche trauen sich einige von ihnen nicht, sich von der Familie zu lösen, möglicherweise sogar von zu Hause auszuziehen, weil sie das Gefühl haben, sie würden damit ihre Eltern im Stich lassen.

• Verleugnen der Abhängigkeit

Gemeinsames Merkmal aller Familienmitglieder ist zumeist, dass sie alles tun, um die Abhängigkeit vor sich und vor allem vor Außenstehenden zu leugnen. In schwer nachvollziehbarer Weise wird der Versprechung des Abhängigen, er werde sein Verhalten ändern, vertraut. Aber schließlich ist dies ihr sehnlichster Wunsch. Die Mutter versucht, durch Lügen das Fernbleiben des Ehemannes auf der Arbeitsstelle zu entschuldigen. Nachbarn, Freunden und Bekannten wird eine Scheinwelt vorgetäuscht. Es werden Ausreden und Entschuldigungen für das häufige Trinken erfunden, und die Trinkfolgen werden bagatellisiert und geleugnet. Und nicht nur bei den Kindern kommt es zu einer Verwirrung zwischen erfundener, gewünschter und tatsächlich erlebter Wirklichkeit.

Um diese Fassade aufrecht erhalten zu können, entwickeln solche Familien implizite, das heißt meist unausgesprochene, aber selbstverständliche Familienregeln wie: „Erzähle niemanden etwas!“, „Sprich nicht über irgendwelche Probleme!“, „Traue niemandem!“ und vor allem: „Zeige keine Gefühle!“

• Versuch der Kontrolle

Wird ein Elternteil alkoholabhängig, so bemüht sich zumeist der andere Elternteil mit viel Anstrengung und Mühe, den Alkoholkonsum des Partners unter Kontrolle zu bringen. Die Kinder werden in diese Versuche mit einbezogen oder unternehmen derartige Versuche auch von sich aus. Dabei werden die verschiedensten Maßnahmen getroffen: Zum Beispiel bemühen sie sich, die verschiedenen Verstecke von Alkohol aufzuspüren, sie schütten den Alkohol aus, sie verstecken den Alkohol, sie bitten und fordern, sie versprechen und drohen. Diese Versuche der Familienmitglieder, den Alkoholismus in den Griff zu bekommen, bestimmen immer mehr das gesamte Denken, Fühlen und Handeln der Familie. Immer wieder werden neue Versuche unternommen, neue Hoffungen geweckt und immer neue Enttäuschungen werden dabei erfahren. Die Gefühle der Familienmitglieder bei diesen Versuchen sind denen des Abhängigen sehr ähnlich: Sie fühlen sich hilflos, schuldig, wertlos und frustriert. Hinzu kommen oft Ärger und Wut. Der Erfolg bei all diesen Bemühungen ist auf Dauer gleich Null.

• Unberechenbarkeit des Elternverhaltens

Zu den von den Kindern alkoholkranker Eltern am häufigsten berichteten Erfahrungen, die sich bis in das Erwachsenenalter der Betroffenen auswirken, zählt die Unberechenbarkeit des elterlichen Verhaltens. Diese bezieht sich vor allem auf den Alkoholtrinkenden, häufig aber auch auf den anderen Elternteil. Versprechungen werden nicht eingehalten, Ankündigungen werden nicht wahr. Extreme Stimmungsschwankungen bestimmen das Familienklima. Das Erzieherverhalten ist geprägt durch ebenso unvorhersehbare Belohnungen wie Bestrafungen. Im familiären Ablauf gibt es keine Klarheit und Verlässlichkeit. Die Kinder erleben vielfache Trennungen und Versöhnungen der Eltern und können sich auf einen stabilen, dauerhaften Zustand nicht verlassen.

• Familienstress

Generell ist der Familienstress erheblich und vor allem dauerhaft erhöht – ein besonders gravierender Risikofaktor im Hinblick auf die Entwicklung von Verhaltensauffälligkeiten und Verhaltensstörungen. Manche Kinder erleben ständig wiederholte, laute und auch körperlich aggressive Auseinandersetzungen ihrer Eltern – und das vorwiegend nachts, wenn der Alkoholspiegel bei vielen Abhängigen seinen höchsten Stand erreicht. Die Kinder können nicht schlafen, horchen auf das, was geschieht, und sind unschlüssig, ob sie eingreifen müssen und können. Ihre Angst vor dem Auseinanderbrechen der Familie steigt, ebenso wie ihre Angst vor Eingriffen von außen, falls die Nachbarn die unerträglichen Zustände in ihrer Familie bekannt machen. Gleichzeitig kann das Familienklima auch durch mannigfache Übergriffe seitens des alkoholisierten Vaters auf die Kinder, durch aggressive Misshandlungen und sexuelle Belästigungen geprägt sein.

• Schuldgefühle

Nicht selten geben die Kinder – oft in Verarbeitung von Vorwürfen des abhängigen Elternteils – sich, ihrem Verhalten oder ihrer bloßen, als unerwünscht erlebten Existenz die Schuld an dem süchtigen Trinken der Mutter oder des Vaters. Sie entschuldigen die Eltern, beschuldigen sich selbst für die Stimmungsschwankungen oder Gewalttätigkeiten, für die Depressionen und Selbstmordabsichten des Vaters und sind von dem Wunsch bestimmt, alles wieder gut zu machen. Diese Art der kognitiven Verarbeitung scheint im Hinblick auf die psychische Gesundheit des Kindes besonders ungünstig zu sein.

• soziale Isolation

Kinder alkoholkranker Eltern gehen nicht zu Freunden, um nicht gezwungen zu sein, diese zu sich nach Hause einzuladen, wo der Vater oder die Mutter sich so verhalten könnte, dass die Freunde sehen oder ahnen, was los ist. Sie hören mit Wehmut und Neid, wenn andere Kinder von gemeinsamen Unternehmungen mit ihren Eltern berichten, oder erleben ihre Situation besonders schmerzlich, wenn sie beobachten, wie andere Eltern und ihre Kinder Spaß miteinander haben. Unter den Gleichaltrigen erleben sie sich leicht isoliert, abgewertet und einsam, und häufig meiden sie die Kontakte zu ihnen. In der Konsequenz entwickeln viele nur unzureichende Fähigkeiten im Umgang mit anderen und sind in der Gestaltung von Beziehungen zu Gleichaltrigen wenig erfolgreich.

• negatives Selbstkonzept

Viele Kinder von Alkoholikern haben von Beginn der Adoleszenz an niedrige Werte in den Bereichen Selbstwirksamkeit, positives Selbstkonzept und Selbstwert. Sie schätzen den persönlichen sozialen Einfluss als gering ein. Besonders Mädchen zeigen sich sehr selbstkritisch und werten die eigene Person ab. Mädchen wie Jungen zeigen ungünstige Werte im Hinblick auf die Akzeptanz der eigenen Person und die Entwicklung eines positiven Selbstbildes.

• Umgang mit eigenen Bedürfnissen

Kinder alkoholkranker Eltern zeigen auffällige Stärken und Schwächen im Umgang mit zwischenmenschlichen Problemsituationen. Sie haben gute Techniken, in einer akuten Konfliktsituation den Stress und die Belastung zu reduzieren und auf alle Beteiligten beruhigend einzuwirken. Sie können einem Interaktionspartner in einer solchen Situation ein besseres Gefühl vermitteln und ihn in eine bessere Stimmung versetzen. Sie sind aber nur in sehr geringem Maße in der Lage, eigene Bedürfnisse zu erkennen, sie zu äußern und ihnen Aufmerksamkeit zu sichern. Damit aber gelingt es ihnen nur schlecht, Probleme direkt anzusprechen und Veränderungen herbeizuführen.

• Rollen von Kindern in Alkoholikerfamilien

In der sich mit der Dauer der Alkoholabhängigkeit zunehmend verfestigenden Familienstruktur entwickeln Kinder alkoholabhängiger Eltern relativ stabile Rollen, die häufig bis ins Erwachsenenalter fortwirken. Sie sind Antworten auf die familiäre Situation und in diesem Rahmen kreative Lösungen. Sie können aber angesichts ihrer geringen Flexibilität nicht als generelle Lebenskompetenz gewertet werden. Die Beschreibung dieser Rollen stützt sich auf 4.000 Fallstudien von Alkoholikerfamilien. Ihre Darstellung ist idealtypisch. Das konkrete Rollenverhalten dürfte immer in dem einen oder in dem anderen Punkt davon abweichen. Ihre Kenntnis erscheint aber hilfreich, um besondere Verhaltensmerkmale und Verhaltensauffälligkeiten von Kindern alkoholkranker Eltern besser zu verstehen.

• „der Held"

Häufig übernimmt das älteste Kind in einer Suchtfamilie die Rolle der Heldin oder des Helden. Getrieben von dem Gefühl, es läge an ihr oder ihm, dass in der Familie etwas nicht in Ordnung ist, zeigt sich dieses Kind verantwortungsbewusst, kompetent und erfolgreich. Es hilft, wo es nur kann, und versucht, sich durch Leistungen hervorzutun. Seine Aufgabe ist es, die Familie mit Selbstwert zu versorgen und zu signalisieren, dass alles doch in Ordnung ist. Dabei läuft es Gefahr, sich ständig zu überfordern und die eigenen Gefühle und Bedürfnisse außer Acht zu lassen.

• „der Rebell"

Diese Rolle hat häufig ein zweitgeborenes Kind. Es übernimmt den Gegenpart zu dem seines älteren Geschwisters: Es zeigt auffälliges, aggressives, aufmüpfiges Verhalten bis hin zur Kriminalität, zieht damit die Aufmerksamkeit auf sich und lenkt auf diese Weise von dem Alkoholproblem ab. Oft ist „der Rebell" („der Sündenbock" oder „das schwarze Schaf") der Anlass, dass die Familie überhaupt professionelle Hilfe aufsucht.

• „der Stille"

Die Rolle des stillen Kindes besteht darin, nicht aufzufallen. Dieses Kind zieht sich zurück und belastet die übrigen Familienmitglieder nicht. Es baut sich eine Scheinwelt auf, hört stundenlang Musik, isst und nascht heimlich und entwickelt nicht selten ein Übergewicht.

• „der Clown"

Dieses Kind fällt auf durch Clownerien; es ist aktiv, laut, kaspert herum und produziert sich. Es ist oft das jüngste Kind, häufig ein Nachkömmling. Es zieht die Aufmerksamkeit auf sich und lässt die anderen für einen Augenblick vergessen, wie belastend ihre Situation ist. Für das Kind selber ergibt sich vor allem ein Problem, wenn diese Clownerien generalisieren, das heißt, wenn es dieses Verhalten beispielsweise auch in der Schule oder in Gleichaltrigengruppen zeigt und damit Gefahr läuft, nach einiger Zeit nicht mehr ernst genommen zu werden.

• Umgang mit dem Problem

Grundsätzlich hängt die Entwicklung von Störungen einerseits von der Ausprägung der familiären Beeinträchtigung und zum anderen davon ab, wie das Kind die Alkoholproblematik bewertet: Werden die familiären Erlebnisse und Erfahrungen in erster Linie als Herausforderung wahrgenommen, widerstehen die Kinder meist den krankmachenden Einflüssen der Familienumgebung und entwickeln Stärken und Fähigkeiten. Wenn die Familienumgebung jedoch in erster Linie als schädigend und belastend wahrgenommen wird, ist die Entwicklung von Störungen wahrscheinlich.

• Schutzfaktoren für Kinder in Suchtfamilien

Es liegen differenzierte Ergebnisse über Schutzfaktoren von Kindern in Suchtfamilien vor. Im Einzelnen ergaben sich folgende individuell wichtige „protektive" Faktoren: Ein Temperament, das positive Aufmerksamkeit seitens der Umwelt hervorruft; durchschnittliche Intelligenz sowie die Fähigkeit zur mündlichen und schriftlichen Kommunikation; stärkere allgemeine Leistungsorientierung; Fähigkeit zur Übernahme von Verantwortung; positives Selbstwertgefühl; internale Kontrollüberzeugung und ein Glaube an Selbsthilfemöglichkeiten. Hinzu traten als Schutzfaktoren aus dem interaktionalen Bereich: Viel Aufmerksamkeit seitens der Umwelt und keine längeren Trennungen während des Kleinkindalters, keine weiteren Geburten in den ersten beiden Lebensjahren sowie keine schwereren elterlichen Konflikte bis zum zweiten Lebensjahr.

• Alkoholembryopathie

Kinder von Müttern, die bereits vor und während ihrer Schwangerschaft von Alkoholabhängigkeit betroffen waren, tragen das besondere Risiko der Entwicklung einer sogenannten Alkoholembryopathie. Diese zeichnet sich aus durch Minderwuchs, Untergewicht und einen kleinen Kopf. Hinzu kommen neurologische Auffälligkeiten und eine Minderbegabung. Diese kann in schweren Fällen bis hin zur geistigen Behinderung ausgeprägt und von zahlreichen Missbildungen innerer Organe begleitet sein. In leichteren Fällen zeigt sich die Alkoholembryopathie in Verhaltens- und Lernstörungen wie Hyperaktivität, Aufmerksamkeitsstörungen, Wahrnehmungsschwächen und Sprachschwierigkeiten.

Es gibt eine Reihe von Hinweisen darauf, dass die Verhaltensauffälligkeiten und Verhaltensstörungen von **Kindern drogenkranker Eltern** schwerwiegender sind als die von alkoholkranken Eltern. Solche Hinweise ergeben sich aus der klinischen Praxis, sind aber bislang aufgrund der noch geringen Zahl der Untersuchungen durch die empirische Forschung wenig gestützt. Die nachfolgenden Faktoren sind dabei offensichtlich von Bedeutung.

• Erkrankung beider Eltern

Drogenabhängige neigen in stärkerem Maße als Alkoholiker dazu, sich mit ebenfalls drogenkranken Partnern zusammenzuschließen. Das bedeutet, dass die Kinder häufig von der Abhängigkeit beider Elternteile betroffen sind. Ein Ausgleich der Belastungen durch einen nichtabhängigen Elternteil findet demnach in einem Großteil der Fälle nicht statt.

• alleinerziehende Eltern

Gleichzeitig kommt es in Ehen Drogenabhängiger häufiger als in Alkoholikerfamilien zur Trennung der Partner. Entsprechend häufiger wachsen Kinder drogenkranker Eltern bei nur einem Elternteil, meist bei der Mutter, auf. In manchen Studien lag die Zahl der alleinerziehenden drogenkranken Eltern bei 35% bis 40%.

• Armut und Arbeitslosigkeit

Drogenabhängige leben sehr viel häufiger als Alkoholiker in Armut und beengten Wohnverhältnissen. Sie verfügen über eine unterdurchschnittliche schulische und berufliche Bildung und sind oft von Arbeitslosigkeit betroffen. Viele Drogenabhängige müssen von Sozialhilfe leben. Es ist deshalb davon auszugehen, dass viele Kinder von drogenkranken Eltern in ihren materiellen Ressourcen massiv eingeschränkt sind.

• Illegalität der Drogen

Die Kriminalisierung des Problems ihrer Eltern ist eine Besonderheit, die sich auf die Kinder drogenkranker Eltern stark auswirkt. Die Tabuisierung des Problems auch gegenüber den Kindern kann kaum aufgegeben werden, will man nicht riskieren, dass das Kind den Nachbarn ganz naiv erzählt: „Papa spritzt sich immer so ein weißes Pulver und schläft dann." Die Eltern leben mit dem ständigen Risiko, verhaftet zu werden. Das Kind lebt mit der Angst, dass seine Eltern verschwinden und nicht wiederkommen, sei es aufgrund von Verhaftung oder wegen einer unbeabsichtigten Überdosierung. Hinzu tritt die Angst, als Familie auseinander gerissen zu werden, wenn offizielle Stellen das Kindeswohl gefährdet sehen. Zudem erleben die Kinder im Zusammenhang mit der Beschaffungskriminalität mehr traumatische Situationen, wie beispielsweise die Prostitution der Mutter.

• Brüche in der Kinderbetreuung

Tatsächlich ist es eher selten, dass Kinder von Drogenkranken durchgängig bei ihren Eltern oder einem Elternteil leben. Durch Krankenhausaufenthalte aufgrund von Überdosierungen, aber auch durch Haftaufenthalte kommt es immer wieder zur Notwendigkeit, dass die Kinder anderweitig betreut werden – auch dies ein potenzieller Risikofaktor für die Entwicklung von Verhaltensauffälligkeiten.

• Probleme im frühen Beziehungsaufbau

In höherem Maße als bei Alkoholikern sind die drogenabhängigen Mütter bereits zum Zeitpunkt ihrer Schwangerschaft drogenabhängig. Es kommt zu einer größeren Zahl von Frühgeburten, und die Kinder zeigen häufiger frühe Verhaltensauffälligkeiten, die zu Störungen im Aufbau einer guten Mutter-Kind-Beziehung führen können. Auch im weiteren Entwicklungsverlauf treten gehäuft Schwierigkeiten auf, die zu Überforderungs-, Trennungs- und Insuffizienzgefühlen der Eltern führen. Das frühe Betroffensein von der Abhängigkeit der Eltern oder eines Elternteils bringt generell ein erhöhtes Entwicklungsrisiko mit sich.

Lösungen anregen und möglich machen

Kinder alkoholhängiger Eltern

• Blick auf die gesamte Familie

Da die Alkoholabhängigkeit eines Elternteils ein Familienproblem ist, sind Hilfs- und Unterstützungsmaßnahmen auch immer mit Blick auf die gesamte Familie zu konzipieren. Das gilt unbeschadet der Tatsache, dass die Realität es oft nicht möglich macht, mit allen Beteiligten und für alle Beteiligten zugleich zu arbeiten. Der alkoholabhängige Vater mag beispielsweise noch weit davon entfernt sein, sein Trinken als gravierendes Familienproblem anzunehmen. Begonnen werden muss deshalb dort, wo Veränderung am ehesten möglich ist.

• Kontaktaufnahme zum Kind

Nicht selten gelingt anfangs nur eine Kontaktaufnahme zu dem Kind. Diese sollte aber zunächst nur darin bestehen, sich dem Kind mit Interesse zuzuwenden, sich als Gesprächspartner zur Verfügung zu stellen und allmählich eine vertrauensvolle Beziehung aufzubauen. Den Verdacht der Alkoholabhängigkeit eines Elternteils oder beider Eltern darf man erst zur Sprache bringen, wenn eine gute Vertrauensbasis entstanden ist und das Kind sich absolut sicher fühlt. Meist äußert sich das in vorsichtigen Hinweisen des Kindes auf das Problem. Es ist immer zu bedenken, dass das Kind mit einer Eröffnung des Alkoholproblems aus der familiären Loyalität ausbricht und bei Aufdeckung seines „Verrats" empfindliche Konsequenzen seitens seiner Eltern befürchten muss.

• Kontaktaufnahme mit den Eltern

Eine Kontaktaufnahme mit den Eltern sollte nur in Abstimmung mit dem Kind erfolgen. Es besteht die Gefahr, dass der abhängige Elternteil den Verdacht als absurd von sich weist. Der nicht-abhängige Elternteil wird das Problem nicht selten auch leugnen, da es extrem schambesetzt ist und er vielleicht doch noch Hoffnung hat, es werde sich auch ohne Hilfe von außen alles zum Guten wenden. Häufig ist es sinnvoll, sich vorher in Beratungsstellen Tipps geben zu lassen, wie man das Problem so ansprechen kann, dass man nicht als Ankläger erscheint, sondern als eine Person, die Hilfe anbietet.

• Offenheit

Letztlich muss aber das Ziel darin bestehen, dass die Familienmitglieder das „Spiel" von Verleugnung und Tabuisierung des Problems aufgeben. Erst damit ändern sie ihr Verhalten, mit dem sie dem Abhängigen die Verantwortung für sein Verhalten zumindest teilweise abgenommen haben. Der gesunde Elternteil sollte ein Modell werden, an dem der Jugendliche lernt, offen über die familiäre Situation zu sprechen, die Auswirkung des Abhängigkeitsverhaltens auf seine Person zu benennen und nicht mehr zu beschönigen.

• Aufgeben der Beschützerrolle

Der nichtabhängige Elternteil sollte auch Vorbild darin sein, die Beschützerrolle für den abhängigen Vater oder für die abhängige Mutter aufzugeben. Das macht zwar Angst und vielleicht auch ein schlechtes Gewissen, weil man den Eindruck hat, den abhängigen Partner im Stich zu lassen. Aber das bisherige Verhalten hat ebenfalls keinen Erfolg gezeigt, und jede Veränderung ist besser als keine. Und wenn der Abhängige keine Beschützer mehr hat, besteht die Chance, dass er – doch – selbst Verantwortung übernimmt.

• den eigenen Aufgaben zuwenden

Für den nichtabhängigen Elternteil und das Kind oder den Jugendlichen heißt das Aufgeben der Beschützerrolle, frei zu werden für die eigene Reifung und die eigenen Aufgaben. Konkret bedeutet das, zunächst einmal aus der Isolation herauszutreten und Freunde zu suchen. Die Beziehung zu Verwandten und alte Freundschaften können wieder aufgegriffen und neue Freundschaften angeknüpft werden. Dafür braucht das Kind das Vorbild, um den notwendigen Mut zu entwickeln, aber auch konkrete Anleitung und Hilfestellung, da es eben im Hinblick auf altersgemäße Sozialkontakte vieles noch nicht gelernt hat.

• hilfreiche Einflüsse und Bedingungen

Es gibt Einflüsse und Bedingungen, die Kinder vor den Belastungen ihrer Familienumwelt schützen: So sollte man die Einsicht der Kinder fördern, dass das Familienleben wenig vertrauensvoll und nicht in Ordnung ist. Zudem sollen die Kinder verstehen, dass der abhängige Elternteil krank ist – aber derzeit nichts dagegen unternimmt – und dass die Alkoholkrankheit Schwankungen in Stimmung und Verhalten bewirkt, die sich manchmal an ihnen entladen, aber nicht von ihnen verursacht sind. Den Kindern sollten viele Gelegenheiten ermöglicht werden, außerhalb des Hauses zu übernachten, Ferienfreizeiten mitzumachen und Ausflüge mit Freunden und Bekannten zu unternehmen. Dies erleichtert es ihnen, eine gewisse Distanz zu dem familiären Geschehen zu wahren. Aus demselben Grund sind Beziehungen zu Personen außerhalb der Familie für sie von besonderer Bedeutung. In ihnen können sie zudem die Sicherheit und Zuverlässigkeit erleben, die ihnen zu Hause fehlt. Hilfreich ist es zudem, die Initiative, die Kreativität und den Humor dieser Kinder zu fördern.

• Selbsthilfegruppen

Dies kann in Selbsthilfegruppen geschehen, beispielsweise in ALATEEN-Gruppen. Die Kinder können hier erkennen, dass sie mit ihren Problemen nicht allein sind, und erfahren, dass sie nicht für das Trinkverhalten der Eltern verantwortlich sind. Sie fassen Mut, sich mehr auf ihr eigenes Leben zu konzentrieren, bauen soziale Kontakte auf und gewinnen Selbstvertrauen. Entsprechende Gruppen gibt es auch für Partner von Alkoholabhängigen, beispielsweise die AL-ANON-Gruppen oder die Selbsthilfegruppen des Blaukreuzes und der Guttempler.

• fachliche Hilfen

Im Einzelfall wird zu entscheiden sein, in welchem Umfang fachliche Hilfen in Form von Erziehungsberatung, Familientherapie oder Einzeltherapie für die Kinder und Jugendlichen sinnvoll und notwendig sind. In besonders kritischen Fällen ist auch eine stationäre Behandlung der Kinder und Jugendlichen in der Kinder- und Jugendpsychiatrie angezeigt.

Kinder drogenabhängiger Eltern

Auch die Hilfen für die Kinder drogenkranker Eltern müssen als Hilfe für die drogenabhängigen Eltern und ihre Kinder konzipiert werden. Es ist für eine angemessene medizinische Betreuung und eine Unterstützung der Eltern in ihrer elterlichen Funktion zu sorgen sowie für eine Unterstützung der Kinder Sorge zu tragen.

• medizinische Betreuung der Eltern

Als vordringliche Maßnahme ist eine gute medizinische Betreuung der Eltern sicher zu stellen. Diese hat das Ziel einer gesundheitlichen Stabilisierung und Rehabilitation. Unter medikamentengestützter ambulanter Therapie kommt es für die überwiegende Mehrheit des Klientel zu einer raschen Verbesserung ihrer sozialen und gesundheitlichen Situation und damit auch in vielen Fällen zu einer Stärkung der Bereitschaft, sich der eigenen Verantwortung für die Kinder zu stellen.

• Unterstützung in der elterlichen Sorge

Darauf aufbauend wird es darum gehen, den in jedem Fall unterschiedlichen Hilfebedarf für die Eltern zur Erfüllung ihrer elterlichen Sorgepflicht zu konzipieren. In erster Linie sind dies lebenspraktische Hilfen in Bezug auf die Wohnung und das Einkommen, die Haushaltsführung und die Erziehung. Dies soll den Eltern ermöglichen, die Grundversorgung ihrer Kinder auf Dauer sicher zu stellen. Diese Unterstützung sollte getragen werden durch die Botschaft: „Wir trauen euch zu, die Verantwortung für eure Kinder zu erfüllen. Wir lassen euch und eure Kinder aber nicht aus den Augen. Denn es besteht die Gefahr, dass ihr es in Krisensituationen nicht mehr schafft. Und wir wollen verhindern, dass eure Kinder dann in Vernachlässigung leben müssen."

• Unterstützung der Kinder

Hier geht es wiederum darum, den Kindern zu helfen, die Beschützerrolle für ihre Eltern aufzugeben, und sie darin zu stärken, die Übernahme von Verantwortung für die Erwachsenen abzulehnen. Sie müssen angeregt werden, ihr Schweigen über die familiäre Situation und über ihre eigene Befindlichkeit aufzugeben und sich den eigenen Entwicklungsaufgaben zu stellen. Dazu sollte man einerseits herausfinden, wo eine spezielle Gruppe für Kinder drogenabhängiger Eltern angeboten wird, zum anderen aber auch mit dem Kind Vorschläge darüber entwickeln, welche Gleichaltrigengruppe (im

Sportverein, bei den Pfadfindern, in der Kirche und anderswo) ein ihnen geeignetes Angebot darstellt.

- **Internet**

Wenn Kinder und Jugendliche Rat und Hilfe suchen, können sie unter www.kidkit.de Informationen bekommen und per E-Mail Fragen stellen, auf die sie – geschützt durch ein eigenes Passwort – innerhalb von 48 Stunden Antwort bekommen.

Weitere Stichworte:

Aggressivität (Band 1)
Aktivitäts- und Aufmerksamkeitsstörung (Band 1)
Angst (Band 1)
Depressive Störungen
Drogensucht
Kriminelles Verhalten
Magersucht
Selbstmordhandlungen
Störungen des Sozialverhaltens
Übergewicht

Literatur

Black, C. (1988): Mir kann das nicht passieren. Wildberg, Böckner-Kaufmann

Elpers, M., Lenz, K. (1994): Psychiatrische Störungen bei Kindern alkoholkranker Eltern. Zeitschrift Kinder- Jugendpsychiatrie 22: 107 – 113

Gies, C. (1996): Regeln und Vorgaben für Kinder in den Familien von Suchtkranken. In: Fachklinik Bad Tönisstein: Alkohol und Familie. Andernach: 19 – 24

Klein, M. (2003): Kinder drogenabhängiger Eltern. Fakten, Hintergründe, Perspektiven. Report Psychologie 28: 358 – 371

Klein, M., Zobel, M. (1997): Kinder aus alkoholbelasteten Familien. Kindheit und Entwicklung 6: 133 – 140

Mäurer; M. (1996): Kinder von Alkoholikern. In: Fachklinik Bad Tönisstein: Alkohol und Familie. Andernach: 25 – 31

Petermann, F. (1995): Kinder aus Alkohol- und Drogenfamilien. Entwicklungsrisiken und Prävention. Zeitschrift klinische Psychologie Psychopathologie Psychotherapie 43: 4 – 17

Pries, J. (1999): Kleine Leute, große Sorgen. Unterstützung für Kinder und ihre von illegalisierten Drogen abhängige Eltern. In: Romeike, G., Imelmann, H. (Hrsg.): Hilfen für Kinder. Weinheim, Juventa

Schneider, B. (1996): Soziale Aspekte der Suchtmittelabhängigkeit: Das Umfeld leidet mit. In: Fachklinik Bad Tönisstein: Alkohol und Familie. Andernach: 3 – 12

Seger, A. (1999): Kinder und Jugendliche aus alkoholkranken Familien erkennen und unterstützen. In: Romeike, G., Imelmann, H. (Hrsg.): Hilfen für Kinder. Weinheim, Juventa

Steinhausen, H.C. (1984): Kinder alkoholkranker Eltern. In: Steinhausen, H.C. (Hrsg.): Risikokinder. Ergebnisse der Kinderpsychiatrie und –psychologie. Stuttgart, Kohlhammer: 209 – 226

Strieder, F. (1996): Loslassen. Gedanken zum Leben mit einem Abhängigen. In: Fachklinik Bad Tönisstein: Alkohol und Familie, Andernach: 13 – 18

Trost, A. (2003): Interaktion und Regulation bei suchtkranken Müttern und ihren Säuglingen. In: Pauly, A.: Suchtfalle Familie?! Köln, Katholische Fachhochschule NW / Landschaftsverband Rheinland: 50 – 84

Wegscheider, S. (1988): Es gibt doch eine Chance. Hoffung und Heilung für die Alkoholiker-Familie. Wildberg, Böckner-Kaufmann

Zobel, M. (2000): Kinder aus alkoholbelasteten Familien. Entwicklungsrisiken und -chancen. Klinische Kinderpsychologie. Band 2. Göttingen, Hogrefe

Rechtsextremismus

Wahrnehmen und bewerten

• Dimensionen des Rechtsextremismus

Als rechtsextremistisch werden unterschiedliche politische Einstellungen und Bestrebungen verstanden, die sich gegen die Demokratie – den demokratischen Verfassungsstaat – richten und seine fundamentalen Werte und Regeln ablehnen und bekämpfen. Deutschland ist ein demokratischer Staat, in dem – so steht es im Grundgesetz Art. 3, Abs. 1 – alle Menschen vor dem Gesetz gleich sind und niemand wegen seines Geschlechtes, seiner Abstammung, seiner Rasse, seiner Sprache, seiner Heimat und Herkunft, seines Glaubens, seiner religiösen oder politischen Anschauungen benachteiligt oder bevorzugt und wegen seiner Behinderung benachteiligt werden darf.

Der Begriff Rechtsextremismus ist ein Sammelbegriff. Zu den Einstellungen, die dem Rechtsextremismus zugeordnet werden, gehören vor allem der Rassismus, die Fremdenfeindlichkeit, die Ablehnung anderer Nationen und der Antisemitismus. Verbunden sind diese Ideen mit einem übersteigerten Nationalismus. Rechtsextremisten leugnen oder relativieren die nationalsozialistischen Verbrechen. Sie distanzieren sich nicht von den Kernideen des Nationalsozialismus wie der Benachteiligung, Verfolgung, Vertreibung und Tötung von Menschen anderer Kulturen, anderer „Rassen" (Rassismus), behinderter Menschen oder homosexueller Männer und Frauen. Manche Rechtsextremisten sind so genannte Neonazis, die bestrebt sind, wesentliche politische Ideen des Nationalsozialismus wieder aufleben zu lassen, wieder einzuführen und umzusetzen.

• Rassismus

Eines der zentralen Elemente rechtsextremer Weltanschauungen ist der Rassismus. Dieser teilt Menschen nach ihrer Herkunft und ihrem Äußeren verschiedenen Kategorien zu. Menschen unterschiedlicher Nationen werden unterschiedlich bewertet. In der Regel werden sie gegenüber den „Deutschen" abgewertet. Somit entwickelt sich die Vorstellung einer eigenen Überlegenheit gegenüber anderen. Hieraus wird wiederum das Recht abgeleitet, die Lebensmöglichkeiten der „anderen" einzuschränken oder sogar ihre Daseinsberechtigung in Zweifel zu ziehen. Diese unhaltbaren Ideen einer Rassentheorie sind der Hintergrund dafür, dass Gruppen von Menschen wegen ihrer Religionszugehörigkeit, ihrer Gebräuche und Sitten oder auch ihrer Hautfarbe aus einer Gemeinschaft ausgeschlossen werden. Die Vorstellungen einer Rassentheorie werden zudem von Rechtsextremisten dazu benutzt, Bedrohungen, Quälereien oder sogar auch Tötungen von Menschen zu rechtfertigen.

• Fremdenfeindlichkeit

Auch die Fremdenfeindlichkeit gehört zu den Elementen einer rechtsextremen Weltanschauung. Sie findet ihren Ausdruck darin, dass Menschen aus anderen Kulturen als in unserer Gesellschaft Fremde abgelehnt werden. Sie entsprechen nicht den eigenen kulturellen Vorstellungen: Sie haben ein anderes Aussehen, andere Sitten oder Verhaltensweisen, die mit den eigenen festgelegten Vorstellungen nicht übereinstimmen. Sie werden zudem angesichts der hohen Arbeitslosigkeit als Konkurrenten angesehen. Obwohl die Ausländer zu einem großen Teil Arbeitsplätze einnehmen, die von Deutschen abgelehnt werden, und sie als Kleinunternehmer auch zahlreiche Arbeitsplätze schaffen, wird ihnen angesichts der hohen Arbeitslosigkeit der „Schwarze Peter“ zugeschoben.

• übersteigerter Nationalismus

Der negativen Bewertung anderer Menschen oder ganzer Nationen und der Abwehr von allem Fremden steht bei einem Rechtsextremisten die kritiklos positive Bewertung des eigenen Volkes und der eigenen Nation gegenüber. Alles Negative, was ihr Volk herabsetzen könnte, suchen sie auszublenden. Die deutsche Geschichte wird in ihren Augen zu einer Erfolgsgeschichte, negative Zeiten und Ereignisse werden geleugnet. Sie passen nicht in ihr Konstrukt und würden ihr Identifikationsobjekt entwerten. Diese Haltung gegenüber der Wirklichkeit zeigt sich besonders gegenüber den nationalsozialistischen Verbrechen. Rechtsextremisten leugnen den Völkermord an europäischen Juden. Kriegerische Aggressionen der Deutschen werden als notwendige Verteidigung umgedeutet.

• Gewalt

Eine bedeutsame Dimension rechtsextremer Gruppen ist die Gewalt. Sie richtet sich bevorzugt gegen Personen, die vermeintlich gesellschaftlich verachtet sind, wie zum Beispiel Obdachlose, Drogenabhängige, Behinderte und Menschen mit einem fremdartigen Aussehen.

• Skinheads

Unter den verschiedenen Organisationsformen und Zusammenschlüssen sind die Skinheads die größte Gruppe der gewaltbereiten Jugendlichen. Die Skinhead-Szene entstand Ende der 60-iger bis Anfang der 70-iger Jahre als Protestbewegung gegen Arbeitslosigkeit und schlechte Lebensbedingungen insbesondere der Arbeiter in Großbritannien. Zu Beginn war die Szene eher unpolitisch, beteiligte sich jedoch später an den nationalistischen Kampagnen gegen den Zuzug von Ausländern. Seit Anfang der 80-iger Jahre gibt es auch in der Bundesrepublik eine Skinhead-Szene. Skinheads finden sich zumeist in losen Freundeskreisen aus der näheren Umgebung zusammen. Es sind vornehmlich jüngere Männer unter 25 Jahren. Skins haben zumeist Probleme mit ihrem sozialen Umfeld und versuchen, diese Konflikte mit Hilfe von Gewalt zu lösen, wobei gleichzeitig die Zugehörigkeit zur Gruppe das eigene Selbstbewusstsein stärkt. Optisch fallen sie im Straßenbild durch uniformähnliche Kleidung, Glatze, Bomberjacke, hochgekrempelte Jeans mit breiten Hosenträgern, Arbeits- oder Springerstiefel mit weißen Schnürsenkeln auf.

• Mädchen

Rechtsextreme Jugendgruppen werden von Jungen dominiert. Mädchen sind in der Clique als Freundin eines männlichen Mitgliedes vertreten. Sie sind bedeutsam als Publikum für die männlichen Mitglieder. Sie motivieren durch ihr Dabeisein die Jungen, sich durch besondere Äußerungen und Handlungen hervorzutun. Andere Mädchen werden sexuell ausgenutzt oder gezielt zur Eskalation von Gewalttaten durch die Gruppe eingesetzt. In den letzten Jahren wird auch ein Zulauf von Mädchen beobachtet, die keine persönliche Bindung an ein männliches Gruppenmitglied haben. Es wird angenommen, dass sie es den Jungen gleich tun wollen. Das Ausmaß der Gewaltausübung dieser Mädchen ist jedoch geringer als das der Jungen. Sie übernehmen andere Rollen, zum Beispiel die einer Fahrerin bei einer (strafbaren) Aktion.

• Häufigkeit

Der Bundesverfassungsschutz registriert zurzeit für ganz Deutschland 42.700 organisierte und nicht organisierte Rechtsextremisten. Die Zahl rechtsextremistischer Skinheads ist offensichtlich in den vergangenen Jahren stark gestiegen, was unter anderem an der gewachsenen Zahl ihrer Veröffentlichungen abzulesen ist. Über die Hälfte der Skinheads ist zwischen 16 und 21 Jahre alt. Das Einstiegsalter liegt oft schon bei 12 oder 13 Jahren.

Fremdenfeindliche Einstellungen sind bei Jugendlichen weit verbreitet: 58% der westdeutschen und 75% der ostdeutschen Jugendlichen sprechen sich dafür aus, in Zukunft weniger Asylbewerber aufzunehmen. 33% der west- und 55% der ostdeutschen 16-Jährigen meinen, die Ausländer würden selbst zur Ausländerfeindlichkeit beitragen, weil sie sich nicht anpassen. Allerdings gibt es auch eine andere Sichtweise: Zwei Drittel der 16-Jährigen erleben eine Bereicherung durch Ausländer und sind der Auffassung, „dass sie zum Sündenbock aller Probleme gemacht werden“.

Zuordnen und verstehen

• jugendliche Anfälligkeit

Das Jugendalter kann als Eingangsphase für die Entwicklung rechtsextremer Einstellungen angesehen werden. Diese Tatsache steht in engem Zusammenhang mit einer wichtigen Entwicklungsaufgabe des Jugendalters: der Ausbildung eines eigenen Wertesystems und eines ethischen Bewusstseins. Jugendliche müssen diese Entwicklungsaufgabe heute unter erschwerten Bedingungen erbringen. Sie wachsen in einer pluralistischen Gesellschaft auf, in der nicht mehr ein fester Wertekanon von Generation zu Generation weitergegeben wird, sondern eine Vielzahl von unterschiedlichen Werten und Normen existieren, zwischen denen sie zu entscheiden haben. Zudem ist ein tiefgreifender Wertewandel zu beobachten und für die ostdeutschen Jugendlichen ein völliger Umbruch der gesellschaftlichen und politischen Werte.

• Wertevermittlung

Die Institutionen, die früher in erster Linie für die Vermittlung von Werten an Kinder und Jugendliche zuständig waren – die Familie, die Schule, die Kirche –, haben in den vergangenen Jahrzehnten erheblich an Einfluss verloren. Viele Eltern sind in ihrer Werteorientierung ebenfalls verunsichert, viele Familien zerfallen. In Schulen ist die Aufgabe einer Werteerziehung hinter der Aufgabe der Wissensvermittlung zurückgetreten, und die Kirchen haben immer weniger und vor allem immer weniger aktive Mitglieder. Politiker und andere führende Persönlichkeiten bieten ebenfalls kaum ein tragfähiges Modell für die Jugendlichen. Der Mangel an Ausbildungsplätzen und die Jugendarbeitslosigkeit können von den Jugendlichen als eine Botschaft verstanden werden, dass diese Gesellschaft sie nicht braucht und nicht will. Das wirtschaftliche Klima ist nur noch wenig durch ein soziales Denken, sondern vielmehr durch den Erfolg dessen geprägt, der die Ellenbogen am erfolgreichsten einsetzt. Ein Generationenkonflikt, den es Forschungen zufolge so nicht gibt, wird ständig in den Medien behauptet und belastet das Vertrauen zwischen jüngeren und älteren Menschen.

• die simpeln Lösungen

Diese Gesamtkonstellation, in der Jugendliche heute aufwachsen, führt zu Verunsicherungen und Überforderungen und bereitet den Boden für die Übernahme der simplen „Lösungen“, die von rechtsextremen Gruppierungen angeboten werden. Ausländer und linke Politiker dienen als „Sündenböcke“. Über den Leitgedanken „Deutschland den Deutschen“ wird der Wegzug von Ausländern zur angeblichen Lösung für die Arbeitslosigkeit erklärt, obwohl unser Wirtschaftssystem ohne ausländische Arbeitnehmer gar nicht funktionieren kann. Ausländer werden beschuldigt, die Situation auf dem Wohnungsmarkt zu verschärfen. Im Widerspruch zu den Tatsachen wirft man ihnen vor, auf Kosten der Deutschen in Deutschland gut leben zu wollen und darüber hinaus vermehrt zu Kriminalität zu neigen.

• Verlockungen

Rechtsextremistische Gruppierungen bieten ein umfangreiches Freizeitangebot. Es gibt zahlreiche Veranstaltungen mit rechtsextremistischer Musik und Konzerte mit Feiern und Trinkgelagen. Es finden sportliche oder paramilitärische Veranstaltungen statt. Jugendliche werden in die Organisation regionaler oder überregionaler Kundgebungen einbezogen. Nicht nur diese Angebote mit ihrem hohen Unterhaltungswert, sondern auch das Erleben, in eine Gemeinschaft eingebunden zu sein, stellen für Jugendliche reizvolle Verlokkungen dar. Das Erleben, sich unter Gleichgesinnten zu befinden, vermittelt Sicherheit und Geborgenheit. Die Veranstaltungen, häufig mit reichlichem Alkoholkonsum, sollen das Gruppengefühl stärken, eine Geborgenheit in fest gefügten Strukturen vermitteln und ein Erleben von Kraft, Macht und Solidarität schaffen. Die Gruppenzugehörigkeit wird verstärkt durch die entsprechende Kleidung, durch Frisuren und die simplen Parolen, die eine gemeinsame Idee vorgaukeln.

• Anwerbung

Das hohe Interesse von Jugendlichen am Internet wird genutzt, um über dieses Medium (zum Teil strafbare) Informationen an die jungen Menschen heranzutragen und sie zum Mitmachen zu gewinnen. Über Chatrooms werden Informationen ausgetauscht, und auch der Internethandel mit typischer Kleidung und rechtsextremen Symbolen nimmt zu. Auch Handzettel werden verteilt, Plakate gedruckt und Fanzine (Fan-Magazine) an Jugendliche verteilt, in denen über Konzerte, neue Tonträger, Demonstrationen und Ähnliches informiert und zur Mitgliedschaft aufgerufen wird. Zuweilen werden bereits 12- bis 13-jährige Kinder durch direkte Ansprache geworben – vermutlich nicht selten auf dem Hintergrund geplanter Straftaten, da Kinder noch strafunmündig sind und nicht belangt werden können.

• Mangel an familiären Ressourcen

Jedes Kind macht in seiner Familie spezifische Lernerfahrungen, die seine spätere Einstellung, sein Verhalten und auch die Bewertung von Ereignissen oder Verhaltensweisen bestimmen. Familien verfügen aber in sehr ungleichem Maße über die erforderlichen Ressourcen, um ein stützendes Familienklima zu schaffen, eine zuverlässige, vertrauensvolle Bindung an eine Beziehungsperson aufzubauen, Respekt und Akzeptanz für den anderen zu lehren und über die Vermittlung von Werten und Normen eine Bindung an ethische Prinzipien anzuregen. Fehlen derartige Faktoren eines Schutz gebenden Familienklimas, so wird ein Jugendlicher Schwierigkeiten haben, den vielfältigen Verlockungen rechtextremer Gruppierungen zu widerstehen. Allzu leicht kann er fasziniert werden durch die einfachen Lösungen, die Orientierung und Halt zu geben scheinen, und er wird zumindest anfänglich in der Gruppe Sicherheit erfahren und sich durch die Parolen von Stärke und Größe aufgewertet erleben.

• politische Gesinnung der Familie

Untersuchungen haben gezeigt, dass die politische Gesinnung von Familienmitgliedern einen erheblichen Einfluss darauf hat, ob Jugendliche Ausländer ablehnen oder in sonstiger Weise eine fremdenfeindliche Haltung einnehmen. Eine solche Einstellung von Familienmitgliedern braucht dabei jedoch nicht mit einer Bindung an eine rechtsextreme Gruppierung einherzugehen. Sie vermittelt jedoch ein Gedankengut, das dazu führt, dass für den Jugendlichen der Schritt zu einer Bindung an eine rechtsextreme Gruppierung nur noch klein und seine Kritikfähigkeit den dort vertretenen Parolen gegenüber eingeschränkt ist.

• Ort für Gewalt

Rechtsextremistische Einstellungen sind der ideologische Hintergrund für Gewalthandlungen, die von der Gruppe begangen werden. Diese Gewalthandlungen vermitteln dem Einzelnen das Gefühl von Macht und Stärke. Die autoritär geführten Gruppen preisen Ideale von Gefolgschaft und unbedingtem Gehorsam nicht zuletzt mit dem Ziel, dass der Einzelne nicht auf die Idee kommt, persönlich für die ausgeübte Gewalt verantwortlich zu sein. Auf diese Weise können sie zu einem Auffangbecken für Jugendliche werden, die – aus welchen Gründen auch immer – voller Aggressionen auf ihre Umwelt sind und sozusagen die Berechtigung und den Auslöser brauchen, um ihre Aggressivität leben zu können.

• Identifikation mit dem Aggressor

Auf der anderen Seite finden sich in rechtsextremen Gruppen auch Jugendliche, die sich als schwach erleben und die Gewalt fürchten, Jugendliche, die selbst früher Opfer von Gewalthandlungen anderer (möglicherweise auch von Rechtsextremen) geworden waren. Für sie ist die Mitgliedschaft in einer Gewalt orientierten rechtsextremen Gruppe eine Möglichkeit, ihrer Angst zu begegnen, indem sie sich mit der Gewaltideologie der Gruppe identifizieren und selbst gewalttätig handeln.

• der schwere Weg zurück

Zunächst glauben viele Jugendliche, in der rechtsextremen Gruppe eine Orientierung, einen Weg für ein sinnvolles Leben gefunden zu haben. Es wird ihnen – ähnlich wie bei Sekten – ein Elitebewusstsein vermittelt. Sie verstehen sich als Auserwählte. Damit solche Vorstellungen aufrechterhalten werden können, betreiben neonazistische Gruppen einen emotionalen und geistigen Bruch mit der Herkunftsfamilie, mit den ehemaligen Freunden und Mitschülern.

Zwangsläufig leben die Jugendlichen aber auch noch in anderen gesellschaftlichen Zusammenhängen und Gruppen. Hier stoßen sie zumeist auf eine deutliche Ablehnung und soziale Ausgrenzung, die umso stärker ist, je deutlicher sie sich als Zugehörige zu einer rechtsextremen Gruppe zu erkennen geben. Sie werden infolgedessen immer abhängiger von der Anerkennung ihrer Clique. Sie tun alles, um sich die Freundschaft ihrer Gruppe zu erhalten, und werden damit erpressbar. Lässt ein Jugendlicher dann Tendenzen zum Ausstieg erkennen, wird er bald merken, wie schwer der Weg zurück ist. Üblicherweise wird ein solcher Jugendlicher von der Gruppe massiv unter Druck gesetzt und auch bedroht, nicht zuletzt, weil er häufig auch ein Mitwisser von Straftaten ist. Dadurch fühlt sich die Gruppe bedroht und fürchtet Verrat.

Lösungen anregen und möglich machen

• Signale

Eine Reihe von Signalen kann auf eine beginnende oder bereits vollzogene Hinwendung eines Jugendlichen zu rechtsextremistischen Gedanken und Einstellungen hinweisen. Der Jugendliche ist fasziniert von rechtsextremistischer Musik, akzeptiert oder verteidigt selbst die zum Teil menschenverachtenden Liedtexte, er neigt zu Kleidung und Frisuren rechtsextremer Gruppierungen. Er zeigt Interesse an Berichten über rechtsextremistische Aktionen, trifft sich in entsprechenden Cliquen, äußert sich abwertend über Ausländer und fremde Kulturen, er verharmlost die NS-Zeit. Vielleicht trägt er verbotene Abzeichen und lädt rechtsextremistische Texte aus dem Internet herunter. Er äußert eine Gewaltbereitschaft gegenüber allem, was nicht deutsch ist, und lässt eine sexistische und militaristische Einstellung erkennen.

• Stellung beziehen

Alle Bezugspersonen sollten frühzeitig und aufmerksam jeden auch noch so geringfügigen Hinweis wahrnehmen, ihn vor allem ernst nehmen und nicht als pubertäres Verhalten, was sich schon wieder geben wird, abtun. Das bedeutet: Stellung nehmen, sich der Auseinandersetzung stellen und die Haltung des Jugendlichen nicht zu vertuschen suchen, auch wenn Freunde, Verwandte oder Nachbarn zugegen sind. Schweigen wird allzu leicht als (geheime) Zustimmung missverstanden. Erwachsene können die Meinungen und Ansichten des Jugendlichen zwar nicht verbieten. Aber sie können Position beziehen und die eigenen Meinungen und Ansichten klar äußern.

• Ernsthaftigkeit der Auseinandersetzung

Position beziehen bedeutet jedoch nicht, die Ansichten und Meinungen des Jugendlichen für dumm und unsinnig zu erklären. Es ist wichtig, dass der Jugendliche sich mit seinen Einstellungen ernst genommen fühlt, auch wenn sie dem Erwachsenen noch so abwegig erscheinen. Man sollte immer daran denken, dass der Jugendliche auf der Suche nach einer eigenen Werteorientierung ist – und beim Suchen kann sich jeder mal verlaufen. Werden die Ideen des Jugendlichen nur abgewertet, fühlt er sich allein gelassen und minderwertig. Das treibt ihn dann geradezu in die Arme rechtsextremistischer Gruppierungen. Eltern brauchen oftmals viel Geduld und Zeit und manchmal auch Mut, um sich mit den Einstellungen und Gedanken des Jugendlichen auseinander zu setzen. Ihre Offenheit und ihre Ernsthaftigkeit der Auseinandersetzung sind aber Erfahrungen, die der Jugendliche in der rechten Szene niemals findet. Ihre Gesprächsbereitschaft wird damit zu dem, was ihm hilft, seine Position zu überdenken und neue Orientierungen zu finden.

• eine begründete Position einnehmen

Wenn Ihr Sohn oder Ihre Tochter sich rechtsextremistisch äußert, müssen Sie direkt und umweglos reagieren. Dabei ist es gleichgültig, in welcher Umgebung sie sich befinden. Ein Großvater, den Sie vielleicht gerne verschonen möchten, sollte Sie nicht davon abhalten, die Position Ihres Sohnes oder Ihrer Tochter mit Ihrer eigenen begründeten Haltung zu konfrontieren. Wird die Geschichte verfälscht oder werden Grundsätze unseres demokratischen Verfassungsstaates verunglimpft, müssen Sie dem eindeutig, klar und konkret ihre eigene Überzeugung entgegensetzen. Erwarten Sie aber nicht, dass Sie argumentativ „gewinnen". Für Jugendliche gelten die Argumente der Gleichaltrigengruppe oft mehr. Die Sicherheit Ihrer Überzeugung wird aber trotz allem beeindrucken und auf längere Sicht den Jugendlichen veranlassen, gegenüber den Parolen der rechten Verführer misstrauisch zu werden.

• Unbesonnenheit der Erwachsenen

Eltern und Erzieherinnen sollten immer mal wieder ihre eigenen Stellungnahmen und Meinungsäußerungen zu Zeitungsnotizen und sonstigen Meldungen über Ausländer in Deutschland, aber auch zu unserem demokratischen Staat oder zum letzten Weltkrieg und dem Nazi-Regime selbstkritisch betrachten. Welche Gesinnung kann ein Jugendlicher aus solchen Äußerungen ableiten? Spontane, abwertende Äußerungen über das Verhalten eines Ausländers verlangen mehr kritische Aufmerksamkeit als eine spontane, verärgerte Äußerung über einen deutschen Mitbürger. Genauso sorgfältig ist wahrzunehmen, wie Freunde oder Nachbarn sich äußern. Wie häufig kommt es im Freundeskreis zu ausländerfeindlichen Äußerungen, die keinen Widerspruch erfahren, weil man sich mit dem Nachbarn nicht streiten will? Sind rassistische Witze üblich, die harmlos erscheinen, vom Jugendlichen aber als Ermutigung zu rechtsextremen Ideen verstanden werden? Veranlasst die Verzweiflung über die eigene Arbeitslosigkeit zu unüberlegten und unbegründeten Beschuldigungen von Ausländern?

• die Qualität des Angebotes

Rechtsextremistische Ideen sind einfache Schein-Orientierungen und Schein-Lösungen, die verunsicherten Jugendlichen das Gefühl von Halt und Sicherheit vermitteln. Die straff organisierte Gruppe, in der man bei Bewährung mit der Zeit kleine und größere Führungspositionen einnehmen und damit Bedeutung gewinnen kann, verstärkt dieses Erleben. Wenn das für Jugendliche wichtig ist und solange das wichtig ist, werden sie durch keine Information, Aufklärung oder Belehrung von ihrer Haltung abzubringen sein. Die Attraktivität der rechtsextremistischen Angebote liegt darin, dass sie genau auf das abzielen, was Jugendliche in ihrer Lebenssituation suchen: Halt, Sicherheit, Überzeugungen, Wertmaßstäbe, auch das Erleben von Gemeinschaft, von Anerkennung und von Macht.

Für den Umgang mit einem Jugendlichen, der der rechtsextremen Szene zuneigt, heißt das: Der Erwachsene muss sich fragen, welche Bedeutung die Zugehörigkeit zu einer rechtsextremistischen Gruppierung für den Jugendlichen hat und welche Funktion die extremen Auffassungen und möglicherweise auch die Gewalt für ihn persönlich erfüllen. Im nächsten Schritt ist zu überlegen, auf welche Weise er diese für ihn offensichtlich so wichtigen Ziele auf eine angemessene Weise erreichen und wie er dabei unterstützt werden kann. Dies ist nicht schnell zu erreichen, vielmehr ein langwieriger Prozess, der mit viel Akzeptanz und Beachtung des Jugendlichen einhergehen muss, mit dem Zeigen von Respekt und einer konzentrierten, interessierten Aufmerksamkeit. Akzeptanz bedeutet dabei, die Einstellungen und Verhaltensweisen des Jugendlichen keineswegs zu billigen, sie jedoch als einen Lösungsversuch des Jugendlichen für seine aktuelle Lebenssituation anzusehen.

• Eigenverantwortlichkeit

Jugendliche, die sich rechtsextremen Gruppierungen anschließen, haben zumeist Schwierigkeiten, eigenverantwortlich zu handeln. Sie suchen deshalb nach Strukturen und Führungspersonen, die ihnen vorgeben, was sie denken und wie sie sich verhalten sollen. Erziehung zur Eigenverantwortlichkeit ist deshalb eine wichtige Schutzmaßnahme. Schon früh müssen Kinder in altersgemäßer Weise lernen, sich mit den Folgen ihres Verhaltens auseinander zu setzen und auch die Folgen ihres Tuns zu tragen. Ist zum Beispiel die Höhe des Taschengeldes mit dem Kind ausgehandelt und festgesetzt worden, so sollten Erzieherinnen nicht aus vermeintlicher Liebe oder Gutmütigkeit Geld nachschieben, wenn dieses frühzeitig ausgegeben wurde.

Auch sollten Kinder frühzeitig mit altersgerechten Aufgaben betraut werden. Untersuchungen haben den interessanten Befund erbracht, dass Jungen in der Erziehung häufig benachteiligt werden, weil sie nicht im selben Umfang wie Mädchen zu Arbeiten im Haushalt und zur Übernahme von kleinen Zuständigkeiten (Tisch decken, Ausräumen der Spülmaschine und Ähnliches) herangezogen werden. Sie lernen nicht, dass jeder zum Wohlergehen einer sozialen Gruppe durch Übernahme von Aufgaben und Verantwortlichkeiten beitragen muss. Zudem steigert die Bewältigung von altersgerechten Aufgaben die Selbstachtung und das Selbstwertgefühl sowie die Bereitschaft, eigenverantwortlich Aufgaben auch für andere zu übernehmen. Jugendliche, die das als Kinder gelernt haben, neigen nicht dazu, sich autoritär strukturierten Gruppen anzuschließen. Zudem beugt ein stabiles Selbstwertgefühl einer Gewaltbereitschaft vor, da es für diese Jugendlichen nicht notwendig ist, durch Gewalthandlungen zu einem – fragwürdigen – Erleben von Stärke zu kommen.

• Bindung an die eigene Kultur

Vermitteln Sie Ihrem Kind so viel wie möglich von unserer eigenen Kultur, so dass es sich damit identifizieren kann. Das Zugehörigkeitsgefühl zur eigenen Kultur, zu ihren kulturellen Werten und Normen sowie ihren Kunstwerken in Architektur, Musik, Malerei, Bildhauerei und ihren Schriften ist die Basis einer Selbstsicherheit und ermöglicht, die Andersartigkeit fremder Kulturen nicht nur zu akzeptieren, sondern schätzen zu lernen. In Diskussionen über Unterschiede zwischen den Kulturen können dann die Hintergründe für unterschiedliche Entwicklungen beleuchtet und verständlich gemacht werden. Auch können Sie als Eltern schon früh einen Briefwechsel mit einem Kind oder Jugendlichen einer anderen Kultur unterstützen oder auch einen Schüleraustausch anregen.

• Vermittlung von Medienkompetenz

Kinder und Jugendliche sehen schon früh eine Fülle von gewalttätigen Szenen im Fernsehen, die zum Teil Gewalt verherrlichen. Auch im Internet findet sich eine Fülle Gewalt verherrlichender, rassistischer und fremdenfeindlicher Inhalte. Sie können (und sollten) den Mediengebrauch einschränken, aber Sie können Ihre Kinder von solchen Einflüssen nicht fernhalten. Reden Sie darüber, wie solche Inhalte zustande kommen, wer ein Interesse daran hat, ob sie überhaupt etwas mit der Realität zu tun haben oder welchen wahren Kern sie enthalten. Sprechen Sie auch über die Folgen solcher Darstellungen. Und auch hierbei muss es heißen: Beziehen Sie deutlich Stellung, aber erwarten Sie nicht, das Ihr Kind Ihnen ohne Weiteres zustimmt. Auf lange Sicht aber werden Sie mit einem solchen Verhalten eine kritische Einstellung gegenüber den Einflüssen der Medien bei Ihrem Kind anregen.

• respektvolle Haltung

In welcher aktuellen Situation Sie sich auch immer mit Ihrem Jugendlichen befinden: Zeigen Sie Respekt, und bleiben Sie darauf ausgerichtet, die Lebenssituation Ihres Kindes zu verstehen und seinen Blickwinkel zu erweitern. Jegliches Schimpfen, Beschuldigen oder Abwerten vergiftet die Atmosphäre. Strafen und Gewalt senken die Bereitschaft, einander zuzuhören. Ihr Ziel ist immer, Ihr Kind zu unterstützen und seine Kritikfähigkeit zu stärken, jedoch niemals, Ihr Kind zu demütigen oder zu verletzen. Gewalterfahrungen jeglicher Art in der Erziehung fördern Misstrauen, setzen Selbstzweifel, führen zur Isolation und sind die Basis für zerstörerische Tendenzen. Ihre gewaltfreie Erziehung signalisiert Ihrem Kind, dass die Anwendung von Gewalt zum Lösen von Problemen nicht nötig ist. Vermitteln Sie, dass Gewalttätigkeit ein Zeichen von Unterlegenheit und Schwäche ist, nicht von Überlegenheit und Stärke – auch wenn eine Gewalthandlung kurzfristig ein solches Gefühl hervorrufen kann.

• Anregung sinnvoller Freizeitgestaltung

Unterstützen Sie Ihr Kind, eine sinnvolle Freizeitbeschäftigung zu finden (beispielsweise durch Teilnahme an Projekten, Mitgliedschaft in Sportvereinen, im Technischen Hilfswerk, in der Freiwilligen Feuerwehr, in Jugendclubs). Hier kann der Jugendliche Freunde finden, er erlebt Gemeinschaft und Zugehörigkeit, erfährt Anregungen und findet einen Sinn im aktiven Handeln.

• Kontaktadressen

Aktionsbündnis gegen Gewalt, Rechtsextremismus und Fremdenfeindlichkeit, Geschäftsstelle im Ministerium für Bildung, Jugend und Sport, Steinstr. 104 – 106, 114480 Potsdam, Tel.: 0331 / 8 66 35 70-72, Fax.: 0331 / 8 66 35 74. Internet: www.brandenburg.de/aktionsbuendnis

Verfassungsschutzbehörde der Länder, Innenministerium des Landes Brandenburg, Abt. V, Henning-von-Treschow-Str. 9 – 13, 14467 Potsdam, Tel.: 0331 / 8 66 25 00. Internet: www.verfassungsschutz-brandenburg.de

Bundesministerium des Innern, Alt Moabit 101 C, 10559 Berlin, Tel.: 018888 / 68 10. Internet: www.bmi.bund.de

Bundeszentrale für politische Bildung, Berliner Freiheit 7, 53111 Bonn, Tel.: 0188 / 8 51 50. Internet: www.bpb.de

Bundesamt für Verfassungsschutz, Merianstr. 100, 50765 Köln, Tel.: 0221 / 7 92 38 38, Internet: www.verfassungsschutz.de

Bundesprüfstelle für jugendgefährdende Schriften, Kennedyallee 105 – 107, 53175 Bonn, Tel.: 0228 / 37 66 31. Internet: www.bpjs.bmfsfj.de

Weitere Stichworte:

Aggressivität (Band 1)
Störungen des Sozialverhaltens
Kriminelles Verhalten

Literatur

Butterwegge, C. (1996): Rechtsextremismus, Rassismus und Gewalt. Darmstadt, Primus

Büttner, M. (Hrsg.) (1999): Braune Saat in jungen Köpfen. Hohengehren, Schneider

Benz, W. (Hrsg.) (1996): Legenden, Lügen, Vorurteile. Ein Wörterbuch zur Zeitgeschichte. 8. Aufl., München, dtb

Bürgin, J. et al. (1998): Baustein zur nicht-rassistischen Bildungsarbeit. Erfurt, Deutscher Gewerkschaftsbund

Frindte, W. (Hrsg.) (1995): Friedenspsychologie. Band 2: Jugendlicher Rechtsextremismus und Gewalt zwischen Mythos und Realität. Sozialpsychologische Untersuchungen. Münster, LIT

Krafeld, F. J. (2001): Gerechtigkeitsorientierung als Alternative zur Attraktivität rechtsextremistischer Orientierungsmuster. deutsche jugend 49: 322 – 332

Matthyssen, R. (1999): Szenen verletzter Würde. Strategien gegen Gewalt und Entwertung unter der sozialpsychologischen Lupe. Diplomarbeit im Studiengang Psychologie der Universität Bremen. Bremen, www.formaat.org/english/yellowpg/biblio.htm

Schubarth, W., Stöss, R. (2000): Rechtsextremismus in der Bundesrepublik Deutschland. Eine Bilanz. Bundeszentrale für politische Bildung. Opladen, Leske und Buderich

Schizophrene Störungen

Wahrnehmen und bewerten

• Schwierigkeiten in der Wahrnehmung der Welt

Jugendliche mit schizophrenen Störungen haben Schwierigkeiten in der Wahrnehmung der Welt, wie sie die Menschen in Abstimmung ihrer Empfindungen, Eindrücke und Bedeutungen gemeinsam hervorbringen und teilen. Sie haben außergewöhnliche Wahrnehmungen und ordnen bestimmten Erfahrungen ungewöhnliche Bedeutungen zu, die von anderen Menschen nicht nachvollzogen werden können. Diese Schwierigkeiten in der Wahrnehmung der Welt können sich auf ganz bestimmte Menschen, beispielsweise die Eltern, die Familie, die Mitschüler, konzentrieren. Sie können aber auch das gesamte Selbst- und Weltbild einbeziehen, so dass der betroffene Jugendliche sozusagen in einer Privatwelt – einer Nebenrealität – lebt, zu der Außenstehende kaum noch Zugang finden.

Die Anzeichen einer schizophrenen Störung sind subjektiv und können von der Umgebung nur erkannt werden, wenn die Betroffenen darüber sprechen. Von außen beobachtbar ist häufig eine konfuse, ständig vom Thema abweichende Sprache. Die Gefühle sind abgeflacht und passen oft nicht zu dem, was sprachlich geäußert wird.

• Erleben von Kontaktlosigkeit

In der Begegnung mit Jugendlichen, die sich schizophren verhalten, herrscht die Empfindung vor, sie nicht erreichen zu können. Es entsteht ein Erleben von Kontaktlosigkeit. Es erscheint keine „gemeinsame Welt" herstellbar zu sein. Man hat das Gefühl, in „Parallelwelten" zu leben, die sich nirgendwo oder nur selten berühren, so dass es auch keine gemeinsame Ebene gibt, auf der Begegnung stattfindet. Solche Jugendlichen machen oft hilflos und ratlos, gerade wenn man ihnen helfen will, wenn man nicht weiß, was sie bewegt und was sie empfinden. Zuweilen geht von ihnen auch viel Bedrohliches und Ängstigendes aus: Man kann kaum einschätzen, durch welche Worte oder Handlungen man aggressive Reaktionen bei ihnen auslöst.

Zu erkennen ist die schizophrene Störung – genau so wie vor hundert Jahren – nur anhand der von den Jugendlichen berichteten und der beobachteten Merkmale. Es gibt weder medizinische noch testpsychologische Untersuchungen, mit denen eine solche Störung zuverlässig festgestellt werden kann. Auch die im Folgenden näher beschriebenen Merkmale sind nicht spezifisch für eine schizophrene Störung. Sie können alle auch bei anderen Störungen, Auffälligkeiten und Belastungen auftreten.

• akustische Halluzinationen

Halluzinationen sind Wahrnehmungen, die nicht durch äußere Sinnesreize, die auch von anderen wahrgenommen werden können, ausgelöst werden, sondern offensichtlich eine innere Erregungsquelle haben. Meistens handelt es sich um ein Hören von Stimmen, die die Handlungen und Gedanken des Betroffenen kommentieren, ihm Anweisungen geben oder die eigenen Gedanken laut aussprechen. So hört der Betroffene beispielsweise Stimmen, die zu allem, was er tut, beleidigende und beschimpfende Äußerungen machen. Er hört Stimmen, die ihm obszöne Dinge sagen oder die ihm die Anweisung geben, sich selbst oder einen anderen Menschen umzubringen. Manche Jugendliche hören Musik, die aus den Wänden kommt, oder himmlische Stimmen mit religiösem Inhalt. Diese Stimmen werden von den Betroffenen zumeist als sehr quälend erlebt.

• Fantasiegefährten

Kinder unter zehn Jahren berichten ebenfalls zuweilen von einer Stimme, die sie hören. Sie schildern, dass sie einen inneren Gesprächspartner haben, mit dem sie sich in Rede und Gegenrede unterhalten können, dem sie oft auch eine fantasierte Gestalt zuordnen. Hierbei handelt es sich um so genannte Fantasiegefährten, die häufig Anzeichen einer besonderen psychischen Belastung oder einer sozialen Isolation sind und insofern auch beachtet werden sollten. Sie geben aber keinen Hinweis auf eine schizophrene Störung dieser Kinder.

• optische Halluzinationen

Von optischen Halluzinationen spricht man, wenn Menschen Personen, Bilder oder Lichtphänomene sehen, die von anderen nicht wahrgenommen werden können. In der Regel verweisen optische Halluzinationen auf Vergiftungen beispielsweise durch Drogen oder Medikamente. Sie treten besonders im Kindesalter auch bei hohem Fieber auf. Im Rahmen einer schizophrenen Störung sind sie im Erwachsenenalter äußerst selten. Demgegenüber berichten Kinder mit schizophrenen Störungen über Bilder von Hexen, Engeln, Schlangen, Teufeln oder von einem „Bild an der Decke, von wo das Unheil kommt“. Die durch Vergiftung ausgelösten optischen Halluzinationen treten stets akut auf, dauern einige Stunden bis wenige Tage. Sie bilden sich völlig zurück und treten später auch nicht mehr auf.

• Störungen des Ich-Erlebens

Von einer Störung des Ich-Erlebens spricht man, wenn die Grenzen zwischen dem Ich und der Umwelt offensichtlich durchlässig sind. Die Betroffenen haben dann beispielsweise das Gefühl, dass ihnen ihre Gedanken von außen eingegeben oder entzogen werden. Andere glauben, dass sich ihre Gedanken ausbreiten und von anderen ebenfalls wahrgenommen werden können. Wiederum andere geben an, Strahlen würden aus der Lampe kommen und ihre Gedanken beeinflussen.

• Wahn

Ein voll ausgestaltetes Wahnsystem wird bei Kindern und Jugendlichen kaum beobachtet. Wahnideen sind bei Jugendlichen seltener als bei Erwachsenen, werden aber durchaus geäußert. In der Frühphase einer schizophrenen Störung ist der Beziehungswahn eine verhältnismäßig häufige Form des Wahnerlebens. Die Jugendlichen beziehen das Geschehen um sich herum in abnormer Weise auf sich. Sie glauben, dass ein bestimmter Blick oder ein Lachen eines anderen Menschen, den sie sonst gar nicht kennen, eine ganz spezielle Bedeutung für sie selbst haben würden. Oder sie meinen, dass eine Fernsehsendung ganz persönliche Botschaften an sie enthalte. Relativ häufig sind auch Verfolgungs- und Beeinträchtigungsideen. Die Betroffene spürt, dass irgendeine dunkle Machenschaft gegen sie im Gange sei. Sie glaubt, das Essen sei vergiftet oder sie werde von dunklen Gestalten verfolgt.

Wahnideen sind gekennzeichnet durch eine absolute subjektive Gewissheit. Sie lassen sich durch Erfahrung nicht beeinflussen und sind auch durch logische Argumentationen nicht zu korrigieren. Diese große subjektive Gewissheit verweist auf eine hohe Bedeutsamkeit der Interpretation.

• formale Denkstörungen

Neben diesen inhaltlichen Denkstörungen sind oft auch formale Denkstörungen zu beobachten. Das Denken wirkt oft zusammenhangslos, unlogisch und zerfahren. Die Gedankengänge sind nicht unbedingt sinnlos, jedoch bei schweren Denkstörungen fast unverständlich. Häufig werden neue, eigenartige Wörter (Neologismen) gebildet. Diese Denkstörungen treten nicht ständig auf. Nicht selten vermag der Jugendliche in einem Gespräch anfangs recht geordnet zu reden, verliert dann aber im weiteren Verlauf den „roten Faden“, weicht immer mehr vom Thema ab und verliert sich in belanglose Bereiche. Zuweilen hält der Jugendliche mitten im Gespräch inne und berichtet, dass ihm der Gedanke von außen entzogen worden sei (Gedankenentzug) oder dass er das Gefühl habe, die Gedanken seien gar nicht seine Gedanken, sondern ihm von außen eingegeben (Gedankeneingebung).

• Bewegungsstörungen

Nicht selten kommt es zu einer Überaktivität mit häufigen Bewegungsstereotypien wie einem Händereiben, Grimassieren, einem ständigen Entlanggehen an den Wänden und automatenhaft wirkenden Bewegungen. Zuweilen wird aber auch eine Bewegungsstarre beobachtet. Arme und Beine können in beliebige, auch ganz unbequeme Stellungen gebracht werden und verharren dort (Katalepsie).

• extremes Affektverhalten

Vor allem bei rasch einsetzenden schizophrenen Störungen findet man häufig anfangs ein extremes Affektverhalten mit ausgeprägten Erregungszuständen. Die Betroffenen sind offensichtlich von panischer Angst erfasst. Zuweilen zeigen sie auch Zustände sinnlos erscheinender Wut und Aggressivität. Andere verhalten sich ganz im Gegenteil gleichgültig, sind unansprechbar und bewegen sich kaum von der Stelle.

• Auslöser Drogenkonsum

In den letzten Jahren werden vermehrt Jugendliche mit schizophrenen Störungen beobachtet, die über eine mehr oder wenige lange Zeit Drogen konsumiert haben. Dabei handelt es sich häufig „lediglich" um Cannabismissbrauch. In den meisten Fällen bleibt unklar, ob das schizophrene Erleben durch den Drogenkonsum ausgelöst wurde oder ob die Jugendlichen den Drogenkonsum quasi als Selbstbehandlung betrieben. Sie schildern, dass die schizophrene Symptomatik durch die Einnahme der Drogen gelindert werde. Wegen dieser positiven Erfahrung sind sie dann auch im Verlauf der Therapie oft wenig bereit, den Empfehlungen zu folgen und in Zukunft auf den Drogenkonsum zu verzichten. Nicht selten haben diese schizophrenen Störungen einen über die Zeit ungünstigen Verlauf.

• Vorboten

Der voll ausgebildeten schizophrenen Störung gehen oft über längere Zeit (Monate und manchmal auch Jahre) so genannte Vorboten voraus. Häufig kommt es im Vorfeld der eigentlichen Störung zu einem Leistungsknick im schulischen Bereich und zu einem zunehmenden sozialen Rückzug. Es zeigen sich Störungen der Konzentration und der Aufmerksamkeit sowie Störungen von Antrieb und Motivation. Ebenfalls zu beobachten sind Schlafstörungen, Angst und Misstrauen.

Diese Auffälligkeiten des Verhaltens und Erlebens sind aber uncharakteristisch. Sie treten bei vielen Kindern und Jugendlichen als vorübergehende Schwierigkeiten auf oder sind Vorboten auch für andere seelische Störungen. Insofern ist es nicht möglich, anhand dieser Auffälligkeiten Jugendliche zu erkennen, die später eine schizophrene Störung entwickeln. Andererseits aber lässt sich sagen, dass der Verlauf einer schizophrenen Störung umso ungünstiger ist, je länger solche Schwierigkeiten und Probleme in der Vorgeschichte bereits bestanden haben.

• Verlauf und Prognose

Schizophrene Störungen im Kindes- und Jugendalter zeigen im Vergleich zu denen, die erst im Erwachsenenalter beginnen, einen ungünstigen Verlauf. Nach den derzeit vorliegenden Studien haben nur 20% bis 28% der betroffenen Kinder und Jugendlichen eine gute Prognose. Zwischen 20% und 30%

zeigen fünf bis zehn Jahre später noch geringe Beeinträchtigungen, und etwa die Hälfte der Kinder und Jugendlichen leiden bis ins Erwachsenenalter hinein an der schizophrenen Störung. Auch nach 42 Jahren zeigt sich immer noch die Hälfte der im Kindes- und Jugendalter erstmalig auffälligen Personen deutlich beeinträchtigt. Die Betroffenen leben oft bis weit ins Erwachsenenalter hinein bei ihren Eltern und können die Entwicklungsaufgabe der Ablösung nicht bewältigen. Schulkarriere und Ausbildung weisen in den meisten Fällen einen deutlichen Knick auf. Viele benötigen Unterstützung beispielsweise durch ein Arbeitsangebot in beschützenden Werkstätten. Die Betroffenen sind wenig belastbar und in unserer Industriegesellschaft kaum einsetzbar. Die Erfahrung ihrer eingeschränkten Lebenschancen senkt die Motivation bei der rehabilitativen Arbeit und befördert einen Rückzug in psychotische Nebenrealitäten.

● Selbstmordhandlungen

Etwa 10% der Personen, die an einer schizophrenen Störung erkrankt sind, sterben durch Selbstmord. Das gilt auch für Jugendliche. Selbstmordgedanken und Selbstmordhandlungen treten besonders häufig nach Abklingen der akuten Phase und in einem Zeitraum auf, in dem die Jugendlichen keine auffällige Symptomatik mehr zeigen. Sie nehmen zu diesen Zeitpunkten ihre persönlichen Beeinträchtigungen und die Einschränkungen ihrer Entwicklungs-, Lebens- und Berufschancen deutlich wahr. Sie entwickeln eine depressive Stimmung oder ziehen eine negative Lebensbilanz mit der Folge, dass sie sich zur Selbsttötung entschließen.

● Abgrenzung

Alle beschriebenen Merkmale einer schizophrenen Störung sind Auffälligkeiten, die auch in anderen Zusammenhängen auftreten können. So sind die meisten Kinder, die über Halluzinationen berichten, nicht an einer schizophrenen Störung erkrankt. Auszuschließen sind Vergiftungen mit Drogen und Medikamenten, auszuschließen sind auch Infektionen wie Enzephalitis oder Meningitis, eine Epilepsie oder degenerative Erkrankungen. Wahnhafte Störungen können bei Kindern schizophrener Eltern auftreten, wenn sie in die Wahnsysteme der Verfolgung oder Beeinträchtigung einbezogen sind und sie sich mit dem veränderten Weltbild ihrer Eltern identifizieren. Auch muss eine Abgrenzung zu den tief greifenden Entwicklungsstörungen (siehe: autistische Störungen) vollzogen werden. Solche Kinder zeigen keine Merkmale wie Wahn und Halluzination.

Jugendliche mit Zwangsstörungen unterscheiden sich von solchen mit schizophrenen Störungen dadurch, dass sie bemerken, dass ihre Ängste und Zwänge Produkte des eigenen Denkens sind und dass sie sich dagegen wehren. Allerdings können Kinder und Jugendliche mit schizophrenen Störungen gleichzeitig Zwangsgedanken, Zwangshandlungen, Zwangsbefürchtungen und Zwangsrituale entwickeln.

• Häufigkeit

Die Auftretenshäufigkeit der schizophrenen Störung ist über Länder und Kulturen gleich verteilt. Sie beträgt 1 bis 2 pro 100.000 in einem Jahr. Betrachtet man die Auftretenshäufigkeit im Laufe eines Lebens, so lässt sich sagen, dass etwa eine von 100 bis 200 Personen einmal in ihrem Leben eine schizophrene Störung zeigt. Der Häufigkeitsgipfel für das erste Auftreten liegt bei Männern bei 25 Jahren, bei Frauen bei 28 Jahren. Etwa zwei bis drei von 1.000 Jugendlichen werden wegen einer schizophrenen Störung stationär aufgenommen.

Die Gleichverteilung der Auftretenshäufigkeit über verschiedene Länder und Kulturen verweist darauf, dass die schizophrene Störung keine klassische Krankheit ist wie Infektionen, Immunkrankheiten oder (einfach mendelnde) Erbleiden. Eine ähnliche Verteilung gibt es nur noch bei der geistigen Behinderung. Eine einvernehmliche Erklärung für dieses Phänomen gibt es bislang nicht. Unter anderem wurde die Vermutung geäußert, dass in beiden Fällen Prozesse der sozialen Ausgrenzung von Anomalität, durch die sich menschliche Gesellschaften auszeichnen, eine Rolle spielen. Eine andere Erklärung besagt, dass die schizophrene Störung die extreme Ausprägung einer in der Bevölkerung normal verteilten Bereitschaft zur Entwicklung schizophrener Merkmale darstellt.

Zuordnen und verstehen

• bedingende Faktoren

Trotz intensiver Forschungsbemühungen gibt es bis heute keine einheitliche Vorstellung über die Entstehung einer schizophrenen Störung. Es können nur Bausteine benannt werden, die ihre Entstehung begünstigen, im jeweiligen Einzelfall jedoch von unterschiedlicher Bedeutung sind. Dabei handelt es sich um genetische Faktoren, um mögliche Schädigungen während der Schwangerschaft, während der Geburt und im nahen Anschluss an die Geburt, um Entzündungen des Zentralnervensystems, um psychosoziale Faktoren wie familiäre Kommunikationsmuster und sonstige ungünstige Umwelteinflüsse während der Entwicklung des Kindes und Jugendlichen. All diese Faktoren führen zu einer erhöhten Verletzlichkeit und Empfindlichkeit (Vulnerabilität) des Kindes oder Jugendlichen, die mit einer besonderen Erlebnisverarbeitung einhergeht. Kommt es nun zu besonderen Belastungen und stressauslösenden Erlebnissen, so tritt eine psychische Entgleisung (Dekompensation) mit den oben geschilderten Merkmalen auf.

• überfordernde Entwicklungsaufgaben

Dieses Modell macht es verständlich, dass schizophrene Störungen häufig im Jugendalter und im frühen Erwachsenenalter ihren Ausgang nehmen. Das Jugendalter stellt eine Fülle von Entwicklungsaufgaben, die letztlich alle darin bestehen, in den unterschiedlichsten Lebensbereichen die Reife eines Erwachsenen zu entwickeln (Unabhängigkeit von Erwachsenen, Finden und Akzeptieren der eigenen Geschlechtsrolle, Ausbilden einer beruflichen Perspektive und Qualifikation, Entwicklung einer persönlichen Wertwelt). Viele Jugendliche aber fühlen sich angesichts dieser Aufgaben überfordert und erleben, dass sie ihnen nicht gewachsen sind. Dadurch geraten sie zunehmend unter Stress, von dem manche dann überflutet werden.

• Fünf-Phasen-Modell der schizophrenen Entgleisung

Es gibt ein Fünf-Phasen-Modell der zunehmenden schizophrenen Entgleisung, das eine Vorstellung von diesem Prozess vermitteln kann. Danach gerät die Jugendliche in der Phase 1 aus einem Zustand des psychischen Gleichgewichtes heraus in ein Stadium der Überdrehtheit und Reizoffenheit. Die Jugendliche fühlt sich überwältigt und den Umweltanforderungen nicht gewachsen. Sie fühlt sich übererregt, geängstigt und verstört. In der Phase 2 kommt es zu einer Einengung des Bewusstseins. Die Jugendliche entwickelt eine Inaktivität und Teilnahmslosigkeit, sie zieht sich sozial zurück, fühlt sich hilflos und einsam. Die Phase 3 ist dann durch eine Enthemmung gekennzeichnet. Die Jugendliche ist erregt, ihre Stimmung eher gehoben, ihre Aktivität erhöht. Sie ist reizbar; gehäuft kommt es zu Wutanfällen. Erstmalig äußert sie Beziehungsideen derart, dass sie in nicht nachvollziehbarer Weise ein zufälliges Lächeln oder ein Wort auch einer völlig fremden Person auf sich bezieht und dem eine ganz außergewöhnliche Bedeutung zuordnet. In Phase 4 kommt es zur Desorganisation durch das Auftreten von formalen Denkstörungen, einer weitschweifigen, verschrobenen oder zerfahrenen Sprechweise und unangemessen wirkenden Gefühlsäußerungen. Die Phase 5 schließlich ist im Sinne einer schizophrenen Stabilisierung durch Halluzinationen und Wahnphänomene gekennzeichnet.

• erbliche Belastung

Die schizophrene Störung ist keine Erbkrankheit. Gleichwohl steigt die Wahrscheinlichkeit des Auftretens einer schizophrenen Störung mit der Nähe der verwandtschaftlichen Beziehung. Während das Erkrankungsrisiko in der Allgemeinbevölkerung 1% beträgt, liegt es bei Halbgeschwistern bei 6%, bei Geschwistern bei 9%, bei Kindern eines schizophren erkranken Elternteils bei 13% und bei Kindern von zwei schizophren erkrankten Eltern bei 46%. Insofern gibt es offensichtlich eine erbgenetische Belastung, deren Art jedoch im Einzelnen noch nicht durchschaut wird.

● unklare Kommunikation

Interessante Hinweise auf das Zusammenwirken von erbgenetischen und psychosozialen Faktoren erbrachten Adoptionsstudien, die in Finnland Anfang der 90er Jahre des vorigen Jahrhunderts durchgeführt wurden. Es wurden früh adoptierte Kinder schizophrener Eltern untersucht und ein erhöhtes Erkrankungsrisiko vor allem bei den Kindern gefunden, die von Familien mit einem ungünstigen Kommunikationsverhalten adoptiert worden waren. Kinder eines schizophrenen Elternteils, die sehr früh in eine Adoptionsfamilie mit günstigem Kommunikationsklima gekommen waren, erkrankten demgegenüber kaum häufiger als Kinder von gesunden Eltern. Als ungünstige Merkmale der Kommunikation erwiesen sich Wagheit, Unklarheit, Widersprüchlichkeit, Zweideutigkeiten und vorübergehende Beziehungsabbrüche. Diese Widersprüchlichkeiten können sich auch zwischen der Beziehungs- und der Inhaltsebene einer Botschaft zeigen (wenn jemand lachend sagt, er sei so traurig oder ein Elternteil auf die Frage der Jugendlichen, ob es denn Recht sei, wenn sie in die Disko gehe, mit leidender Stimme sagt: „Ich freue mich, wenn Du Spaß hast!"). Eine solche Double-Bind-Kommunikation kann bei Vorliegen einer sehr engen emotionalen Beziehung als sehr belastend erlebt werden. Sie wurde ursprünglich für schizophreniespezifisch gehalten, hat sich jedoch als ein viele Störungen begünstigender Faktor erwiesen.

● hohes emotionales Engagement

Auch eine Kommunikation mit hoher emotionaler Dramatik (high expressed emotions) löst zwar keine schizophrene Störung aus, beeinflusst aber deren Verlauf ungünstig. Diese hohe emotionale Dramatik der Angehörigen kann entweder Kritik und feindselige Äußerungen und Kommentare beinhalten oder eine überfürsorgliche, die Grenzen des Betroffenen nicht respektierende Einstellung zum Ausdruck bringen. Wie weit allerdings dieses emotionale Überengagement bereits vor Auftreten der ersten Auffälligkeiten bestand, ist niemals genau zu klären. Es kann ebenso gut als Folge der psychischen Auffälligkeiten des Betroffenen und der daraus resultierenden Belastung der Angehörigen angesehen werden. In jedem Fall kommt es zu einem Prozess der wechselseitigen Verstärkung und damit zu einem ständigen Anstieg der psychischen Auffälligkeiten des Jugendlichen und des emotionalen Überengagements der Angehörigen.

● kognitive Beeinträchtigungen

Es gibt klare Hinweise darauf, dass Jugendliche mit einem erhöhten Risiko für eine schizophrene Störung kognitive Beeinträchtigungen zeigen. Sie schneiden in Intelligenztests schlechter ab als der Durchschnitt ihrer Altersgruppe. Im Einzelnen haben sie Schwierigkeiten, den Aufmerksamkeitsfokus zu halten, adäquate Kategorien und logische Sequenzen zu bilden, Unterschiede in der Hierarchie und den logischen Klassen zu erkennen und Wesentliches von Unwesentlichem zu unterscheiden. Auch wurden besondere Schwierigkeiten beim Problemlösen sowie beim Verständnis komplexer Sprachvorgaben und bei der Fähigkeit, ihre Gedanken mitzuteilen, festgestellt.

• weiche Beziehungsrealität

In Familien mit einem schizophrenen Mitglied wurde eine Beziehungsrealität beschrieben, die als „weich" zu kennzeichnen ist. Es gibt keinen Konsens über die geltenden Regeln. Die Uneindeutigkeit in der Kommunikation führt zu einer Unberechenbarkeit der Familienmitglieder und der Beziehungen untereinander. Mangel an eindeutigen Festlegungen und unklare Beziehungsdefinitionen führen dazu, dass unentscheidbar ist und bleibt, wer was meint. Konflikte werden auf diese Weise unsichtbar gemacht. Ein Dialog im Sinne eines Austausches von Ansichten und Meinungen findet nicht statt.

Lösungen anregen und möglich machen

• vielfältiges Behandlungsangebot

Die schizophrene Störung ist nach heutigem Erkenntnisstand durch vielfältige Einflussfaktoren bedingt und erfordert dementsprechend ein vielfältiges Behandlungsangebot, das auf die ganz besonderen Bedürfnisse des einzelnen Jugendlichen ausgerichtet werden muss. Eine ursächliche Behandlung der schizophrenen Störung gibt es jedoch bislang nicht. Ein früher Beginn der Behandlung hat sich als günstig erwiesen. Nach den bisher vorliegenden Erkenntnissen ist eine Kombination von medikamentöser Behandlung mit einer Psychotherapie, die die Familie und das weitere psychosoziale Feld mit einschließt, erfolgreicher als der Einsatz eines einzigen Verfahrens. In der akuten Phase ist in der Regel eine stationäre Behandlung erforderlich.

• medikamentöse Therapie

In der akuten Phase steht die Beruhigung des oft hoch erregten Patienten im Vordergrund. Bei geringerem Erregungsniveau kann versucht werden, diese Beruhigung und auch die Milderung der sonstigen schizophrenen Symptomatik allein durch den Milieuwechsel bei der stationären Aufnahme und durch die spezifische individuelle Zuwendung durch erfahrene Betreuerinnen zu erreichen. In den meisten Fällen aber wird sie durch die Gabe von Psychopharmaka erfolgen, welche die Halluzinationen, die Wahnideen und die übrigen auffälligen Symptome in der Regel rasch reduzieren. Diese Medikamente sind nicht geeignet, irgendwelche biologischen Grundlagen der schizophrenen Störung zu beseitigen. Sie senken jedoch das Erregungsniveau und schaffen damit die Voraussetzungen für eine weitergehende Psycho- und Soziotherapie.

Wichtig ist die sorgfältige Aufklärung des Jugendlichen – soweit möglich – und seiner Angehörigen über Wirkung und Nebenwirkungen der Neuroleptika und ihre informierte Zustimmung zu dieser Behandlung. Bei den heute oft angewandten atypischen Neuroleptika muss darüber informiert werden, dass das Arzneimittel für Minderjährige noch nicht abschließend erprobt und für diese Altersgruppe noch nicht zugelassen ist. Dieser Mangel hängt damit zusammen, dass der Markt für den Einsatz der Medikamente im Jugendalter relativ klein ist und die teuren Untersuchungsreihen sich deshalb für Pharmafirmen kaum lohnen.

• Erarbeitung einer Vertrauensbeziehung

Durch eine partnerschaftliche Zusammenarbeit zwischen der Therapeutin, der Jugendlichen und ihren Angehörigen muss eine gute Vertrauensbeziehung aufgebaut werden, die eine wichtige Grundlage für die Behandlung ist. Dazu gehört es auch, die Angehörigen – und je nach psychischer Stabilität die Jugendliche im weiteren Verlauf selbstverständlich auch – über den derzeitigen wissenschaftlichen Erkenntnisstand über schizophrene Störungen aufzuklären. Andernfalls können allzu leicht Informationen aus den unterschiedlichsten Quellen missverstanden und falsch eingeordnet werden, so dass Angehörige in unnötiger Weise zusätzlich beunruhigt werden. Als vorteilhaft hat es sich erwiesen, diese Information in einer Angehörigengruppe durchzuführen, in der Eltern auch untereinander ihre belastenden Erfahrungen austauschen können. Die Erfahrung, dass es noch andere Familien gibt, die mit ähnlichen Problemen lernen müssen umzugehen, stellt für viele Eltern eine große Erleichterung dar.

• kognitive Therapie

In kleinen Schritten wird im Anschluss an die Akutphase die Konzentrationsfähigkeit des Jugendlichen trainiert und das Anforderungsprofil allmählich gesteigert. In besonderen Therapieprogrammen werden das Erkennen zwischenmenschlicher Signale, die genaue Wahrnehmung, die Reaktionsgeschwindigkeit und vieles andere mehr geübt. Solche Programme müssen allerdings über eine lange Zeit, beispielsweise über Monate durchgeführt werden.

• Problemlösefähigkeiten

Der Vorteil der stationären Behandlung besteht nicht zuletzt darin, dass die Jugendlichen nach der akuten Phase in die Altersgruppe der Station integriert werden. Hier sind sie mannigfachen sozialen Anforderungen ausgesetzt, bei deren Bewältigung sie von den Betreuerinnen angeleitet und unterstützt werden. Auch haben sie hier Gelegenheit, die Erledigung alltäglicher Aufgaben bei der Essenszubereitung und Ähnlichem (wieder) zu erlernen. Sie erhalten die Chance, unter erleichterten Bedingungen wieder beschult zu werden oder eine Werkstatt zu besuchen. Auf diese Weise werden sie allmählich wieder an normale Lebensvollzüge herangeführt.

● Familientherapie

Gerade bei Kindern und Jugendlichen spielt die Familientherapie und die Zusammenarbeit mit den Angehörigen eine zentrale Rolle in der Behandlung. Die Eltern sind meist in mehrfacher Hinsicht überlastet. Das emotionale Überengagement, das sich in den Monaten vor der stationären Aufnahme in Wechselwirkung mit den Auffälligkeiten des Jugendlichen entwickelt hat, ist nicht leicht abzubauen. In einem langen und schmerzhaften Prozess müssen sich die Eltern mit ihren Erwartungen an die Entwicklungschancen ihres Kindes auseinandersetzen. Die Eltern, die sich in den vergangenen Monaten zumeist aus sozialen Kontakten zurückgezogen und sehr isoliert hatten, müssen wieder lernen, Kontakt zu Freunden und Bekannten aufzunehmen und ihr „normales" Leben zu führen.

In der systemtherapeutischen Arbeit geht es im Übrigen darum anzuerkennen, dass die Verhaltensstörungen des Jugendlichen nicht sinnlos, sondern von hoher subjektiver Bedeutsamkeit sind. Die Therapeutin muss deshalb auf eine strickte Veränderungsneutralität achten und sich im Weiteren darum bemühen, Konflikte sichtbar zu machen und „Fehlerfreundlichkeit" anzuregen.

● Einzeltherapie

In der Einzeltherapie mit dem Jugendlichen kann daran gearbeitet werden, dass er lernt, seine private Nebenrealität und zugleich die allen gemeinsame Hauptrealität wahrzunehmen, nebeneinander stehen zu lassen und den Überstieg von der einen Realität in die andere Realität zu üben. Letztlich geht es darum, die Fähigkeit des Jugendlichen zu stärken, von einer Außenposition auf sich selbst zu schauen und gleichzeitig seine subjektive Position daneben zu stellen.

● Rückfallprophylaxe

Bei schizophrenen Störungen besteht in besonderem Maße die Gefahr späterer Rückfälle. Deshalb ist eine Rückfallprophylaxe von großer Bedeutung. Dazu werden der Jugendliche und seine Angehörigen umfassend über Frühwarnzeichen aufgeklärt, die auf einen Rückfall verweisen können. Mit individuellen Krisenplänen kann in vielen Fällen ein neuerlicher schizophrener Zusammenbruch vermieden werden.

Weitere Stichworte:

Autistische Störungen (Band 1)
Depressive Störungen
Manische und manisch-depressive Störungen
Schlafstörungen (Band 1)
Zwangsstörungen

Literatur

Ciompi, L. (1991): Affect logic and schizophrenia. In: Eggers, Ch. (ed.): Schizophrenia and Youth. Heidelberg, Springer: 15 – 27

Eggers, Ch. (1991) (ed.): Schizophrenia and Youth. Heidelberg, Springer

Eggers, Ch., Röpke, B. (2004): Schizophrene Psychosen. In: Eggers, Ch., Fegert, J. M., Resch, F. (Hrsg.): Psychiatrie und Psychotherapie des Kindes- und Jugendalters. Berlin, Springer: 401 – 434

Häfner, H. (2000): Das Rätsel Schizophrenie. München, Beck

Klosterkötter, J., Hellmich, M., Steinmeyer, E.M., Schultze-Lutter, F. (2001): Diagnosing schizophrenia in the initial prodromal phase. arch gen psychiatry 58: 158 – 164

Lempp, R. (1984): Psychische Entwicklung und Schizophrenie. Bern, Huber

Ludewig, K. (1989): „Realität“, Realitäten – „Normale“, Verrückte. Reflexionen zur Realität von Zuordnungskategorien am Beispiel der Schizophrenie. In: Rotthaus, W. (1989) (Hrsg.): Psychotisches Verhalten Jugendlicher. Dortmund, modernes lernen: 16 – 41

Martin, M. (1991): Verlauf der Schizophrenie im Jugendalter unter Rehabilitationsbedingungen. Stuttgart, Enke

Resch, F. (1994): Psychotherapeutische und soziotherapeutische Aspekte bei schizophrenen Psychosen des Kindes- und Jugendalters. Zeitschrift Kinder-Jugendpsychiatrie Psychotherapie 22: 275 – 284

Resch, F. (2003): Schizophrenie. In: Herpertz-Dahlmann, B., Resch, F., Schulte-Markwort, M., Warncke, A. (Hrsg.): Entwicklungspsychiatrie. Stuttgart, Schattauer: 637 – 667

Retzer, A. (2004): Systemische Familientherapie der Psychosen. Göttingen, Hogrefe

Rotthaus, W. (1989) (Hrsg.): Psychotisches Verhalten Jugendlicher. Dortmund, modernes lernen.

Rotthaus, W. (1998): Stationäre systemische Kinder- und Jugendpsychiatrie. Dortmund, modernes lernen: 249 – 263

Schwarz, J. R. (1989): Nervensystem und Erkennen. In: Rotthaus, W. (1989) (Hrsg.): Psychotisches Verhalten Jugendlicher. Dortmund, modernes lernen: 69 – 81

Tienari, P., Lahti, I., Sorri, A., Naarala, M., Moring, J., Wahlberg, K.E., Wynne, L.C. (1989): Die finnische Adoptionsfamilienstudie über Schizophrenie: Mögliche Wechselwirkungen von genetischer Vulnerabilität und Familien-Milieu. In: Böcker, W., Brenner, H.D. (Hrsg.): Schizophrenie als Systemische Störung. Bern, Huber: 52 – 64

Schnüffeln

Wahrnehmen und bewerten

Beschreibung

Mit Schnüffeln bezeichnet man den Missbrauch vor allem lösungsmittelhaltiger Haushalts- und Industrieprodukte. Es handelt sich aber nicht um ein oberflächliches Einatmen zum Prüfen eines Geruches, sondern vielmehr um ein tiefes Einatmen von Dämpfen mit dem Ziel, eine berauschende Wirkung zu erreichen. Das Wort leitet sich ab vom englischen Wort „sniffing".

Schnüffelstoffe

Eine Vielzahl von Produkten der unterschiedlichsten Industriezweige wird zum Schnüffeln missbraucht. Solche Schnüffelstoffe sind in jedem Haushalt vorhanden und werden in Warenhäusern, Drogerien, Schreibwaren- und Farbgeschäften frei verkauft. Dabei handelt es sich einmal um Lösungsmittel, wie sie in Klebstoffen, Farben, Farbverdünnern, Schnellreinigungsmitteln, Fleckentfernern, Korrekturflüssigkeiten, Faserschreibern und Kosmetika enthalten sind. Eine andere Gruppe sind Treibmittel, wie sie in Deosprays, Haarsprays, Möbelpoliturspays, Wundsprays, Lacksprays und vielen ähnlichen Produkten vorkommen. Schließlich werden auch Narkosemittel wie Äther, Chloroform und Lachgas zur Rauscherzeugung missbraucht. Flüchtige Nitritverbindungen dagegen haben bei Kindern und Jugendlichen eine untergeordnete Bedeutung.

Gebrauchsarten

Schnüffelstoffe werden direkt aus Tuben, Flaschen oder Kanistern eingeatmet. Feuerzeuggase werden beispielsweise direkt aus den Feuerzeugen geschnüffelt. Zuweilen werden aber auch Hohlräume wie Jackenärmel oder Tüten mit Gas gefüllt, um daraus zu inhalieren. Flüssige Lösungsmittel werden oft auf ein Tuch geträufelt und dies vor Mund und Nase gehalten, um die Dämpfe einzuatmen. Häufiger noch werden die Produkte portionsweise in kleine Tüten abgefüllt; die Öffnung wird dann fest über Mund und Nasenpartie gedrückt, um die vom Grund des Beutels aufsteigenden Dämpfe tief einzuatmen. Plastiksäcke werden zuweilen auch ganz über den Kopf gestülpt, bis die Rauschwirkung einsetzt. Dabei besteht hohe Erstickungsgefahr. Eine weitere sehr gefährliche Gebrauchsart ist das direkte Sprayen von Aerosolen in Nase oder Rachen.

Wirkung

Die eingeatmeten Dämpfe werden durch die Lungen aufgenommen und erreichen in kürzester Zeit das Gehirn. Die rauschartige Wirkung tritt deshalb schon nach wenigen Sekunden ein. Trotz ihrer unterschiedlichen chemischen Struktur haben alle Schnüffelstoffe eine sehr ähnliche Wirkung. Sie führen zu einer Bewusstseinseinengung und einem Hochgefühl. Sie entfalten Erhabenheits- und Allmachtsgefühle und rufen anfänglich illusionäre Verkennungen sowie optische, akustische und szenische Halluzinationen hervor.

Während des Rausches entsteht nicht selten für Außenstehende fälschlicherweise der Eindruck, die Betroffenen seien volltrunken. Ähnlich dem Alkoholrausch ist nämlich der Bewegungsablauf gestört, der Gang taumelnd und die Sprache verwaschen. Oft zeigen die Konsumenten zudem zuckende Bewegungen und wilde Gestikulationen. Immer ist die Reaktionsgeschwindigkeit verlangsamt und das Konzentrationsvermögen herabgesetzt.

• gesundheitliche Gefahren

Schnüffeln geht mit erheblichen gesundheitlichen Gefahren einher. So kann es – wenn auch selten – direkte tödliche Folgen haben. Man spricht von einem „sudden sniffing death“, dessen Ursachen noch nicht voll geklärt sind. Herzrhythmusstörungen und eine Beeinträchtigung des Atemzentrums im Gehirn scheinen eine Rolle zu spielen. Bei dem besonders gefährlichen direkten Einsprühen von Aerosolen in den Rachen kann es über den Vagus-Nerven zu einem reflexbedingten Herzstillstand kommen. Insgesamt sind diese Todesfälle nicht voraussagbar und scheinen auch nicht durch milde Gebrauchsmuster zu verhindern zu sein. Da sich die Stoffe im Fett des Körpers anreichern, ist der Konsument auch noch Stunden nach dem Rausch gefährdet.

Auch treten beim Schnüffeln nicht selten tödliche Unfälle auf. Besonders gefährlich ist es, sich eine Tüte über den Kopf zu ziehen, um eine intensive Anreicherung der Schnüffelstoffe zu erreichen. Dabei kann es zu einer Bewusstlosigkeit kommen, so dass der Betroffene nicht mehr in der Lage ist, die Tüte von seinem Kopf zu entfernen, und an Sauerstoffmangel erstickt. Andere Unfälle entstehen dadurch, dass Lösungsmittel oder Gasbehälter explodieren.

Bei langfristigem Missbrauch flüchtiger Substanzen kann es zu Hirnschädigungen kommen mit nicht mehr rückgängig zu machenden Störungen der Aufmerksamkeit, der Gedächtnisleistungen und des Reaktionsvermögens. Bei Einatmen vor allem von Hexan und Benzin können Schädigungen der Nervenbahnen auftreten, die Auswirkungen auf das Gangbild haben. Leber- und Nierenschäden können vor allem durch toluolhaltige Produkte herbeigeführt werden. Diese Folgeschäden sind allerdings abhängig von der Intensität und Dauer des Missbrauchs. Wird ein gewohnheitsmäßiges Schnüffeln nach einigen Monaten wieder aufgegeben, bilden sich die geschilderten Folgeerscheinungen in der Regel noch zurück.

Relativ häufig werden bei den Konsumenten flüchtiger Substanzen umschriebene Hautläsionen an Nase und Mund gefunden, die auf Reizerscheinungen des Mittels zurückzuführen sind. Außerdem kommt es durch das Einatmen der Substanzen häufig zu Entzündungen der Luftröhre und des Nasen-Rachenraumes sowie der Augenbindehäute.

• Häufigkeit

Das bewusste Einatmen der Dämpfe von organischen Lösungsmitteln, Aerosolen und ähnlichen flüchtigen Stoffen zum Zwecke der Rauscherzeugung ist ein weltweites Phänomen, das vorwiegend Kinder und jüngere Jugendliche betrifft. Eine Studie der Weltgesundheitsorganisation hat 1993 ergeben, dass Schnüffelstoffe für Straßenkinder, die in den Großstädten der Entwicklungsländer, aber auch in Südostasien, Osteuropa und in den Industrieländern leben, weltweit die Droge Nr. 1 sind. In Europa handelt es sich meist um ein Übergangsphänomen bei Kindern, Jugendlichen und Heranwachsenden. Die meisten geben den Gebrauch von Lösungsmitteln mit dem Ziel, sich zu berauschen, wieder auf. In einer Reihe von Fällen wird Schnüffeln allerdings zu einer dauernden Gewohnheit und auch noch bis ins dritte und vierte Lebensjahrzehnt beibehalten.

Das Einstiegsalter für den Missbrauch von Schnüffelstoffen liegt relativ niedrig. Eine Reihe von Kindern machen erste Erfahrungen schon im Grundschulalter. Missbrauch findet sich gehäuft in der Altersgruppe zwischen dem 12. und 16. Lebensjahr. Bei einer Befragung von 15-jährigen Schulkindern in der Schweiz berichteten 3% der Mädchen und Jungen über mehrfache Erfahrungen mit Schnüffelstoffen. Insgesamt muss gerade beim Missbrauch von Schnüffelstoffen von einer hohen Dunkelziffer ausgegangen werden. Die Häufigkeit scheint in den letzten zwei bis drei Jahrzehnten bei leichten Schwankungen gleich geblieben, vielleicht auch etwas rückläufig zu sein.

• Hinweise auf Konsum

Das Inhalieren von Schnüffelstoffen findet meist an versteckten Plätzen, in Parkanlagen, in Waldgebieten, an Flussufern, auf Dachböden, in Kellerräumen oder an ähnlichen Plätzen statt. Eine vermehrte Anzahl von Dosen, Flaschen, Plastiktüten oder Tuben kann ein Hinweis auf Schnüffeln sein. Auffälliger und kennzeichnender allerdings ist der aromatische Geruch des Lösungsmittels in der Atemluft und in der Kleidung des Kindes oder Jugendlichen, der noch längere Zeit nach dem Missbrauch anhält. Andere Hinweise sind Klebstoffspuren auf der Kleidung, entzündliche Veränderungen der Haut um Mund und Nase, rote Augen, verstopfte Nase, ein unsicherer Gang, als ob der Betroffene betrunken wäre, Übelkeit, Appetitverlust, Schwindelzustände und Kollapsneigung.

Darüber hinaus ist auf unspezifische Kennzeichen zu achten, die generell Hinweis auf ein Suchtproblem oder aber sonstige Schwierigkeiten des Kindes oder Jugendlichen sein können: Nervosität, Reizbarkeit, Unruhe und Getriebenheit, ein nicht nachvollziehbarer Leistungsabfall in der Schule, Schulversäumnisse, mangelnde Konzentrationsfähigkeit, auffallende Unzuverlässigkeit, ungewohnte Verhaltensweisen wie ein großspuriges, aufgekratztes Auftreten oder aber eine unterwürfige Überangepasstheit.

Zuordnen und verstehen

• hohe Verfügbarkeit

Schnüffelstoffe sind legal und überall erhältlich. Die Kosten sind gering. Sie sind leicht zu verstecken und fallen wenig auf. Es handelt sich um Alltagsgegenstände, deren Besitz nicht verdächtig macht. Schnüffelstoffe werden nicht über einen Dealer vertrieben. Die Jugendlichen brauchen keine besonderen Kontakte, um sie erwerben zu können, und sind nicht abhängig von einem Lieferanten. Diese leichte Verfügbarkeit scheint ein Grund dafür zu sein, dass viele Kinder und Jugendliche relativ früh mit Schnüffelstoffen Erfahrung machen.

• die Experimentierer

Um ein Kind oder einen Jugendlichen in angemessener Weise auf seinen vermuteten oder aber beobachteten Missbrauch von Schnüffelstoffen ansprechen zu können, ist es nützlich, vier Konsumentengruppen zu unterscheiden. Am zahlreichsten sind die so genannten Experimentierer. Es handelt sich um Kinder und junge Jugendliche, die zunächst einmal aus Neugierde und aus einem Probierverhalten heraus an Leim und anderen Lösungsmitteln schnüffeln. Die Erreichbarkeit ist gut. Der Durchschnittshaushalt verfügt über etwa zwanzig Produkte, die flüchtige Substanzen enthalten, die zum Schnüffeln geeignet sind. Nach einigen Versuchen stellen diese Kinder und Jugendlichen ihr Versuchsverhalten in der Regel wieder ein. Häufig überwiegen die unangenehmen Nebenwirkungen wie Schwindelgefühle, Übelkeit und Reizerscheinungen im Rachenraum das positive Erleben.

• die Gruppenschnüffler

Die Gleichaltrigengruppe bestimmt in hohem Maße darüber, ob das Schnüffeln rasch wieder aufgegeben oder aber zumindest über eine gewisse Zeit fortgesetzt wird. Schnüffeln kann zu einem regelmäßigen Ritual in einer Gruppe von Gleichaltrigen werden und das Element sein, das die Gruppe zusammenhält. Es kann geschehen, dass nun nicht mehr das Experimentieren und das Erkunden von etwas Neuem im Vordergrund steht, sondern der Anpassungsdruck der Gruppe für eine gewisse Zeit das Missbrauchsverhalten aufrechterhält. Solche Gruppen sind häufig in Heimen oder auch in Schulen anzutreffen. Ob eine Jugendliche längere Zeit in der Gruppe und bei diesem Verhalten verbleibt, hängt im jeweiligen Einzelfall davon ab, welche Bedeutung die Gleichaltrigengruppe – möglicherweise als Ersatz für ein gutes Familienklima – gewonnen hat und wie selbstsicher das Kind oder die Jugendliche ist, um sich von der Gruppe und ihrem Konsumverhalten distanzieren zu können.

Aber auch ein Großteil der Gruppenschnüffler gibt das Schnüffeln nach einer gewissen Zeit wieder auf. Allerdings verweisen neuere Untersuchungen darauf, dass sowohl Experimentierer als auch Gruppenschnüffler mit einer bis zu zehn Mal höheren Wahrscheinlichkeit im Vergleich zu denen, die nie geschnüffelt haben, in späterer Zeit illegale Drogen wie Haschisch oder Marihuana, Ecstasy oder Opiate einnehmen. Insofern haben Schnüffelstoffe auch als Einstiegsdrogen eine Bedeutung.

• die chronischen Einzelschnüffler

Hier handelt es sich um meist ältere Jugendliche, Heranwachsende oder junge Erwachsene, die zunächst in der Gruppe mit dem Schnüffeln begonnen haben. Im weiteren Verlauf haben sie aber häufiger und intensiver als die übrigen Mitglieder der Gruppe konsumiert. Das Rauscherleben hat mit der Zeit größere Bedeutung gewonnen als das Gruppenerleben. Diese jungen Menschen schätzen das rasche Auftreten des Rausches und die Möglichkeit, durch weiteren Konsum den Rausch zeitlich beliebig auszudehnen.

In der Regel ist das soziale Umfeld der Betroffenen sehr ungünstig. Sie haben meist keine abgeschlossene Schulausbildung. Frühzeitig auftretende Schulschwierigkeiten und Verhaltensstörungen sowie Heimaufenthalte und Arbeitslosigkeit sind typische Kennzeichen ihrer persönlichen Entwicklungsgeschichte. Sie stammen meist aus kinderreichen Unterschichtfamilien mit wenig finanziellen Ressourcen und aus ungünstigen Wohnmilieus. Sucht und soziales Umfeld haben sich über Jahre hinweg wechselseitig in einem sich ständig verstärkenden Kreislauf negativ beeinflusst.

• Sucht fördernde Faktoren

Im Übrigen treffen auch für Kinder und Jugendliche, die schnüffeln, dieselben Faktoren zu, die eine Suchtentwicklung fördern, wie sie unter dem Stichwort „Drogensucht" aufgeführt worden sind.

Lösungen anregen und möglich machen

• Kinder frühzeitig stärken

Eltern verursachen nicht, dass ihre Kinder schnüffeln oder sonstige Drogen konsumieren. Sie können aber einiges tun, um die Kinder gegen Drogen möglichst stark zu machen. Dazu gehört es, ihnen nicht jeden Wunsch zu erfüllen, sondern sie auch anzuhalten, Frustrationen und Langeweile eine Zeit lang auszuhalten. Kinder müssen lernen, Belastungssituationen zu verarbeiten, und brauchen Unterstützung, um Kompetenz beim Lösen von Problemen zu entwickeln. Starke Kinder entwickeln das Gefühl, das Leben aktiv gestalten zu können. Sie haben die Fähigkeit, Kontakt zu Gleichaltrigen aufzubauen und zu halten, und finden Zugang zu Gleichaltrigengruppen über andere Wege als Drogenkonsum. Starke Kinder können dem Gruppendruck aber auch einmal widerstehen. Sie haben gelernt, sich abzugrenzen und ihre eigenen Ansichten und Werte zu vertreten.

• Abschreckung ist unwirksam

Für manche Eltern und Erzieherinnen mag die Versuchung groß sein, durch Darstellung der besonderen Gefahren und Gesundheitsrisiken des Schnüffelns Kinder und Jugendliche von einem solchen Verhalten abzuschrecken. Inzwischen gibt es aber viele Untersuchungen, die darauf hinweisen, dass eine ausführliche Diskussion von Missbrauchspraktiken und die Aufzählung unterschiedlicher Schnüffelstoffe und ihrer Gefahren eher die Neugierde von Kindern und Jugendlichen wecken, als dass sie sie abschrecken.

• keine Verharmlosung

Andererseits darf das Schnüffeln auf Grund seiner vielfältigen Gefahren auf keinen Fall verharmlost werden. Wie bei allen problematischen Verhaltensweisen ist es wichtig, das Gespräch mit dem Kind oder der Jugendlichen zu suchen und dabei in aller Offenheit sowohl die erwünschten als auch die unerwünschten Wirkungen zu erfragen. Nur wenn es Ihnen gelingt, ernsthaft auf das positive Erleben während des Rausches einzugehen, haben Sie die Chance, auch die andere Seite zu thematisieren und eine kritische Haltung zu fördern. Wenn es Ihnen gelingt, dem Kind oder der Jugendlichen überhaupt einmal die Idee zu vermitteln, dass das Verhalten möglicherweise auch negative Auswirkungen hat, haben Sie schon viel erreicht. Führen Sie das Gespräch immer in dem Bewusstsein, dass Sie die Jugendliche höchstens zu einer Änderung ihres Verhaltens anregen, aber nicht dazu bestimmen können. Und denken Sie daran, dass zu großer Druck oft auch Jugendliche zu einem Protestverhalten – zum Gegenteil dessen, was Sie sich wünschen – veranlassen kann.

• im Gespräch bleiben

Das Wichtigste ist, mit dem Kind oder mit der Jugendlichen im Gespräch zu bleiben. Reden Sie dann mit Ihrem Kind, wenn die heftigen Gefühle des Erschreckens, des Ärgers, der Enttäuschung und des Zorns abgeflaut sind und Sie sich zu einem ruhigen Gespräch in der Lage fühlen. Formulieren Sie Ihre eigenen Ängste und Sorgen um das Wohl des Kindes, vermeiden Sie Vorwürfe, Verdächtigungen, Vermutungen und Unterstellungen. Versuchen Sie, die Situation zu klären, ohne das Zimmer oder die Sachen des Kindes auszuspionieren oder das Kind zu verhören. Sprechen Sie mit dem Kind oder der Jugendlichen über die Vor- und Nachteile des Suchtmittelkonsums. Seien Sie gleichermaßen bereit, die positiven und negativen Wirkungen zu erörtern, die Sie bei Ihrem eigenen Konsum von Suchtmitteln – wahrscheinlich vor allem von Alkohol oder Zigaretten – erfahren. Lassen Sie sich nicht auf Diskussionen darüber ein, ob die eine Droge gefährlicher ist als die andere. Stellen Sie sachlich Ihre Informationen dar, die Ihre Sorgen begründen. Formulieren Sie gegebenenfalls eindeutige Erwartungen an Ihr Kind, aber vermeiden Sie es unbedingt, in einen Machtkampf zu geraten. Sagen Sie dem Kind, dass Sie Ihre Forderung weder erzwingen können, noch erzwingen wollen. Holen Sie sich jedoch Hilfe, wenn mehrere Gespräche Ihre Sorgen und Befürchtungen nicht aus der Welt schaffen (siehe dazu auch die Hinweise im Kapitel „Drogensucht").

• Notfallhilfe

Wird ein Kind oder eine Jugendliche unter dem deutlichen Einfluss von Schnüffelstoffen angetroffen, ist es von größter Bedeutung, ruhig zu bleiben und nicht in Panik zu geraten. Denn durch Hektik und Aufregung, die sich auf die betroffene Person übertragen, können Herzrhythmusstörungen und im schlimmsten Fall ein plötzlicher Herztod ausgelöst werden. Bei Bewusstlosigkeit ist Schocklagerung, bei Atemstillstand sind Maßnahmen zur Wiederbelebung erforderlich. Der Notarzt muss gerufen werden. Wenn die Person wach ist, sollte man ihr ruhig zureden und für ausreichend Luftzufuhr sorgen. Sprechen Sie mit Personen, die den Gebrauch möglicherweise beobachtet haben, oder suchen Sie nach Anhaltspunkten (Dosen, Tuben und Ähnlichem), um Hinweise auf die Substanzen zu erhalten, die verwendet wurden.

• Internetadressen

Informationen aus dem Internet erhalten Sie unter: www.inhalants.org.

Weitere Stichworte:

Drogensucht
Internetsucht

Literatur

Elsner, H., Hendriks, M., Sodenkamp, E. (2003): Schnüffelstoffe. Informationen für Bezugspersonen von Kindern und Jugendlichen. Bochum, Krisenhilfe e.V.

Schneider, W. (1990): Lösungsmittel bei Heranwachsenden als Einstieg in die Drogensucht. Sozialpädiatrie 12: 900 – 905

Schulze-Alexandru, M., Kovar, K.-A. (2000): Schnüffelstoffe. In: Uchtenhagen, A., Zieglgänsberger, W. (Hrsg.): Suchtmedizin. München, Urban & Fischer

Thomasius, R. (1988): Lösungsmittelmissbrauch bei Kindern und Jugendlichen. Freiburg, Lambertus

Thomasius, R. (2000): Schnüffelstoffe. In: Stimmer, F. (Hrsg.): Suchtlexikon. München. Oldenbourg

Selbstmordhandlungen

Wahrnehmen und bewerten

• Häufigkeit

Unter dem Begriff Selbstmordhandlungen werden vollendete Selbstmorde (Suizide) und Selbstmordversuche (Parasuizide) zusammengefasst, deren Häufigkeit allerdings gerade im Kindes- und Jugendalter stark auseinander klafft. In den Jahren 1997 – 1999 begingen etwa 8 von 100.000 Jugendlichen und jungen Erwachsenen im Alter von fünfzehn bis fünfundzwanzig Jahren pro Jahr Selbstmord, wobei Jungen viermal häufiger Suizid verübten als Mädchen. Demgegenüber wird die Zahl der Selbstmordversuche auf 2% bei Jungen und auf knapp 4% bei Mädchen geschätzt. Davon abzugrenzen sind die bei Jugendlichen relativ häufig zu beobachtenden Selbstmordideen und Selbstmordfantasien.

Während die Zahl der Selbstmordhandlungen im Alter von zehn bis vierzehn Jahren – wahrscheinlich im Zusammenhang mit der allgemeinen Akzeleration von Kindern – in den letzten Jahren zugenommen hat, werden Selbstmorde von Kindern unter 10 Jahren kaum begangen. Dies hängt offensichtlich mit der entwicklungspsychologischen Unfähigkeit von Kindern zusammen, die Wesensmerkmale von Leben und Tod eindeutig zu erkennen. Zudem sind Selbstmordhandlungen an die Fähigkeit zur Selbstreflexion gekoppelt, die sich erst im zweiten Lebensjahrzehnt voll ausbildet. Und schließlich wird als weiterer Grund angenommen, dass Kinder dieses Alters gefährliche und ungefährliche Methoden der Selbsttötung noch nicht zuverlässig unterscheiden und deshalb Selbstmordhandlungen nicht gezielt durchführen.

• Selbstmorde

Auch wenn die Zahl der *Selbstmorde* von Kindern, Jugendlichen und Heranwachsenden beim ersten Hinschauen nicht sehr hoch zu sein scheint, sind Selbstmorde doch bei Jungen die zweithäufigste und bei Mädchen die dritthäufigste Todesursache in dieser Altersgruppe.1996 starben in Deutschland in der Altersgruppe 10 bis 15 Jahre 52, in der Altersgruppe 15 bis 20 Jahre 286 und in der Altersgruppe 20 bis 25 Jahre 520 Menschen durch Selbstmord. Allerdings beschreiben diese Zahlen nur die Spitze eines Eisberges. Denn die Dunkelziffer gilt gerade bei Kindern und jungen Jugendlichen als hoch. Man vermutet, dass die tatsächliche Zahl fünf- bis sechsmal größer ist. Der Grund liegt darin, dass Selbstmorde in diesem Alter häufig – beabsichtigt und unbeabsichtigt – als Unfälle angesehen und dementsprechend statistisch erfasst werden. Generell lässt sich sagen, dass die Häufigkeit der Selbstmorde junger Menschen, beginnend mit einem Alter von 10 – 12 Jahren, mit ansteigendem Alter ständig zunimmt, bis sie in dem Alter von 23 – 25 Jahren ihre Spitze erreicht.

• Selbstmordversuche

Wesentlich höher als bei den Selbstmorden ist die Dunkelziffer bei den *Selbstmordversuchen*. Man rechnet etwa mit 2% – 3% an Jugendlichen, die innerhalb eines Jahres so ernste Selbstmordversuche begehen, dass sie medizinischer Behandlung bedürfen. Selbstmordversuche sind bei weiblichen Jugendlichen etwa zwei- bis dreimal häufiger als bei Jungen und insgesamt in dieser Alterstufe der häufigste Grund für eine Krankenhausaufnahme.

• Selbsttötungsmittel

Mädchen und Jungen unterscheiden sich in dem Einsatz der Mittel, die sie für die Selbstmordhandlung benutzen: Mädchen benutzen in 55% der Fälle Medikamente oder Giftstoffe; in 31% der Fälle versuchen sie, sich lebensbedrohliche Schnittwunden zuzufügen. Bei Jungen ist dies in 25% der Fälle die häufigste Selbstmordhandlung, gefolgt von Vergiftungen in 20%, dem Einsatz von Schusswaffen in 15% und dem Erhängen in 11% der Fälle. Dieser Einsatz gefährlicherer Methoden durch Jungen wird von den meisten Autoren als der wesentliche Grund für die höhere Häufigkeit tödlicher Selbstmordhandlungen bei Jungen angesehen.

• Wiederholungsgefahr

Die hohe Diskrepanz zwischen der Anzahl der Selbstmordversuche im Kindes- und Jugendalter und der Anzahl tatsächlich vollendeter Selbstmorde darf nicht dazu verleiten, Selbstmordhandlungen von Jugendlichen nicht ernst zu nehmen. Jeder vierte bis fünfte Jugendliche, der einmal einen Selbstmordversuch unternommen hat, wiederholt diesen in seinem Leben; jeder zehnte tut dies innerhalb der nächsten zwei Jahre, wobei die meisten erneuten Selbstmordversuche innerhalb von drei Monaten erfolgen. Etwa vier bis fünf Prozent der Jugendlichen, die eine Selbstmordhandlung begangen haben, werden sich später tatsächlich umbringen.

• falsche Einschätzung der tödlichen Dosis

Selbstmordhandlungen von Jugendlichen sind jedoch auch deshalb immer ernst zu nehmen, weil Jugendliche häufig die tödliche Dosis beispielsweise eines Medikamentes falsch einschätzen – sie über- und unterschätzen sie. Das heißt: Es gibt tödlich oder lebensbedrohlich verlaufende Selbstmordhandlungen, weil die Gefährlichkeit von Tabletten unterschätzt wurde. Andererseits verweist die Wahl eines wenig gefährlichen Medikaments oder einer viel zu niedrigen Dosis keinesfalls unbedingt auf die Harmlosigkeit des Selbsttötungswunsches.

• Selbstmordfantasien

Selbstmordgedanken sind im Jugendlichenalter sehr häufig. Sie reichen von gelegentlichen, diffusen Selbstmordideen über episodische, aber detailliert ausgestaltete Selbstmordfantasien bis zu konkreten Selbstmordplanungen. Bei Befragungen gaben jede vierte weibliche Jugendliche und jeder sechste männliche Jugendliche im Alter von 15 bis 18 Jahren an, solche Ideen und Fantasien in den letzten zwölf Monaten gehabt zu haben. Selbstmordfantasien müssen in vielen Fällen keineswegs beunruhigen. Sie haben vielmehr oft eine für die psychische Gesundheit förderliche Wirkung, indem sie durch ein sich Ausmalen der verzweifelten Reaktionen der Angehörigen helfen, Kränkungen zu überwinden und sich der eigenen Bedeutung für andere zu vergewissern. Werden allerdings solche Ideen und Fantasien häufiger geäußert, verlangen sie Beachtung, und dies umso mehr, je konkreter und detaillierter die Selbsttötungshandlung ausgestaltet wird.

• Nachahmungshandlungen

Selbstmordhandlungen lösen bei Jugendlichen nicht selten einen Nachahmungseffekt aus. Dies lässt sich zum Beispiel nach dramatischen Medienberichten über eine Selbstmordhandlung oder nach Filmen wie „Tod eines Schülers" beobachten und wird als „Werther-Effekt" bezeichnet. Die Gefahr von Nachahmungshandlungen ist in den ersten sieben bis vierzehn Tagen am höchsten und zudem abhängig von der Häufigkeit, mit denen diese Berichte wiederholt werden.

Ein ähnliches Phänomen ist zu beobachten bei Jugendlichen, die in Gruppen Selbstmordhandlungen verüben. Auch hier scheint die wechselseitige Anregung, die scheinbare und auch tatsächliche Übereinstimmung der subjektiven Lebenswelten und zudem die Faszination des Gruppenerlebens eine Rolle zu spielen.

• widerstandsfähige Kinder und Jugendliche

Manche Kinder und Jugendliche scheinen auch bei sehr hohen Belastungen über besondere psychische Widerstandskräfte zu verfügen. Sie sind in der Lage, Situationen zu meistern, in denen andere zu Selbstmordhandlungen greifen. Man hat nach den Gründen für diese Widerstandsfähigkeit geforscht und festgestellt, dass diese Jugendlichen in ihrer Kindheit eine stabile emotionale Beziehung zu einem Erwachsenen hatten. Sie sind zudem mit Menschen aufgewachsen, die ihnen als soziales Vorbild dienten und ihnen gezeigt haben, wie Probleme konstruktiv gelöst werden können. Auch hat man frühe Leistungsanforderungen an sie gestellt wie die Sorge für kleinere Geschwister oder bestimmte Aufgaben in Schule und Verein, die sie bewältigten. Weiterhin hat man festgestellt, dass sich solche widerstandsfähigen jungen Menschen von suizidalen jungen Menschen in der Art unterschieden, erstens, wie sie Belastungen wahrnehmen, zweitens, wie sie soziale Ressourcen nutzen, und drittens, wie sie Problemsituationen bewältigen. Konkret heißt das in Bezug auf die widerstandsfähigen jungen Menschen: Sie akzeptieren eine Krise und die damit verbundenen Gefühle. – Sie suchen selbst nach Lösungen. – Sie lösen ihre Probleme nicht allein, sondern suchen sich Unterstützung. – Sie fühlen sich nicht als Opfer. – Sie bewahren einen gewissen Optimismus. – Sie geben sich nicht selbst die Schuld. – Sie planen voraus.

• präsuizidales Syndrom

Man hat versucht, aus einer auf den Einzelnen gerichteten Sicht Merkmale zu beschreiben, die auf die Gefahr einer Selbstmordhandlung eines Jugendlichen hinweisen. Wichtigstes Anzeichen ist ein zunehmender sozialer Rückzug, der häufig in der Folge einer intensiven, langdauernden Traumatisierung auftritt. Der Jugendliche verhält sich zunehmend gehemmt, vergrault seine Freunde, meidet die Gleichaltrigen und beschäftigt sich nur noch mit sich selbst. In der weiteren Entwicklung kommt es zu einer situativen Einengung: Bestimmte Situationen werden als bedrohlich und überwältigend erlebt, die eigene Person als ohnmächtig und wie ausgeliefert empfunden. Die Wahrnehmung wird in diesem Sinne verzerrt; gleichförmige Gedankenabläufe wiederholen sich ständig. Schließlich werden die Situationen gemieden und die zwischenmenschlichen Beziehungen weiter eingeschränkt. Sie werden einerseits zahlenmäßig verringert; zum anderen werden die noch bestehenden Beziehungen für uninteressant und wertlos erklärt. In der Folge fühlt sich der Jugendliche immer stärker unverstanden und einsam. Ähnlich wie er die Personen der sozialen Umwelt und die Beziehungen entwertet, kommt es auch zu einer Entwertung früher geschätzter Aktivitäten und Lebensfelder, wodurch sich die Isolierung weiter vergrößert.

Ein weiteres Merkmal ist die Hemmung aggressiver Impulse, obwohl heftige Vorwürfe gegen Außenstehende empfunden werden. Es kommt zu einem Zustand ohnmächtiger Wut, die sich dann gegen die eigene Person richtet. Schließlich gehören auch Selbstmordfantasien zum präsuizidalen Syndrom. Je konkreter sie werden, je dauerhafter sie bestehen und je mehr sie sich auf eine bestimmte Selbstmordmethode hin konkretisieren, umso ernster sind sie zu beurteilen. Die Aussage „Dann bringe ich mich eben um“ wird zweifellos manchmal von Jugendlichen unbedacht oder aus aktuellem Trotz ausgesprochen. Sie muss dann nur entschieden zurückgewiesen werden mit dem Hinweis, dass man mit solchen Aussagen nicht leichtfertig umgeht. Wenn die damit verbundenen Fantasien aber dazu führen, dass der Jugendliche allmählich seine Bemühungen, die Realität selbst zu beeinflussen, einschränkt, ist dieser Vorgang als kritisch anzusehen. Der möglicherweise folgende Übergang von aktiv herbeigeführten Selbstmordgedanken hin zu passiv sich aufdrängenden Suizidideen stellt dann eine gefährliche Entwicklung dar.

Zuordnen und verstehen

• Wirkung auf andere

Wer sich mit dem Thema Selbstmord oder Selbstmordversuch auseinander setzt, steht vor einem bemerkenswerten Widerspruch: Einerseits ist kaum eine Handlung eines Menschen denkbar, die stärker auf die eigene Person bezogen ist und als höchst persönliche Entscheidung des Einzelnen erscheint. Andererseits aber hat kaum eine andere Handlung eine so starke Wirkung auf andere und wird von den Personen aus der unmittelbaren Umwelt des selbstmörderisch oder selbstverletzend Handelnden so sehr als Botschaft an sie aufgefasst.

In der wissenschaftlichen Literatur spielt diese Wirkung der Selbstmordhandlung auf andere ebenfalls eine große Rolle, wenn beispielsweise Selbstmordhandlungen als der Wunsch nach Wiedervereinigung mit dem geliebten Objekt, als Appell an die Umgebung oder aber als ein auf einen anderen gerichteter aggressiver Akt gedeutet werden.

• die eigene Bedeutung für die anderen

Zudem ist bekannt, dass die meisten Menschen vor und während der Selbstmordhandlung vor allem an ihre Angehörigen denken, die Jugendlichen beispielsweise daran, wie die Eltern wohl auf die Nachricht ihres Todes reagieren werden. Auch der bei weitem größte Teil der Abschiedsbriefe beschäftigt sich mit diesem Thema: Was bedeute ich den anderen?

Wie zentral diese Frage ist, zeigen in gleicher Weise die Selbstmordfantasien, die im Jugendlichenalter besonders häufig auftreten und die vielen Menschen – auch denen, die eine Selbstmordhandlung nie ernsthaft in Erwägung gezogen haben – nicht fremd sein dürften. Marc Twain hat das sehr anschaulich in „Tom Sawyers Abenteuer“ beschrieben. Er schildert Toms Selbstmordfantasien im Anschluss an eine Szene, in der seine Tante ihn zu Unrecht bestraft hatte: „... wie man ihn vom Fluss nach Hause brachte, tot, mit triefenden Haaren. Die armen Glieder starr und steif, und Friede in seinem wunden Herzen – Friede für immer. Wie würde sie sich dann über ihn werfen und unter Strömen von Tränen zu Gott flehen, er möchte ihr doch ihren Jungen wiedergeben, sie sollte ihm auch nie, nie wieder Unrecht tun. Er aber läge da – kalt, weiß und starr – ein armer Dulder, dessen Leiden nun ein Ende hatte.“

• Wunsch nach Änderung der Lebensbedingungen

Tom ist sich der Bedeutung sicher, die er für seine Tante hat, und dementsprechend helfen ihm seine Fantasien, die von ihm erlebte Kränkung zu überwinden. Anders ist das in aller Regel bei einem Selbstmordversuch: Er verweist auf die momentan als ausweglos empfundene Lebenssituation und die lang vorher begonnene Geschichte von Selbstzweifeln, Angst und tiefer Unsicherheit der Beziehung. Der Selbstmordversuch sagt aus: „So wie bisher geht es nicht, anders kann ich nicht." Es ist ein deutliches Signal nach dem Motto: „Wenn ich nicht dramatisiere, hört mich keiner." Der Selbstmordversuch drückt somit gleichzeitig die Verzweiflung am Leben und die Sehnsucht nach einem Leben aus, das anders sein soll als bisher. Insofern verweist die Selbstmordhandlung des Jugendlichen nicht in erster Linie auf eine Sehnsucht nach dem Tod, sondern vielmehr auf eine Verzweiflung am Leben.

• doppelte Botschaft

Der Selbstmordversuch umfasst damit immer eine doppelte Botschaft: Es ist der Versuch, in radikaler Form die Beziehung zu anderen Menschen abzubrechen, und gleichzeitig der Versuch, Beziehung zu anderen Menschen aufzunehmen, wenn auch in anderer Form. Der Philosoph Schopenhauer hat dies treffend beschrieben, indem er sagte: „Der Selbstmörder will das Leben. Er ist bloß mit den Bedingungen unzufrieden, mit dem es ihm geworden ist." Die Selbstmordhandlung eines Jugendlichen zielt immer auch auf das Leben, jedoch auf ein Leben unter anderen Bedingungen. Auch der „leichte" Selbstmordversuch ist der Versuch, eine unerträglich erlebte Situation zu verändern, die der betroffene Jugendliche nicht mehr alleine glaubt lösen zu können. Er hat keine Hoffnung, seine Lebensbedingungen wirkungsvoll zu beeinflussen, und sieht keine Chancen, dass sie sich auf andere Weise ändern. So wird für den Jugendlichen der Selbstmordversuch die einzige Möglichkeit, sein Problem zu lösen.

• Auslöser und Hintergrund

Um die Selbstmordhandlung eines Jugendlichen zu verstehen, muss man zwischen Auslösern und den Lebenskonstellationen im Hintergrund unterscheiden. Die Auslöser sind sozusagen die Tropfen, die das Fass zum Überlaufen gebracht haben, und dementsprechend wirken sie oft banal und unwichtig. Wichtig ist denn auch, nach den Konstellationen im Hintergrund zu fragen, durch die die aktuelle Situation eine solch außerordentliche Bedeutung erreicht hat.

• Auslöser

Wenn Jugendliche auf die Frage nach ihren Gründen für die Selbstmordhandlung antworten, benennen sie meist diese Auslöser. Viele Jugendliche erleben aber die Unangemessenheit der auslösenden Situation und machen auf Fragen nach den Gründen keine Angaben. Sie können die eigene Handlung selbst nicht richtig verstehen. In der Regel handelt es sich bei den Auslösern um aktuelle Stressereignisse, um Trennungen und Zurückweisungen oder um Kränkungen etwa durch wiederholte Kritik seitens der Eltern und Erzieher. So werden von den Jugendlichen als Motive angegeben: Streit mit den Eltern, Streit und Auseinandersetzungen mit Gleichaltrigen, Auseinandersetzungen mit der Freundin oder dem Freund und Trennungen von der Freundin oder dem Freund, Probleme und Kränkungen in der Schule, Verlust einer geliebten Person (beispielsweise Tod der Großmutter oder des Großvaters), Misshandlung.

• Hintergrundfaktoren

Verstehbar werden diese Auslöser aber nur, wenn man auf die Konstellationen und Faktoren im Hintergrund schaut. Insofern erzählt jeder Selbstmordversuch eine Geschichte, die schon lange vorher begonnen hat. Es ist eine Geschichte von Selbstzweifeln, von Versuchen, sich anderen verständlich zu machen, von Versuchen, sich selbst zu verstehen, und dem Scheitern dieser Versuche. Die Kinder und Jugendlichen fühlen sich wenig wertvoll. Sie erleben sich nicht ausreichend oft als Ursache von Wirkung. Oft kommen sie sich in ihrer Familie oder in ihrem sonstigen Lebensumfeld regelrecht überflüssig vor, als „expendable child", als Kind, auf das man verzichten kann. Das, was in ihrer Familie, in ihrem Lebensumfeld abläuft, hat ihrem Erleben nach wenig mit ihnen zu tun. Ihre Art, sich zu äußern, findet keine Resonanz. Sie machen subjektiv die Erfahrung, dass sie nie richtig sind und es anderen nie Recht machen. Es handelt sich um Kinder, die nicht im ausreichenden Maße die sichere Überzeugung entwickelt haben, mit ihrer Person von anderen wichtig genommen und gewertschätzt zu werden, zudem eigenständig und selbstständig zu sein. Mit ihrer Selbstmordhandlung stellen sie die Frage: Mal sehen, ob ihr mich vermisst.

• Hoffnungslosigkeit

Warum wählt ein Jugendlicher nicht andere, weniger gefährliche Mittel als den Selbstmordversuch? Die Antwort kann nur darin liegen, dass er keine Hoffnung hat, auf Resonanz zu stoßen und seine wichtigen Kontaktpersonen wirkungsvoll zu beeinflussen. Dabei ist zu berücksichtigen, dass diese Hoffnung nicht allein abhängig ist von den Lebensbedingungen, sondern auch von den Lebenserfahrungen, die ein Jugendlicher gemacht hat, nämlich von den Erfahrungen, ob und mit welchem Aufwand an Mitteln er seine Umwelt beeinflussen kann. In welchem Maß hat er dieses Erleben des „Ich-kann-etwas-bewirken" erfahren und erlernt? Man weiß, dass dieses Erleben lebenswichtig ist, dass beispielsweise Kleinkinder sterben, denen das Erleben, Austausch und Kommunikation bewirken zu können, versagt wird. Entsprechende Phänomene kennt man auch aus anderen Kulturen, erinnert sei nur an den Voodoo-Tod.

Die subjektive Überzeugtheit, Einfluss ausüben zu können, die Erfahrung, dass es sich lohnt, sich anzustrengen und Mühsal auf sich zu nehmen, die Erfahrung, dass es möglich ist, Probleme zu lösen, ist lebensnotwendig und wichtig, um das Leben zu bejahen. Für die Entwicklung einer solchen subjektiven Überzeugtheit braucht das Kind sowohl Erfahrung mit Erfolg („Ich bewirke etwas") als auch Erfahrung mit Widerstand („Es gibt Situationen, da muss man sich sehr mühen, um etwas zu bewirken, auch wenn man lange keinen Erfolg hat"). Beides muss in einem ausgewogenen Verhältnis zueinander stehen. Beides ist gleich wichtig. Dies erklärt, dass es unter denen, die Selbstmordhandlungen begehen, in so großer Zahl einmal vernachlässigte Kinder gibt, die die Erfahrung mit dem Erfolg, zum anderen aber auch verwöhnte Kinder, die die Erfahrung mit dem Widerstand nicht machen konnten.

• starre Familienmuster

Es gibt weder die Selbstmordfamilie noch die Selbstmordpersönlichkeit. Es gibt aber Bedingungen, unter denen suizidales Verhalten wahrscheinlicher ist. Man findet es beispielsweise gehäuft in Familien, in denen die Rollen und die Beziehungsmuster sehr starr festgelegt sind und eine große Furcht vor Änderungen besteht. Jedes Verhalten eines Familienmitgliedes wird entsprechend der Rollenvorstellung interpretiert, verstanden und wahrgenommen. Falls ein Familienmitglied neue Verhaltensweisen erprobt, die seine Rolle sprengen könnten, werden diese entweder geleugnet, umgedeutet oder aber als schlecht, falsch oder unmoralisch gekennzeichnet. Es herrscht eine Entweder-oder-Lebensweise. So wird dieses Familienmitglied dann oft vor die Wahl gestellt, entweder das geänderte Verhalten aufzugeben oder aber die Familie zu verlassen. Innerhalb solcher Familien ist es also kaum möglich, ein anderes Verhalten zu erproben, um ein Problem zu lösen, so dass es geschehen kann, dass die Selbstmordhandlung dem Jugendlichen tatsächlich noch als einzige Problemlösungsmöglichkeit erscheint. (Eben diese situative Bedingung hat Marc Twain angedeutet: Er schildert, wie Tom Sawyers Selbstmordfantasien dadurch ausgelöst werden, dass Tom von seiner Tante Polly wegen einer Tat bestraft wird, die sein Bruder begangen hat; denn Tante Polly lässt sich in ihren Rollenvorstellungen „der Bruder ist der Gute, und Tom ist der Böse" nicht beirren.)

• erstarrte innerfamiliäre Kommunikation

Aus einer anderen Sicht kann man das „eigentliche Problem" in diesen Familien auch darin sehen, dass die innerfamiliäre Kommunikation erstarrt ist und ein lebendiges Aushandeln der familiären Rollen, Verhaltensmuster und Verhaltensregeln nicht mehr stattfindet. Andere Gründe, weshalb die Kommunikation in den Familien erstarrt sein kann, sind beispielsweise Familiengeheimnisse, nicht selten Geheimnisse über die Selbsttötung eines Familienmitglieds in früheren Jahren. In solchen Familien besteht die Gefahr, dass sich nach der Selbstmordhandlung eines Kindes das innerfamiliäre Gespräch noch weiter verengt. Das einzige Thema ist dann oft die Frage nach der Ursache für die Selbstmordhandlung mit der Folge, dass das Kind, das mit dieser Frage natürlich überfordert ist, völlig in Schweigen verfällt.

• chronische Überforderung

Nicht selten stehen bei Selbstmordhandlungen von Kindern auch chronische Überforderungen durch Eltern, Lehrer und sonstige wichtige Bezugspersonen im Hintergrund. So beobachtet man nicht selten das Dilemma des überforderten Kindes, das von den ihm wichtigen Bezugspersonen geliebt werden will, aber den Anforderungen und Leistungserwartungen nicht gerecht werden kann. Die Selbstmordhandlungen treten dann häufig auf, wenn die üblichen kindlichen Bewältigungsstrategien wie Verweigern, Weglaufen, Betrügen oder Verheimlichen versagt haben. Gerade Weglaufen wird im Vorfeld von Selbstmordhandlungen nicht selten beobachtet, was unmittelbar einsichtig ist: Denn Kinder und Jugendliche können ihre Bedeutung überprüfen, indem sie sich aus der Familie entfernen und beobachten, ob ihre Abwesenheit in der Familie überhaupt wahrgenommen und wie sie behandelt wird.

• erschöpfte Familien

Oft führen auch hohe familiäre Belastungen und eine daraus resultierende Erschöpfung von Familien dazu, dass Beziehungsversuche scheitern, die Bedürfnisse des Kindes nach Zuwendung vernachlässigt werden und es zu einer zunehmenden inneren Vereinsamung des Kindes oder Jugendlichen kommt. Bei derartigen Belastungen kann es sich um den Tod eines Elternteiles handeln oder um die Trennung der Eltern mit der Folge einer hohen finanziellen und Arbeitsbelastung des allein erziehenden Elternteils. Auch chronische Erkrankungen von Eltern oder aber über Jahre anhaltende eheliche Auseinandersetzungen und Konflikte mit dem Kind können zu einer Erschöpfung der familiären Ressourcen führen. Dabei zeigen Untersuchungsergebnisse, dass Kinder nahezu durchweg die Beziehung zu den Eltern als belasteter und unzureichender erleben, als die Eltern es tun.

• Unsicherheit des primären Lebensfeldes

Nicht selten ist bei Jugendlichen, die Selbstmordhandlungen begehen, zu beobachten, dass sie in einem sehr unklar strukturierten Lebensfeld leben, in dem es schwer fällt, den Platz zu sehen, wo ihr emotionales Zuhause sein könnte. Dabei handelt es sich häufig um Jugendliche, die nach der Trennung ihrer Eltern weder bei der Mutter, noch bei dem Vater ein Zuhause finden, bei denen Fremdunterbringungen gescheitert sind, wo Zuständigkeiten zum Beispiel im Hinblick auf das Sorgerecht ungeklärt sind oder unscharfe Regelungen praktiziert werden. Häufig geraten die Jugendlichen – auch mit ihrem eigenen Zutun – in eine Situation, in der sie selbst keinen Platz mehr erkennen, an dem sie sich auf Beziehungsangebote einlassen können. Oft haben sich viele Personen eine Zeit lang engagiert, sich dann aber aufgrund der Verhaltensprobleme des Jugendlichen wieder zurückgezogen, so dass es schließlich keinen mehr gibt, der auf den Jugendlichen hört oder bei dem der Jugendliche glaubt, gehört zu werden.

● sexueller Missbrauch

Die schlimmste Erfahrung, in seinen kindgerechten Bedürfnissen nicht gehört und wahrgenommen zu werden, ist für Kinder und Jugendliche die des sexuellen Missbrauchs. Wenn dann noch hinzutritt, dass die Darstellung der Missbrauchshandlungen von wichtigen Familienangehörigen nicht geglaubt, die Bedürfnisse der Jugendlichen also wiederum nicht wahrgenommen werden, dann kann sich eine Situation der Hoffnungslosigkeit einstellen, die Selbstmordhandlungen sehr wahrscheinlich macht.

● andere Verhaltensprobleme

Häufig gehen Selbstmordhandlungen einher mit verschiedenen Verhaltensproblemen und psychiatrischen Erkrankungen, die selbst wiederum mit einer Reihe der oben geschilderten Faktoren in Zusammenhang stehen können. So beobachtet man bei Jungen häufig Impulsivität und Aggressionsdurchbrüche, zudem oppositionelle und dissoziale Verhaltensweisen. Während sie wegen ihres expansiven Charakters auffallen, gibt es auch die Jugendlichen, die vorwiegend eine Angstsymptomatik zeigen und leicht der Aufmerksamkeit entgehen. Sie wirken häufig sehr angepasst, manchmal sogar perfekt in Verhalten und Leistung, sind erfolgreiche Schüler und werden von den Eltern geliebt, die häufig aus allen Wolken fallen, wenn sie von der Selbstmordhandlung ihres Kindes erfahren. Darüber hinaus treten Selbstmordhandlungen häufig – besonders bei Mädchen – im Rahmen von depressiven Störungen auf.

Lösungen anregen und möglich machen

● Entschiedenheit der Selbsttötungsabsicht

Die ersten Überlegungen nach dem Selbstmordversuch eines Jugendlichen müssen sich darauf konzentrieren, das *Wiederholungsrisiko einzuschätzen.* So sollte man zunächst einmal versuchen, die Entschiedenheit der Selbsttötungsabsicht zu beurteilen. Hinweise darauf lassen sich aus der Wahl der Selbsttötungsmethode ableiten, wobei zwischen harten Methoden (Erhängen, Erschießen, Erstechen, Sprung aus der Höhe, sich Legen oder Werfen auf Bahnschienen, Ertrinken, Stromschlag) und weichen Methoden (Einnahme von Medikamenten oder Drogen, Schnittverletzungen, Einatmen von Gas) unterschieden wird. Auch die Menge der eingenommenen Substanz, beispielsweise bei Tabletteneinnahmen, ist ein wichtiger Hinweis, wobei allerdings die Einschätzung der Gefährlichkeit dieser Menge seitens des Jugendlichen das bedeutsamste Kriterium ist. Weitere Hinweise auf die Entschiedenheit der Selbsttötungsabsicht lassen sich daran ablesen, ob eine Planung der Selbstmordhandlung vorausgegangen ist oder ob sie eher als impulsiver Akt erscheint und ob die Selbstmordhandlung so durchgeführt wurde, dass die Wahrscheinlichkeit einer rechtzeitigen Entdeckung und einer Rettung hoch oder niedrig, offensichtlich eingeplant war oder nicht. Auch aus Abschiedsbriefen lässt sich die Entschiedenheit der Selbsttötungsabsicht ablesen, wobei Abschiedsbriefe generell als Hinweis auf eine relativ hohe Entschlossenheit angesehen werden sollten.

- **aktuelle Auslöser**

Ein wichtiger Hinweis auf ein relativ hohes Wiederholungsrisiko ist das Fehlen eines aktuellen Auslösers, insbesondere wenn dieses Merkmal zusammen mit der Wahl einer harten Methode auftritt. In solchen Fällen muss man davon ausgehen, dass die Selbstmordhandlung eben nicht durch ein aktuelles Ereignis, sondern vielmehr durch eine schon länger bestehende und wahrscheinlich auch anhaltende depressive Grundstimmung verursacht war. Das würde bedeuten, dass ohne geeignete therapeutische und sonstige Maßnahmen die Voraussetzungen für eine Wiederholungstat weiter bestehen.

- **Distanzierung**

Selbstverständlich wird man im Gespräch mit der Jugendlichen zu klären versuchen, wie weit sie sich von ihren Selbstmordabsichten distanziert oder wie weit sie selbst äußert, sich weiterhin mit solchen Gedanken zu beschäftigen. Man wird herauszufinden suchen, ob die Selbstmordhandlung impulsiv angesichts einer besonderen subjektiv erlebten Belastung verübt wurde oder ob das Denken der Jugendlichen weiterhin durch chronische Insuffizienzgefühle und eine allgemeine Hoffnungslosigkeit bestimmt wird.

- **Gefahr erneuter Hoffnungslosigkeit**

Ein weiterer wichtiger Gesichtspunkt zur Einschätzung des Wiederholungsrisikos ist die Frage, wie weit die Gefahr besteht, dass das Gefühl von Hoffnungslosigkeit in einigen Wochen nach der Selbstmordhandlung erneut und möglicherweise verstärkt auftreten wird. Dies ist beispielsweise nicht selten der Fall, wenn die Selbstmordhandlung zunächst große Versprechungen seitens der Erwachsenen in dem für den Jugendlichen wichtigen Umfeld auslöst, der Jugendliche aber nach einiger Zeit feststellen muss, dass ein ernsthaftes Bemühen um Lösungen ausbleibt. Viele Forschungen haben gezeigt, dass durch eine solche Situation ein hohes Wiederholungsrisiko geschaffen wird.

- **Impulshandlung**

Weist der Ablauf des Selbstmordversuchs eher auf eine Impulshandlung, so heißt das noch keineswegs, dass die Wiederholungsgefahr als gering zu beurteilen ist. Vielmehr muss danach gefragt werden, wie hoch die Neigung der Jugendlichen zu derartigen Impulshandlungen ist und wie hoch die Wahrscheinlichkeit angesehen werden muss, dass sie in der nächsten Belastungssituation erneut impulsiv reagiert und eine weitere Selbstmordhandlung begeht.

• Selbstmord in der Familie

Ein wichtiger Hinweis auf die Gefahr der Wiederholung von Selbstmordhandlungen ist die Information darüber, ob in der Familie des Jugendlichen bereits Selbstmorde von Angehörigen verübt wurden und ob sonstige außergewöhnliche Todeserfahrungen in der Familie vorliegen. Man weiß zwar noch nicht genau, wie der Zusammenhang zustande kommt: Tatsache ist, dass die Gefahr der Wiederholung einer Selbstmordhandlung besonders hoch ist, wenn in der Geschichte der Familie Selbstmorde und Selbstmordversuche vorausgegangen sind. In auffallend vielen Familien von Jugendlichen, die einen Selbstmordversuch unternehmen, ist der Selbstmordversuch – wie es einmal formuliert wurde – „ein altbewährtes Hausmittel". Unterschiedliche Studien haben gezeigt, dass etwa 40% der Jugendlichen, die einen Selbstmordversuch unternahmen, einen Elternteil, einen Angehörigen oder aber einen nahen Freund durch Selbstmord verloren hatten. Selbstmord ist also für sie als „Lösungsmuster" bekannt und relativ vertraut.

• Schutz des Jugendlichen

Erstes Ziel nach einem Selbstmordversuch eines Jugendlichen muss sein, eine *Wiederholung zu verhindern*. Es muss aufgrund der Einschätzung des Wiederholungsrisikos entschieden werden, ob eine stationäre Aufnahme in einer Kinder- und Jugendpsychiatrie – eventuell für eine gewisse Zeit unter geschlossenen Bedingungen – notwendig ist oder ob Eltern und sonstige Angehörige das nötige Maß an Aufsicht für die nächste Zeit garantieren können. Einfache und leicht zu realisierende Maßnahmen, die aber oft vergessen werden, müssen beachtet werden: So sind Medikamente und Waffen (Messer) sorgfältig wegzuschließen, und der Zugang zu Alkohol und anderen enthemmenden Drogen muss verhindert werden.

Es sollte auch beachtet werden, ob der Jugendliche Zugang zu den Suizidforen des Internet hat, wo er konkrete Hinweise bekommen kann, wie er einen Selbstmordversuch so durchführen kann, dass die Erfolgswahrscheinlichkeit hoch ist. Zwar gibt es sicher auch Jugendliche, die sich im Austausch im Internet mit anderen Jugendlichen über ihre Selbstmordgedanken Erleichterung verschaffen. Wenn Jugendliche aber in diesen Foren allzu lange hängen bleiben, kann das zweifellos zu einer Verstärkung von Selbstmordabsichten beitragen, zumal sich auch ein gewisser Gruppendruck entwickelt. Wenn sich Jugendliche immer mehr vor Freunden abschotten, immer mehr vor dem Computer sitzen und sich in solchen Foren austauschen, müssen die Alarmglocken bei den Erwachsenen läuten. Dies gilt besonders, wenn die Jugendlichen nicht mehr mit sich reden lassen, wenn sie gereizt und aggressiv reagieren, sobald man sie auf dieses Thema anspricht.

● Anti-Suizid-Pakt

Ein weiterer Versuch, eine Wiederholung des Selbstmordversuches zu verhindern, ist der Abschluss eines Anti-Suizid-Paktes mit der Jugendlichen, wie es manche Eltern und auch Therapeuten machen. Die Jugendliche wird gefragt, ob sie beispielsweise zu der festen Zusage bereit ist, vor dem nächsten Selbstmordversuch in jedem Fall noch einmal das Gespräch mit dem Erwachsen (Mutter, Vater, Therapeutin) zu suchen. Hierüber kann man ein feierliches Versprechen vereinbaren oder auch einen schriftlichen Vertrag austauschen. In vielen Fällen ist dies eine wirkungsvolle Maßnahme. Doch ist auch auf die Gefahr einer trügerischen Sicherheit zu verweisen: Man muss einschätzen, wie hoch für die jeweilige Jugendliche die Verbindlichkeit dieser Absprache ist und wie gut sie in der Lage ist, sich in der konkreten Entscheidungssituation zu steuern und ihr Versprechen einzuhalten.

● Beziehung aufbauen

Die wichtigste Maßnahme, um eine Jugendliche von einem erneuten Selbstmordversuch abzuhalten, besteht darin, eine Beziehung zu ihr (wieder) aufzubauen. Voraussetzung dafür ist eine empathische, akzeptierende und aufrichtige Grundhaltung und das Vermeiden von Vorwürfen und Wertungen. Unangemessen ist es, die Selbstmordhandlung zu bagatellisieren oder unangemessenen Optimismus zu verbreiten. Darüber hinaus ist es wichtig, die Jugendlichen offen auf ihre Selbstmordgedanken anzusprechen und genau zu erfragen, was ihr in dieser Hinsicht (noch) durch den Kopf geht. Möglichst konkret sollte geplant werden, wie die Jugendliche Hilfe bekommt oder wo sie eine realistische Möglichkeit für eine Therapie findet. Welche Schritte sind notwendig, um die unmittelbare Zukunft zu überbrücken? An wen kann sich die Jugendliche wenden, wenn sie in den nächsten Tagen und Wochen wieder vor ihr unlösbar erscheinenden Problemen steht und Selbstmordgedanken wieder auftreten?

● Suizidpläne offen ansprechen

Die Angst vieler Menschen, dass man durch das Reden über die Selbstmordgedanken die Suizidalität verstärken könnte, ist unbegründet (zumindest wenn dieses Reden nicht in eine immer wiederholte Rederei ausartet). Solange der Jugendliche jemanden an seinen Selbstmordgedanken Anteil nehmen lässt, solange will er noch etwas von dem anderen. Dabei sollte man offen eingestehen, dass man letztlich niemanden davon abhalten kann, sich das Leben zu nehmen, gleichzeitig aber darauf hinweisen, dass man entschlossen ist, alles dafür zu tun, einen (weiteren) Selbstmordversuch zu verhindern.

● Zukunftsorientierung

Wenig hilfreich ist es, sich im Gespräch mit dem Jugendlichen in Diskussionen über den Sinn des Lebens verwickeln zu lassen. Vielmehr ist hier Eindeutigkeit gefordert: Der Sinn des Lebens ist das Leben. Und das Leben lohnt sich. Die Deutlichkeit, mit der eine solche Überzeugung vermittelt wird, ist hilfreich und vermittelt Sicherheit. Zudem sollten die Gespräche lösungsorientiert und nicht problemzentriert geführt werden, sollten nicht so sehr Ursachenforschung betreiben, sondern das Leben entwerfen und entwickeln, das sich für den Jugendlichen zu leben lohnt.

• Vorschläge Heranwachsender

Interessante Anregungen geben die Antworten Heranwachsender, die danach gefragt wurden, was Erwachsene tun sollten, um junge Menschen von Selbstmordhandlungen abzuhalten. Ihre Antworten lassen sich in folgenden acht Aussagen zusammenfassen:

- Kinder und Jugendliche müssen wissen, dass sie gebraucht werden und dass es wichtig ist, dass es sie gibt.
- Das Selbstwertgefühl von jungen Menschen ist zu festigen.
- Halt geben im Sport, in der Musik, in Jugendgruppen und Ähnlichem.
- Man muss jungen Menschen klar machen, dass viele andere Jugendliche dieselben Probleme haben und dass sie mit diesen Schwierigkeiten nicht allein stehen.
- Kinder und Jugendliche müssen andere mit nach Hause bringen dürfen, damit sie Freundschaften aufbauen können.
- Eltern sollten die Probleme ihrer Kinder – im Vergleich zu ihren eigenen – wirklich ernst nehmen.
- Eltern sollten Zeit zum Zuhören „opfern“. Sie sollten den Kindern gegenüber auch über ihre Probleme reden.
- Interesse für den anderen sollte nicht erst dann zum Ausdruck kommen, wenn der sich bereits umgebracht hat.

• individuelles Verstehen

Im konkreten Einzelfall geht es nach dem Selbstmordversuch einer Jugendlichen darum, die ganz individuelle Geschichte dieses Menschen möglichst zu verstehen. Dabei sollte man mit dem Ende beginnen. Der Anlass des Selbstmordversuchs, der häufig auf den ersten Blick so banal erscheint, enthält oft schon den Schlüssel für das Verständnis der Problemgeschichte. Ist der Anlass beispielsweise die Trennung von dem Freund oder eine heftige Auseinandersetzung mit ihm, dann ist zu fragen, wieso für diese Jugendliche die Beziehung zu dem Freund so „lebenswichtig“ war und ist. War und ist diese Beziehung für die Jugendliche die einzig wichtige? Gibt es keine Person, zu der sie so viel Vertrauen hatte, dass sie sich ihr hätte mitteilen können? Ist der Anlass ein schlechtes Zeugnis, so ist zu fragen: Wie konnte es zu einer solchen Überschätzung von Schulleistungen kommen? Woher stammt die Idee, dass Leistung den Wert des Lebens ausmacht? Gibt es keine anderen wichtigen Bereiche im Leben der Jugendlichen, für die es sich zu leben lohnt? Ausgehend vom Anlass kann es auf diese Weise möglich werden, Hinweise auf Hintergrundbedingungen zu finden, die einer Änderung bedürfen. Auf diese Weise kann man mit der Jugendlichen und ihrer Familie Antworten auf die Frage erarbeiten, unter welchen Bedingungen sich Leben für sie wieder lohnt.

• Selbstakzeptanz fördern

Im weiteren Verlauf wird es darum gehen, der Jugendlichen zu helfen, sich selbst, ihre besondere Art und ihre Fähigkeiten und Fertigkeiten positiver wahrzunehmen und ein besseres Selbstbild zu entwickeln. Dies wird Voraussetzung dafür sein, dass sich ihre Belastungsfähigkeit in Stresssituationen und bei Frustrationen erhöht. Zudem kann man Übungen verabreden, wie die zumeist geringe Durchsetzungsfähigkeit der Jugendlichen gesteigert werden kann.

• kognitive Strategien ändern

Im Weiteren wird man möglicherweise versuchen, mit der Jugendlichen zu erarbeiten, wie sie bestimmte verzerrende Wahrnehmungsmuster ändern kann. Was kann sie tun, dass sie ihre Außenwelt nicht mehr so häufig als bedrohlich und abweisend wahrnimmt? Welche Möglichkeiten gibt es, mit Ärger und Wut anders umzugehen? Sind tatsächlich die negativen Wahrnehmungen (in dem Sinne: „Alle sind gegen mich") so zwingend, wie gedacht, oder kann man dem Beobachteten auch andere Bedeutungen zuordnen?

• professionelle Hilfe

In vielen Fällen wird es sinnvoll und notwendig sein, professionelle Hilfe von Kinder- und Jugendpsychiaterinnen, Psychologinnen oder Kinder- und Jugendlichentherapeutinnen in Praxen, kinder- und jugendpsychiatrischen Ambulanzen oder Erziehungsberatungsstellen in Anspruch zu nehmen. Dabei wird es üblicherweise sinnvoll und unverzichtbar sein, die Familie in den Beratungs- und Behandlungsprozess einzubeziehen und zu überlegen, welche Unterstützung jeder einzelne aus seiner Position heraus leisten kann. Erst in einem weiteren Schritt wird zu fragen sein, ob auch eine Einzeltherapie mit der Jugendlichen oder eine Gruppentherapie in diesem Einzelfall angebracht ist.

• medikamentöse Behandlung

Die Verschreibung einer Medikation, die nicht sorgfältig überwacht werden kann, stellt ein Gefahrenmoment dar. Medikamente sind zudem nur sinnvoll bei dem Vorliegen von chronisch depressiven, ängstlichen oder impulsiven Symptomen.

• Jugendhilfemaßnahmen

Liegen anhaltende Belastungsfaktoren im familiären und sonstigen sozialen Bereich vor, ist zu überlegen, ob weitere Maßnahmen seitens der Jugendhilfe erforderlich sind, um durch geeignete pädagogische Unterstützung erneute Selbstmordhandlungen zu verhindern. Hier gibt es unterschiedliche ambulante und stationäre Maßnahmen, die in Gesprächen beim Jugendamt für den Einzelfall entwickelt werden.

• Suizid-Foren im Internet

Im Internet gibt es eine Reihe von Suizid-Foren, in denen sich Jugendliche über ihre Selbstmordfantasien und Selbstmordgedanken austauschen, in denen sie aber auch Anleitungen darüber bekommen können, wie und mit welchen Mitteln man einen Selbstmord durchführen kann. Diese Suizid-Foren können gefährlich sein, wenn sie von einem Jugendlichen nur noch dafür genutzt werden, sich über die besten Selbsttötungsarten zu unterhalten. Er kann in eine Gruppendynamik geraten, die darin gipfelt, dass sich Jugendliche zu einem (zeitlich) gemeinsamen Selbstmord verabreden. Andererseits haben Suizid-Foren ersten Untersuchungen zufolge für viele Jugendliche auch eine entlastende Funktion: Geschützt durch die Anonymität gelingt es Jugendlichen, eigene Probleme zu formulieren und sich mit anderen darüber auszutauschen. Sie sehen, dass es anderen ähnlich geht, und erleben allein dadurch schon Entlastung. Manche knüpfen Kontakte, die wieder Mut zum Leben machen.

• Kontakte

Bei der Deutschen Gesellschaft für Suizidprävention – Hilfe in Lebenskrisen e. V. (DGS), Bezirkskrankenhaus Bayreuth, Nordring 2, 95445 Bayreuth, www.suizidprohylaxe.de bekommen Sie Informationen zum Thema Selbstmord, über Hilfsangebote und Literatur. Beratung bietet: www.das-beratungsnetz.de sowie die Telefonseelsorge Deutschland entweder über www.telefonseelsorge.de oder die Rufnummern 0800 – 1110111 und 0800 – 1110222 (gebührenfrei). In Österreich lautet die Rufnummer 0043 – 1 – 142 und in der Schweiz: 0041 – 143. www.bke-sorgenchat.de ist ein Sorgenchat speziell für Jugendliche. Die Beratung findet per Chat, per Mail oder telefonisch statt.

Weitere Stichworte:

Angst (Band 1)
Aufmerksamkeits- und Aktivitätsstörung (Band 1)
Depressive Störungen
Oppositionelles Verhalten (Band 1)
Störungen des Sozialverhaltens
Verhaltensstörungen nach sexuellem Missbrauch

Literatur

Bründel, H. (1993): Suizidgefährdete Jugendliche. Beltz , Weinheim

Dorrmann, W. (1998): Suizid. Therapeutische Interventionen bei Selbsttötungsabsichten. 3. Aufl. München, Pfeiffer

Dorrmann, W. (1999): Verhaltenstherapeutische Interventionen bei Suizidalität. Fundamenta Psychiatrica 13: 35-42

Goodman, R., Scott, St., Rothenberger, A. (1997): Kinderpsychiatrie kompakt. Darmstadt, Steinkopff

Haenel, Th. (1989): Suizidhandlungen. Berlin, Springer

Herpertz, B. (1997): Depressive Syndrome und Suizidhandlungen. In: Remschmidt, H. (Hrsg.): Psychotherapie im Kindes- und Jugendalter. Stuttgart, Thieme: 232 – 242

Hömmen, Ch. (1989): Mal sehen, ob ihr mich vermisst. Menschen in Lebensgefahr. Reinbek, Rowohlt

Klosinski, G. (1999): Wenn Kinder Hand an sich legen. Selbstzerstörerisches Verhalten bei Kindern und Jugendlichen. München, Beck

Klosinski, G. (2004): Suizidales Verhalten. In: Eggers, Ch., Fegert, J. M. , Resch, F. (Hrsg.): Psychiatrie und Psychotherapie des Kindes- und Jugendalters. Berlin, Springer: 891 – 907

Poustka, F. (1985): Suizide und Suizidversuche im Kindes- und Jugendalter. In: Remschmidt, H., Schmidt, M.H. (Hrsg.): Kinder- und Jugendpsychiatrie in Klinik und Praxis. Band 3. Stuttgart, Thieme: 214-245

Rotthaus, W. (1998): Beratung und Therapie von Kindern und ihren Familien nach Suizidhandlungen. Zeitschrift Ärztliche Fortbildung Qualitätssicherung 92: 93 -98

Schleiffer, E. (1995): Selbsttötung als Versuch der Selbstrettung. Zur Funktion suizidaler Handlungen bei Jugendlichen. System Familie 8: 243-254

Shaffer, D., Gutstein, J. (2002): Suicide and Attempted Suicide. In: Rutter, M., Taylor, E. (Hrsg.): Child and Adolescent Psychiatry. Oxford, Blackwell Science

Wunderlich, U. (2004): Suizidales Verhalten im Jugendalter. Göttingen, Hogrefe

Selbstverletzende Stereotypien

Wahrnehmen und bewerten

● Erscheinungsbild

Selbstverletzende Stereotypien werden in diesem Buch gesondert behandelt und von selbstverletzendem Verhalten (siehe dort) unterschieden. Selbstverletzende Stereotypien treten vorwiegend bei geistig Behinderten auf. Es handelt sich um ständig wiederholte, teils rhythmische und oft mit hoher Geschwindigkeit ablaufende Bewegungen, die sich gegen den eigenen Körper richten und ihm physische Schädigungen oder extreme Reizungen zufügen. Am häufigsten zu beobachten sind ein Schlagen an den eigenen Kopf, ein sich Beißen, ein sich Kratzen und ein Haareausreißen.

● Schweregrade

Es lassen sich unterschiedliche Schweregrade beschreiben. Unter leichten selbstverletzenden Stereotypien versteht man selbstschädigende Verhaltensweisen mit geringer Intensität wie Schlagen mit der Hand oder ein Kneifen, die nicht zu sichtbaren Verletzungen führen. Oft ist der Situationsbezug gut erkennbar. So treten sie beispielsweise in Situationen der Überforderung, der Enttäuschung oder als Ausdruck von Wut auf.

Als mittelschwere selbstverletzende Stereotypien bezeichnet man das Schlagen der flachen Hand ins Gesicht, das Beißen, Kratzen, Kneifen, das Schlagen mit der Faust auf den Kopf mit gesteigerter Intensität und Regelmäßigkeit. Diese Handlungen führen zu Verletzungen, die an offenen Wunden, Narben und Verhornungen erkennbar sind.

Die schweren selbstverletzenden und selbstzerstörerischen Stereotypien verlaufen so heftig, dass sie lebensbedrohlich sind. Man beobachtet vor allem ein Schlagen mit dem Kopf oder der Stirn gegen Wände oder scharfe Kanten, ein Stechen mit den Fingern in die Augen, ein Halten des Kopfes in offenes Feuer oder ein Abbeißen der Fingerkuppen, der Lippen oder der Zunge. Der Ablauf dieser selbstverletzenden Stereotypien erfolgt stark automatisiert. Ein Situationsbezug ist meist kaum erkennbar.

● Häufigkeit

Selbstverletzende Stereotypien treten bei nicht behinderten Menschen nach der Vorschulzeit selten und nach Abschluss der Kindheit kaum noch auf (siehe die Kapitel Jactationen und Haarausreißen in Band 1). Bei geistig Behinderten verläuft ihre Intensität und Häufigkeit parallel zur Ausprägung der geistigen Behinderung: Je schwerer die geistige Behinderung, umso intensiver und häufiger ist der Ausprägungsgrad der selbstverletzenden Stereotypien. Geistig behinderte Menschen, die in Institutionen leben, zeigen eine größere Häufigkeit und einen stärkeren Ausprägungsgrad als solche, die zu Hause leben. Die Häufigkeit bei geistig Behinderten in Institutionen wird auf 8% bis 14% geschätzt. Allerdings ist dieser Zusammenhang nicht unbedingt eine ursächliche Verknüpfung. Möglicherweise werden gerade geistig behinderte Menschen mit schweren selbstverletzenden Stereotypien besonders häufig in Institutionen untergebracht, so dass aus diesem Grund ihr Anteil dort höher ist als in Familien.

● Hartnäckigkeit

Selbstverletzende Stereotypien sind sehr hartnäckig und tendieren zur Wiederholung. Auch durch intensive und gut geplante Maßnahmen wird die Häufigkeit selbstverletzender Stereotypien meist nur verringert. Nur ganz selten gelingt es, sie völlig zum Verschwinden zu bringen. Schwere selbstverletzende Stereotypien können zu bleibenden Schäden führen, nicht nur zu schwer heilenden Wunden und Narben, sondern beispielsweise auch zu Schädigungen der Augen oder des Mittelohres.

● Stoffwechselstörungen und Missbildungen

Es sind zwei Syndrome bekannt, bei denen selbstverletzende Stereotypien sehr häufig vorkommen. Beim Lesch-Nyhan-Syndrom handelt es sich um eine Stoffwechselstörung (Störung des Purin-Stoffwechsels). Die Kinder- und Jugendlichen sind geistig behindert, zeigen spastische Lähmungen und selbstverletzende Stereotypien, vor allem in Form eines Beißens der eigenen Lippen sowie der Finger. Die Ausmaße können so erheblich sein, dass die gesamte Mundregion entstellt ist.

Beim Cornelia-de-Lange-Syndrom handelt es sich um ein Missbildungssyndrom, das durch niedriges Geburtsgewicht, verzögerte Entwicklung, einen auffallenden Gesichtsausdruck und Fingeranomalien gekennzeichnet ist. Die selbstverletzenden Stereotypien betreffen vor allem das Gesicht und bestehen im Übrigen in einem Beißen der erreichbaren Körperteile.

Zuordnen und verstehen

● kommunikatives Signal

Auch wenn im Einzelfall die Bedeutung oft schwer zu erfassen ist, so sind selbstverletzende Stereotypien doch als kommunikative Signale eines Menschen zu verstehen, dem die Ausdruckmöglichkeiten der Sprache nicht oder kaum zur Verfügung stehen. Darauf verweist allein die Tatsache, dass selbstverletzende Stereotypien mit der Entwicklung kommunikativer Fähigkeiten in der Regel zurückgehen. Allerdings sind die Zusammenhänge oft schwer erkennbar. Auch wird man davon ausgehen müssen, dass oftmals ein ganzes Bündel unterschiedlicher Faktoren eine Rolle spielt.

• sorgfältiges Beobachten

Aus diesem Grunde ist es wichtig, sorgfältig zu beobachten, wie das Kind oder der Jugendliche sich verhält, wie die Umwelt darauf reagiert, wie das Kind oder der Jugendliche wiederum in Reaktion darauf sich verhält und so weiter. Dabei hat es sich bewährt, diese Beobachtungen anhand vorher festgelegter Handlungsfolgen durchzuführen und sie auf Video aufzuzeichnen, um auch schwerer erkennbare Zusammenhänge aufdecken zu können. Solche Handlungsfolgen können darin bestehen, dass der Erwachsene mit dem Kind oder Jugendlichen zunächst zusammen in einem Raum ist, ohne irgendein Interesse an ihm zu zeigen. Führt dies zu vermehrtem Schlagen? Oder tritt vermehrtes Schlagen erst auf, wenn der Erwachsene sich dem Kind zuwendet und Nähe herstellt? In einer anderen Handlungsfolge kann der Erwachsene die selbstverletzenden Stereotypien des Kindes nachahmen und beobachten, ob dies in irgendeiner Weise Auswirkungen auf das Verhalten des Kindes oder Jugendlichen hat. Gleiches gilt für das Imitieren von Laut- oder Sprachäußerungen.

• Einfühlen durch Nachahmung

Solche Übungen zeigen nicht nur Zusammenhänge auf, sondern haben auch für den Erwachsenen große Bedeutung: Durch das Imitieren lernt er die Vielschichtigkeit der Verhaltensweisen des Kindes oder Jugendlichen kennen. So stellen Mütter immer wieder fest, dass oberflächlich betrachtet die selbstverletzenden Stereotypien ihrer Kinder gleichbleibend und ohne Variation zu sein scheinen. Im Nachahmen aber erfahren sie, dass diese Gleichförmigkeit oft gar nicht zutrifft, sondern sehr viel Variation im Verhalten des Kindes oder Jugendlichen zu beobachten ist. Zuweilen gelingt es dabei auch, ein Gefühl dafür zu entwickeln, was in dem Kind oder Jugendlichen vorgeht und wo seine Schwierigkeiten liegen, sich mit der Umwelt auseinander zu setzen. Kurz: Man lernt, das Kind besser zu verstehen.

• Ausdruck von Gefühlen

Insbesondere schwer geistig behinderte Kinder und Jugendliche haben oft kaum eine Möglichkeit, ihre Gefühle auszudrücken. Umgekehrt wird ihr inneres Erleben und Empfinden von den sie umgebenden Personen häufig kaum wahrgenommen. Ihre Äußerungen werden als nicht normal abgewertet. Sie werden behandelt, als ob sie keine Gefühle hätten. Der behinderte Mensch erlebt sich dann als nicht ernst genommen, ausgeschlossen, zurückgewiesen und ohnmächtig. Die selbstverletzenden Stereotypien sind dann oft Ausdruck dieses Erlebens von Zurückweisung, Ohnmächtigkeit und Hilflosigkeit.

● Enttäuschungen

Zuweilen lässt sich erkennen, dass die selbstverletzenden Stereotypien vermehrt bei Enttäuschungen auftreten, wenn bestimmte Wünsche nicht erfüllt, offensichtlich beliebte Gegenstände fortgenommen oder als angenehm erlebte Handlungen unterbunden werden müssen. Dies kann auch geschehen, wenn eine Person, deren Anwesenheit als angenehm erlebt wird, den Raum verlässt.

● Nähe und Aufmerksamkeit

Umgekehrt können selbstverletzende Stereotypien dann vermehrt auftreten, wenn sich andere Personen in der Nähe des Kindes oder Jugendlichen aufhalten. Die Zusammenhänge können aber sehr unterschiedlich sein: In dem einen Fall wird die Nähe fremder oder als fremd erlebter Personen als bedrohlich erlebt, so dass deshalb die selbstverletzenden Stereotypien vermehrt auftreten. Im anderen Fall scheint das vermehrte Auftreten der selbstverletzenden Stereotypien dazu zu dienen, die Aufmerksamkeit des anderen zu erregen und seine Zuwendung zu erwirken.

● in der Gruppe mit anderen

In ähnlicher Weise unterschiedlich kann ein geistig behindertes Kind reagieren, wenn es zu anderen in die Gruppe gebracht wird. Das eine Kind erlebt dies als bedrohlich und reagiert mit einer Verstärkung seiner selbstverletzenden Stereotypien. Das andere Kind erlebt die Gemeinschaft als angenehm und fühlt sich durch die anderen angeregt, so dass die selbstverletzenden Stereotypien nachlassen oder für eine gewisse Zeit ganz verschwinden.

● Mangel an Anregungen

Insbesondere in früheren Zeiten standen selbstverletzende Stereotypien bei geistig Behinderten oft im Zusammenhang mit einer großen Eintönigkeit im Lebensbereich dieser Kinder und Jugendlichen. Sie verbrachten vielfach den ganzen Tag in ihren Betten, ohne die Möglichkeit zu haben, zu anderen Kontakt aufzunehmen. Irgendwelche Materialien, die ihre Aufmerksamkeit und ihr Interesse hätten erregen können, gab es nicht. Damals hat man die Erfahrung gemacht, dass allein schon dadurch die Häufigkeit der selbstverletzenden Stereotypien deutlich zurückging, dass die Kinder und Jugendlichen aus ihren Betten genommen und gemeinsam auf Matratzen gelegt oder an Tische gesetzt wurden. Auch dadurch, dass beispielsweise in Institutionen mehr Mitarbeiterinnen eingestellt wurden, die sich um die behinderten Kinder und Jugendlichen auch einzeln kümmern konnten, gingen die Selbstverletzungen deutlich zurück. Allerdings ist bei diesen Einzelkontakten dann auch sorgfältig zu beobachten, wodurch sich ein Kind noch angemessen angeregt und wodurch es sich überfordert fühlt.

• seelische Entbehrungen

Insgesamt wird man davon ausgehen müssen, dass geistig Behinderte in Institutionen oft seelische Entbehrungen und Vernachlässigungen erleiden, auf die sie mit selbstverletzenden Stereotypien reagieren. Die Zahl der Mitarbeiterinnen ist nach wie vor begrenzt. Andererseits erfordern allein die Aufgaben des Fütterns und Pflegens sehr viel Geduld und Zeit. Ist diese Zeit nicht vorhanden, werden diese täglichen Verrichtungen zwangsläufig so durchgeführt, dass der Jugendliche sie eher als unangenehm und abweisend erlebt, worauf er möglicherweise mit einer Verstärkung seiner selbstverletzenden Stereotypien reagiert.

• Opfer sexueller Übergriffe

In diesem Zusammenhang darf nicht verschwiegen werden, dass gerade geistig behinderte Kinder und Jugendliche oft Opfer sexueller Übergriffe und Misshandlungen sind, die niemals erkannt werden. Das geistig behinderte Kind kann sich weder wehren, noch die sexuellen Übergriffe bekannt machen. Häufig sind dann die selbstverletzenden Stereotypien der einzige Ausdruck für die erlebten Misshandlungen, der aber häufig nicht verstanden werden kann und nicht verstanden wird.

• institutionelle Konflikte

Bekannt ist auch, dass ausgeprägte selbstverletzende Stereotypien nicht selten Ausdruck von Konflikten sind, die im Betreuerteam des geistig behinderten Kindes bestehen. Ähnlich wie blinde Menschen ein besonders empfindliches Gehör haben, nehmen geistig behinderte Kinder und Jugendliche oft besonders sensibel die Spannungen in ihrer Umgebung wahr und reagieren mit ihrem Verhalten darauf. So hat man oft die Beobachtung gemacht, dass allein durch eine Änderung in den Beziehungen der wichtigsten Bezugspersonen von geistig behinderten Kindern und Jugendlichen die Häufigkeit der selbstverletzenden Stereotypien stark zurückgegangen ist.

Lösungen anregen und möglich machen

• Funktion der selbstverletzenden Stereotypien

Wie schon gesagt kann sorgfältiges Beobachten in vielen Fällen Aufschluss geben über die Funktion von selbstverletzenden Stereotypien. In einer Untersuchung wurden beispielsweise als derartige Funktionen in 15% das Bedürfnis nach Aufmerksamkeit festgestellt und in 40% der Versuch, unangenehme Erlebnisse zu vermeiden, die beispielsweise durch schulische Leistungsanforderungen ausgelöst wurden. In weiteren 15% erschienen die selbstverletzenden Stereotypien als ein Bemühen, sich selbst zu reizen und zu stimulieren. Die restlichen 30% waren anderen Funktionen zuzuordnen. Aus solchen Beobachtungen folgen dann als notwendige Überlegungen: Wie kann das Kind oder die Jugendliche mehr Aufmerksamkeit erreichen, ohne sich selbst zu verletzen? Wie können Handlungsketten so verändert werden, dass das Kind oder die Jugendliche keine negativen Konsequenzen mehr erwartet? Wie kann die Umwelt gestaltet werden, dass sie dem Kind oder der Jugendlichen mehr Anregung und Stimulation bietet?

• Regeln verändern

Oft neigen Erwachsene dazu, ihre Aufmerksamkeit darauf zu richten, dass der behinderte Mensch sein Verhalten ändert. Nützlicher ist es jedoch, sich Gedanken darüber zu machen, wie man das eigene Verhalten ändern könnte, so dass sich in der Folge möglicherweise auch auf Seiten des Behinderten ein anderes Verhalten einstellt. Hierbei ist es oft nützlich, die Regeln zu überprüfen, die von den Erwachsenen aufgestellt wurden. So ist beispielsweise zu fragen, warum oft ausgerechnet die Essenssituation für alle Beteiligten so unerfreulich abläuft. Wenn man genau hinschaut, erkennt man, dass gerade diese – an sich doch erfreuliche und Lust besetzte – Situation oft von vielen Regeln überlastet ist (hinsetzen, warten, ruhig sitzen bleiben, Messer und Gabel benutzen, sorgfältig kauen, nicht so schlingen ...). Die behinderte Jugendliche wird damit überfordert und erwartet aufgrund ihrer Erfahrungen schon im Voraus bei der Essenssituation vor allem Ermahnungen, Kritik und Bestrafungen. Solche Regeln können geändert und dem Entwicklungs- und Leistungsstand des Kindes oder der Jugendlichen angepasst werden.

• Reizarmut

Ebenso wie selbstverletzende Stereotypien die Funktion haben können, die Aufmerksamkeit der Bezugsperson zu erregen, kann dieses Verhalten mit einer allgemeinen Reizarmut und unzureichenden Anregung des Kindes oder Jugendlichen zusammenhängen. Offensichtlich haben in solchen Fällen die selbstverletzenden Stereotypien den Charakter einer Beschäftigung mit sich selbst und dienen als Ausgleich für die anregungsarme Umgebung. Dies scheint besonders häufig bei schwer geistig behinderten Kindern und Jugendlichen zu sein. Wenn man diesen Kindern eine anregende Umgebung schafft und sich mehr mit ihnen beschäftigt, ihnen eventuell auch aktive Beschäftigungsmöglichkeiten schafft, führt das üblicherweise zu einem Rückgang der Autoaggressionen. Grundsätzlich lässt sich sagen, dass jede Erweiterung des Handlungsspektrums eines Kindes oder Jugendlichen langfristig die selbstverletzenden Stereotypien reduziert.

• Reizüberflutung

Aber auch das Gegenteil kann der Fall sein: Auch eine Reizüberflutung kann selbstverletzende Stereotypien herausfordern. In solchen Fällen dient dieses auffällige Verhalten dem Schutz vor Überforderung, und es ist dann sinnvoll und wichtig, die Fülle an Reizen, die auf das Kind oder den Jugendlichen eindringen, zu verringern, Lärmquellen auszuschalten, ein ruhigeres Zimmer zu suchen und Anforderungen zumindest vorübergehend herabzusetzen.

● Ambivalenz

Manchmal allerdings liegt bei Kindern und Jugendlichen mit selbstverletzenden Stereotypien eine ambivalente Einstellung vor: Sie schlagen sich, um Aufmerksamkeit, Beschäftigung und Anregung zu bekommen. Andererseits schlagen sie sich aber auch, wenn ihnen Handlungsaufgaben gestellt werden. Sie wissen nicht, was sie wollen, so dass jedes Handeln des Erwachsenen die selbstverletzenden Stereotypien verstärkt. In solchen Fällen ist ein nicht Beachten der selbstverletzenden Stereotypien – so weit das im Hinblick auf die Verletzungsgefahr möglich ist – sinnvoll. Es sollte weiterhin versucht werden, handlungserweiternd zu arbeiten, beispielsweise durch Anregung von körperlichen Aktivitäten wie Laufen, Toben und Werfen oder aber durch Anforderungen an die geistige Leistungsfähigkeit beispielsweise beim Aufräumen oder Werken.

● das Recht auf einen eigenen Bereich

Jeder Mensch braucht die Möglichkeit, sich zurückzuziehen, und benötigt einen kleinen Bereich, den er für sich selbst beanspruchen kann. Auf diese Weise hat man die Chance, das Ausmaß an Nähe oder Distanz herzustellen, das je nach Stimmungslage für das persönliche Wohlbefinden gut ist. Auch das behinderte Kind und der behinderte Jugendliche brauchen die Möglichkeit, sich in einen Bereich zurückzuziehen, in dem sie entscheiden, wer ihn betreten darf und wer nicht. Werden solche Bedürfnisse nicht respektiert, hat das nachvollziehbarer Weise oft aggressive Ausbrüche zur Folge, wobei diese Aggressionen sich bei den hier besprochenen Kindern und Jugendlichen meist gegen den eigenen Körper richten.

● körperliche Stimulierung

Manche Kinder und Jugendliche mit selbstverletzenden Stereotypien erleben körperliche Reize durch Bürsten oder Reiben als angenehm. Besonders bei denjenigen Kindern und Jugendlichen, die eine verzögerte und herabgesetzte Schmerz- und Körperwahrnehmung haben, ist dies eine hilfreiche Maßnahme. Durch eine kontinuierliche Stimulierung des Körpers (mehrmals täglich über kurze Zeit) kann man langfristig eine Veränderung der Körperwahrnehmung des Kindes erreichen und somit auch die Häufigkeit und Intensität selbstverletzender Stereotypien verringern. Nimmt das Kind körperliche Stimulierungen vermehrt wahr, wird es unter Umständen auch den Schmerz seiner selbstverletzenden Verhaltensweisen eher registrieren und somit sein Verhalten selbst besser kontrollieren.

• Snoezeln

Eine besonders vielseitige Form der Anregung geistig behinderter Menschen ist das Snoezeln. Als Snoezeln (abgeleitet von den holländischen Wörtern snuffelen = schnüffeln und doeselen = dösen) beschreibt man das Angebot einer besonders anregenden und entspannenden Umgebung in einem Raum mit weichen Teppichen und Kissen sowie einer farbigen künstlichen Beleuchtung mit verschiedenen Effekten, in dem eine ruhige Musik erklingt. Es finden sich verschiedene Dinge zum Fühlen und Tasten. Der Behinderte soll seine Erfahrungen ohne Angst und Stress machen können, weshalb eine ihm vertraute Bezugsperson in der Nähe ist, und gleichzeitig Entspannung und Erholung erfahren. Positive Auswirkungen auf die Häufigkeit selbstverletzender Stereotypien durch regelmäßiges Snoezeln sind öfter beschrieben worden.

• körperliche Aktivität fördern

Körperliche Aktivität und sinnvolle körperliche Beschäftigung reduzieren ganz offensichtlich die Häufigkeit selbstverletzender Stereotypien. So wurde berichtet, dass gezieltes und regelmäßiges Trampolinspringen zu einer erheblichen Verringerung von Selbstverletzungen geführt hat. Andere Autoren beschreiben, dass in ähnlicher Weise regelmäßiges Jogging zu einer Verringerung der Selbstverletzungsrate führte. Dies wurde allein schon dadurch erreicht, dass das Laufen und die entsprechenden Bewegungen der Arme selbstverletzende Schläge zum Kopf schwierig machten. Noch wichtiger scheint aber zu sein, dass über das Training der körperlichen Aktivität auch die Ausdrucksmöglichkeiten der geistig behinderten Kinder und Jugendlichen gesteigert werden.

• Fixierungen

Die Heftigkeit und Häufigkeit selbstverletzender Stereotypien und die hohe Gefahr von Verletzungen, die sogar zum Tode führen können, zwingen immer wieder zu Schutzmaßnahmen. Meist handelt es sich dabei um so genannte mechanische Fixierungen wie Schutzhelme, Armmanschetten, Muff, (Zwangs-)Jacken, Hand- oder Beinfesseln und Bauchgurte. Dabei sollte immer die Fixierung gewählt werden, die den besten Schutz garantiert, aber auch die höchste Bewegungs- und Handlungsfreiheit noch ermöglicht. Denn oft treten nach Aufhebung der Fixierung selbstverletzende Stereotypien noch heftiger auf als vor Einsatz dieser Maßnahme. Auch werden nicht selten Symptomverschiebungen beobachtet, das heißt: Das Kind, das heftig mit dem Kopf schlug und deshalb zum Schutz einen Helm bekam, beginnt sich an den Händen zu verletzen, so dass Armmanschetten zusätzlich eingesetzt werden müssen; danach tritt es mit den Füßen oder schlägt mit den Beinen gegen Gegenstände und verletzt sich auf diese Art. Deshalb ist es wichtig, diesen Teufelskreis zunehmender Fixierungen zu unterbrechen. Dies geschieht am besten dadurch, dass systematisch und stufenweise die Fixierungen für solche Tätigkeiten abgebaut werden, die mit den selbstverletzenden Stereotypien unvereinbar sind, zum Beispiel beim Werfen, Fangen oder Rollen eines Balles oder beim Tragen von Geschirr und ähnlichen Tätigkeiten.

• Medikamente

Medikamente, die eine unmittelbare Wirkung auf die selbstverletzenden Stereotypien haben, gibt es nicht. In Krisensituationen können vorübergehend sedierende Medikamente eingesetzt werden. Eine antidepressive Medikation hat sich in manchen Fällen bewährt. Auch Neuroleptika zeigen zuweilen eine günstige Wirkung, haben jedoch bei Langzeitbehandlung die Gefahr von irreparablen Spätdyskinesien (abnormen unwillkürlichen Bewegungen vor allem im Bereich der Mund- und Gesichtsmuskulatur). Günstige Wirkung wird in neuerer Zeit einigen atypischen Neuroleptika zugeschrieben.

• professionelle Hilfe

Der Umgang mit Kindern und Jugendlichen, die selbstverletzende Stereotypien zeigen, stellt für alle Beteiligten, ob in Familie oder in Institutionen, eine hohe Belastung dar. Familien sollten deshalb unbedingt auf professionelle Beratung und Unterstützung zurückgreifen. In ähnlicher Weise benötigen die Mitarbeiterinnen und Mitarbeiter in Institutionen regelmäßige Supervision.

• Familienberatung

In der Familienberatung geht es vor allem darum, die Beobachtungen der einzelnen Familienmitglieder sorgfältig zusammenzutragen, um ein umfassendes Bild des gesamten Bedingungsgefüges und der Verhaltensmuster zu bekommen, in die die selbstverletzenden Stereotypien eingebettet sind. Den Familientherapeutinnen stehen dafür besondere Fragetechniken zur Verfügung. Oft sind beispielsweise in einer Familie die Sorge und die Angst vor bleibenden Schäden aufgrund der selbstverletzenden Stereotypien so hoch, dass das auffällige Verhalten des geistig behinderten Kindes oder Jugendlichen die Stimmung und die Handlungen in der Familie vollkommen bestimmt. Zuweilen sind die Familienmitglieder kaum noch in der Lage, sich den eigenen Wünschen und Bedürfnissen zu widmen. Die Handlungsmöglichkeiten aller Beteiligten sind dann so eingeschränkt, dass erst durch einen professionellen Helfer wieder neue Gesichtspunkte und neue Handlungsalternativen entwickelt werden können.

Dabei ist es oft sehr nützlich, bestimmte Handlungsabläufe zwischen der behinderten Jugendlichen und ihren Eltern zu Hause auf Video aufzunehmen und dann gemeinsam mit der Therapeutin aus einer distanzierteren Haltung zu betrachten. Manchmal ergeben sich auch dadurch überraschende neue Erkenntnisse, dass die Eltern des Kindes A eine bestimmte Aufgabe mit dem Kind aus der Familie B durchführen, während umgekehrt die Eltern B dasselbe mit dem Kind aus der Familie A tun. Denn oft kann man mit dem

Kind freier und unbefangener handeln, mit dem man nicht bereits eine lange Geschichte von Misserfolg und persönlicher Enttäuschung hat.

● Supervision des Betreuerteams

Die Belastungen der Mitarbeiterinnen und Mitarbeiter in den Institutionen, die Kinder und Jugendliche mit selbstverletzenden Stereotypien betreuen, sind groß. In vielen Fällen reicht der Pflegesatz nicht aus, um eine ausreichende Zahl an Betreuerinnen zu finanzieren. Gleichzeitig sind die Erwartungen der Eltern hoch, die ganz verständliche, aber oft auch unrealistische Wünsche an die Leistungsfähigkeit der Institution haben. Unter diesem Druck kommt es häufig einmal zu Teamkonflikten, die sich dann oft in einem vermehrten Auftreten von selbstverletzenden Stereotypien bei den Bewohnerinnen und Bewohnern widerspiegeln. Aus diesem Grunde ist eine regelmäßige Supervision des Betreuerteams in solchen Einrichtungen ganz besonders wichtig.

Weitere Stichworte:

Haarausreißen (Band 1)
Jaktationen (Band 1)
Selbstverletzendes Verhalten

Literatur

Imber-Black, E. (1987): The mentally handicapped in context. Family Systems Medicine 5: 428 – 445

Lauth, G. W., Weiß, S. R. (2003): Modifikation von selbstverletzend-destruktivem Verhalten – Eine einzelfallanalytische Interventionsstudie bei einem Jungen einer Schule für geistig Behinderte. Praxis Kinderpsychologie Kinderpsychiatrie 52: 109 – 121

Remschmidt, H. (1992): Psychiatrie der Adoleszenz. Stuttgart, Thieme

Rohmann, U. H., Hartmann, H. (1988): Autoaggression. Grundlagen und Behandlungsmöglichkeiten. Dortmund, modernes lernen

Rohmann, U. H., Elbing, U. (1998): Selbstverletzendes Verhalten. Dortmund, modernes lernen

Rotthaus, W. (2001): Systemic Therapy. In: Dosen, A., Day K.: Treating mental illness and behavior disorders in children and adults with mental retardation. Washington, American Psychiatric Press: 167 – 180

Schlosser, R. W., Goetze, H. (1991): Selbstverletzendes Verhalten bei Kindern und Jugendlichen mit geistiger Behinderung: eine Meta-Analyse von Einzelfalluntersuchungen zur Effektivität von Interventionen. Sonderpädagogik 21: 138 – 154

Verhoeven, W. M. A., Tuinier, S. (2001): Pharmacotherapy in Aggressive and Auto-Aggressive Behavior. In: Dosen, A., Day, K.: Treating mental illness and behavior disorders in children and adults with mental retardation. Washington, American Psychiatric Press: 283 – 304

Selbstverletzendes Verhalten

Wahrnehmen und bewerten

● Erscheinungsbild

Manche Jugendliche fügen sich wiederholt Verletzungen am eigenen Körper zu, die mit einer Schädigung der Haut einhergehen, ohne dass bei ihnen – zumindest in diesem Augenblick – eine Selbstmordabsicht vorliegt. Am häufigsten geschieht das durch ein Ritzen oder ein Schneiden mit Gegenständen wie Rasierklingen, Scherben oder Messern, aber auch durch Verbrennungen mit Zigaretten oder der Flamme eines Feuerzeuges. Manche kratzen oder beißen sich so heftig, dass blutende Wunden entstehen. Andere verletzen sich, indem sie ihre Haut verätzen oder verbrühen. Nicht selten werden die Wunden immer wieder aufgekratzt.

Am häufigsten werden die Selbstverletzungen an den Armen, vor allem an den Unterarmen und Handgelenken durchgeführt, nicht selten jedoch auch an den Beinen, vor allem am Oberschenkel. Selten sind (auch) der Bauch, das Gesicht, die Brust und der Genitalbereich betroffen.

Zum Glück sind die meisten Selbstverletzungen nur oberflächlich und hinterlassen keine entstellenden Narben. In solchen Fällen spricht man im Englischen von „delicate self-cutting". Es gibt aber auch tiefe Schnitte, die zu klaffenden Wunden führen und bis zum Muskel vordringen, die dann auch mit Gefäßverletzungen, Nerven- und Sehnendurchtrennungen einhergehen. Sie hinterlassen entstellende Narben und auch bleibende Schäden. In der Regel kann man davon ausgehen, dass die Tiefe der Schnitte ein Hinweis auf die Schwere der Störung ist. In solchen Fällen spricht man im Englischen von „deliberate self-harm" (DSH) oder „self-mutilation" (SM).

● Entlastung von unerträglichem Druck

Ein weiteres charakteristisches Merkmal ist, dass sich die Jugendlichen immer wieder ausdauernd mit dem Gedanken beschäftigen, sich körperlich zu schädigen. Sie versuchen dem immer stärker werdenden Impuls, sich selbst zu verletzen, zu widerstehen, was dann jedoch nach einiger Zeit misslingt mit der Folge, dass sie sich eine körperliche Verletzung mit Gewebsschädigung zufügen. Die Jugendlichen beschreiben – wenn sie dazu in der Lage sind – ein sich intensivierendes Spannungsgefühl unmittelbar vor dem Akt der Selbstverletzung und eine Erleichterung und Zufriedenheit während der selbstverletzenden Handlung. Manche Jugendliche schildern, dass sie vor der selbstverletzenden Handlung einen unerträglichen Druck erleben, der sich löse, wenn der Schnitt gesetzt werde, und in ein Gefühl der Erleichterung und des Wohlbefindens übergehe, wenn das Blut fließe.

• Handlungszwang

Eine Person, die sich selbst verletzt, plant ihr Vorgehen nicht und folgt keiner bewussten Absicht. Sie denkt kaum darüber nach, wie ihre Haut später aussehen wird. Vielmehr ist sie überwältigt von dem Zwang, so handeln zu müssen. Die meisten zeigen ihre Wunden und Narben offen. Einzelne Jugendliche allerdings verbergen ihre selbstverletzenden Verhaltensweisen über lange Zeit, weil sie sich ihrer schämen. Sie verbergen ihre Wunden, behaupten, von der Katze verletzt worden zu sein, und erklären ihre Narben mit Unfällen.

• Unterschied zu Mutproben

Nicht zu verwechseln ist das hier beschriebene selbstverletzende Verhalten mit dem Verhalten von Jugendlichen, die sich bei Mutproben kleine Schnitte zufügen, um zu zeigen, wie gut sie Schmerzen aushalten können. Man kennt ein solches Verhalten aus Kinderheimen oder von Klassenfahrten. Es ist in der Regel ein einmaliges Phänomen oder Kennzeichen einer kurzen Phase und muss nicht zu größerer Beunruhigung veranlassen. Auch das Piercen ist ein selbstverletzendes Verhalten. In all diesen Fällen wird der Schmerz jedoch als unangenehm erlebt und lediglich als unvermeidliche Begleiterscheinung bei der Verfolgung eines Ziels – seinen Mut zu beweisen oder ein Schmuckstück am Körper zu tragen – in Kauf genommen.

• keine Selbstmordhandlung

Auch mit Selbstmordhandlungen darf das hier besprochene selbstverletzende Verhalten nicht verwechselt werden. Denn dieses selbstverletzende Verhalten soll nicht zur Selbsttötung führen und ist nicht Ausdruck einer Selbsttötungsabsicht, sondern dient vielmehr der Selbsterhaltung. Allerdings gibt es Jugendliche, bei denen neben der Tendenz zum selbstverletzenden Verhalten zu anderer Zeit auch Selbstmordgedanken und Selbstmordabsichten auftreten, so dass man sich in dieser Hinsicht nicht in einer falschen Sicherheit wähnen darf.

• keine vorgetäuschten Erkrankungen

Klar abzugrenzen ist das hier beschriebene Verhalten von Selbstverletzungen, die gezielt und bewusst zur Vortäuschung einer Krankheit und zum Erreichen eines bestimmten Zieles durchgeführt werden (beispielsweise bei Gefängnisinsassen, um Haftverschonung zu erreichen). Ebenso darf es nicht verwechselt werden mit einem absichtlichen Vortäuschen von Symptomen, das das Ziel verfolgt, immer wieder von niedergelassenen Ärzten und in Krankenhäusern behandelt zu werden, was man als Münchhausen-Syndrom bezeichnet.

• selbstverletzende Stereotypien

Selbstverletzende Stereotypien, wie sie häufig bei geistig Behinderten auftreten, werden in einem eigenen Kapitel behandelt. Hierbei handelt es sich um willkürlich wiederholte, meist rhythmisierte, autoaggressive (selbstaggressive) Verhaltensweisen, die zu sehr erheblichen Selbstschädigungen führen können, beispielsweise ein sich Schlagen, ein sich Beißen, ein Kopfschlagen und sich Kratzen.

• Häufigkeit

Selbstverletzendes Verhalten tritt vor allem bei Jugendlichen und jungen Erwachsenen auf. Nicht selten aber beginnt es auch schon mit 11 oder 12 Jahren. Genaue Zahlen zur Häufigkeit sind schwer zu erheben. Geschätzt wird, dass unter Jugendlichen und jungen Erwachsenen etwa 1,5% der Bevölkerung betroffen sind. Ganz offensichtlich hat die Häufigkeit dieses auffälligen Verhaltens in den letzten Jahren deutlich zugenommen. Mädchen zeigen dieses Verhalten wesentlich öfter als Jungen.

• weitere Auffälligkeiten

Viele Jugendliche, die selbstverletzendes Verhalten zeigen, leiden unter Ess- und Gewichtsstörungen. Häufig sind Übergewicht oder Magersucht, zunehmend häufig auch bulimisches Verhalten bei diesen Jugendlichen auch noch zu beobachten. Andere Jugendliche zeigen zudem noch eine Suchtproblematik oder entwickeln eine solche als Zwischenphase im Laufe einer Therapie. Medikamentenmissbrauch und ein mehr oder weniger wahlloser Missbrauch von legalen (vor allem Alkohol) und illegalen Drogen sind am häufigsten. Selbstverletzendes Verhalten zeigt sich in einem hohen Prozentsatz bei posttraumatischen Belastungsstörungen und ist ein geradezu typisches Merkmale für eine Persönlichkeitsstörung des Borderlinetyps. Depressionen, Zwänge und Phobien treten oft gleichzeitig auf. Regelhaft findet sich eine ausgeprägte Angst vor dem Alleinsein.

Zuordnen und verstehen

• schwer verständliches Verhalten

Junge Menschen, die sich selbst verwunden, die sich mit Messern oder Rasierklingen blutende Wunden zufügen, die sich mit der Zigarette die Haut verbrennen oder mit einer Säure verätzen, lösen in uns eine unangenehme Mischung aus Angst, Ärger, Schuld und Hilflosigkeit aus. Ihr Verhalten ist nur schwer nachzuvollziehen, und die Frage „Warum tust du das?“ bleibt oft ohne Antwort. Die Jugendlichen empfinden einen Zwang, so zu handeln, und stehen dem selbst oft ratlos gegenüber. Sie schämen sich, fühlen sich schuldig und verstummen insbesondere dann, wenn sie den Vorwurf und die Ratlosigkeit der Erwachsenen um sich herum wahrnehmen.

• Not und Verzweiflung

Dabei tritt selbstverletzendes Verhalten in tiefer Not und Verzweiflung kulturell und individuell nicht selten auf. Menschen beißen sich in die Hand oder schlagen sich die Knöchel der Faust an der Wand blutig, wenn sie ohnmächtige Wut empfinden oder sich in einer hoffnungslosen Lage erleben. In vielen Ländern raufen sich Menschen zum Zeichen der Trauer das Haar, schneiden sich Gesichter und Arme auf oder reißen sich blutige Strähnen aus der Kopfhaut, um der Größe ihres Schmerzes Ausdruck zu verleihen. Viele Menschen haben Situationen durchgemacht, in denen sie einen unerträglichen psychischen Schmerz erlebten, in denen sie sich beispielsweise mit der Endgültigkeit eines Schicksalsschlages konfrontiert sahen, der sie tief verwundete. Sie haben dann die Erfahrung gemacht, dass der helle Schmerz eines Bisses in den Handrücken oder eines heftigen Schlages mit den Knöcheln der Faust gegen die Wand für einen kurzen Augenblick den seelischen Schmerz und das Gefühl von Ausweglosigkeit übertönte. Etwas Ähnliches tun wir bei unerträglichen Kopfschmerzen oder heftigen Bauchkrämpfen: Wir schlagen mit der Faust gegen den Kopf oder pressen die Hände von außen in den Bauch. Der dadurch ausgelöste helle Schmerz verdeckt für einen Augenblick den unerträglich dumpfen Kopfschmerz oder die Schmerzen der Darmkrämpfe.

• Heilungsriten

Auch kulturell ist selbstverletzendes Verhalten weit verbreitet. So gibt es von verschiedenen Völkern Berichte über gemeinschaftlich durchgeführte Selbstverletzungen. Sie geschahen häufig bei äußeren Gefahrenen unter dem Erleben des Bedrohtseins und dienten dann der Wiederherstellung von Stabilität und Sicherheit. Auch aus der Geschichte des Christentums sind zahlreiche Berichte über Selbstgeißelungen überliefert, die offensichtlich durchgeführt wurden, um sich von religiöser Schuld zu befreien. Gegen Ende des Mittelalters zogen die sogenannten Flaggelantenprozessionen durch Europa. In ihnen sammelten sich Geistliche und Laien, die sich selbst auspeitschten, um durch eigene Anstrengung das Urteil des ewigen Gerichtes zu mildern. Der schwarze Tod (die Pest) ließ die Angst vor Schuld und Sühne wachsen, während von der damals tief korrupten Kirche keine Hilfe erwartet wurde. Rituelle Selbstverletzungen sind auch aus bestimmten Regionen Neu-Guineas bekannt, wo sich beispielsweise Stammesmitglieder beim Tod eines nahestehenden Verwandten ein Fingerglied abschneiden.

• Riten der Gruppenzugehörigkeit

Bei den bisher genannten Formen von Selbstverletzungen dient der körperliche Schmerz dazu, einen unerträglichen seelischen Schmerz oder eine als unheimlich und überwältigend erlebte Angst zu übertönen. Bekannt sind aber auch selbstverletzende Verhaltenweisen als rituelle Handlungen zur Kennzeichnung von Gruppenzugehörigkeiten. Hierzu zählen die unterschiedlichsten Pubertätsriten verschiedener Völker und Stämme, bei denen beispielsweise das Zufügen von Narben im Gesicht oder am Körper die Aufnahme junger Menschen in die Gruppe der Erwachsenen symbolisiert. Rituale der Blutsbrüderschaft oder das Verhalten junger Leute in schlagenden Verbindungen gehören ebenfalls hierher. Sie unterschieden sich aber deutlich von den oben genannten Formen der Selbstverletzung. Denn hier wird nicht der Schmerz gesucht. Vielmehr gilt es, den Schmerz auszuhalten und dadurch seine Erwachsenheit zu beweisen. In ähnlicher Weise dienen Punkrituale, Piercing und Tatooing nicht nur einem Schönheitsideal, sondern symbolisieren vor allem auch die Abgrenzung von den Lebensformen der Erwachsenen. Sie bringen die Zugehörigkeit zu einer Jugendkultur zum Ausdruck und sind Hilfsmittel auf der Suche nach der eigenen Identität. Gerade in einer Welt, in der der makellose Körper das Maß aller Dinge ist, bieten sich solche Formen selbstverletzenden Verhaltens als Symbole für Abgrenzung und Autonomie in besonderem Maße an.

• zwanghafte Selbstverletzung

Selbstverletzendes Verhalten in seiner zwanghaften Form nimmt zumeist einen sehr charakteristischen Verlauf, in dessen Höhepunkt es zu der Hautverletzung kommt. Zumeist beginnt es mit zwischenmenschlichen Erlebnissen, die von den Betroffenen als belastend oder kränkend erlebt werden. Allerdings werden soziale Situationen oft in einer Art wahrgenommen und interpretiert, die von den umgebenden Personen nicht erwartet und auch schwer nachvollzogen werden können. Deshalb wird diese Reaktion von den anderen oft auch nicht vorausgesehen. Die Jugendliche aber reagiert mit Wut, Verzweiflung, Depression und Angst sowie mit Gefühlen der Hilflosigkeit und Hoffungslosigkeit. Die negativen Affekte werden rasch immer stärker. Eine Bewältigung oder eine Distanzierung misslingen, Handlungsalternativen werden nicht erkannt. Hass wendet sich in Selbsthass, der Druck der immer heftiger werdenden Affekte steigt. Dieses Spannungsgefühl wird oft begleitet von Herzjagen, Schweißausbrüchen und Beklemmungsgefühlen. Wahrnehmung und Denken werden zunehmend ausgeblendet. Viele Jugendliche erleben ein Gefühl der Leere und Benommenheit, sie geraten gleichsam in einen Trancezustand. Immer heftiger wird der Wunsch, sich zu schneiden, um sich von diesem Druck zu befreien. Wenn die Jugendliche dann schließlich den Schnitt vollzieht – viele tun dies in immer gleicher Art und Weise –, empfindet sie ein Gefühl der Erleichterung und des Wohlbefindens. Für den Augenblick ist das Spannungsgefühl gewichen.

Ein großer Teil der Jugendlichen hat während der Selbstverletzung kein normales Schmerzempfinden. Viele berichten über ein wohliges Gefühl beim Anblick und beim Spüren des warmen, fließenden Blutes. Die Jugendlichen erleben sich wieder klarer, die Stimmung und das Selbstwertgefühl steigen. Aber nach kurzer Zeit treten Gefühle des Ekels, der Scham und der Schuld auf, und die Angst vor den negativen Reaktionen der Umwelt tritt hinzu. Die Jugendliche erlebt sich einsam und allein, und schon damit beginnt der Teufelskreis, sich von Neuem aufzubauen.

• kein Vertrauen zu anderen

Jugendliche, die sich selbst verletzen, können nach außen durchaus selbstsicher erscheinen und mitteilsam sein. Sie können bei Freunden beliebt sein, weil sie ihnen zuhören, und leisten manchmal Erstaunliches. Innerlich jedoch fühlen sie sich allein. Sie vertrauen niemandem und fürchten jede Art von Abhängigkeit. Dieser Mangel an Vertrauen und diese Angst vor Nähe und Abhängigkeit beruhen auf ganz realen Erfahrungen. Viele von ihnen sind sexuell misshandelt worden. Oft haben sie erlebt, dass gerade derjenige, von dem sie Schutz und Geborgenheit erwarteten und den sie liebten, ihre kindgerechten Bedürfnisse nicht wahrgenommen, sondern sie vielmehr zum Objekt seiner sexuellen Wünsche gemacht hat. Andere haben einen Elternteil durch Tod oder Scheidung verloren oder sind mit Eltern aufgewachsen, die aufgrund einer psychischen Erkrankung, vielleicht auch aufgrund von Alkohol- und Drogenmissbrauch ihnen als Kind keine Sicherheit geben konnten. Wieder andere sind durch ein Familienleben traumatisiert worden, in dem körperliche und seelische Gewalt vorherrschte.

• keine Worte für Gefühle

Nur wer befriedigende emotionale Beziehungen gelebt hat, hat auch Gelegenheit gehabt, die Sprache für die Gefühle zu erwerben. Die lernt man, wenn man mit anderen Menschen vertrauensvoll umgeht. Personen, die sich selbst verletzen, können ihre Gefühle nicht in Worte fassen. Sie sind sehr unsicher, wenn es darum geht, ihre Gedanken und Gefühle zu sich selbst und zu den Beziehungen, die sie zu den anderen haben, zu beschreiben. Sie sind nicht imstande einzuschätzen, wie andere auf ihre Worte und Taten reagieren. Sie sind verwirrt durch ihre früheren Erfahrungen damit, wie andere Menschen auf sie reagiert haben. In ihren täglichen Beziehungen kommt es deshalb häufig zu verzerrten Wahrnehmungen der Emotionen anderer Menschen. Auch in der Selbstwahrnehmung ihres Körpers und ihrer Gefühle haben sie nur wenig Sicherheit. Diese Unsicherheit und die Unfähigkeit, sich emotional mit Hilfe von Sprache auszudrücken (statt auszuagieren), bringt sie in eine emotionale Isolation. Und da ihnen die Worte fehlen, um ihren emotionalen Schmerz auszudrücken, suchen sie Zuflucht zu einem zerstörerischen körperlichen Dialog mit sich selbst.

• geringe Selbstachtung

Menschen, die sich selbst verletzen, lassen selten emotionale Nähe zu. Sie glauben zutiefst, dass sie in dieser Nähe zu anderen nur verletzt werden könnten. Einige haben erlebt, wie die Menschen, denen sie am meisten vertrauten, ihre Eltern, ihnen heftige Wunden zugefügt haben. Die Verachtung, die sie durch diese Handlungen erfahren haben, hat eine geringe Selbstachtung bewirkt. Hier liegt die Erklärung dafür, dass sie oft ein Verhalten zeigen, das für Außenstehende schwer nachzuvollziehen ist: Personen mit geringer Selbstachtung neigen dazu, Beziehungen mit Menschen einzugehen, die bedürftiger sind als sie selbst und die sie häufig wiederum missbrauchen. Sie gehen Missbrauchsbeziehungen ein, die sie an ihre Kindheitserfahrungen erinnern und die ihnen vertraut sind. Sie suchen ihre Unsicherheit, ihre Einsamkeit und ihre Angst vor dem Verlassenwerden zu überwinden und tun dies in einer Art, die ihnen noch mehr emotionalen Schmerz bereitet. Auch hier entwickelt sich ein Teufelskreis, auf dessen Höhepunkt nur der körperliche Schmerz den noch schlimmeren emotionalen Schmerz übertönen kann.

• Selbstverletzung als Ausdruck von Wut

Selbst ausgelöster Schmerz ist oft ein Ersatz für Wut auf einen anderen Menschen. Er kann dem Wunsch entspringen, diesem anderen Menschen Schmerz zuzufügen. Gleichzeitig untersagt diese Person sich selbst aber, der anderen Person Schmerz zu bereiten. Dies geschieht entweder aufgrund der eigenen Ambivalenz, das heißt aufgrund der Tatsache, dass sie diese Person gleichzeitig auch liebt, oder weil sie Angst hat, die offene Wut würde alles noch schlimmer machen. Wenn ein Mensch sich selbst in die Haut schneidet, kann das also ein Ausdruck für die Hilflosigkeit dieser Person sein, mit ihrer Wut umzugehen und diese Wut auf irgendeine Weise direkt zu äußern.

• Selbstverletzung als Selbstbehandlung

Menschen, die sich selbst verletzen, haben häufig die Erfahrung gemacht, verletzenden Handlungen anderer hilflos ausgesetzt gewesen zu sein. Sie mussten Situationen erleiden, die sie nicht wollten, aber nicht verhindern konnten. Indem sie sich nun selbst verletzen, nehmen sie die Dinge zumindest selbst in die Hand und erlangen Kontrolle und Mitbestimmung. Gleichzeitig können sie sich mit dieser Handlung von unerträglichen Druckgefühlen entlasten, ein Gefühl der Fühllosigkeit beenden, das Schneiden und das Bluten als ein Wegmachen oder ein Reinigen von unliebsamen Erinnerungen und Erfahrungen erleben und mit der Schmerzempfindung zu sich zurückkommen.

• problematisches Verhältnis zum eigenen Körper

Personen mit selbstverletzendem Verhalten berichten durchweg von einem problematischen Verhältnis zu ihrem eigenen Körper. Er wird abgelehnt und oft als fremd und nicht zugehörig wahrgenommen, manchmal auch als feindselig angesehen. Offensichtlich besteht eine Entfremdung zwischen Körper und Person. Es scheint so zu sein, dass die Distanz, die diese Menschen zu ihrem Körper haben, der Distanz entspricht, die zwischen ihnen und wichtigen Bezugspersonen lag und liegt. Und so behandelt ein Mensch, der sich selbst verletzt, seinen Körper so, wie er sich selbst behandelt fühlte und fühlt. Zuweilen gewinnt man den Eindruck, dass die Selbstverletzung dieser Person dazu dient, den eigenen Körper wieder als etwas Eigenes zu erleben.

• kommunikative Funktion

Selbstverletzendes Verhalten ist – ob beabsichtigt oder nicht – eine sehr laute Botschaft an die Umwelt. Allerdings kann der Inhalt dieser Botschaft im jeweiligen Einzelfall sehr unterschiedlich sein. In manchen Fällen schildern Personen, die sich selbst verletzen, dass sie dadurch die Aufmerksamkeit und die Sorge eines anderen oder mehrerer anderer herausfordern wollten. Dies ist aber eher die Ausnahme. Zudem sind die Reaktionen der Umwelt meist ablehnend. Auf die Selbstverletzung reagieren die meisten Personen mit Abscheu und Ekel, Vorwurf und Empörung. Aber es sind zumindest heftige Reaktionen, die bei tiefen Schnitten auch viele aufgeregte Maßnahmen zur Versorgung der möglicherweise heftig blutenden Wunde einschließen. Damit wird wenigstens vorübergehend das Erleben von Einsamkeit überwunden. Der Effekt, für eine gewisse Zeit im Mittelpunkt zahlreicher Aktivitäten und lebhafter gefühlsmäßiger Reaktionen zu stehen, kann für kurze Zeit einen guten Selbstwert vermitteln. Gleichzeitig kann sich die Betroffene eindeutig als Ursache von Wirkung erleben – eine grundsätzlich für jeden Menschen wichtige Erfahrung.

Das Mittel Selbstverletzung kann die Betroffene dafür erfolgreich einsetzen, da sie über ihren Körper selbstständig verfügt und nicht auf eine andere Person und deren Kommunikationsbereitschaft angewiesen ist. Umgekehrt wird erkennbar, wie wenig Menschen, die sich selbst verletzen, in ihre Möglichkeit vertrauen, mit ihrer Umwelt in Kontakt zu treten. Sie verfügen nicht über die Erfahrung einer hilfreichen Bindungsperson, der sie ihre Kontaktwünsche und Hilfsbedürfnisse haben mitteilen können und von der sie erwarten konnten, gehört und verstanden zu werden.

Lösungen anregen und möglich machen

• selbstverletzendes Verhalten ertragen

Selbstverletzendes Verhalten ist nicht nur schwer zu verstehen, sondern es ist auch schwer auszuhalten. Es kostet viel Geduld, diesen Jugendlichen zu helfen, und große Kraft, mit den immer wieder auftretenden Enttäuschungen umzugehen. Menschen mit selbstverletzendem Verhalten haben aber meist den Wunsch, dass die anderen das selbstverletzende Verhalten als notwendiges Verhalten aushalten und ertragen, bis es nicht mehr notwendig ist. Die Fähigkeit zu solcher Hilfe gründet am ehesten in dem Bemühen, den Sinn der selbstverletzenden Handlungen im jeweiligen Einzelfall und die dahinter stehenden Motive – meist sind es viele, die teils bewusst und teils nicht bewusst sind – zu verstehen.

• die Jugendliche ansprechen

Vielen Erwachsenen, die erstmalig bei einer Jugendlichen frische Wunden und Narben entdecken, fällt es schwer, den Verdacht auf selbstverletzendes Verhalten direkt auszusprechen. Sie können mit den dadurch ausgelösten eigenen Gefühlen schlecht umgehen, sind unsicher und fürchten möglicherweise, durch ein Eingehen auf dieses Thema das Verhalten zu verstärken. Für die Jugendliche, die sich selbst verletzt hat, ist es demgegenüber sehr wichtig, eine andere Person zu erleben, die sie auf ihr Verhalten anspricht und keine Angst dabei zeigt. Der Erwachsene kann sein Erstaunen oder seine Bestürzung formulieren und gegebenenfalls auch zum Ausdruck bringen, dass ihm dieses Verhalten im Augenblick noch unverständlich erscheint. Zugleich sollte er aber immer unterstellen, dass das Symptom für die Jugendliche einen Sinn hat – auch wenn der mit sehr vielen Nachteilen und Opfern erkauft wird. Er sollte Interesse für die Symptomatik zeigen, aber gleichzeitig deutlich machen, wie sehr er bedauert und auch missbilligt, dass die Jugendliche ihren Körper entstellt. Er sollte verdeutlichen, dass er die Jugendliche niemals in ihrem selbstverletzenden Verhalten unterstützen wird, sondern alles tun möchte, sie davon abzuhalten.

• Versuch des Verstehens

Die Jugendliche anzusprechen heißt nicht, sie mit allzu vielen Fragen zu überhäufen. Insbesondere die Fragen nach dem Warum kann sie selbst meist nicht beantworten. Der hilfreiche Erwachsene versucht vielmehr zu verstehen, ohne sicher sein zu können, dass er mit seinen Bemühungen den Kern trifft. Vielleicht erkundigt er sich nach der Einsamkeit der Jugendlichen und nach ihrem geringen Vertrauen in die Zuverlässigkeit anderer Menschen. Er bietet eine beständige Haltung der Zuwendung an, ganz gleich, ob die Jugendliche dies wünscht oder erwartet. Er bietet Sicherheit und vermittelt Zuversicht, dass die betroffene Person in der Lage sein wird, in einem – möglicherweise länger dauernden – Prozess den Wunsch, sich selbst zu verletzen, zu überwinden.

• Wundversorgung

Menschen, die sich selbst verletzen, brauchen Anteilnahme und Unterstützung. Würden sie bei der Wundversorgung eine Ablehnung ihrer Person erleben, würden sie sich in ihren bisherigen Erfahrungen bestätigt sehen. Die Versorgung oberflächlicher, wenig entstellender Hautwunden sollte deshalb emotional möglichst gelassen, medizinisch korrekt, weder übermäßig besorgt, noch kalt abweisend erfolgen. Geschieht die Wundversorgung durch eine vertraute Person, kann schon begleitend darüber gesprochen werden, welche Auslöser und welche Verarbeitungsprozesse zu diesem (erneuten) Verhalten geführt haben. Erste Überlegungen können angestellt werden, ob es in der Auslösesituation oder beim Aufbau des Spannungsbogens nicht Augenblicke gegeben hat, in denen ein alternatives Denken und Handeln möglich gewesen wäre.

Bei schweren Selbstverletzungen, die zu bleibenden und entstellenden Narbenbildungen führen, ist ein derartig gelassener Umgang mit der Symptomatik schwer. Häufig ist es dann günstig, die Wundversorgung durch außenstehende Fachleute medizinisch korrekt und nüchtern durchführen zu lassen. Auf diese Weise gelingt es am ehesten zu verhindern, dass sich um die Selbstverletzung und um ihre Behandlung eine große Dynamik entwickelt. Die wäre ungünstig, da eine hohe Beachtung ein Verhalten immer auch verstärken kann. Für die näheren Bezugspersonen ist es in solchen Augenblikken allerdings oft kaum möglich, ihren Ärger und ihre Enttäuschung nicht zu äußern. Die Jugendliche muss dann aber erleben können, dass dieser Ärger entstanden ist, weil man sie mag und schätzt, und dass es ein Ärger darüber ist, dass sie ihren eigenen Körper einmal mehr so wenig fürsorglich und liebevoll behandelt hat.

• Beziehung aufbauen

Alle Maßnahmen und alle Handlungen sind richtig, die dazu dienen, eine tragfähige, hilfreiche Beziehung zu der Jugendlichen, die sich selbst verletzt, aufzubauen. Vertrauen in eine hilfreiche Beziehung haben diese Menschen nicht gelernt. Sie dokumentieren mit ihrem Symptom, nicht auf die Hilfe anderer angewiesen zu sein, weil sie überzeugt sind, Hilfe von ihnen nicht erwarten zu können. Wenn es aber einen Menschen gibt, der sich auch durch viele Enttäuschungen über lange Zeit nicht in die Flucht schlagen lässt, dann kann die Jugendliche beginnen, diese Bindung als sichere Basis zu nutzen, von der aus sie ihr Verhalten allmählich verändern kann.

• Gefühle in Worten ausdrücken

Je mehr eine Jugendliche lernt, ihre Gefühle wahrzunehmen und in Worten auszudrücken, umso weniger braucht sie zu selbstverletzendem Verhalten zu greifen. Menschen, die sich selbst verletzen, haben – beispielsweise beim sexuellen Missbrauch durch den Vater – so oft widersprüchliche Gefühle von Liebe und Hass erlebt und sich so verwirrt gefühlt, dass sie jede Wahrnehmung von Gefühlen verdrängt haben. Andere haben erfahren, dass ihnen ihre Gefühle als unberechtigt abgesprochen oder dass sie dafür bestraft wurden. So ist es für solche Menschen nicht einfach, wieder zu lernen, die eigenen Gefühle wahrzunehmen, sie zu akzeptieren und in Worte zu fassen. Hierfür brauchen sie Partner, die sie auf ihre wahrscheinlichen Gefühle ansprechen, die ihnen helfen, sie wahrzunehmen, und ihnen Wörter anbieten, um sie auszudrücken.

• anders wahrnehmen und denken lernen

Wie schon dargestellt, deuten manche Jugendliche Situationen aufgrund ihrer negativen Erwartungshaltung so, dass sie sich verletzt und gekränkt, fortgestoßen und abgelehnt fühlen. Solche Situationen sind dann oft der Ausgangspunkt für eine Kaskade von negativen Gefühlen, die schließlich zur selbstverletzenden Handlung führt. Derartige Situationen kann man mit den Jugendlichen besprechen, um sie dazu anzuleiten, genauer zu beobachten und Missverständnisse zu vermeiden. Besonders hilfreich ist dies, wenn man eine solche Situation unmittelbar miterlebt und die Jugendlichen ganz aktuell zu einer anderen Bewertung anregt. In anderen Fällen kann man sie dazu anhalten, bestimmte Situationen, die oft am Anfang der Entwicklung einer selbstverletzenden Handlung stehen, frühzeitig zu erkennen und überhaupt zu vermeiden.

• Verantwortung einfordern

Jugendliche erklären oft nach einer Selbstverletzung, dass ihnen in der aktuellen Situation nichts anderes eingefallen sei, obwohl doch schon so häufig über Alternativen gesprochen wurde. In solchen Situationen ist es wichtig, auch die Verantwortung der Jugendlichen einzufordern. Das bedeutet nicht, zu verlangen, dass sie auf selbstverletzende Handlungen bereits ganz verzichten können. Aber man kann erwarten, dass sie nach der Selbstverletzung die Wunden zeigen, bereit sind, über die Entstehung der aktuellen Situation zu sprechen, und sich mit Hilfe des Erwachsenen Gedanken darüber machen, wie sie in der nächsten gleichartigen Situation anders handeln können.

• Zurückgezogenheit aufgeben

Derartige Gespräche werden in vielen Fällen auch davon handeln, wie die Jugendlichen ihre Zurückgezogenheit und ihre Neigung zur Isolation aufgeben können. Hier geht es darum, zum einen Vertrauen in soziale Situationen zu entwickeln und zum anderen die Zuversicht auszubilden, dass mit neuem Mut und Selbstvertrauen auch Situationen bewältigt werden können, in denen die Jugendlichen Kritik von anderen erfahren.

• Selbstfürsorge anregen

Menschen, die fürsorglich mit ihrem Körper umgehen, werden sich nicht selbst verletzen. Dementsprechend sollte man mit Jugendlichen, die sich selbst verletzen, überlegen, in welcher Art sie ihrem Körper etwas Gutes tun und ein körperliches Wohlbefinden erleben können. Das kann ein entspannendes Bad sein, ein schönes Essen oder ein „Wellness-Pflege-Tag". Das kann aber auch in der Vermittlung von Entspannungstechniken bestehen, in der Anregung zu Meditation, Atemübungen, Yoga oder anderem.

● professionelle Hilfe

Selbstverletzendes Verhalten ist eine so gravierende Störung, dass in aller Regel professionelle Hilfe unerlässlich ist. Diese Hilfe ist dann am Erfolg versprechendsten, wenn sie möglichst früh einsetzt. Wenn die Verletzungen erheblich sind, wird zu Anfang eine längerfristige stationäre Therapie notwendig sein, die von ambulanten therapeutischen Maßnahmen gefolgt wird.

● Medikamente

Medikamente, die speziell im Hinblick auf das selbstverletzende Verhalten wirksam wären, gibt es nicht. Wichtig ist allerdings, darauf zu schauen, welche sonstigen Auffälligkeiten und Störungen vorliegen. In manchen Fällen ergeben sich daraus Hinweise auf medikamentöse Beeinflussungsmöglichkeiten.

● Einbezug der Familie

Je mehr Menschen die Behandlung unterstützen, desto wirksamer ist sie. So ist es unverzichtbar, die Familie in die Therapie mit einzubeziehen. Dabei wird im Mittelpunkt stehen, wie in der Zukunft Bindung geschaffen wird und Vertrauen in die Sicherheit der familiären Beziehung gelingen kann. Dies gilt sowohl, wenn die Jugendliche nach der Behandlung wieder in die Familie zurückkehrt, als auch dann, wenn ein Heim oder eine Wohngruppe das Zuhause werden soll. Eine gelingende familiäre Kommunikation ist in beiden Fällen eine wichtige Hilfe. Dafür sind folgende Fragen unterstützend, die sich die erwachsenen Familienmitglieder stellen können: „Verschaffe ich mir Klarheit über meine Gefühle, bevor ich spreche?" „Übernehme ich Verantwortung dafür, wie sich mein Verhalten auf andere auswirkt?" „Setze ich mich mit jedem Familienmitglied direkt und überlegt auseinander?" „Entschuldige ich mich, wenn ich einen Fehler begangen habe?" „Bringe ich ehrlich zum Ausdruck, was ich von den anderen Familienmitgliedern will und brauche?"

● dem Rückfall vorbeugen

Auch wenn das selbstverletzende Verhalten im Verlaufe einer Therapie weitgehend zurückgegangen oder ganz verschwunden ist, besteht doch immer die Gefahr eines Rückfalls bei besonderen Belastungen. Deshalb ist es wichtig, auf warnende Anzeichen für einen Rückfall zu achten: Neigt die Jugendliche wieder dazu, in die Isolation zu gehen? Bringt sie immer häufiger Entschuldigungen für einen Rückzug von alltäglichen Aktivitäten? Zeigt sie vermehrt eine künstliche Fröhlichkeit, die aufgesetzt wirkt?

● den sozialen Platz wieder einnehmen

Viele Jugendliche, die sich über längere Zeit selbst verletzt haben, benötigen Hilfe und Unterstützung, um ihren sozialen Platz in der Gruppe der Gleichaltrigen wieder zu finden. Denn meist gingen mit dem selbstverletzenden Verhalten auch ein Rückzug und eine Neigung zur Isolation einher. Umgekehrt haben die Freundinnen und Freunde hilflos und verwirrt reagiert, wenn sie von diesem schwer verständlichen Verhalten erfuhren. Sie waren unsicher, wie sie mit einem Menschen, der so handelt, umgehen können. Sie brauchen ein Zeichen in dem Sinne von „Ich bin wieder da!“ und „Ihr könnt mit mir ganz normal umgehen!“ Die erwachsenen Bezugspersonen sollten die Jugendliche dabei unterstützen und die Freundinnen und Freunde beispielsweise einladen. Sie sollten mit dem eigenen, ganz normalen Verhalten Vorbild sein und der Jugendlichen Mut machen in ihrem Bemühen, ihren sozialen Platz wieder einzunehmen.

• Internetadressen

Im Internet gibt es zahlreiche Seiten, die sich dem Thema der Selbstverletzung widmen. Hier einige Hinweise, auf denen man wiederum Links zu anderen Seiten mit derselben Thematik findet: www.selbstverletzung.com, www.rotetraenen.de, www.geocities.com/HotSprings/6446/selfinjury.html.

Weitere Stichworte:

Bulimie
Depressive Störungen
Drogensucht
Furcht-Phobien (Band 1)
Magersucht
Posttraumatische Verhaltensauffälligkeiten
Selbstmordhandlungen
Selbstverletzende Stereotypien
Übergewicht
Zwangsstörungen

Literatur

Hänsli, N. L. (1996): Automutilation. Bern, Huber

Herpertz, S., Saß, H. (1994): Offene Selbstbeschädigung. Nervenarzt 65: 296 – 306

Klosinski, G. (1999): Wenn Kinder Hand an sich legen. Selbstzerstörerisches Verhalten bei Kindern und Jugendlichen. München, Beck

Levenkron, St. (2001): Der Schmerz sitzt tiefer. Selbstverletzung verstehen und überwinden. München, Kösel

Paar, G. H. (2002): Selbstverletzung als Selbsterhaltung. In: Hirsch, M.: Der eigene Körper als Symbol? Gießen, Psychosozial

Plog, U. (2000): Selbstverletzendes Verhalten von Menschen. Mabuse 123 (Jan./ Febr.): 48 – 50

Resch, F. (2001): Der Körper als Instrument zur Bewältigung seelischer Krisen. Selbstverletzendes Verhalten bei Jugendlichen. Deutsches Ärzteblatt 98 (36): A 2266 – A 2271

Sachsse, U. (1996): Selbstverletzendes Verhalten, 3. Aufl. Göttingen, Vandenhoeck und Ruprecht

Schleiffer, R. (1998): Zur Funktion selbstschädigenden Verhaltens. In: System Familie 11: 129 – 137

Schmeisser, S. (2000): Selbstverletzung. Symptome, Ursachen, Behandlung. Münster, Waxmann

Wewetzer, G., Friese, H.-J., Warnke, A. (1997): Zur Problematik offenen selbstverletzenden Verhaltens unter besonderer Berücksichtigung der Kinder- und Jugendpsychiatrie. Zeitschrift Kinder- Jugendpsychiatrie 25: 95 – 105

Störungen des Sexualverhaltens

Wahrnehmen und bewerten

• Beschreibung

Unter dem Begriff der Störungen des Sexualverhaltens werden solche Handlungen von Kindern und Jugendlichen zusammengefasst, bei denen durch einen sexuellen Übergriff auf einen Menschen dessen Recht auf sexuelle Selbstbestimmung missachtet und verletzt wird. Es wird Zwang ausgeübt durch Anwendung von Gewalt, durch Drohungen mit Gewalt, durch Einschüchterungen, durch Missbrauch eines Altersunterschiedes und durch Bestechung. Die Opfer geben keine Zustimmung zu den sexuellen Handlungen oder sind nicht in der Lage, eine gleichberechtigte Zustimmung zu geben. Sie lassen ihre Ablehnung durch Worte und Handlungen erkennen oder können sich aus Erschrecken und Panik nicht äußern. Andere sind aufgrund ihres Entwicklungsstandes nicht in der Lage zu verstehen, was ihnen vorgeschlagen wird. Sie können deshalb die vorgeschlagene sexuelle Handlung weder gleichberechtigt bejahen, noch sie ablehnen, so dass sie die Handlungen oftmals ohne Widerstand ertragen oder sie sogar billigen.

• Formen sexueller Gewalt

Unter den sexuellen Verhaltensstörungen unterscheidet man Vergewaltigungen und sexuelle Nötigung, den sexuellen Missbrauch von Kindern sowie den Exhibitionismus (das Zeigen des Geschlechtsteils vor anderen Menschen in der Öffentlichkeit). Sehr viel seltener sind ein Fetischismus, beispielsweise das Stehlen der Unterwäsche einer Frau oder eines Mädchens, der Voyeurismus, das heimliche Betrachten von nackten Menschen, und obszöne Anrufe und Briefe sexuellen Inhaltes zu beobachten.

• Vergewaltigung und sexuelle Nötigung

Bei der Vergewaltigung handelt es sich um einen erzwungenen Geschlechtsverkehr, zumeist mit Eindringen des Penis in die Vagina, nicht selten aber auch mit Eindringen des Penis in den After. Bei misslungenen Vergewaltigungen, bei denen der Täter die Vergewaltigungsabsicht leugnet, spricht man von sexuellen Nötigungen. Unter diesem Begriff werden auch alle Handlungen zusammengefasst, bei denen der Täter an den Geschlechtsteilen seines Opfers mit den Händen manipuliert oder bei denen er am Körper des Opfers masturbiert, die Genitalien seines Opfers mit dem Mund berührt oder den Oralverkehr an sich ausüben lässt. Die Opfer sind den Tätern meist bekannt, finden sich aber nur selten in der eigenen Familie und Verwandtschaft. Etwa ein Drittel der Opfer sind den Tätern vor der Tat fremd. Jugendliche, die sexuelle Übergriffe dieser Art begehen, zeigen relativ häufig auch andere Verhaltensauffälligkeiten wie Eigentumsdelikte, Gewaltdelikte und Schuleschwänzen.

• sexueller Missbrauch von Kindern

Bei diesen Taten nutzt der Täter seinen Alters- und Erfahrungsvorsprung gegenüber einem weiblichen oder männlichen Kind, zu dem er zunächst eine Beziehung aufbaut, um dann sexuelle Handlungen an ihm vorzunehmen. Die Opfer sind etwas häufiger Mädchen, nicht selten aber auch Jungen. Der Täter sucht die Opfer fast durchweg im familiären Umfeld oder in der Nachbarschaft. Die Zahl der Missbrauchshandlungen vor einem Bekanntwerden dieser Taten ist relativ hoch. Jugendliche, die Kinder missbrauchen, begehen aber deutlich seltener andere Gewaltdelikte als Jugendliche, die durch Vergewaltigung und sexuelle Nötigung auffallen.

• Exhibitionismus

Bei dieser Verhaltensabweichung wird sexuelle Lust dadurch erreicht, dass das eigene Geschlechtsteil Kindern oder Personen des anderen Geschlechts gezeigt wird. Die männlichen Jugendlichen verbergen sich, bis sie bei Herannahen meist unbekannter weiblicher Personen oder Kinder ihren Penis zur Schau stellen und dabei onanieren. Meist halten sie eine größere Distanz ein. Das Erschrecken der Kinder oder der Frauen ist oft beabsichtigt und dient der sexuellen Luststeigerung sowie dem Erleben von Macht. Die meisten Jugendlichen fliehen, wenn die betreffenden Personen auf sie zugehen.

• Fetischismus

Der Fetischismus ist eine bei Jugendlichen selten vorkommende sexuelle Verhaltensabweichung, die ohne sexuelle Gewalt einhergeht. Die Jugendlichen erreichen sexuelle Erregung und Befriedigung durch den Besitz und das Berühren von Gegenständen, die dem weiblichen Geschlecht zugeordnet werden, beispielsweise BHs, Damenhöschen, Damenschuhe, Pelze und Ähnliches. Die Objekte dienen als Ersatz für den realen Partner. Die sexuelle Befriedigung wird durch Masturbation (Selbstbefriedigung) herbeigeführt.

• Häufigkeit

Die Zahl der Jugendlichen, die Handlungen sexualisierter Gewalt begehen, ist relativ – das heißt: im Vergleich zu ihrem Bevölkerungsanteil – höher als die der Erwachsenen. Bei sexuellem Missbrauch von Kindern beträgt laut polizeilicher Kriminalstatistik des Bundeskriminalamtes für das Jahr 2002 die Zahl der Tatverdächtigen unter 14 Jahren 6,6%, die Zahl der Tatverdächtigen zwischen 14 und 18 Jahren 13,9% und die Zahl der Heranwachsenden (18 – 21 Jahre) 6,2%. Bei der Vergewaltigung und sexuellen Nötigung betrugen die Zahlen für Kinder unter 14 Jahren 2,9%, für Jugendliche zwischen 14 und 18 Jahren 12,5% und für Heranwachsende 9,4%. Exhibitionistische

Handlungen sind bei Kindern sehr selten und liegen für Jugendliche und Heranwachsende bei 5,5% bzw. 5,3%.

Diese Zahlen sollten als Hinweis darauf gewertet werden, dass das Problem der sexualisierten Gewalt von Kindern, Jugendlichen und Heranwachsenden nicht verharmlost werden darf, wie dies über lange Zeit geschehen ist. Die Zahlen selbst können nur eine Größenordnung angeben. Denn zum einen handelt es sich um Tatverdächtige und nicht um von einem Gericht Verurteilte. Zum anderen ist die Dunkelziffer besonders in der Gruppe der Kinder, die noch strafunmündig sind, hoch. Bemerkenswert ist, dass 50% der erwachsenen Sexualstraftäter angeben, ihren ersten sexuellen Übergriff im Jugendalter, meist bereits im Alter von 15 bis 16 Jahren, begangen zu haben.

● Prognose

Entgegen einer weit verbreiteten Ansicht ist die Zahl der Sexualstraftäter, die mit einer erneuten Sexualstraftat rückfällig werden, mit ca. 15 bis 18% im Vergleich zu anderen Straftätern relativ niedrig. Durch eine Psychotherapie kann diese Zahl noch einmal deutlich gesenkt werden. Dies gilt in besonderem Maße für Jugendliche. Offensichtlich sind die sexuellen Verhaltensstörungen im Kindes- und Jugendalter noch nicht so verfestigt wie im Erwachsenenalter, so dass psychotherapeutische Maßnahmen bei Jugendlichen die Rückfallgefahr deutlich verringern können.

● deutliche Konsequenzen

Allerdings gelten diese Angaben über die Rückfallgefahr nur für solche Täter, die bei der Polizei angezeigt wurden, bei denen also eine deutliche und eindeutige gesellschaftliche Reaktion und Sanktion erfolgt ist. Vielfältige Erfahrungen haben gezeigt, dass Kinder und Jugendliche ihr sexuell missbräuchliches Verhalten ungehemmt fortsetzen, falls ihre Umwelt die Taten als verzeihliche Jugendsünden ansieht und wenn keine deutlichen und einschneidenden Konsequenzen auf das Verhalten des Kindes oder des Jugendlichen folgen.

Zuordnen und verstehen

● Dimensionen menschlicher Sexualität

Sexualität hat unterschiedliche Dimensionen: Sie dient der Fortpflanzung, verschafft ein einzigartiges sinnliches Erleben von sexueller Erregung und Orgasmus und geschieht in der Beziehung. Während die Bedeutung der Fortpflanzungsdimension in der sexuellen Handlung zunehmend an Bedeutung verloren hat, wird die Lustdimension traditionell an Bedeutung überschätzt, soweit sie mit der Idee der Triebbefriedigung verbunden wird. Die größte Bedeutung hat für den heutigen Menschen zweifellos die Beziehungsdimension. Hier aktiviert und steigert die genitale Lust die Lust und Freude an der Beziehung. Im sexuellen Kontakt werden, wenn er gelingt, die Bedürfnisse nach Annahme, Nähe und Geborgenheit verwirklicht und erfüllt.

• sexuelle Verhaltensabweichungen

Das zentrale Problem bei Personen, die sexuelle Verhaltensabweichungen zeigen, ist auch nicht die „Urgewalt des Triebes" oder Ähnliches und die Beherrschung desselben. Die Lust spielt zwar auch eine Rolle. Doch geht es im Eigentlichen darum, wie eine Person seine Beziehung zu einem Gegenüber gestaltet. Für Kinder und Jugendliche heißt das: Es geht darum, wie sie ihre Beziehung zu Mädchen und Frauen oder zu jüngeren und schwächeren Kindern beschreiben. Sind sie bereit und in der Lage, den anderen als Person eigenen Rechts und eigenen Wertes zu erkennen und anzuerkennen und die Selbstbestimmung des anderen zu respektieren? Dazu ist es notwendig, die Gefühle des anderen wahrzunehmen und seine Bedürfnisse und Befindlichkeiten zu erkennen und zu verstehen, um ein Mitfühlen für das Erleben des anderen in den Beziehungsdialog einbringen zu können.

• weibliche und männliche Rollenvorstellungen

Kinder und Jugendliche müssen sich altersgemäß mit den Rollenklischees von Mädchen und Jungen, von Frauen und Männern in unserer Gesellschaft auseinander setzen. Jungen lernen, dass sie aktiv, selbstbehauptend und bestimmend sein müssen. Sie sehen sich mit einem Männlichkeitsideal konfrontiert, in dem der Mann Beziehungen dominiert und kontrolliert. Dieser Auseinandersetzung kann kein Jugendlicher ausweichen. Er begegnet diesem „Ideal" in Filmen, Büchern, Witzen und alltäglichen sozialen Situationen, insbesondere sobald sexuelle Themen angesprochen werden. Umgekehrt verbinden Mädchen und weibliche Jugendliche im Laufe ihrer Erziehung Sexualität mit Liebe, Hingabe, Bereitschaft, Begehrtsein und – das macht dann den Übergriff umso schlimmer – Beschütztwerden.

• „Dominanztäter"

Handlungen sexueller Gewalt sind bei näherem Hinsehen leicht erkennbar als Versuch, Macht und Kontrolle auszuüben. So geht es dem Vergewaltiger nicht primär um den sexuellen Akt, sondern um Unterwerfung sowie Demütigung der Frau, und damit um Selbstbestätigung. Er ist nicht „Triebtäter", sondern „Dominanztäter". Wie sehr er die einseitig dominierte Beziehung sucht und dabei nur auf sich selbst ausgerichtet ist – auch auf den eigenen sexuellen Genuss – , wie wenig er bereit oder in der Lage ist zu erkennen, dass das Kind, das Mädchen, die Frau keineswegs eine solche Beziehung wünschen, lässt sich erkennen, wenn beispielsweise Vergewaltigungstäter sich mit ihrem Opfer für den nächsten Tag erneut verabreden. All die bekannten Stammtischreden über Frauen, „die nichts anderes wollen", basieren auf dieser mangelnden Bereitschaft oder Fähigkeit zu einer partnerschaftlichen Begegnung.

• soziale Unsicherheit

Je weniger es Jugendlichen gelingt, ein tragfähiges Selbstwertgefühl und eine gefestigte Identität zu entwickeln, umso weniger gelingt die Auseinandersetzung mit dem gesellschaftlichen Männlichkeitsideal. So verwundert es nicht, dass Jugendliche mit sexuellen Verhaltensabweichungen oft ein ausgeprägtes Minderwertigkeitserleben haben und in ihrem Verhalten eine große Gehemmtheit zeigen. Sie sind unsicher im sozialen Kontakt und insbesondere unsicher im Kontakt mit Mädchen. Sie leiden darunter, dass sie unter Gleichaltrigen wenig Anerkennung erfahren, haben aber durchaus lebhafte Kontaktwünsche.

Wenn diese Kontaktwünsche eine sexuelle Ausrichtung bekommen, suchen manche Jugendliche einen Ausweg aus diesem Dilemma, indem sie mit Kindern sexuelle Kontakte aufnehmen. Sie gehen sozusagen den Weg des geringsten Widerstandes, sind aber häufig auch selbst in ihrer seelischen Entwicklung noch recht kindlich. Der sexuelle Kontakt mit Kindern, seien es Mädchen oder Jungen, ist dann häufig ein Ersatz für die ersehnte sexuelle Beziehung zu einem gleichaltrigen Mädchen oder – in seltenen Fällen – zu einem gleichaltrigen Jungen.

• Reifungskrise des Jugendalters

Sexuelle Verhaltensabweichungen Jugendlicher haben – wenn auch jeweils in sehr unterschiedlichem Umfang – immer auch etwas zu tun mit der psychischen Verarbeitung der normalen körperlichen Entwicklungsvorgänge im Jugendalter, die auf dem Hintergrund familiärer Erfahrungen und der dargestellten gesellschaftlichen Bedingungen erfolgt. Insofern tragen die sexuellen Gewalthandlungen Jugendlicher fast immer auch Züge einer pubertären Reifungskrise, einer verfehlten Suche nach Orientierung und einem Bemühen, das schwache Ich zu stabilisieren.

• Jugendliche mit dissozialen Verhaltensweisen

Bei einer Reihe von Jugendlichen stehen die sexuellen Verhaltensabweichungen nicht allein. Vielmehr zeigen diese Jugendlichen verschiedenartige dissoziale Verhaltensweisen: Sie begehen Diebstähle, erpressen jüngere oder schwächere Kinder, machen Überfälle und verweigern den Schulbesuch. Sie sind sozial randständig und unstet in der Lebensführung. Ihnen fehlt eine schulische und berufliche Perspektive. Häufiger verfügen sie über sexuelle Vorerfahrungen, sind aber selten in der Lage, länger dauernde Beziehungen aufrechtzuerhalten. Zumindest gelegentlicher Drogenkonsum ist üblich, und die sexuelle Gewalt geschieht nicht selten unter Alkoholeinfluss. Der Übergriff auf Kinder ist bei diesen Jugendlichen häufig auch eine Ersatzhandlung für einen eigentlich gewünschten, aber aktuell nicht erreichbaren sexuellen Verkehr mit einer oder einem altersgleichen Jugendlichen.

• Opfer von Misshandlungen

Jugendliche, die andere sexuell misshandeln, sind zu einem sehr großen Teil selbst Opfer von Misshandlungen und Vernachlässigung gewesen. Nach den derzeit vorliegenden Erkenntnissen lässt sich sagen: Etwa die Hälfte dieser Jugendlichen sind in ihrer Jugend körperlich misshandelt und geschlagen worden. Zumindest jeder Dritte wurde selbst sexuell missbraucht (manche Autoren geben hierfür höhere Zahlen an). Auffällig ist zudem, dass offensichtlich fast zwei von drei Jugendlichen einen Elternteil früh verloren haben. Diese Daten deuten daraufhin, dass es sich um Jugendliche handelt, die eine positive Beziehung zwischen Frau und Mann in ihrem Nahbereich nicht erlebt haben. Anwendung von Gewalt ist für sie eine wesentliche Lebenserfahrung, die sie wiederholen, indem sie vom Opfer zum Täter werden.

• emotionale Einsamkeit

Für viele Jugendliche, die später zum Täter sexueller Gewalt gegen andere werden, ist emotionale Einsamkeit eine frühe und lang anhaltende Erfahrung. Sie vermissen Angenommensein und Geborgenheit und suchen dieses Erleben im sexuellen Übergriff zu erreichen. Sie finden aber nur kurzzeitigen Lustgewinn. Das nicht Erreichen der angestrebten Ziele und die mangelnde Befriedigung ist dann ein Grund für die Lösung des „Mehr-Desselben“, das heißt: für einen Zwang, das nicht Erreichte durch häufigere Wiederholungen doch erreichen zu wollen. In dieser Weise können sexuelle Verhaltensabweichungen suchtartigen Charakter erhalten. Suchttypisch ist dann auch die große Neigung von Sexualtätern zu kognitiven Verzerrungen wie Rechtfertigungen, Verharmlosungen, Schuldverschiebungen und Verleugnungen.

• externale Kontrollüberzeugungen

Die meisten Jugendlichen mit Störungen des Sexualverhaltens deuten – wie eigentlich alle Sexualstraftäter – ihre Handlung(en) als persönlichkeitsfern. Sie betrachten sich als Opfer äußerer Umstände, beschuldigen das Kind, das Mädchen oder die Frau, sie verführt und verleitet zu haben. Sie erklären den sexuellen Übergriff als einmalig und zufällig oder schildern sich als Opfer ihres Sexualtriebes. Ganz generell haben sie in nur geringem Maße die Überzeugung, dass sie die Ereignisse in ihrem Leben selbst aktiv beeinflussen können und für das, was sie tun, Verantwortung zu übernehmen haben. Bemerkenswert ist, dass die Familienmitglieder von Jugendlichen, die sexuelle Gewalt ausüben, häufig dieselben Vorstellungen äußern und ihren Sohn oder Bruder in dieser Sichtweise bestätigen.

• geistig behinderte Kinder und Jugendliche

Bei geistig behinderten Kindern und Jugendlichen kommt es sehr oft zu einem Auseinanderklaffen zwischen einer altersgerechten, körperlichen Entwicklung mit altersgemäßer Ausbildung der Sexualorgane und der psychischen und sozialen Reife. Ihnen fällt es deshalb besonders schwer, diese körperliche Entwicklung im Verlauf der Pubertät psychisch zu verarbeiten und ein neues Verhältnis zum eigenen Körper zu finden. Zudem sind ihre Sozialkontakte häufig eingeschränkt, so dass ihre sexuell-erotische Orientierung in Richtung auf Gleichaltrige erschwert ist. Oft sehen sie sich mit diesen Problemen auf sich allein gestellt, da Eltern und Erzieherinnen in ihrer Fürsorge für die Behinderten häufig übersehen, dass behinderte Kinder zu behinderten Jugendlichen werden, die – wie alle Jugendlichen – das Bedürfnis haben, sich aus der Familie heraus eigenständig hin zu der Gruppe der Gleichaltrigen zu orientieren. Genau dies ist aber geistig behinderten Jugendlichen oft erschwert, weil sie mit Bussen in die Sonderschulen und Heilpädagogischen Tagesstätten gefahren werden, wo sie unter Aufsicht stehen, weil sie kaum Möglichkeiten haben, Gleichaltrige unbeaufsichtigt durch Erwachsene zu treffen, und weil sie auch ihre Freizeit weitgehend mit den Eltern verbringen, auf deren Betreuung und Hilfe sie ja auch angewiesen sind.

Lösungen anregen und möglich machen

• weder verteufeln, noch verharmlosen

Der Umgang mit sexuellen Verhaltensabweichungen und sexueller Gewalt ist in unserer Gesellschaft von einem Schwanken zwischen den Extremen geprägt: Obwohl ein Mord in Zusammenhang mit einem Sexualdelikt im Vergleich zu anderen schwerwiegenden Straftaten außerordentlich selten ist – im Jahre 2002 (einschließlich von Versuchen) 17 Fälle –, werden diese wenigen schrecklichen Ereignisse in den Medien wochenlang so hoch gespielt, dass der Eindruck entsteht, alle Sexualstraftäter seien hoch gefährlich und sozusagen „lebende Zeitbomben". Auf der anderen Seite wird die Häufigkeit der alltäglichen sexuellen Gewalt in Familien gegenüber Frauen und Kindern verharmlost und verleugnet.

In ähnlicher Weise reagieren die meisten Familien auf das Bekanntwerden eines sexuellen Übergriffs ihres jugendlichen Familienmitgliedes entweder damit, dass sie ihn aus der Familie ausstoßen und nichts mehr mit ihm zu tun haben wollen, oder aber damit, dass sie die Tat „unter den Teppich kehren", verleugnen oder verharmlosen. Diese Reaktionen haben meist keinen Zusammenhang mit der Schwere der Tat und sagen mehr über den immer noch problematischen Umgang mit der Sexualität in Gesellschaft und Familie aus als über die Person des Jugendlichen, der den Missbrauch begangen hat.

Allerdings muss man einräumen, dass jeder Mensch zwiespältige Gefühle hat, wenn er über solche Taten erfährt: Denkt er an das Opfer und sein Leid, dann hat er den Wunsch zu strafen. Denkt er an den jugendlichen Täter und seine Not, dann hat er den Wunsch, ihm zu helfen. Natürlich hat zunächst einmal das Opfer Anspruch auf Teilnahme und Unterstützung. Aber auch der Täter sollte Hilfe erfahren, nicht zuletzt, weil das der beste Schutz vor erneuten Straftaten ist.

• Opferschutz als erstes Ziel

Ist der sexuelle Übergriff eines Jugendlichen bekannt geworden, so steht zunächst einmal der Opferschutz im Vordergrund. Der Jugendliche muss daran gehindert werden, weitere sexuelle Übergriffe zu begehen. Eine Kontrolle des Jugendlichen von außen durch die Familienmitglieder, durch die Verlegung in ein Heim mit entsprechenden Kontrollmöglichkeiten oder aber auch durch Inhaftierung des Jugendlichen ist erforderlich. Diese Außenkontrolle muss in abgestufter Form so lange durchgeführt werden, bis der Jugendliche selbst zuverlässige eigene Kontrollen entwickelt hat.

• Offenheit

Im nächsten Schritt ist es wichtig, dass der Jugendliche seine Tat bekennt. Dabei genügt es nicht, dass er beispielsweise den von dem Opfer geäußerten Vorwurf in allgemeiner Form einräumt. Vielmehr geht es darum, dass er seine Tat in allen Einzelheiten schildert und beispielsweise auch angibt, welche Formen von Gewalt und Einschüchterung er dabei angewandt hat. Darüber hinaus muss er Angaben über vorangegangene Taten machen und auch diese detailgenau schildern.

Wichtig ist völlige Offenheit. Sexuelle Übergriffe und sexueller Missbrauch sind immer verbunden mit mehr oder weniger direkt und eindringlich geäußerten Aufträgen zur Geheimhaltung. Deshalb ist Offenheit angesagt, sobald ein sexueller Übergriff durch einen Jugendlichen bekannt wird. Den Luxus von Geheimnissen kann man sich nun nicht mehr leisten.

• Übernahme der Verantwortung

Viele Jugendliche, die sexuelle Gewalt ausgeübt haben, bagatellisieren – wie nahezu alle Sexualstraftäter – ihre Tat(en) und leugnen die Anzahl, die Intensität und die Gewalt ihrer Handlungen während der Übergriffe. Ihre persönliche Verantwortung wird sprachlich verschleiert durch Formulierungen wie: „Da ist es passiert“ oder „Dann ist es wieder geschehen“ oder „Dann ist es über mich gekommen“. Eine Reihe von Jugendlichen wälzt die persönliche Verantwortung ab durch Verweis auf die selbst erlittenen sexuellen Übergriffe, allgemein schlechte Lebensbedingungen mit Gewalt in der Familie, lieblose Eltern und Ähnliches.

Einige dieser Bedingungen haben sicher dazu beigetragen, dass der Jugendliche die sexuelle Selbstbestimmung des Mädchens, der Frau oder des Kindes nicht respektiert hat. Aber einen Entwicklungsfortschritt wird er nur machen, wenn er die volle Verantwortung für seine Taten übernimmt. Der Jugendliche muss sich mit diesen Annahmen und Ideen, welche die Tat gebahnt haben, auseinander setzen, muss neue Konzepte für die Begegnung von Jungen und Mädchen, Männern und Frauen entwickeln und neues Verhalten zu praktizieren lernen.

- **Kontrollüberzeugung fördern**

In allen Bereichen wird der Jugendliche lernen müssen, seine Lebensbedingungen aktiv zu gestalten. Er wird die Überzeugung entwickeln müssen, dass er in allen Lebensbereichen weder den Einflüssen anderer, noch dem Schicksal hilflos ausgeliefert ist, dass er vielmehr Einflussmöglichkeiten hat, auch wenn diese mehr oder weniger begrenzt sind. Er wird in allen Lebensbereichen lernen müssen, Verantwortung für sich, sein persönliches Wohlergehen und das der anderen zu übernehmen.

- **Opferempathie**

Viele Jugendliche sind wenig bereit oder kaum in der Lage, sich in die Rolle ihres Opfers zu versetzen. Es ist deshalb wichtig, mit dem Jugendlichen zu erarbeiten, warum die von ihm begangenen Taten für das Opfer schlimm waren, wie sich das Kind, das Mädchen oder die Frau dabei gefühlt haben und welche Folgen die Tat für sie haben könnte und hat.

- **Entschuldigung und Wiedergutmachung**

In diesem Zusammenhang sind auch Überlegungen angebracht, in welcher Form der Täter sich bei dem Opfer für sein Verhalten entschuldigen kann und ob in irgendeiner Form eine „Wiedergutmachung“ denkbar wäre. Natürlich braucht ein Opfer eine Entschuldigung nicht anzunehmen, natürlich ist die Tat auch nicht „wieder gut zu machen“. Trotzdem helfen solche Überlegungen dabei, dass der Täter sich mit seiner Tat und ihren Folgen auseinander setzt und dass er sich Gedanken macht über das Erleben des Opfers während der Tatsituation und in den Wochen, Monaten und Jahren danach. Die Erfahrung zeigt, dass erwachsene Opfer gut in der Lage sind, die Ernsthaftigkeit von Entschuldigungen und Bemühungen um Wiedergutmachung zu erkennen, und dass sie glaubhafte Bemühungen dieser Art oft auch annehmen können.

- **Einbezug der Familie**

Alle diese Schritte sollten unter Einbezug der Familie erfolgen. Die Familie sollte entscheiden, ob sie der Überzeugung ist, dass der Täter tatsächlich alle Taten offenbart hat. Auch in der Familie darf es keine Geheimnisse um das Thema Sexualität mehr geben. Offenheit muss auch in diesem System erstes Gebot sein. Die Eltern sollten ihren Sohn darin unterstützen, Verantwortung für seine Taten zu übernehmen. Der Vater sollte dem Sohn erklären, wie und warum seine Taten für das Opfer so schlimm waren, und gemeinsam sollte über Ideen von Entschuldigung und Wiedergutmachung nachgedacht werden.

Häufig stellt sich in solchen Gesprächen heraus, dass es schon früher sexuelle Übergriffe in der Familie gegeben hat, denen Familienmitglieder als Opfer ausgesetzt waren oder in denen Familienmitglieder Täter waren. Auch dafür gilt: Geheimnisse kann sich diese Familie nicht mehr leisten. Offenheit ist auch für diese zurückliegenden Familienerlebnisse angesagt.

• ambulante oder stationäre Psychotherapie

Eine Psychotherapie unter Einbezug der Familie wird in jedem Fall erforderlich sein. Im Einzelfall ist zu entscheiden, ob diese Therapie ambulant, stationär oder in der Haftanstalt erfolgen kann und muss. In jedem Fall sollte die Therapie unter einer juristischen Auflage erfolgen. Dieser juristische Rahmen ist erforderlich, um konstante Behandlungsbedingungen sicher zu stellen und die Verantwortung für den Gesamtprozess auf mehrere Schultern zu verteilen. Das bedeutet allerdings für die Eltern, die eine Behandlung ihres Sohnes wünschen, dass sie vor Beginn den schweren Schritt übernehmen müssen, ihren Sohn bei der Polizei anzuzeigen, falls dies nicht durch das Opfer oder seine Angehörigen bereits erfolgte.

• antisexistische Männerarbeit

Wie jede Therapie von Sexualstraftätern hat die Gruppenarbeit gemeinsam mit anderen Jugendlichen, die ebenfalls sexuelle Gewalt ausgeübt haben, einen wichtigen Stellenwert. Die Jugendlichen müssen sich mit ihrem Bild der Frau und des Mannes auseinander setzen. Sie müssen erörtern, welche Bilder ihnen helfen, eine partnerschaftliche, gleichberechtigte Beziehung zu Mädchen und Frauen aufzunehmen, die nicht nur deren Rechte berücksichtigt, sondern auch die individuellen Besonderheiten des jeweiligen anderen respektiert.

• Selbstwahrnehmung stärken

Jugendliche, die sexuelle Übergriffe begangen haben, sind meist wenig gut in der Lage, sich selbst, ihre körperliche Befindlichkeit und ihre Gefühle wahrzunehmen. In der Gruppe – möglicherweise unter Nutzung gestalterischen Arbeitens unter Leitung eines Kunsttherapeuten – können die Jugendlichen lernen, das eigene innere Erleben nicht nur wahrzunehmen, sondern auch in Worte zu fassen. Ihnen wird ein aktiver, konstruktiver Umgang auch mit belastenden Gefühlen nahe gelegt. Zudem lernen sie, nach den Bedingungen für ihre aggressiven Impulse zu forschen und Entscheidungen zu treffen, wie sie mit ihrer Wut angemessen umgehen können.

• Fremdwahrnehmung stärken

Die Fähigkeit, sich selbst, die eigenen Befindlichkeiten und Gefühle wahrzunehmen, ist Grundlage für die Fähigkeit, sich in den anderen hineinzuversetzen und dessen inneres Erleben nachzuvollziehen. In der Gruppenarbeit unterstützen sich die jugendlichen Sexualstraftäter wechselseitig darin, in dieser Weise eine Empathiefähigkeit zu entwickeln, die als ein Schutzwall gegen sexuelle Übergriffe angesehen werden kann.

• die eigene Verführungssituation kennen lernen

Die Entwicklung hin zu der Situation, in der der sexuelle Übergriff begangen wird, nimmt bei den meisten Jugendlichen einen individuell typischen Verlauf. Um einen weiteren Übergriff sicher vermeiden zu lernen, muss jeder Jugendliche erkennen, welche Erlebnisse, Erfahrungen und Wahrnehmungen bei ihm den Weg hin zu einer Übergriffshandlung bahnen, welche Rahmenbedingungen die Entwicklung verstärken und welche Signale ihn dann schließlich dazu verleiten, eine Sexualstraftat zu begehen.

• Umgang mit Stress und Konflikten fördern

Jugendliche, die sexuelle Übergriffe begangen haben, sind schlechte Problemlöser. Sie können mit Stress und Konfliktsituationen und den daraus entstehenden Gefühlen schlecht umgehen. Ärger, Wut, Enttäuschung, Trauer, Demütigung – all dies führt bei ihnen zu einer diffusen Spannung und Erregung, die schließlich in die Scheinlösung des Missbrauchsverhaltens münden kann. Sie brauchen deshalb Unterstützung dabei, Strategien zu entwickeln, wie man Stress mindern und Konflikte lösen kann. Auch hierfür eignet sich die Arbeit in der Tätergruppe, in der zwangsläufig Konflikte auftreten. Handelt es sich um eine stationäre Behandlung, werden die Konflikte im täglichen Zusammenleben genutzt, um die Jugendlichen anzuleiten, gute Konfliktbewältiger zu werden.

• Selbstbehauptung trainieren

Jugendliche, die in der Lage sind, ihre Meinung zu äußeren und zu ihrer Meinung zu stehen, laufen nicht die Gefahr, Ärger und Frustration in sich hineinzufressen und im weiteren Verlauf von unklarer Spannung und Erregung überflutet zu werden. Insofern soll ein Jugendlicher im Laufe der Behandlung die Fähigkeit erlernen, eigene Standpunkte zu vertreten. Dies ist dann auch zusammen mit den oben skizzierten Fähigkeiten und Fertigkeiten eine gute Voraussetzung, um in der Gleichaltrigengruppe zu bestehen und sich zu trauen, zu gleichaltrigen Mädchen gleichwürdige Beziehungen aufzunehmen.

Weitere Stichworte:

Kriminelles Verhalten
Störungen des Sozialverhaltens

Schüchternheit (Band 1)
Schulschwänzen (Band 1)
Schulangst (Band 1)

Literatur

Beier, K.M. (2004): Sexualität und Geschlechtsidentität – Entwicklung und Störungen. In: Eggers, Ch., Fegert, J.M., Resch, F. (Hrsg.): Psychiatrie und Psychotherapie des Kindes- und Jugendalters. Berlin, Springer: 653 – 690

Eddy, D.R. (1991): Eine Methode, mit Sexualtätern und ihren Opfern zu arbeiten. In: Rotthaus, W. (Hrsg.): Sexuell deviantes Verhalten Jugendlicher. Dortmund, modernes lernen: 152 – 162

Elz, J. (2003): Sexuell deviante Jugendliche und Heranwachsende. Wiesbaden, Kriminologie und Praxis, Bd. 41

Gruber, Th. (1999): Über die Arbeit mit jugendlichen Sexualstraftätern in einem Zwangskontext. In: Wodtke-Werner, V., Mähne, U. (Hrsg.): „Nicht wegschauen!" Vom Umgang mit Sexual(straft)tätern. Baden-Baden, Nomos: 139 – 157

Gruber, Th. (2002): Das Viersener Modell zur Therapie mit jugendlichen Sexualstraftätern: Zur Dialektik von Kontrolle und Therapie, Zwang und Freiwilligkeit. In: Schmelzle, M., Knölker, U. (2002): Therapie unter Zwang. Lengerich, Pabst Science: 71 – 82

Gruber, Th., Rotthaus, W. (1999): Systemische Therapie mit Jugendlichen Sexualstraftätern in einer symptomhomogenen Gruppe. Zeitschrift für Strafvollzug 6: 341 – 348

Jenkins, A. (1990): Invitations to Responsibility. Adelaide, Dulwich

Klosinski, G. (1991): Anmerkungen zu psychodynamischen und interaktionellen Aspekten jugendlicher Sexualdelinquenz. In: Rotthaus, W. (Hrsg.): Sexuell deviantes Verhalten Jugendlicher. Dortmund, modernes lernen: 79 – 92

Rösler, M. (1997): Die Prognose der Sexualdelinquenz bei Jugendlichen und Heranwachsenden. In: Warncke, A. Trott, G.-E., Remschmidt, H. (Hrsg.): Forensische Kinder- und Jugendpsychiatrie. Stuttgart, Huber: 302 – 309

Rotthaus, W. (1994): Sexuelle Misshandlung – Neun Anmerkungen zur Konstruktion einer Welt der Verantwortlichkeit mit dem Täter. Zeitschrift systemische Therapie 12: 25 – 32

Rotthaus, W. (1998): Freiwilligkeit und Zwang und was dazwischen liegt. Ein Plädoyer für variable Psychotherapiekonzepte. In: Wagner, E., Werdenich, W. (Hrsg.): Forensische Psychotherapie. Wien, Fakultas: 271 – 281

Rotthaus, W., Gruber, Th. (2004): Die systemische Behandlung jugendlicher Sexualstraftäter. Psychotherapie im Dialog 5: 120 – 127

Ryan, G., Lane, S., (1997): Juvenile sexual offending: Causes, consequences and correction. 2nd edition, San Francisco, Jossey-Bass

Wischka, B. (2001): Neue Perspektiven für die Behandlung von Sexualstraftätern. Report Psychologie 26: 528 – 532

Störungen des Sozialverhaltens

Wahrnehmen und bewerten

• Abhängigkeit von sozialen Normen

In allen Gesellschaften wird das Sozialverhalten ihrer Mitglieder von Regeln und Normen bestimmt. Ein von den Normen abweichendes Verhalten oder Verletzungen derselben werden von der Gemeinschaft bestraft. Auch von Kindern und Jugendlichen wird ein altersangemessenes Sozialverhalten erwartet.

Einzelne und leichtere Regelverletzungen wie zum Beispiel Stehlen geringwertiger Gegenstände, ein situativ bedingtes Lügen, ein einmaliges Schulschwänzen oder eine Prügelei im Kindes- und Jugendalter sind eher die Regel und nicht als ein auffälliges Verhalten zu werten. Sie werden dem Normbereich zugeordnet. Von einem auffälligen oder gestörten Sozialverhalten wird erst gesprochen, wenn ein sich wiederholendes, andauerndes Muster dissozialen Verhaltens vorliegt, bei dem die grundlegenden Rechte anderer sowie wichtige altersentsprechende soziale Erwartungen verletzt werden. Die schwersten Formen lassen sich leicht definieren: Es sind solche gröbster sozialer Regelverletzungen wie gewohnheitsmäßiges Lügen, ständiges Streiten, wiederholte schwere Wutausbrüche, ständige verbale und körperliche Auseinandersetzungen und Ähnliches. Die Grenzen zu den leichteren Formen sind schwerer zu beschreiben, weil sie von den Normen des jeweiligen Umfeldes abhängig sind. So gibt es große Unterschiede zwischen verschiedenen Kulturen, aber auch unterschiedliche Bewertungen zwischen Stadt- und Landbewohnern oder zwischen verschiedenen Familien.

• Abhängigkeit vom Entwicklungsstand

Auch das Entwicklungsniveau der oder des Betroffenen muss berücksichtigt werden bei der Frage, ob man bei bestimmten Verhaltensweisen bereits von einer Störung des Sozialverhaltens sprechen kann. So ist das „Lügen" eines Vorschulkindes etwas ganz anderes als das Lügen eines Jugendlichen, und die Wutausbrüche eines Sechsjährigen sind anders zu bewerten als diejenigen eines Siebzehnjährigen.

• kriminelles Verhalten

Delinquentes oder kriminelles Verhalten, also dissoziale Handlungen, die gegen geltendes Recht verstoßen und mit Strafen bedroht sind, zählen ebenfalls zu den Störungen des Sozialverhaltens. Sie werden in diesem Band jedoch gesondert behandelt, da ein Verhalten, das gegen geltendes Recht verstößt, eine andere Wertigkeit hat und andere Faktoren auf die Entwicklung dieses problematischen Verhaltens Einfluss nehmen. (Siehe: Kriminelles Verhalten)

● Beschreibung der Auffälligkeit

Um eine einheitliche Beurteilung möglich zu machen, wurden unterschiedliche Problemlisten aufgestellt. Sie enthalten folgende Merkmale, die zumindest über ein halbes Jahr bestehen müssen, um von einer Störung des Sozialverhaltens sprechen zu können: ein deutliches Maß an Ungehorsam, Streiten oder Tyrannisieren; häufiges Lügen oder Brechen von Versprechungen, um Vorteile zu erhalten; häufiges Schulschwänzen; Stehlen von Wertgegenständen, Einbruch in Häuser, Gebäude oder Autos; ungewöhnlich häufige und schwere Wutausbrüche; Zerstören von Eigentum; aggressives Verhalten gegenüber Menschen und Tieren; Gebrauch von gefährlichen Waffen; Feuerlegen.

● Ort des störenden Sozialverhaltens

Oft begehen Jugendliche die geschilderten Verhaltensauffälligkeiten gemeinsam mit Gleichaltrigen, mit denen sie sich mehr oder weniger regelmäßig treffen. Es handelt sich zumeist um Jugendliche, die ebenfalls dissoziales oder delinquentes Verhalten zeigen. Das Abweichen von den Normen der Erwachsenen wird zu der Klammer, die die Gruppe zusammenhält. Der Druck in solchen Gruppen auf den einzelnen Jugendlichen, sich vor den anderen durch Übergriffe unterschiedlicher Art zu beweisen, ist oft sehr groß.

Es gibt aber auch eine Störung des Sozialverhaltens, die auf den familiären Rahmen beschränkt ist. Die auffälligen Verhaltensweisen richten sich gegen die Mitglieder der unmittelbaren Lebensgemeinschaft und treten außerhalb dieses Rahmens nicht auf.

● Fehlen sozialer Bindungen

Nicht selten ist das andauernde dissoziale Verhalten verbunden mit einer deutlichen Beeinträchtigung der Beziehungen der betroffenen Kinder oder Jugendlichen zu anderen Menschen. Ihnen fällt es schwer, Kontakt zu Gleichaltrigen aufzunehmen und aufrechtzuerhalten. Sie finden in der Gleichaltrigengruppe in Schule oder Freizeit keinen Platz. Sie sind isoliert, haben keine Freunde und keine dauerhaften, verständnisvollen, wechselseitigen Beziehungen. Die Jugendlichen fühlen sich von anderen zurückgewiesen, und sie sind tatsächlich meist auch nicht sehr beliebt. Häufig sind aber auch die Beziehungen zu Erwachsenen gestört und vornehmlich durch Konflikte, Unstimmigkeiten, Ärger und Enttäuschung auf beiden Seiten geprägt.

● oppositionelles Verhalten

Oppositionelles Verhalten tritt charakteristischer Weise bei Kindern unter zehn Jahren auf. Es ist gekennzeichnet durch aufsässiges, feindseliges und trotziges Verhalten, eine Missachtung der Regeln und Anforderungen der Erwachsenen, Wutausbrüche, ein Leugnen der Verantwortung für eigene Fehler und eine geringe Frustrationstoleranz. Das Verhalten richtet sich mehr gegen Erwachsene als gegen Gleichaltrige. Schwere dissoziale oder aggressive Handlungen, die das Gesetz oder die Rechte anderer verletzen, fehlen. (Siehe dazu Band 1)

• Häufigkeit

Da die Störungen des Sozialverhaltens nur wenig genau einzugrenzen sind, gehen die Angaben zu ihrer Häufigkeit weit auseinander. Allgemein wird davon ausgegangen, dass antisoziale Verhaltensmuster bei Jungen vier- bis fünfmal häufiger auftreten als bei Mädchen. Das hat viel damit zu tun, dass vornehmlich expansive Verhaltensweisen, die generell bei Jungen häufiger sind, als dissoziales Verhalten beschrieben werden. Demgegenüber finden sich internalisierende Verhaltensweisen, wie hohe Empfindsamkeit, häufiger Ärger oder Groll, Gehässigkeit, sich belästigt Fühlen und sozialer Rückzug, zu denen Mädchen eher neigen, unter den dissozialen Verhaltensweisen seltener aufgeführt. Insgesamt wird die Rate von Störungen des Sozialverhaltens für das gesamte Kindes- und Jugendalter auf 5% bis 15% geschätzt.

• andere Auffälligkeiten

Die Störungen des Sozialverhaltens gehen häufig mit anderen Störungen und Auffälligkeiten einher, vor allem mit dem Missbrauch von Drogen und allgemein mit gesundheitlichem Risikoverhalten. Zu verweisen ist zudem auf die Aufmerksamkeits- und Aktivitätsstörung, in deren Verlauf sich nicht selten eine Störung des Sozialverhaltens entwickelt. Aber auch Angststörungen und depressive Störungen können sich in dissozialen Verhaltensweisen äußern.

• Verlauf

Eine Störung des Sozialverhaltens ist in den meisten Fällen als eine schwerwiegende Verhaltensauffälligkeit zu werten, die zu einem chronischen antisozialen Verhalten im Erwachsenenalter führen kann. Diese Gefahr ist umso höher, je früher das dissoziale Verhalten auftritt. Beginnt die Störung vor dem zehnten Lebensjahr und sind die Beziehungen zu Gleichaltrigen eher schlecht, ist das Risiko eines chronifizierten Verlaufs relativ hoch. Kinder, die in dieser Weise früh auffallen, bezeichnet man als „early starter“ (Frühstarter) und verbindet mit ihnen eine hohe Wahrscheinlichkeit eines ins Erwachsenenalter sich fortsetzenden dissozialen Verhaltens. Davon abgegrenzt wird das eher episodenhaft auftretende antisoziale Verhalten der „late starter“ (Spätstarter), das zumeist auf das Jugendalter begrenzt bleibt.

Generell ist es als ungünstiger Faktor anzusehen, wenn das dissoziale Verhalten nicht nur in einem umschriebenen Bereich, wie der Familie oder auch der Schule, auftritt, sondern in allen Lebensbereichen gezeigt wird.

Ein weiteres prognostisches Merkmal ist die Zahl der dissozialen Verhaltensweisen. Je mehr antisoziale Symptome ein Kind zeigt, umso ungünstiger ist der zu erwartende Verlauf. In einer entsprechenden Untersuchung zeigte sich, dass Kinder, die nicht mehr als zwei antisoziale Symptome gezeigt hatten, im Erwachsenenalter zumeist unauffällig waren. Demgegenüber wurden nur 5% derjenigen, die als Kinder mehr als zehn dissoziale Symptome gezeigt hatten, im Erwachsenenalter für störungsfrei befunden, 43% von ihnen aber als gestört eingestuft.

Zusätzlich ist der Schaden für Dritte, den das dissoziale Verhalten bewirkt, ein prognostisch wichtiger Faktor. Ist dieser Schaden relativ gering, wie beispielsweise beim Lügen, Schulschwänzen oder dem Fortlaufen von zu Hause, ist ein relativ günstiger weiterer Verlauf zu erwarten. Gehen die dissozialen Verhaltensweisen demgegenüber in kriminelles Verhalten über und lösen sie einen beträchtlichen Schaden aus, wie bei Einbruchsdelikten, einer Körperverletzung, einem Waffengebrauch, einem Raub oder auch bei erzwungenen sexuellen Handlungen, muss von einer eher ungünstigen Prognose ausgegangen werden.

• Entwicklungspfad

Nach den derzeit vorliegenden Forschungen scheint es einen typischen Entwicklungspfad der Dissozialität zu geben. So wurde eine regelmäßige Abfolge über die Zeit der Kindheit von starkem Ungehorsam zu Wutausbrüchen, zu körperlichen Auseinandersetzungen bis zum Stehlen beobachtet. Die Kinder, die mit zehn Jahren ausgeprägte Störungen des Sozialverhaltens zeigten und die in ihrer Jugendzeit straffällig wurden, traten als junge Erwachsene besonders häufig durch wiederholte dissoziale und delinquente Verhaltensweisen in Erscheinung.

Zuordnen und verstehen

• jugendtypisches antisoziales Verhalten

Das jugendtypische antisoziale Verhalten der so genannten „late starter“ hat weniger mit langfristig wirksamen Einflüssen zu tun, sondern ist eher Ausdruck einer altersbedingten Entwicklungskrise. Die Jugendlichen verhalten sich über einen bestimmten Zeitraum dissozial, weil es sich in ihrem Erleben für sie „auszahlt“. Sie geben dies aber wieder auf, wenn ihnen soziales Verhalten lohnenswerter erscheint.

Dabei scheint eine Rolle zu spielen, dass Jugendlichen in unserer Kultur nur ein geringer sozialer Status gewährt wird und sie wenig Verantwortung zu übernehmen haben. Andererseits führt ihre biologische Reife zu dem Bedürfnis, eigene Entscheidungen zu treffen, sexuelle Beziehungen aufzunehmen und materielle Vorteile wahrzunehmen. Sie können dies zumindest teilweise dadurch erreichen, dass sie sich Gruppen von Gleichaltrigen anschließen, die dasselbe Ziel haben. Das vorübergehende dissoziale Verhalten hat dann häufig nicht nur negative Aspekte, sondern auch eine positive Funktion: Es hilft, sich von den Eltern und anderen Erwachsenen zu lösen, bestärkt den Selbstwert über die Kontakte zu Gleichaltrigen und trägt zu einer persönlichen Auseinandersetzung mit der Frage nach dem Wert von Normen und Regeln bei. In den meisten Fällen geben diese Jugendlichen nach einiger Zeit das dissoziale Verhalten wieder auf.

• dauerhafte antisoziale Verhaltensprobleme

Dauerhafte antisoziale Verhaltensprobleme entstehen auf der Basis eines Wechselspiels von biologischen, psychischen und sozialen Einflüssen, die eine besondere Neigung zu solchen Verhaltensweisen bedingen, sie auslösen und aufrechterhalten können. Andere Einflüsse biologischer, psychischer und sozialer Art wirken demgegenüber als Schutzfaktoren und vermögen eine negative Entwicklung zu stoppen und ins Positive zu wenden. Tendenziell lässt sich sagen: Je mehr an ungünstigen und belastenden Faktoren zusammenkommen, umso höher ist die Gefahr der Entwicklung und des Fortbestehens von Störungen des Sozialverhaltens. Je größer die Zahl an Schutzfaktoren und auch an erfolgreichen Hilfemaßnahmen ist, umso mehr steigt die Chance, dass es zu einem Wendepunkt in der dissozialen Entwicklung kommt.

• das Beeinflussungskarussell

Kinder und Jugendliche sind aber nicht nur passives Objekt von sozialen Einflüssen, sondern gestalten zugleich – und mit wachsendem Alter immer stärker – ihre Entwicklung und die sozialen Einflüsse aktiv mit. Zwischen ihnen und ihrer Umwelt finden Prozesse wechselseitiger Beeinflussung statt, in deren Verlauf es zu einem stabilen Verhaltensmuster kommen kann, das die antisozialen Verhaltensweisen aufrechterhält und verstärkt. Entsprechend dem oben skizzierten Entwicklungspfad kann beispielsweise ein Schreikind (siehe Band 1) mannigfache Stressreaktionen auf Seiten der Erwachsenen auslösen, die das Kind als unfreundlich und ablehnend erlebt. Es entwickelt sich in der Folgezeit ein heftig trotzendes Kleinkind (siehe Band 1), das die erzieherischen Fähigkeiten der Eltern stark strapaziert und möglicherweise überfordert. Mit wachsendem Alter zeigt das Kind zunehmend oppositionelle Verhaltensweisen (siehe Band 1), die die Eltern vor große erzieherische Aufgaben stellen. Sind sie dem nur unzureichend gewachsen und treten noch weitere ungünstige Einflüsse hinzu, kann im Weiteren das Verhalten des Kindes durch ein hohes Maß an Aggressivität (siehe Band 1) bestimmt sein. Das heißt: Im wechselseitigen Zusammenspiel zwischen dem Verhalten des Kindes und dem Verhalten seiner Bezugspersonen verbinden sich ungünstige und belastende Verhaltensweisen zu einem stabilen Konfliktmuster, das sich im Laufe der Zeit immer mehr verfestigt und ein gravierendes, bis ins Erwachsenenalter fortbestehendes dissoziales Verhalten auf Seiten des Kindes bedingt. Allerdings können zu jedem Zeitpunkt auch Schutzfaktoren wirksam werden und dem Beeinflussungskarussell eine andere, positivere Richtung geben.

• Tendenz zur Eskalation

Diese durch wechselseitige Beeinflussung über die Zeit entstehende Interaktionsstörung zwischen Eltern und Kind, die häufig eine antisoziale Entwicklung einleitet, hat eine hohe Tendenz zur Eskalation. Sowohl die Eltern als auch die Kinder lernen im Laufe der Zeit, sich gegenseitig unter Druck zu setzen. Es kommt zu einem gegenseitigen sich Erpressen in der Art, dass das Kind versucht, die Eltern und Erzieher durch störendes und ungehorsames Verhalten dazu zu bewegen, von ihren Anforderungen abzugehen. Diese aber wiederum versuchen durch Drohungen und Strafen zu erreichen, dass das Kind ihren Vorstellungen entspricht und dass es nachgibt. Die Eltern versuchen „alles“, um ihren Willen durchzusetzen. Das Kind zieht alle Register, um sich dagegen zur wehren. Es entsteht ein Machtkampf, der immer weiter eskaliert und auf beiden Seiten immer mehr durch sich verschärfende aggressive Verhaltensweisen bestimmt wird.

• biologische Faktoren

Im Einzelfall ist kaum entscheidbar, welche Einflussfaktoren eine negative Entwicklung primär und am stärksten bedingt haben. Oft spielt ein „schwieriges“ Temperament eines Kindes in frühester Zeit eine große Rolle. Wenn Babys beispielsweise sich wenig aktiv zeigen, auf Ansprache kaum mit Zugewandtheit oder einem Lächeln antworten und auf jegliche Art der Änderung ihrer Umwelt sehr empfindlich reagieren, lösen sie in geringerem Maße als andere Kinder die Zuwendung der Erwachsenen und auch häufig ihren Unwillen aus, so dass der Prozess wechselseitiger Beeinflussung zwischen dem Kind und seinen Eltern von Anfang an erschwert ist. Allerdings kann diese mangelnde Reagibilität des Kindes wiederum bereits Folge von Mangelernährung oder Drogenmissbrauch (Nikotin, Alkohol) der Mutter während der Schwangerschaft sein – unter anderem auch mit der Konsequenz einer eingeschränkten intellektuellen Begabung – oder mit Komplikationen bei der Geburt zusammenhängen.

• Bindungsverhalten

Hohe Bedeutung hat in der Folgezeit die Reagibilität des Kindes einerseits und die Fähigkeit zur sensiblen Wahrnehmung auf Seiten der Mutter oder sonstiger Versorgungspersonen andererseits für das Bindungsverhalten des Kindes. Das in frühkindlicher Zeit entwickelte Bindungsmuster prägt bei den meisten Menschen das Bindungsverhalten in Kindheit, Jugendzeit und Erwachsenenalter. Gleichzeitig haben Forschungen gezeigt, dass Kinder mit einem unsicheren oder vermeidendem Bindungsverhalten in deutlich höherem Maße Gefahr laufen, im späteren Leben dissoziale Verhaltensweisen zu zeigen.

• erhöhtes Bedürfnis nach Erregung

Eine wenig anregende, kaum positiv gestimmte Interaktion zwischen dem Baby und den ihm nahen Erwachsenen scheint sich wiederum auf die Hirnreifung ungünstig auszuwirken und damit ungünstige Faktoren für die weitere Entwicklung zu bedingen: So hat man bei Kindern und Jugendlichen mit antisozialem Verhalten ein geringeres Erregungsniveau des Zentralnervensystems festgestellt. Auf der Verhaltensebene führt dies offensichtlich zu einem erhöhten Stimulationsbedürfnis (sensation-seeking), zu weniger Angst vor Strafe oder sonstigen negativen Folgen einer Handlung und damit zu einem schlechteren Vermeidungslernen.

• weitere belastende Faktoren

Als Folge biologischer und sozialer Einflussfaktoren kann auch ein gehäuftes Auftreten von unaufmerksamen, impulsiven und überaktiven Verhaltensweisen beobachtet werden, die wiederum die Erziehungssituation belasten. Zudem können Teilleistungsstörungen und daraus entstehende schulische Leistungsschwierigkeiten das Erziehungsklima zusätzlich belasten. Eine nicht selten zu beobachtende Einschränkung der intellektuellen Begabung beeinträchtigt zudem häufig die Fähigkeit der Kinder und Jugendlichen, sich sprachlich auseinander zu setzen und soziale Prozesse sowie das eigene Verhalten selbstkritisch zu durchdenken. Das führt bei den betroffenen Kindern und Jugendlichen nicht selten dazu, dass sie die Ursache für Misserfolg im sozialen Bereich und bei Leistungsanforderungen anderen Personen zuschreiben und ihr Selbstbild wenig an den Realitäten messen. Hierbei spielt zusätzlich ein durch die vielen Misserfolge und negativ getönte Erlebnisse stark eingeschränktes Selbstwerterleben eine große Rolle, dem das Kind nur noch durch Leugnen der Realität entkommen kann.

• Modellverhalten der Erwachsenen

Heranwachsende übernehmen und lernen spezifische Verhaltensweisen durch ihre Erwachsenenumwelt. Wächst ein Kind in einer Umwelt auf, in der die Eltern selbst antisoziales Verhalten zeigen oder auch psychisch krank oder drogenabhängig sind, so ist eine spätere Störung des Sozialverhaltens des Heranwachsenden eher wahrscheinlich, als wenn die Verhaltensweisen der Umwelt unauffällig sind. Dasselbe gilt für ein Elternhaus, in dem das Kind ständig Zeuge gewalttätiger ehelicher Auseinandersetzungen ist. Antisoziales Verhalten wird imitiert, Heranwachsende übernehmen aggressive Konfliktlösestrategien ihrer Umwelt und tragen das Gelernte in andere soziale Kontexte hinein. Beispielsweise zeigen sie aggressive Verhaltensweisen gegenüber Gleichaltrigen, verhalten sich aufsässig und feindselig in Schule oder anderen sozialen Gruppierungen. Ein inkonsequentes Erzieherverhalten, das häufig mit den Problemen der Erwachsenen einhergeht, verunmöglicht es zudem den Kindern, sich zu orientieren. Die Reaktionsweisen der Erwachsenen sind nicht vorhersehbar; die Kinder beantworten sie deshalb mit ablehnenden und aggressiven Verhaltensweisen.

● Faktoren des weiteren sozialen Feldes

Das Bedingungsgefüge der Entwicklung eines Menschen wird weiterhin auch beeinflusst durch die Ressourcen, die ihm oder ihr zur Verfügung stehen. So gilt die Arbeitslosigkeit der Eltern und im späteren Entwicklungsverlauf auch die des Heranwachsenden als eine wesentliche Variable, die in dem Prozess zur Entwicklung eines dissozialen Verhaltens eine Rolle spielt. Dies gilt ebenso für schulische Möglichkeiten, die Ausbildungsbedingungen, aber auch ganz allgemein für die finanziellen Ressourcen, die zur Verfügung stehen und von denen beispielsweise die Wohnraumsituation, die Kleidung, die über Gruppenzugehörigkeiten bestimmt, die Teilnahme an bestimmten Aktivitäten durch Schule oder Vereine, vielleicht auch die Mitgliedschaft in Vereinen selbst abhängig ist. Auch die Wohngegend kann wesentlichen Einfluss darauf haben, ob dem Kind oder Jugendlichen förderliche oder weniger förderliche Kontakte zu Gleichaltrigen möglich werden.

● Selbstbewertung des antisozialen Verhaltens

Manche antisozialen Verhaltensweisen werden durch den Jugendlichen selbst oder seine Beziehungspersonen nicht eindeutig negativ bewertet. Beispielsweise sehen manche Eltern ein aggressives Verhalten von Jungen als durchaus positiv an, weil man lernen müsse, sich durchzusetzen. Auch wenn eine solche Haltung häufig nicht offen ausgesprochen wird, beeinflusst sie doch das Verhalten des Jugendlichen in hohem Maße. In ähnlicher Weise gibt es vielfältige Situationen, in denen eine Lüge von Eltern nicht als negativ, letztlich nicht als antisoziales Verhalten gewertet wird. Die Jugendlichen lernen daraus: Die Bewertung einer Handlung ist offensichtlich situationsabhängig, abhängig vor allem vom Erfolg.

Viele der als dissozial eingestuften Verhaltensweisen sind aber mit dem Erleben von Kompetenz und Macht verbunden und finden hohe Aufmerksamkeit. So erlebt ein Jugendlicher, der sich durchsetzen kann, andere verprügelt und nicht selbst verprügelt wird, Stärke und Macht und findet unter Gleichaltrigen, aber auch von Erwachsenen – oft zwangsläufig – hohe Aufmerksamkeit und Beachtung. Prosoziale Verhaltensweisen bleiben demgegenüber oft unbeachtet. Ein solches Ergebnis fand sich in einer Untersuchung von Jugendlichen mit antisozialem Verhalten und ihren Familien: Die Eltern beachteten hier gezeigte prosoziale Verhaltensweisen nie; die Jugendlichen fanden nur Aufmerksamkeit durch auffällige dissoziale Verhaltensweisen.

● die Gleichaltrigengruppe

Die Gleichaltrigengruppe spielt für die Entwicklung von dissozialem Verhalten vor allem dann eine große Rolle, wenn sie für den einzelnen Jugendlichen zur einzigen „Heimat" wird, in der er sich angenommen und akzeptiert fühlt. Hier trifft er Gleichaltrige mit ähnlichen Lebenserfahrungen: eine Unterschichtfamilie mit vielen Belastungen und Erziehungsdefiziten, schlechte Schulleistungen oder eine abgebrochene Schullaufbahn, frühe Verhaltensauffälligkeiten und entsprechend viel Kritik und Ablehnung. Die Gruppenmitglieder begehen mit ziemlicher Regelmäßigkeit Straftaten, bei denen die Gruppe zusammen handelt oder zumindest moralisch unterstützend wirkt. Diebstähle, Aggressionsdelikte, Alkohol- und Drogenkonsum und andere Verhaltensweisen werden Teil des Lebensstils der Gruppe. Dieser wird durch spezielle Feindbilder begründet, so dass es aus der Gruppe zu Verhaltensweisen kommt, die der einzelne zumeist für sich allein nicht begangen hätte.

● Schutzfaktoren

Als Schutzfaktoren bezeichnet man solche Einflüsse, die ein Gegengewicht zu belastenden Faktoren bilden können und dazu beitragen, dass Kinder und Jugendliche trotz einer Reihe ungünstiger Bedingungen keine Störungen des Sozialverhaltens entwickeln. Eine solche Schutzfunktion gegen die Entwicklung und Verfestigung dissozialen Verhaltens können insbesondere folgende Merkmale haben: überdurchschnittliche Intelligenz; eine sichere Bindung an die Mutter oder eine andere Bezugsperson innerhalb oder außerhalb der Familie; emotionale Zuwendung, Kontrolle und Sicherheit über lange Zeit in der Erziehung; das prosoziale Vorbildverhalten der Eltern und sonstiger Erwachsener; Erfolg in der Schule; Beziehungen zu prosozial sich verhaltenden Gleichaltrigen.

Lösungen anregen und möglich machen

● Einschätzung des Risikos

Zunächst ist zu unterscheiden, ob das dissoziale Verhalten offensichtlich eine episodenhafte jugendtümliche Erscheinung ist („late starter") oder ob von einem überdauernden Störungstyp („early starter") gesprochen werden muss. Bei dem ersten Typ ist darauf zu achten, dass zwar eindeutige Eingriffe und Kontrollen durchgeführt werden und die Jugendlichen die Konsequenzen ihres Tuns zu tragen haben. Es sollten jedoch möglichst wenig eingreifende staatliche Reaktionen erfolgen. In vielen Fällen ist eine Psychotherapie sinnvoll und erfolgreich. Sie setzt zumeist an den Schwierigkeiten an, die bei der Bewältigung von altersentsprechenden Entwicklungsaufgaben entstehen, und sollte sinnvoller Weise die Familie mit einbeziehen. Es werden Hilfen gegeben bei der Ablösung von der Familie. Es wird ressourcenaktivierend gearbeitet und zukunftsorientiert. Wesentlich kann auch die Unterstützung eines altersentsprechenden Kontaktverhaltens gegenüber gleichaltrigen Mädchen und Jungen sein.

• frühzeitiges Eingreifen

Eine überdauernde, früh einsetzende Störung des Sozialverhaltens ist demgegenüber ein schwerwiegendes Problem, da die Prognose relativ ungünstig und der Verlauf nicht selten chronisch ist. Sie wird oft über Generationen weitergegeben und hat meist weit reichende Auswirkungen auf die anderen Familienmitglieder, die Mitschüler, aber auch auf Lehrer und Lehrerinnen als auch auf Personen, die nicht unmittelbar dem Nahbereich zuzuordnen sind. Solches antisoziale Verhalten beginnt schleichend und zeigt sich frühzeitig durch unterschiedliche auffällige Verhaltensweisen. Auch wenn diese nicht zwangsläufig auf eine dissoziale Entwicklung verweisen, so ist doch ein frühes Reagieren auf solche Auffälligkeiten wichtig.

• Reflexion eigener Einstellungen und Verhaltensweisen

Da das Vorbild der Erwachsenen bei der Entwicklung von Störungen des Sozialverhaltens eine große Rolle spielt, sollte jeder Erzieher und jede Erzieherin das eigene Verhalten im Hinblick auf dissoziale Verhaltensweisen überprüfen – sei es nun die Aggression, das häufige Streiten, die Einstellung zur Wahrheit, der Grad der Gehässigkeit, das Ausmaß eigener Destruktivität oder die eigene Sprache im Hinblick auf eine Mangel an Respekt und Wertschätzung des anderen. Dies kann sehr erfolgreich in einer Gruppe durchgeführt werden, wenn ein gegenseitiges Vertrauen gegeben ist.

• Akzeptanz des Kindes mit seinen Schwierigkeiten

Eine wesentliche Voraussetzung für eine relativ unauffällige Entwicklung ist, dass sich ein Kind von seinen primären Bezugspersonen als in seiner Art akzeptiert erlebt. Selbst und gerade wenn das Kind in seinem Verhalten auffällig und störend ist oder wenn es altersgemäße Anforderungen nicht bewältigt, muss es trotz aller unvermeidbarer Kritik spüren, dass es als Person geschätzt ist und anerkannt wird. Das ältere Kind muss erfahren, dass die Erwachsenen bemüht sind zu erfassen, welche Schwierigkeiten, Ängste oder Bedürfnisse hinter seinen Verhaltensweisen stehen. Es muss das Gefühl haben, verstanden und angenommen zu sein, auch dann, wenn es schwierige Verhaltensweisen oder dissoziale Störungen zeigt.

• Verbote begründen

Sehr häufig können sowohl sehr junge Kinder, aber auch Jugendliche die Verbote oder Anweisungen der Erwachsenen nicht nachvollziehen. Sie müssen sie aber als sinnvoll für ihre eigene Entwicklung verstehen können, um bereitwillig Folge zu leisten. Jugendliche schätzen manche Verbote von Eltern oder Erzieherinnen als kleinkariert, überholt oder spießig ein. Das ist oft provozierend gemeint, fordert aber dazu heraus, die familiären Regelungen,

Verbote und Gebote mit der Jugendlichen zu reflektieren und zu lernen, dass Erwachsene nur solche Anweisungen geben sollten, hinter denen sie voll stehen und die für das soziale Zusammenleben unerlässlich sind. Zu viele Einschränkungen sind ebenso problematisch wie zu wenig Kontrolle mit der Folge, dass den Jugendlichen keine Orientierung gegeben wird.

• koordinierte Hilfemaßnahmen

Zeigt sich im weiteren Verlauf eindeutig dissoziales Verhalten und äußert sich dies in unterschiedlichen Störungsformen, hat sich das dissoziale Verhalten also bereits über längere Zeit verfestigt und ist es schon zu einem unverzichtbaren Bestandteil des Lebensstils eines Kindes oder Jugendlichen geworden, so gilt: Eltern und auch professionelle Erzieherinnen können dieses Verhalten nur noch schwer so beeinflussen, dass es zu einer entscheidenden Umkehr der Entwicklung kommt. Auch Therapeutinnen sind nur begrenzt erfolgreich. Diese Konstellation sollte dazu veranlassen, dass Eltern oder auch professionelle Erzieherinnen sehr aufmerksam die Entwicklung des Kindes oder Jugendlichen beobachten, dass sie sich nicht scheuen, frühzeitig fachliche Hilfe in Anspruch zu nehmen, und dass alle Beteiligten sich zusammensetzen, um ein von allen gemeinsam getragenes Betreuungs- und Behandlungsvorgehen zu entwickeln.

• Blick auf das Kind in seinem sozialen Umfeld

In jedem Fall ist es entscheidend wichtig, das Kind oder den Jugendlichen und seine gesamte Lebenswelt in den Blick zu nehmen: seine individuellen Stärken und Schwächen; seine Familie mit ihren innerfamiliären Beziehungen und Verhaltensmustern, mit ihren Außenkontakten, aber auch mit ihren finanziellen und personellen Möglichkeiten; die weitere Verwandtschaft und Bekanntschaft; die Schule mit ihren leistungsmäßigen und sozialen Anforderungen; die für das Kind bedeutsame Gleichaltrigengruppe und sonstige wichtige Einflussfaktoren.

• Einschätzung der Belastungsfaktoren

Gerade dann, wenn bereits eine Verfestigung des Verhaltens eingetreten ist, müssen die Hilfs- und Unterstützungsmaßnahmen aufgrund der Multidimensionalität der Störung auf verschiedenen Ebenen und an unterschiedlichen Punkten ansetzen. Dies erfordert eine genaue Analyse der Gesamtsituation und bedeutet zunächst einmal die Frage nach besonderen Belastungen und Risikofaktoren im jeweiligen Einzelfall: Handelt es sich um ein Multiproblemmilieu, in dem das Kind oder der Jugendliche aufwächst? Liegt eine gravierende familiäre Disharmonie vor oder bestehen erhebliche Erziehungsdefizite? Wie ist das intellektuelle Leistungsvermögen des Kindes oder der Jugendlichen? Zeigt das Kind ein Aufmerksamkeitsdefizit, eine Impulsivität und Unruhe mit der Folge mannigfacher Probleme im sozialen Feld und bei Leistungsanforderungen? Wie ist das Bindungsverhalten des Jugendlichen? Gibt es Probleme in der Schule, und liegen diese eher im sozialen Bereich oder auf der Leistungsebene? Neigt das Kind oder der Jugendliche zu einer verzerrten Verarbeitung sozialer Informationen? Erlebt er sich von den Gleichaltrigen in Schule und Freizeit abgelehnt und ausgestoßen? Sucht er Anschluss an Gleichaltrigengruppen, die durch dissoziales Verhalten wie Diebstähle, Drogenmissbrauch, körperliche Auseinandersetzungen und Ähnliches gekennzeichnet sind?

● Einschätzung von Ressourcen

Ebenso wichtig ist die Frage nach den Schutzfaktoren und den Ressourcen im jeweiligen Einzelfall: Hat die Familie finanzielle und personelle Ressourcen? Sind Eltern und Geschwister bereit und in der Lage, gemeinsam mit dem betroffenen Kind oder Jugendlichen Lösungen zu arbeiten? Gibt es in der Kernfamilie, in der weiteren Familie oder in der Bekanntschaft eine Person, zu dem der Jugendliche eine sichere Bindung hat? Kann ein neues Lebensumfeld für diesen Jugendlichen gefunden werden? Gibt es im Umkreis des Kindes Erwachsene, die positive Vorbildfunktion haben könnten, und lassen sich Beziehungen zu ihnen anregen? Ist es möglich, besondere Problemverhaltensweisen therapeutisch zu beeinflussen? Verfügt das Kind grundsätzlich über eine gute intellektuelle Leistungsfähigkeit? Kann die Jugendliche – vielleicht nur vorübergehend – von dem schulischen Leistungsdruck entlastet werden? Wo gibt es Gleichaltrigengruppen, die einen positiven Einfluss haben könnten? Was muss getan werden, damit der Jugendliche dort Anschluss findet? Wie kann man ihm helfen, ein besseres Selbstbild und vor allem auch eine ihn befriedigende Lebensperspektive zu finden?

● breite Palette an Hilfemaßnahmen

Diese beispielhaft aufgeführten Fragen machen deutlich, dass Lösungsansätze in den unterschiedlichsten Bereichen und dort wiederum auf den unterschiedlichsten Ebenen zu suchen und zu verfolgen sind: im familiären Bereich zum einen auf der sozioökonomischen Ebene, das heißt bei den finanziellen Möglichkeiten der Familie, bei der Wohnung oder beim Wohnumfeld, zum anderen auf der Ebene der Beziehungsgestaltung und der familiären Regeln, handlungsleitenden Grundannahmen und Verhaltensmuster; im individuellen Bereich zum einen auf der Ebene von Verhaltensgewohnheiten und Verhaltenstrends, zum anderen auf der Ebene von Selbsteinschätzung und Selbstwerterleben, im weiteren auf der Ebene von Leistungsverhalten und schließlich auf der Ebene der Gestaltung sozialer Kontakte; im sozialen Bereich auf der Ebene der Anbahnung positiver Beziehungen zu Erwachsenen und zu einzelnen Gleichaltrigen und Gleichaltrigengruppen; im Leistungsbereich zum einen auf der Ebene des geeigneten schulischen und beruflichen Förderortes und zum anderen auf der Ebene der Vermittlung zugleich realistischer und motivierender Perspektiven.

Die bislang eher geringen Erfolge bei der Behandlung von Kindern und Jugendlichen, die eine Störung des Sozialverhaltens zeigen, dürften damit zusammenhängen, dass einzelheitliche Maßnahmen wenig Erfolg versprechend sind, demgegenüber nur eine breite Palette an Hilfemaßnahmen, die gut miteinander koordiniert werden, Aussicht auf Erfolg bietet. Ein mit einem Jugendlichen durchgeführtes Antiaggressionsprogramm dürfte beispielsweise kaum Erfolg haben, wenn dieser in einer Familie lebt, in der der Vater ein antisoziales Verhalten zeigt, arbeitslos ist, Streitereien an der Tagesordnung sind, die finanziellen Ressourcen sehr begrenzt und die räumlichen Gegebenheiten mehr als eingeengt sind.

• Wertung prosozialen Verhaltens

Der geringe Erfolg therapeutischer Maßnahmen liegt zum Teil auch daran, dass Kinder und Jugendliche, die dissoziales Verhalten zeigen, ein Norm abweichendes Bewertungssystem – häufig gemeinsam mit den anderen Jugendlichen ihrer dissozialen Gleichaltrigengruppe – entwickeln und auf diese Weise ein Erfolgserleben bei dissozialem Verhalten haben. Der Vorgang ist gut bekannt: Auch Robin Hood wertete sein prinzipiell antisoziales Verhalten als berechtigt und gerecht und vermochte sogar viele Leute von seiner Sichtweise zu überzeugen, so dass er zu einem berühmten Helden aufstieg.

Entsprechend wird in spezifischen Jugendgruppen eine prosoziale Haltung häufig als schlapp, uncool oder abhängig angesehen, demgegenüber dissoziale Einstellungen als stark, eigenständig und cool. Im Hinblick auf den Jugendlichen, der in ähnlicher Weise eine positive Bewertung seines dissozialen Verhaltens durchführt, bedeutet das: Eine Verhaltensänderung kann wahrscheinlich nur erreicht werden, wenn er andere Bewertungen vornimmt, wenn ihm andere Bewertungen möglich werden. Das erfordert einerseits Kontakte zu anderen Gleichaltrigen mit möglichst prosozialen Einstellungen, zum anderen eine Bereitschaft und Motivation des Jugendlichen, neue, bis dahin nicht erlebte und gesehene Dimensionen in dem prosozialen Verhalten zu finden.

• Familientherapie

Eine Familientherapie ist in vielen Fällen deshalb zu empfehlen, weil in ihr nicht nur der Jugendliche, sondern auch die Familie mit ihren typischen Verhaltensmustern und ihren Wertmaßstäben in den Blickpunkt gerückt wird, zudem auch die weiteren Bedingungen des sozialen Umfelds Beachtung finden. Ziel ist es, dem Jugendlichen einen Entwicklungsraum zu öffnen und die aktive Unterstützung der Familienmitglieder bei seiner Verhaltensänderung zu erreichen. Familientherapie setzt auf die Entwicklungspotenziale des Jugendlichen und seiner wichtigen Bezugspersonen – meist, aber durchaus nicht immer die Eltern und sonstigen Familienmitglieder – und sucht unter einer Orientierung auf die Ressourcen im Umfeld des Jugendlichen zukunftsorientiert, Lösungen möglich zu machen.

• Einzeltherapie

Die kindzentrierten therapeutischen Maßnahmen sollten danach ausgewählt werden, welches Ziel vorrangig erreicht werden soll. Auf der Grundlage einer guten Beziehung zwischen dem Jugendlichen und einem Therapeuten kann beispielsweise versucht werden, die subjektive Bedeutung der Selbstbewertung der antisozialen Verhaltensweisen zum Thema zu machen und andere Möglichkeiten zu erfragen, das gleiche Ziel mit sozial angemessenen Mitteln zu erreichen.

• Trainingsmaßnahmen

Häufig ist es zudem sinnvoll, eine Verbesserung der sozial-kognitiven Informationsverarbeitung und einen Abbau des Symptomverhaltens anzustreben. Dies kann beispielsweise durch ein Anti-Aggressivitätstraining geschehen. Solche Trainingsprogramme haben folgende Kompetenzen zum Ziel: sich entspannen können; seinen Ärger kontrollieren können; angemessen kommunizieren können; sich selbst verstehen können; sich prosozial verhalten können; sich behaupten können; Konflikte sozial–integrativ lösen können. Diese Ziele werden den Kindern und Jugendlichen in Einzel- oder in Gruppensettings vermittelt.

Stichworte:

Aggressivität (Band I)
Angst (Band I)
Aufmerksamkeits- und Aktivitätsstörung (Band I)
Brandstiftung
Depressive Störungen
Drogensucht
Kriminelles Verhalten
Lügen (Band I)
Oppositionelles Verhalten (Band I)
Schreien von Babys (Band I)
Schulschwänzen (Band I)
Stehlen (Band I)
Trotz (Band I)

Literatur

Aguilar, B., Sroufe, L. A., Egeland, B., Carlson, E. (2000): Distinguishing the early-onset/persistent and adolesence-onset antisocial behavior types: From birth to 16 years. Development and Psychopathology 12: 109 – 132

Goodman, R., Scott, St., Rothenberger, A. (1997): Kinderpsychiatrie kompakt. Darmstadt, Steinkopff

Laucht, M. (2001): Antisoziales Verhalten im Jugendalter. Zeitschrift Kinder- Jugendpsychiatrie Psychotherapie 29: 297 – 311

Lösel, F. (1999): Delinquenzentwicklung in der Kindheit und Jugend. In: Lempp, R., Schütze, G., Köhnken, G. (Hrsg.): Forensische Psychiatrie und Psychologie des Kindes- und Jugendalters. Darmstadt, Steinkopff: 221 – 234

Matthys, W., van Engeland, H., Resch, F. (2003): Störungen des Sozialverhaltens. In: Herpertz-Dahlmann, B., Resch, F., Schulte-Markwort, M., Warnke, A.: Entwicklungspsychiatrie. Stuttgart, Schattauer: 753 – 773

Schmeck, K. (2004). Störungen des Sozialverhaltens. In: Eggers, Ch., Fegert, J. M., Resch, F. (Hrsg.): Psychiatrie und Psychotherapie des Kindes- und Jugendalters. Berlin, Springer: 849 – 874

Schmidt, H. M. (1998): Dissozialität und Aggressivität: Wissen, Handeln und Nichtwissen. Zeitschrift Kinder- Jugendpsychiatrie Psychotherapie 26: 53 – 62

Stolle, D. (2003): Dissoziale Jugendliche zwischen Straße, Hilfe und Justiz. Salzhausen, isko

van Engeland, H., Matthys, W. (1998): Ergebnisse von Jugendhilfemaßnahmen bei dissozialen Störungen. Zeitschrift Kinder- Jugendpsychiatrie Psychotherapie 26: 63 – 69

Übergewicht

Adipositas

Wahrnehmen und bewerten

• Abgrenzungsmerkmal

Wenn die Nahrungsaufnahme über einen längeren Zeitraum größer ist als der Bedarf des Körpers an Energie, kommt es zu einem Gewichtsanstieg durch vermehrte Bildung von Körperfett. Als brauchbare und gut anwendbare Methode zur Bestimmung dieses Körperfettgehaltes hat sich der Körpermassenindex (BMI = Body-Mass-Index) erwiesen. Er wird errechnet, indem man das Körpergewicht in kg durch das Quadrat der Körpergröße in Meter teilt (kg / m^2). Im Erwachsenenalter spricht man bei einem BMI von 25 bis 30 von Übergewicht, bei Werten über 30 von erheblichem Übergewicht (Adipositas). Diese Grenzwerte liegen für das Übergewicht bei der 90. Perzentile (das bedeutet: nur 10% der Bevölkerung haben ein höheres Gewicht) und für die Adipositas bei der 97. Perzentile (nur 3% der Bevölkerung haben ein höheres Gewicht).

Als Orientierung können diese Werte auch bei Kindern und Jugendlichen dienen, obwohl die durchschnittliche Körpergewichtskurve im Kindes- und Jugendalter einen spezifischen Verlauf nimmt. Nach der – in der Konsequenz belanglosen – Phase des Babyspecks im ersten Lebensjahr fällt der durchschnittliche BMI aufgrund des starken Längenwachstums bis zum 6. Lebensjahr ab und steigt anschließend kontinuierlich bis ins höhere Erwachsenenalter an. Bei 10-jährigen Mädchen und Jungen liegt der mittlere BMI bei 17, Übergewicht beginnt mit einem BMI von 21, und die Grenze zur Adipositas liegt bei 23,5. Bei 15-jährigen Jugendlichen beträgt der mittlere BMI etwa 20, Übergewicht beginnt mit einem BMI von 24,5, und die Grenze zur Adipositas liegt bei 27,5.

• Ess-Sucht

Während die meisten übergewichtigen Kinder und Jugendlichen gewohnheitsmäßig mehr Nahrung zu sich nehmen, als sie benötigen, zeigen einige ein esssüchtiges Verhalten (binge eating): Dabei kommt es zu wiederkehrenden Episoden von Heißhunger und dadurch ausgelöst zu Essanfällen, bei denen die Kinder oder Jugendlichen große Nahrungsmengen in sich hineinschlingen (binge), so dass ein unangenehmes Körpergefühl auftritt. Diese Essanfälle werden als unkontrolliert und zwanghaft erlebt. Viele essen aus Scham allein. Sie empfinden anschließend Ekel und Schuldgefühle, die zu depressiven Verstimmungen führen können. Anders als Kinder und Jugendliche mit bulimischen Verhalten versuchen sie aber nicht, die Folgen der Essanfälle durch extremen Sport, durch Hungern oder durch Erbrechen ungeschehen zu machen. Als Kriterium für Ess-Sucht wird vorausgesetzt, dass diese Essanfälle über ein halbes Jahr mindestens zweimal in der Woche auftreten.

● Häufigkeit

In den letzten Jahren ist ein erheblicher Anstieg der Zahl übergewichtiger Kinder und Jugendlicher zu beobachten. Zugleich ist das Ausmaß des Übergewichtes deutlich ausgeprägter als noch vor zehn bis zwanzig Jahren. Etwa 20% der Kinder und Jugendlichen waren nach dem Ernährungsbericht der Deutschen Gesellschaft für Ernährung (DGE) im Jahre 2000 nach den obigen Kriterien übergewichtig, und 13,9% der Jungen und 11,7% der Mädchen hatten erhebliches Übergewicht, eine Adipositas.

● körperliche Folgen

Körperliche Folgen des Übergewichtes bei Kindern und Jugendlichen sind Bluthochdruck, Herz-Kreislauferkrankungen, Diabetes mellitus und orthopädische Probleme wie Gelenkschmerzen und Rückenbeschwerden. Allerdings sind diese Folgeerkrankungen bei Kindern und Jugendlichen noch nicht so stark ausgeprägt und stabil wie im Erwachsenenalter, wo sie wesentlich zur Verkürzung der Lebensdauer Übergewichtiger beitragen. Dementsprechend ist das größte körperliche Risiko des Übergewichtes im Kindes- und Jugendalter die mit zunehmendem Alter stark ansteigende höhere Wahrscheinlichkeit (mehr als 50%) eines Übergewichtes im Erwachsenenalter.

● psychische Folgen

Viele übergewichtige Kinder und Jugendliche sind unzufrieden mit ihrem Aussehen und sind deshalb häufig missgestimmt. Sie erfahren Ablehnungen und Hänseleien seitens der Mitschüler, haben Schwierigkeiten, in Gleichaltrigengruppen anerkannt zu werden, und einige entwickeln Angststörungen. Allerdings haben neuere Untersuchungen gezeigt, dass ein Teil der Kinder und Jugendlichen keine nennenswerten psychischen Belastungen erleben. Erwachsene Übergewichtige demgegenüber erfahren eine deutliche Benachteiligung am Arbeitsmarkt und haben vielfache berufliche und finanzielle Nachteile zu ertragen.

Zuordnen und verstehen

● familiäre Häufung

Übergewicht tritt in hohem Maße familiär gehäuft auf. Etwa 80% aller übergewichtigen Kinder und Jugendlichen haben zumindest einen Elternteil, der ebenfalls übergewichtig ist. Zahlreiche Untersuchungen verweisen darauf, dass eine entsprechende genetische Veranlagung von Bedeutung ist. Diese wirkt möglicherweise in der Art, dass übergewichtige Kinder und Jugendliche „gute Futterverwerter" sind.

Allerdings können genetische Faktoren den hohen Anstieg von übergewichtigen Kindern und Jugendlichen in den letzten Jahrzehnten nicht erklären. Man muss also auch beim Übergewicht von vielfältigen Einflüssen ausgehen, die erst in ihrem Zusammenspiel zum Bild des Übergewichtes führen. Das heißt umgekehrt: Auch genetisch entsprechend veranlagte, „belastete" Kinder und Jugendliche sind dem „Schicksal Übergewicht" nicht hilflos ausgeliefert, sondern können wirksame Maßnahmen dagegen treffen.

• Essensgewohnheiten

Eine große Rolle spielen die Essensgewohnheiten in einer Familie. Ist es üblich, nur zu regelmäßigen, festgesetzten Mahlzeiten zu essen, oder stehen über den ganzen Tag Dinge bereit, die man zwischendurch isst? Ist es für die Familienmitglieder die Regel, sich bei jeder Mahlzeit zu fragen, ob man heute großen, mittleren oder wenig Hunger hat, oder wird – unabhängig vom jeweiligen Hungergefühl – die Menge gegessen, die zur Verfügung steht? Wird Druck auf die einzelnen Familienmitglieder ausgeübt, das Vorhandene aufzuessen („Damit schönes Wetter wird")? Wird eher darauf Wert gelegt, viel zu essen, oder ist die kleine erlesene Delikatesse das erstrebte Ziel? Ist es üblich, beim Fernsehen Chips, Salzgebäck und anderes Knabberzeug zu konsumieren? Ist beim Kinobesuch die Popcorntüte und die Limonade selbstverständliches Muss?

• Ernährungsgewohnheiten

Aber nicht nur wie und wann gegessen wird ist von Bedeutung, sondern auch, wie die Nahrung zusammengesetzt ist. Wird mit viel Fett gekocht und die Butter dick auf das Brot geschmiert? Spielen Fastfood, Pommes frites mit Mayonnaise und Ähnliches in der täglichen Ernährung eine große Rolle? Welchen Stellenwert haben Süßigkeiten? Besonders die Tatsache, dass Kinder und Jugendliche heute sehr viel Taschengeld zur freien Verfügung haben und dies zum großen Teil für Süßigkeiten, süße Limonaden und Cola ausgeben, sowie der hohe Anteil an Fastfood wird wesentlich für den starken Anstieg der Zahl übergewichtiger Kinder und Jugendlicher verantwortlich gemacht.

• Bewegungsverhalten

Die Auswirkungen dieser veränderten Ernährungsgewohnheiten von Kindern und Jugendlichen sind deshalb so erheblich, weil zugleich das Ausmaß an körperlicher Aktivität von Kindern und Jugendlichen drastisch gesunken ist. Zumindest in den Städten ist der Raum für aktives, bewegungsreiches Spielen massiv eingeschränkt oder gar nicht mehr gegeben. Zur Schule werden Kinder und Jugendliche von den Eltern oder mit dem Bus gefahren. Körperliche Bewegung wird eingegrenzt auf den Sportunterricht und umschriebene Aktivitäten, zu denen die Kinder und Jugendlichen meist noch von den Eltern gefahren werden. PC-Spiele sowie Video und Fernsehen bestimmen für viele Kinder und Jugendliche die Freizeit. Dabei haben eine Reihe von Untersuchungen in den USA nachgewiesen, dass die Dauer der mit Video und Fernsehen verbrachten Zeit ein bedeutender Risikofaktor für das Entstehen von Übergewicht ist. Je größer die tägliche Fernsehzeit war, umso höher war die Gefahr von Übergewicht und Adipositas.

• soziale Ausgrenzung

Wie dargestellt, geht Übergewicht nicht selten mit sozialer Ausgrenzung, Ablehnung und Hänseleien durch die Gleichaltrigen einher. Häufig führt dies dann zu einem Rückzug des Jugendlichen auf sein Zuhause und in sein Zimmer. Er schließt sich selbst von Aktivitäten mit Gleichaltrigen aus und entwickelt eine große Bewegungsarmut. Dabei ist unklar – und auch relativ unwichtig –, ob zunächst das Übergewicht bestand mit der Folge der sozialen Ausgrenzung oder zunächst die anders begründete Ablehnung und der soziale Rückzug von den Gleichaltrigen mit der Folge des Übergewichtes. In jedem Fall bildet sich ein sich selbst verstärkender Kreislauf, aus dem nicht leicht zu entkommen ist.

• Trost durch Essen

Tatsächlich gibt es Kinder und Jugendliche, die angesichts von Unzufriedenheit, Einsamkeit und Langeweile oder angesichts von Angst wegen der Streitereien der Eltern, wegen der drohenden Scheidung, angesichts von Leistungsdruck und Schulstress Trost in vermehrtem Essen und Trinken suchen. Süßigkeiten und süße Getränke sollen das Unwohlsein vertreiben und die Langeweile ausgleichen. Diese Kinder verlieren häufig die Kontrolle über die Nahrungsaufnahme und entwickeln wiederkehrende Essanfälle. Die angestrebte Ersatzbefriedigung gelingt bestenfalls für kurze Zeit und muss dann schon bald wiederholt werden. Auch hier entwickelt sich ein Teufelskreis: Das Kind wird immer dicker und immer unglücklicher.

• Primärerkrankungen

Es gibt einige wenige Erkrankungen, die mit erheblichem Übergewicht einhergehen. Hierzu zählt das Prader-Willi-Syndrom, das meist mit einem verminderten Längenwachstum und einer geistig-seelischen Entwicklungsverzögerung einhergeht. Mögliche Ursachen sind auch eine Unterfunktion der Schilddrüse sowie eine Überfunktion der Nebennieren. Ein normal verlaufendes Körperwachstum macht solche Erkrankungen unwahrscheinlich.

Lösungen anregen und möglich machen

• chronische Störung

Übergewicht und erhebliches Übergewicht (Adipositas) sind chronische Störungen. Will man dauerhafte Veränderungen erreichen, braucht man dafür Zeit, Ausdauer und Geduld. Die ergriffenen Maßnahmen müssen gar nicht besonders drastisch sein. Eine Reduzierung um 100 Kalorien pro Tag – das ist soviel wie ein Glas Cola oder ein 20 g Schokoriegel – können in einem Jahr zu einer Gewichtsreduktion von 5 kg führen.

● Jojo-Effekt

Ebenso ist vor kurzzeitigen Diäten zu warnen, die durch eine erhebliche Einschränkung der Kalorienzufuhr in kurzer Zeit zum Erfolg führen sollen – und kurzfristig auch führen. Allerdings hält der Erfolg in aller Regel nicht lange vor. Sobald die alten Essgewohnheiten wieder aufgenommen werden, kommt es wieder zur Gewichtszunahme und zum baldigen Erreichen oder sogar zum Überschreiten des alten Gewichtes. Dieses Phänomen, das bei dem ehemaligen Bundeskanzler Kohl gut zu beobachten war, bezeichnet man als Jojo-Effekt.

● Änderung von Gewohnheiten

Alle Erfahrung zeigt, dass nur solche Maßnahmen langfristig erfolgreich sind, die mit einer Veränderung der Ess-, Ernährungs- und Bewegungsgewohnheiten einhergehen. Es liegt auf der Hand, dass dies umso leichter möglich ist, umso mehr alle Familienmitglieder sich beteiligen.

● langsame Absenkung des Körpergewichtes

Eine langsame Absenkung des Körpergewichtes hat mehrere Vorteile. Gut geplant erfordert sie keine so drastischen Einschränkungen, die die Zufriedenheit und das gute Lebensgefühl des Kindes oder Jugendlichen einschränken könnten. Zum anderen geht sie – im positiven Fall – einher mit einer Veränderung der Ess-, Ernährungs- und Bewegungsgewohnheiten, wodurch eine langfristige Wirkung erreicht wird. Und zum Dritten scheint es auch wichtig zu sein, dass die körpereigenen Regulationsprozesse sich allmählich auf ein niedrigeres Niveau einstellen. Der Körper hat nämlich offensichtlich die Tendenz, ein einmal bestehendes Gewichtsniveau zu halten und bei verminderter oder vermehrter Kalorienzufuhr durch körpereigene Regulationsprozesse zu stabilisieren. Es müssen also zum Abbau des Körpergewichtes der Körper gleichsam auf ein neues Gewichtsniveau justiert und eingestellt und die körpereigenen Regulationsprozesse entsprechend umgestellt werden, was eine gewisse Zeit – mehrere Monate – in Anspruch nimmt.

● je früher, je besser

Maßnahmen zum Abnehmen sollten beim Kind so früh wie möglich eingeleitet werden. Bei Kindern sind die notwendigen Veränderungen ihrer Gewohnheiten noch viel leichter zu erreichen als bei Jugendlichen. Und dementsprechend steigt das Risiko, dass das Übergewicht bis ins Erwachsenenalter bestehen bleibt, mit zunehmendem Lebensalter. Wenn also ein Kind im Alter von drei Jahren übergewichtig ist (BMI > 22), sollte man ihm rechtzeitig helfen abzunehmen.

• Mitwirkung der Familie

Sowohl das Kind oder die Jugendliche als auch die Familie müssen von der Wichtigkeit der zu treffenden Maßnahmen überzeugt und entschlossen sein, sie durchzuführen. Vor allen halbherzigen Versuchen, zu denen man möglicherweise überredet wurde (Alle haben ja so Recht!), ist dringend zu warnen. Die Wahrscheinlichkeit des Scheiterns ist groß. Der zu erwartende Misserfolg wird als enttäuschend und deprimierend erlebt, die Wahrscheinlichkeit, dass überhaupt noch einmal ein ernsthafter Versuch gemacht wird, sinkt.

Mitwirkung der Familie bedeutet in den meisten Fällen, dass alle Mitglieder bereit sind, bestimmte familiäre Gewohnheiten zu ändern. Die Erwartung, dass dem übergewichtigen Kind dies alleine gelingt und alle anderen so weitermachen wie bisher, ist unrealistisch. Bei Jugendlichen, die bereits unabhängiger von der Familie sind, dürfte das eher möglich sein. In jedem Fall aber braucht das Kind und auch der Jugendliche Unterstützung von Seiten der Familienmitglieder, die – wenn sie nicht überzeugt sind – eher dazu neigen dürften, neues Verhalten zu verhindern und das Üben neuer Gewohnheiten zu stören.

Das gilt im Übrigen auch für die erweiterte Familie (Oma und Opa) sowie für mögliche regelmäßige Betreuerinnen des Kindes. Wenn von dort die eingeleiteten Maßnahmen sabotiert werden („Das arme Kind bekommt zu Hause nicht satt zu essen!"), wird das Erreichen des Zieles unendlich erschwert, drohen alle Anstrengungen des Kindes vergeblich zu sein.

• Veränderungsziele

Grundsätzliche Veränderungsziele sind eine gesunde Ernährung und Bewegung. Die Kinder und Jugendlichen sollten weder hungrig bleiben, noch sich beim Essen benachteiligt fühlen. Im Hinblick auf das Gewicht genügt bei Kindern und jüngeren Jugendlichen in der Regel das Ziel: Gewicht halten. (Darum ist es leichter, bei Kindern Erfolge zu haben, als bei Jugendlichen und Erwachsenen.) Erfolgt über längere Zeit keine Gewichtszunahme, wird es aufgrund des Längenwachstums zu einem allmählichen Absinken des BMI kommen. Dies stellt sich bei älteren Jugendlichen, deren Längenwachstum (nahezu) abgeschlossen ist, anders dar. Sie werden sich eine Gewichtsreduktion zum Ziel setzen müssen. Dieses gilt bei Kindern auch für die wenigen Fälle von erheblichem Übergewicht, bei denen es schon massive Gesundheitsprobleme gibt.

• Essgewohnheiten

Die Essgewohnheiten unterscheiden sich von Kind zu Kind, von Jugendlichem zu Jugendlichem und von Familie zu Familie. Um in jedem Einzelfall entscheiden zu können, welche Essgewohnheit(en) geändert werden sollte(n), empfiehlt es sich, über ein oder besser mehrere Tage ein sehr genaues

Essprotokoll zu führen: Wann wird in welcher Art gefrühstückt? Werden im Laufe des Vormittages Speisen oder Getränke zu sich genommen? Wo wird zu Mittag gegessen? Wo werden dem Kind im Laufe des Nachmittags Esswaren und Getränke angeboten? Wo deckt es sich selber mit Esswaren und Getränken ein? Es geht darum, die – vielen? – Gelegenheiten aufzuspüren, an denen Nahrungsaufnahme stattfindet, eigentlich ohne dass die Kinder oder die Jugendlichen es recht merken. Wahrscheinlich zeigen sich Situationen, in denen das Kind oder die Jugendliche eigentlich leicht darauf verzichten könnte, überhaupt Nahrung zu sich zu nehmen. In anderen Fällen lässt sich die Essenssituation umgestalten mit dem Ziel, eine unkontrollierte oder wenig kontrollierte – meist auch wenig genussreiche – Nahrungsaufnahme zu verhindern.

• Ernährungsgewohnheiten

Parallel dazu sollte in dem Protokoll festgehalten werden, was gegessen und getrunken wird. Dabei sind selbstverständlich die Nahrungsmittel besonders interessant, die zu übermäßiger Kalorienzufuhr führen (unter anderem Chips, Schokolade, Kuchen, Süßspeisen, Limonade, Cola, Fruchtsäfte, Milch). Ziel ist, Nahrungsmittel mit hohem Kaloriengehalt durch solche mit deutlich geringerem, die zumeist auch sehr viel gesünder sind, zu ersetzen. Kann statt der Limonade auch Mineralwasser getrunken werden? Kann der Fettanteil beim Zubereiten des Essens reduziert werden? Kann der Anteil an Gemüse und Obst erhöht, der an Fleisch, Wurst und Milchprodukten gesenkt werden? Hinweise und Tipps sind von Kinderärztinnen, von Ernährungsberaterinnen und über die Verbraucherzentralen zu erhalten.

• Bewegungsgewohnheiten

Schließlich sollte auch ein Protokoll über die Bewegungsgewohnheiten des Kindes oder Jugendlichen erstellt werden, in dem auch all die Gelegenheiten zu erfassen sind, in denen Bewegung vermieden wird. Ziel ist es, möglichst viel körperliche Aktivität in den normalen Tagesablauf einzubeziehen. Viele Kinder können zur Schule gehen, anstatt gefahren zu werden, oder aber selber mit dem Rad fahren. Einkäufe können zu Fuß oder mit dem Fahrrad erledigt werden. Sportliche Aktivitäten können den Neigungen des Kindes oder der Jugendlichen folgend angeregt werden, seien es Mannschaftssportarten, seien es eher individuell ausgerichtete Aktivitäten wie Schwimmen, Fahrrad fahren und Ähnliches. Selbstverständlich gilt auch hier: Wenn alle Familienmitglieder sich an solchen Aktivitäten beteiligen oder jeder seine speziellen Bewegungshobbys entwickelt, ist die Änderung für die Kinder oder Jugendlichen sehr viel leichter. In vielen Fällen wird es wichtig sein, die Fernsehzeit deutlich einzuschränken (maximal ein bis zwei Stunden täglich), nicht zuletzt, um dem Kind genug Zeit für körperliche Aktivitäten zu ermöglichen.

• kleine Änderungsschritte

Die Ess-, Ernährungs- und Bewegungsprotokolle können dazu dienen, die Änderungsschritte herauszufinden, die bereits zu einer deutlichen Kalorienreduzierung führen, aber doch wenig Einschränkung bedeuten. Wichtig ist, mit solchen kleinen Schritten zu beginnen und sich nicht gleich am Anfang viel zu viel vorzunehmen (was dann doch auf Dauer nicht eingehalten würde). Wenn aufgrund der kleinen Schritte erste Erfolge sichtbar werden, dann wächst die Motivation für weitere Verhaltensänderungen.

• Kontrolle

Entscheidend wichtig allerdings ist, dass das, was geplant wurde, auch ganz konsequent eingehalten wird. Realistischerweise werden die meisten Kinder dafür zunächst Kontrolle seitens der Eltern brauchen, bis sie zu einem späteren Zeitpunkt genug Selbstkontrolle aufbringen, um die geplanten Schritte mit der notwendigen Konsequenz eigenständig einzuhalten. Das bedeutet, dass die Auswahl der Veränderungsschritte auch unter dem Gesichtspunkt erfolgen sollte, ob sie kontrolliert werden können. Zugleich sollte dabei bedacht werden, ob bestimmte Maßnahmen besonders leicht durch „Saboteure“ – Großeltern, sonstige Verwandte oder Freunde, die die Absprachen mit dem Kind nicht kennen oder aus Unkenntnis des Problems für nicht so wichtig halten – hintertrieben werden können.

• Elternverhalten

Wie immer ist das Vorbild der Eltern die wirksamste Unterstützung für das Kind. Positive Schritte gilt es hervorzuheben. Versuchungen (herumstehende Süßigkeiten oder Ähnliches) sollten so gering wie möglich gehalten werden. Nahrungsmittel dürfen niemals als Belohnung eingesetzt werden. Die Eltern sollten den Kindern möglichst oft eigene Entscheidungsmöglichkeiten anbieten, allerdings solche zwischen geeigneten und gleichwertigen Lebensmitteln (zum Beispiel zwischen verschiedenen Sorten von Obst oder zwischen geeigneten und gleichwertigen Formen körperlicher Aktivität, aber nicht zwischen dem draußen Spielen und Fernsehen).

• Zigarettenkonsum

Jugendliche benutzen das Rauchen von Zigaretten nicht selten zur Gewichtskontrolle – eine gesundheitlich nicht ungefährliche, aber zweifellos in gewissem Rahmen wirksame Maßnahme. Zumindest bei Erwachsenen führt das Einstellen des Rauchens häufig zu einer Gewichtszunahme von 3 bis 5 kg. Allerdings sollten Jugendliche wissen, dass Rauchen nicht nur zu einer Erhöhung der Blutfette führt, sondern auch – was sie möglicherweise mehr beeindruckt – zu einer zentralen Körperfettverteilung mit der Folge der Zunahme des Bauchumfanges.

• längerfristige Betreuung

Um einen nachhaltigen Erfolg bei der Einstellung auf ein angemessenes und gewünschtes Gewicht zu erreichen, ist die Unterstützung durch erfahrene Fachleute (Kinderärzte, Kinder- und Jugendpsychiater, Psychologen, Ernährungsberater) in den meisten Fällen sinnvoll. Diese Beratung sollte langfristig in Anspruch genommen werden. Das gilt in besonderem Maße in den Fällen, in denen anfänglich eine stationäre Behandlung durchgeführt wurde und anschließend das in der Therapie Gelernte in die tägliche Praxis und in das familiäre Umfeld umgesetzt werden muss.

• ambulante Therapiegruppen

Es gibt eine Reihe unterschiedlicher Therapieprogramme, die in ambulanten Therapiegruppen für übergewichtige Kinder durchgeführt werden. Beispiele sind FITOC (www.fitoc.de), OBELDICKS (www.kinderklinik-datteln.de), MOBY DICK (www.mobydicknetzwerk.de) oder Powerkids (www.powerkids.de). Anschriften können zudem in den meisten Geschäftsstellen der AOK erfragt werden. Weitere Kontaktadressen in Deutschland sind: Arbeitsgemeinschaft Adipositas im Kindes- und Jugendalter (www.a-g-a.de), Deutsche Adipositasgesellschaft e.V. (www.adipositas-gesellschaft.de), Forschungsinstitut für Kinderernährung (www.fke-do.de), Kinderernährungswerk e.V., 20537 Hamburg, Bundeszentrale für gesundheitliche Aufklärung (BZgA), 51101 Köln (www.bzgaessstörungen.de) und Deutsche Gesellschaft für Ernährung, Frankfurt am Main.

Weitere Stichworte:

Bulimie
Magersucht

Literatur

Bundeszentrale für gesundheitliche Aufklärung (2001): Ess-Störungen. Bulimie – Magersucht – Ess-Sucht. Köln, BZgA (kostenlos, Bestell-Nr. 35 23 1002)

Epstein, C.H. (1996): Family-based behavioural intervention for obese children. International Journal of Obesity 20: 14 – 21

Fromme, C., Warschburger, P., Petermann, F., Oepen, J. (2000): Das Adipositastraining mit Kindern und Jugendlichen: Kurz- und längerfristige Effekte. Kindheit und Entwicklung 9: 84 – 93

Hebebrand, J., Barth, N., Herpertz-Dahlmann, B. (2002): Essstörungen des Kindesalters und Adipositas. In: Esser, G. (Hrsg.): Lehrbuch der Klinischen Psychologie und Psychotherapie des Kindes- und Jugendalters. Stuttgart, Thieme

Korsten-Reck, U. (2001): Nina macht Mut. Erfolgreich gegen Übergewicht bei Kindern und Jugendlichen. Frankfurt/M., Ullstein

Reinehr, Th., Dobe, M., Kersting, M. (2003): Therapie der Adipositas im Kindes- und Jugendalter. Das Adipositas-Schulungsprogramm OBELDICKS. Göttingen, Hogrefe

Tiedjen, U., Petermann, F., Sievers, K., Stachow, R. (2000): Langfristige Effekte der Adipositastherapie in der stationären Rehabilitation von Kindern und Jugendlichen. Kindheit und Entwicklung 9: 94 –101

Wabitsch, W. (2000): Adipositas im Kindes- und Jugendalter: Empfehlungen einer US-amerikanischen Expertengruppe zur Diagnostik und Therapie. Klinische Pädiatrie 212: 287 – 296

Warschburger, P., Petermann, F. (2000): Adipositas – Einführung in den Themenschwerpunkt. Kindheit und Entwicklung 9: 71 – 77

Warschburger, P., Petermann, F., Fromme, C., Wojtalla, N. (1999): Adipositastraining mit Kindern und Jugendlichen. Weinheim, Psychologie Verlagsunion

Verhaltensauffälligkeiten Hochbegabter

Wahrnehmen und bewerten

● Häufigkeit

Um es gleich vorweg zu sagen: Hochbegabte Kinder und Jugendliche zeigen – entgegen vielen Presseberichten – keineswegs häufiger ein auffälliges Verhalten als normal begabte. Im Gegenteil: Auch wenn es derzeit keine gesicherten Zahlen gibt, spricht vieles dafür, dass sie weniger häufig Verhaltensauffälligkeiten entwickeln. In der Regel sind sie warmherzig, emotional stabil, ruhig und fröhlich. Auch die Tatsache, dass sich eine gute intellektuelle Begabung in allen Untersuchungen über starke und widerstandsfähige Kinder als ein wichtiger Schutzfaktor gegen das Auftreten von Verhaltensstörungen erwiesen hat, spricht für diese Annahme.

Hochbegabte Kinder und Jugendliche sind vor allem erst einmal Kinder und Jugendliche wie alle anderen Kinder und Jugendlichen auch, mit ähnlichen Wünschen und Bedürfnissen. Zudem sind sie intellektuell besonders leistungsfähig. Und das kann zu Problemen und Verhaltensauffälligkeiten führen, wenn die familiäre, die schulische und die sonstige Umwelt nicht in angemessener Weise auf diese Besonderheit reagieren. Deshalb ist dieses Kapitel in das Buch aufgenommen worden.

● Hochbegabung

Hochbegabung ist ein sehr vielschichtiges Phänomen, das sehr unterschiedliche Fähigkeits- und Begabungsbereiche umfasst: So unterscheidet man zumeist den intellektuellen Fähigkeitsbereich (intellektuelle Begabung), den sozialen Fähigkeitsbereich (soziale, interpersonale Begabung), den musischen Fähigkeitsbereich (musikalische Begabung), den bildnerisch darstellenden Fähigkeitsbereich (gestalterische Begabung) und den psychomotorischen Fähigkeitsbereich (sportliche Begabung). Hochbegabung in einem der Fähigkeitsbereiche muss keineswegs mit Hochbegabung in anderen Fähigkeitsbereichen einhergehen. Ein Kind kann bildnerisch darstellend oder psychomotorisch hochbegabt sein, aber keine überdurchschnittliche Musikalität oder Intelligenz besitzen. Erfahrungsgemäß lässt sich meist eine sehr hohe Leistung nur in einem, zuweilen auch in zwei Bereichen beobachten, da außer der Begabung noch Erfahrung, intensives Üben und systematisches Training für die Umsetzung der Fähigkeiten in Leistung erforderlich sind.

● hohe Intelligenz

Im Folgenden allerdings ist eine hohe intellektuelle Fähigkeit gemeint, wenn von Hochbegabung gesprochen wird. Intelligenz gilt dabei als die Fähigkeit zum abstrakten Denken, zum Lösen von kognitiven Problemen und zum Auffinden von Ordnungen und Regeln. Sie kann über bestimmte Messverfahren erfasst werden. Von Hochbegabung spricht man üblicherweise bei einem Intelligenzquotienten über 130. Damit liegt die Zahl der hochbegabten Kinder und Jugendlichen in Deutschland zwischen 300.000 und 350.000 (etwa 2 bis 3% aller Kinder und Jugendlichen). Eine so definierte Hochbegabung zeigt etwa ab einem Alter von 4 Jahren eine hohe Stabilität bis ins Erwachsenenalter. Für Höchstleistungen sind neben kognitiven Fähigkeiten oft noch Interessen, Arbeitsdisziplin und Leistungsmotivation sowie eine kreative Haltung erforderlich. Ferner ist unumstritten, dass hochrangige Leistungen nur durch systematische Anleitung und durch langfristigen Wissens- und Fähigkeitserwerb ermöglicht werden.

• Fähigkeit und Leistung

Allerdings muss – wie schon gesagt – zwischen intellektueller Fähigkeit und der gezeigten Leistung unterschieden werden. Eine hohe intellektuelle Fähigkeit kann nur dann in eine hohe beobachtbare Leistung umgesetzt werden, wenn beispielsweise Aufmerksamkeit, Konzentration, Ausdauer und andere Faktoren hinzutreten, die ein Kind oder eine Jugendliche über lange Zeit zeigt, so dass sie als Merkmale dieser Person angesehen werden können. Dies wiederum ist abhängig einerseits von vorgegebenen Temperamentsmerkmalen der Person, zum anderen von den Erfahrungen, die ein Kind oder eine Jugendliche in der Familie, im Kindergarten, in der Schule oder in sonstigen Lebenskontexten sammelt.

• spezifische Fähigkeiten

Unterschiedliche Studien haben aufgezeigt, dass Hochbegabte über ein umfangreicheres Wissen, eine höhere Kapazität des Arbeitsgedächtnisses sowie eine größere Flexibilität bei der Wahl aufgabenspezifischer Vorgehensweisen bei ihren Denkprozessen verfügen als Normalbegabte und dass sie dadurch schneller zu Erfolgen kommen. Sie stellen Beziehungen zwischen verschiedenen Aufgaben her und übertragen bekannte und gekonnte Vorgehensweisen besser auf neue Aufgabenklassen. Sie lernen neue Regeln schneller und entwickeln selbstständig die notwendige Einsicht bei einem neuen kognitiven Problem. Allerdings werden diese Unterschiede zu den Denkprozessen durchschnittlich begabter Kinder und Jugendlicher nur deutlich bei der Lösung komplexer Aufgaben von hohem Schwierigkeitsgrad. Im Übrigen besitzen Hochbegabte nicht nur bessere Problemlösefähigkeiten, sondern vor allem auch bessere Problemfindungsfähigkeiten, was bedeutet, dass sie besser in der Lage sind, wichtige und weiter führende Fragen zu stellen.

• soziale Kompetenz

Oft wird unterstellt, dass intellektuell Hochbegabte lediglich einseitig kognitiv begabt und häufig „verkopft" seien, demgegenüber ihre soziale Reife schwach ausgeprägt sei, bestenfalls im Durchschnittsbereich liege. Dies hat sich in fast allen Untersuchungen nicht bestätigt, im Gegenteil: Die soziale Kompetenz scheint – und das trifft nicht nur für Hochbegabte zu – in engem Zusammenhang mit der allgemeinen Intelligenz zu stehen, so dass bei Hochbegabten eine höhere soziale Kompetenz anzunehmen ist. Wie weit daraus dann im Einzelfall und in der jeweiligen Situation ein sozial kompetentes Verhalten resultiert, hängt in hohem Maße von den Situationsbedingungen und im Übrigen von den individuellen Erfahrungen der jeweiligen Person ab. Grundsätzlich allerdings zeigt sich eine Überlegenheit intellektuell hochbegabter Vorschul- und Schulkinder beim Lösen sozialer Probleme, beim sich Einfühlen und sich Eindenken in eine andere Person und im Wissen um soziale Strukturen und Gesetzmäßigkeiten. Konkret ist überdurchschnittlich häufig zu beobachten, dass hochbegabte Kinder und Jugendliche in sozialen Situationen gute Ideen haben und oft Vorschläge unterbreiten, wie Konflikte kooperativ zu lösen sind.

Bei hochbegabten Jugendlichen und jungen Erwachsenen hat man beobachtet, dass sie sehr reife moralische Begründungen abgeben und sich in ihrem moralischen Urteil sehr unabhängig zeigen. Dies scheint sich bei hochbegabten Vorschul- und Grundschulkindern in einem stark ausgeprägten Gerechtigkeitsempfinden zu äußern und in einer Neigung, sich entgegen der Klassennorm häufiger für schwächere und unterdrückte Mitschüler einzusetzen.

• unstillbare Lernwut

Nicht alle, aber deutlich mehr Hochbegabte als durchschnittlich Begabte zeichnen sich durch eine „unstillbare Lernwut“ und eine ungewöhnlich hohe Leistungsmotivation aus. Sie orientieren sich – wie andere Kinder auch – besonders auf solche Tätigkeiten, die ihren Fähigkeiten entsprechen. Dabei fallen Hochbegabte durch besondere Stärken in den Bereichen Aufmerksamkeit, Ausdauer, aktive Zugewandtheit zu Personen und Objekten auf sowie in der Anpassungsfähigkeit, wenn die Umwelt dies erfordert.

• Diagnostik

Die Diagnose einer Hochbegabung muss sehr sorgfältig gestellt werden. Sie darf nicht auf lediglich ein Ergebnis eines Testverfahrens gründen. Dies gilt umso mehr, als es in Deutschland keine speziellen Testverfahren für Hochbegabte gibt und die üblicherweise angewandten Testverfahren im oberen (wie im unteren) Intelligenzbereich nicht mehr hinreichend genaue Ergebnisse erbringen. Insofern können erst die Ergebnisse mehrerer Testverfahren und zusätzlicher spezifischer Aufgabenstellungen unter Einbezug von Eigen- und Fremdanamnese sowie der Erhebung eines Persönlichkeitsbildes eine hinreichend sichere Aussage ergeben.

● selbst geschilderte Probleme

In Einzelgesprächen berichten manche hochbegabten Kinder und Jugendliche über Schwierigkeiten sozialer Art und klagen darüber, dass sie keinen Freund haben, dass sie nicht zu Kindergeburtstagen eingeladen werden oder dass sie sich selbst als „anders“ fühlen. Sie berichten über Schwierigkeiten motivationaler Art, beispielsweise darüber, dass sie sich durch die ständigen Wiederholungen in der Schule gelangweilt fühlen und dass sie deshalb keine Lust haben, die Schule zu besuchen. Zudem schildern sie Schwierigkeiten emotionaler Art, dass sie sich beispielsweise durch andere abgewertet und zurückgewiesen fühlen und darauf depressiv reagieren oder dass sie Wutanfälle bei beobachteten Ungerechtigkeiten bekommen. Damit skizzieren sie das Spektrum von Verhaltensauffälligkeiten, das auch durch Untersuchungen gefunden wurde. Es umfasst auf der einen Seite Depressivität und Zurückgezogenheit und schließt auf der anderen Seite oppositionelles, zuweilen aggressives Verhalten und Wutausbrüche ein.

● Hochbegabte als Babys

Im Säuglingsalter zeigen Hochbegabte häufig ein die Eltern sehr belastendes und anstrengendes Verhalten. Sie schreien und protestieren intensiv, wenn ihnen ihr stoffverhangener Stubenwagen keine anregende Umwelt ermöglicht oder wenn ihnen im Kinderwagen die Sicht versperrt ist. Sie zeigen eine ungewöhnliche Wachheit und wollen aufrecht getragen werden, um die Umwelt ungestört erkunden zu können. Viele haben ein geringeres Schlafbedürfnis und haben – wie manche Eltern formulieren – scheinbar Angst, „etwas zu verpassen“. Trotz des wenigen Schlafes sind sie jedoch gut leistungsfähig, so dass das geringe Schlafbedürfnis nicht als Anzeichen für irgendeine Art psychischer Störung gewertet werden kann, sondern eher ein Hinweis auf ein rege tätiges Gehirn ist.

● Vorschulkinder

Hochbegabte Vorschulkinder zeigen ihre intellektuelle Fähigkeit vor allem im schnellen Erlernen der Sprache. Sie begreifen aufgrund ihrer analytischen Fähigkeiten Sprachregeln sehr schnell und entwickeln einen großen Wortschatz. Nicht alle sprechen besonders früh. Aber wenn sie zu sprechen beginnen, lernen sie außergewöhnlich schnell. Sie verwenden keine Babysprache, und ihr Sprechen gleicht sich sehr bald dem der Erwachsenen an. Im Übrigen zeigen sie ein hohes Konzentrations- und Beharrungsvermögen bei zumeist selbst gestellten Aufgaben. In geistig unterfordernden Situationen entwickeln sie oft eine große Unruhe, die als Aktivitätsstörung (hyperkinetische Störung) missdeutet werden kann.

● Schulkinder

Hochbegabte Schulkinder zeigen oft eine Schulunlust, die bis zur Schulverweigerung gehen kann. Einige stören im Unterricht, sind motorisch sehr unruhig und erbringen im Vergleich zu ihrer offensichtlichen Begabung nur geringe Leistungen, weil sie die Mitarbeit verweigern und sich desinteressiert zeigen. Diese Auffälligkeiten können sich bis ins Jugendlichenalter hinziehen, wenn keine geeigneten Maßnahmen getroffen werden. Oft schwanken sie in ihrer Stimmung, zeigen aggressives Verhalten oder klagen über Kopfschmerzen und sonstige psychosomatische Beschwerden.

● Probleme der Eltern

Auf den ersten Blick sollte man vermuten, dass es für Eltern nichts Schöneres gibt, als ein hochbegabtes Kind zu haben. Die Realität sieht zumeist anders aus: Eltern hochbegabter Kinder empfinden eher ein gewisses Unbehagen. Sie fühlen sich unsicher und überfordert. Außerdem können ihre Kinder sehr anstrengend sein. Sie „quälen" ihre Eltern von morgens bis abends mit hartnäckigen Fragen. Sie geben sich mit allgemeinen Antworten nicht zufrieden, haken nach und weisen auf logische Irrtümer hin. Sie protestieren bei Regelverletzungen und Ungerechtigkeiten und fordern ständig neue Anregungen und Materialien.

Geben die Eltern diesen Wünschen ihrer Kinder nach, laufen sie Gefahr, dass ihre Umgebung ihnen übermäßigen Ehrgeiz vorwirft. Wenn sie bei der Lehrerin vorsprechen, weil das Kind mit der Schule unzufrieden ist, und ihren Verdacht auf eine überdurchschnittliche Begabung ihres Kindes äußern, stoßen sie häufig auf Ablehnung. Und wieder wird ihnen falscher Ehrgeiz vorgeworfen. Nicht selten spüren sie, dass das Kind auch von der Lehrerin abgelehnt, als frühreif und in seinem Verhalten nicht kindgerecht bewertet wird. Und so fühlen sich Eltern hochbegabter Kinder mit ihrer Unsicherheit, ob sie das Kind angemessen behandeln und alles Notwendige für seine ungestörte Weiterentwicklung veranlassen, mit ihrem Empfinden, dem Kind nicht gerecht zu werden, und ihren Schuldgefühlen oft allein gelassen.

Zuordnen und verstehen

● Mangel an Passung

Kinder haben dann gute Entwicklungschancen, wenn die Umwelt, in der sie leben, zu ihren Bedürfnissen und Eigenarten, zu ihren Fähigkeiten und Fertigkeiten passt. Stehen die Eigenschaften, Erwartungen und Anforderungen der Umwelt mit den Möglichkeiten und Fähigkeiten sowie den Charakterzügen und dem Verhaltensstil des Kindes in Einklang, kann eine optimale Entwicklung stattfinden. Dieses Konzept der Passung ist ein Modell, das zum Verstehen von Verhaltenseigenarten Hochbegabter besonders geeignet ist. Denn Hochbegabte treffen auf eine Umwelt, die mit ihren Angeboten und Erwartungen auf durchschnittlich intellektuell begabte Kinder und Jugendliche zugeschnitten ist. Das bedeutet: Je höher die intellektuelle Begabung des Kindes oder Jugendlichen ist, umso wahrscheinlicher ergibt sich ein Problem der Nicht-Passung.

• Unterforderung

Da die Erwartungen der Erwachsenen in Familie, Kindergarten und Schule an die Kinder und Jugendlichen im Allgemeinen nicht dem entsprechen, was Hochbegabte leisten können und wollen, unterschätzen sie deren geistige Fähigkeiten und ihre Bedürfnisse im Hinblick auf eine informative und stimulierende Umwelt. Die Anregungen und Anforderungen sind auf durchschnittlich Begabte ausgerichtet und damit zu niedrig. Verhaltensauffälligkeiten wie ein Schreien von Säuglingen, Unzufriedenheit und schlechte Laune, Unruhe und Unausgeglichenheit bis hin zu aggressivem Verhalten oder psychosomatischen Beschwerden wie Bauch- und Kopfschmerzen, Verweigerung des Kindergarten- oder Schulbesuchs sowie ein Stören beim Spiel und im Unterricht können ein Zeichen für eine Nicht-Passung sein. Diese Verhaltensauffälligkeiten sind oft Reaktionen auf Unterforderung und verschwinden, wenn das Kind vorzeitig eingeschult wird, eine Klasse überspringen kann oder der Jugendlichen anderweitig eine passende, anregungs- und anforderungsreiche Umwelt ermöglicht wird.

• Probleme im Kindergarten

Ein hochbegabtes Kind hat schon als Säugling und Kleinkind ein starkes Bedürfnis nach geistiger Beschäftigung. Es kann Informationen in großer Menge und von hoher Komplexität erfassen und verarbeiten und benötigt entsprechende Angebote und Anforderungen, um zufrieden und ausgeglichen zu sein. Den meisten Eltern gelingt es recht gut, diese Bedürfnisse des Kindes wahrzunehmen, ihr Verhalten darauf einzustellen und den Kindern Anregungen und Herausforderungen durch einen entsprechenden Umgang und durch geeignete Materialien anzubieten.

Kindergärten demgegenüber sind häufig in ihrem Angebot nicht so flexibel. Sie sind auf die Leistungsfähigkeit durchschnittlich intelligenter Kinder ausgerichtet. Zudem sind viele Erzieherinnen heute noch geprägt von der Idee, den Kindern ihre Kindheit erhalten zu wollen und sie nicht „verschulen" zu dürfen. Sie sind darin ausgebildet worden, den Kindern einen Schonraum zu schaffen, in dem alle Kinder in den letzten drei Jahrhunderten künstlich kindlich gehalten wurden. Sie neigen deshalb dazu, den kindlichen Forschungs- und Experimentierdrang eher zu bremsen, als zu fördern. Das hat zur Folge, dass insbesondere hochbegabte Kinder Langweile und Monotonie erleben und häufig unzufrieden, aufsässig oder aber auch depressiv zurückgezogen reagieren und schließlich den Kindergartenbesuch überhaupt verweigern.

Manche hochbegabte Kinder machen auch die Erfahrung, dass die anderen Kinder sie nicht verstehen, so dass sie das Interesse an ihnen verlieren und lieber allein spielen. Jungen neigen dann dazu, die anderen zu stören. Mädchen passen sich eher an und verstecken ihre Fähigkeiten und Interessen mit der Gefahr, dass ihre Hochbegabung nicht erkannt wird.

Wenn ihnen die Möglichkeit geboten wird, wählen viele hochbegabte Kinder den Ausweg, sich an die ein bis zwei Jahre älteren Kinder anzuschließen, mit denen sie eher Fähigkeiten und Interessen teilen. Problematisch wird es dann jedoch, wenn sie älter werden und schließlich selbst zu den Ältesten gehören.

• Probleme in der Schule

Hochbegabte sind frühreife, wissbegierige, neugierige Kinder, die sich das Lesen oft selbst beibringen, ohne dass sie darin unterrichtet wurden. Sie sind sehr interessiert, sehr leistungsfähig und haben sich in der Regel schon vor der Einschulung ein breites Wissen und einen sehr umfangreichen Wortschatz angeeignet. Sie wollen herausgefordert werden, wollen Probleme lösen, wollen ihren eigenen Lösungsweg finden, wollen sich lieber neues Wissen aneignen, als das vom Lehrer Vorgegebene wiedergeben. Sie passen schlecht zu einem heute noch meist vorherrschenden Unterricht, der der Wiedergabe von Wissen einen sehr viel höheren Stellenwert beimisst als der selbstständigen Aneignung von Wissen. Sie langweilen sich in einer Schule, in der es immer noch vorkommt, dass Erstklässler nicht weiter als bis Seite 10 lesen dürfen, obwohl sie diesen Stoff längst beherrschen, weil das den Arbeitsprozess der Klasse durcheinander bringen könnte.

Aber nicht nur das Angebot der Schule passt in den meisten Fällen nicht für Hochbegabte. Hinzu kommt, dass das hochbegabte Kind der Lehrerin häufig die kränkende Erfahrung vermittelt, überflüssig zu sein und das Lernen eher zu hindern, als zu fördern. Dies führt leicht zu einer schlechten Schüler-Lehrer-Beziehung. Dem Kind wird möglicherweise vorgeworfen, arrogant und überheblich zu sein, und es wird angehalten, sich in den Gesamtrahmen der Klasse besser einzufinden. Hochbegabte Kinder reagieren auf diese Situation unterschiedlich: Die einen ziehen sich zurück, die anderen reagieren eher aufsässig. Häufig lassen sie die Problematik und ihr Erleben, in der Schule lediglich ihre Zeit unnütz zu vergeuden, durch Gereiztheit, Verstimmungen und Wutanfälle zu Hause erkennen. Oft weigern sie sich, die Schule überhaupt noch zu besuchen.

Intellektuell hochbegabte Kinder sind nicht nur in der Grundschule, sondern auch auf vielen Gymnasien geistig unterfordert, wenn keine besonderen Maßnahmen ergriffen werden, um sie zu höheren Leistungen herauszufordern. Wie weit die Einzelne diese Unterforderung als „Stress“ erlebt und wie sie diesen Stress verarbeitet, ist sehr unterschiedlich. Einige Hochbegabte verweigern strikt, unerbittlich und rigoros den Schulbesuch. Einige kaspern im Unterricht herum und stören, während andere abschalten und träumen und wiederum andere mit Kopf- und Bauchschmerzen reagieren. Ausmaß und Art der Reaktionen hängen dabei im jeweiligen Einzelfall nicht zuletzt von der Frage ab, ob die Hochbegabte sich durch die Lehrer oder ihre Mitschülerinnen abgelehnt fühlt.

• Minderleistungen

Es gibt Hochbegabte, die im eklatanten Widerspruch zu ihrer generellen Leistungsfähigkeit in der Schule bemerkenswert schlechte Leistungen erbringen. Nicht selten ist dies der Anlass für Eltern, mit ihren Kindern eine Beratungsstelle aufzusuchen, wenn beispielsweise aufgrund der Minderleistungen in der Grundschule keine Gymnasialempfehlung ausgesprochen wird oder wenn das Kind aufgrund seiner Schulleistungen oder seines Arbeitsverhaltens nicht versetzt werden soll. Die meisten dieser „underachiever", dieser minderleistenden Hochbegabten, sind durchaus leistungsbereit, wollen das aber in anderer Weise tun, als die Schule das vorsieht und vorschreibt. Andere verstecken ihre Leistungsfähigkeit und zeigen sich impulsiv, sprunghaft und leicht ablenkbar. Wieder andere verfügen über ein niedriges Selbstbewusstsein, ausgeprägte Minderwertigkeitsgefühle, ein geringes Durchhaltevermögen und eine mangelnde soziale Integration. Underachiever wissen meist sehr wohl, dass sie Besseres leisten können, und suchen oft selbst nach Gründen für ihr Leistungsversagen.

Nur eine kleine Gruppe von Minderleistenden verweigert sich bewusst. Sie akzeptieren nicht die Leistungswerte der Schule (oder der Hochschule) und sehen sie nicht für sich als erstrebenswert an. Sie gehen so früh wie möglich bon der Schule ab und geben als Grund dafür die zu leichten, zu langweiligen und zu häufig sich wiederholenden schulischen Aufgaben an. Sie sehen keinen Sinn darin, beispielsweise das Abitur zu machen. Die meisten suchen sich Ausbildungs- und Arbeitsplätze, beispielsweise im ID-Bereich, wo sie angemessenere Herausforderungen erleben.

• Andersartigkeit zu anderen Kindern

Schon im Kindergarten erleben viele Hochbegabte, dass sie anders sind als die anderen Kinder. Diese Unterschiede zeigen sich am deutlichsten beim Sprechen. Hochbegabte Vorschulkinder benutzen eine komplexere Sprache mit Nebensätzen und Fremdwörtern sowie mit einem deutlich größeren Wortschatz als die Gleichaltrigen. Das führt dazu, dass die anderen sie häufig nicht verstehen, was wiederum für die Hochbegabten unverständlich ist. Aufgrund ihrer guten sozialen Kompetenz sind die Hochbegabten jedoch meist in der Lage, befriedigende Beziehungen zu den Gleichaltrigen herzustellen. Allerdings suchen sie am liebsten Kontakt zu Älteren, mit denen sie mehr gemeinsame Interessen haben.

Dieses gilt auch für ältere Kinder und Jugendliche. Die Frage, ob Hochbegabte beliebter oder unbeliebter sind als andere Kinder, wird oft gestellt, ist aber schwer präzise zu beantworten. Insgesamt verweisen Untersuchungen darauf, dass Hochbegabte tendenziell eher etwas beliebter sind als nicht Normalbegabte. Grundsätzlich haben hochbegabte Kinder, wie andere auch, den Wunsch nach Zugehörigkeit zu einer Gruppe, der mit wachsendem Alter an Bedeutung eher zunimmt.

Im Grundschulalter trägt gute Leistung noch zur Beliebtheit bei. Demgegenüber rückt ab der Sekundarstufe 1 der „Streber" als negative Gestalt in den Vordergrund. Der Hochbegabte steht damit zunehmend vor der schwierigen Aufgabe, schulisch erfolgreich zu sein und gleichzeitig von den Mitschülern akzeptiert zu werden. Das ist dann besonders schwer zu erreichen, wenn in einer Klasse schuloppositionelle Werthaltungen vorherrschen. Erbringt der Hochbegabte auch sportlich gute Leistungen, wird das die Situation für ihn erleichtern. Manche Hochbegabte aber lösen das Problem, indem sie sich darum bemühen, sich dem Klassenideal anzupassen, wenig zu lernen, keine Hausaufgaben zu machen und die Lehrer zu ärgern. Sie werden auf diese Weise zu „Minderleistern". Andere werden von ihren Mitschülern gehänselt, als „Streber" verspottet, zwar beneidet, aber aus der Klassengemeinschaft ausgeschlossen. Schließlich werden einige Opfer von aggressiven Angriffen und Quälereien ihrer Mitschüler.

• Freunde

Hochbegabte haben Freunde, aber nicht unbedingt Freunde in ihrer jeweiligen Schulklasse. In der Regel haben sie weniger Freunde als andere Kinder und Jugendliche. Denn sie stellen an die Gleichaltrigen, mit denen sie sich treffen, sowohl soziale als auch geistige Anforderungen und neigen dazu, sie sehr in Beschlag zu nehmen. Hochbegabte schätzen weniger das Rumhängen mit Freunden, sondern bevorzugen gemeinsam mit den – häufig älteren – Freunden interessante Beschäftigungen. So wie sie generell deutlich weniger fernsehen als andere Kinder und Jugendliche, sind sie auch wenig daran interessiert, mit Gleichaltrigen Videos anzusehen und auf diese Weise ihre Zeit „nutzlos" zu verbringen.

• Diskrepanzerfahrungen

Verhaltensauffälligkeiten von hochbegabten Kleinkindern können auch darin begründet sein, dass eine Lücke klafft zwischen ihrem Wunsch nach Anregung und Information und ihren motorischen Fähigkeiten, die ihnen das Erreichen dieser Anregungen ermöglichen. Sie erleben dann ihre – relativ gesehen – unzureichenden motorischen Fähigkeiten als Behinderung und reagieren verstimmt und verärgert.

Ähnliches kann geschehen, wenn tatsächlich bei einem hochbegabten Kind Behinderungen, beispielsweise eine Einschränkung der Seh- oder Hörfähigkeit, vorliegen, die möglicherweise zunächst von den Erwachsenen nicht erkannt werden. Dem Kind ist dadurch ein Zugangsweg zur der Welt erschwert, die es mit besonderer Energie zu erobern sucht. Enttäuschung, Verstimmung und Ärger sind die Folge. Schließlich gibt es auch Lese- und Rechtschreibschwächen bei intellektuell Hochbegabten, was häufig Anlass für eine Vorstellung des Kindes in einer Beratungsstelle oder bei einer Kinder- und Jugendpsychiaterin ist. Die Kinder leiden – offensichtlich noch stärker als normal begabte Kinder – unter ihrem völlig unverständlichen Versagen beim Schreiben- und Lesenlernen. Und auch bei ihnen kommt es dazu, dass sich ihr negatives Erleben auf alle Leistungsfelder ausdehnt und es zu einer generellen Schulunlust kommt.

• überforderte Eltern

Nicht selten fühlen sich Eltern durch die Erziehung ihres hochbegabten Kindes überfordert. Sie erleben eine hohe Verantwortlichkeit und einen hohen Druck, günstige Bedingungen für die Entwicklung des Kindes in einem generell für das Kind ungünstigen Umfeld zu schaffen. Gleichzeitig müssen sie sich immer wieder den Vorwurf anhören, sie würden den eigenen Ehrgeiz an ihren Kindern ausleben. Darüber hinaus kann es zu Schwierigkeiten mit den anderen Kindern der Familie kommen. Geschwister fühlen sich zuweilen vernachlässigt und zurückgesetzt, wenn die Eltern zu viel ihrer Aufmerksamkeit und Kraft auf das hochbegabte Kind konzentrieren. Aber solche Probleme sind eher die Ausnahme: In der Regel sind die Geschwisterbeziehungen eng und harmonisch.

Lösungen anregen und möglich machen

• Maßnahmen der An-Passung

Werden Verhaltensauffälligkeiten oder Verhaltensstörungen beim hochbegabten Kind oder Jugendlichen beobachtet, empfiehlt es sich, die Aufmerksamkeit auf die Frage auszurichten, ob die Umweltangebote den Bedürfnissen und Anforderungen des Kindes entsprechen, ob also – wie oben dargestellt – eine Passung vorliegt. Ist Passung nicht gegeben, sollten Maßnahmen der An-Passung durchgeführt werden. Sie können ganz einfach sein: So sollte man dem Kind mit einem offensichtlich geringen Schlafbedürfnis gestatten, abends länger aufzubleiben, und dem Kind, das sich durch die Rechenaufgabe kaum gefordert sieht, erlauben, die Rechnung ohne die für die anderen vorgeschriebenen Zwischenschritte durchzuführen.

Demgegenüber ist es wenig erfolgversprechend, den Verhaltensauffälligkeiten des Kindes oder Jugendlichen mit therapeutischen oder pädagogischen

Maßnahmen zu begegnen. Allerdings sollten Eltern auf die Erziehung und Lenkung ihres hochbegabten Kindes nicht verzichten. Wie alle Kinder müssen auch Hochbegabte lernen, sich sozial in die Familie einzufügen und ihre Bedürfnisse im Kontext der Bedürfnisse der anderen Familienmitglieder zu sehen und zu regulieren.

• Anregungen bereitstellen

Hochbegabte Kinder tun aus eigenem Antrieb das, was heute als effektives Lernen angesehen wird: Sie greifen aus eigener Initiative auf Informationen zu und verarbeiten sie selbstständig. Man könnte auch sagen: Sie verhalten sich – vielleicht mit mehr Nachdruck – so, wie alle Kinder es tun, solange ihnen durch Einschränkungen seitens der Erwachsenen und einen allzu gesteuerten Unterricht diese Art des Zugangs zu Wissen und Können noch nicht verstellt wurde. Insofern sollten Eltern Angebote bereitstellen, diese aber nicht aufdrängen. Die Entscheidung für das, was es – außerhalb der Schulpflichten – tun will, sollte vom Kind selbst getroffen werden.

• Früherkennung

Zuweilen wird die Befürchtung geäußert, es könnte ungünstig sein, wenn ein Kind allzu früh als hochbegabt identifiziert werde. Es erhalte dann eine Sonderstellung in Familie und Verwandtschaft und unter den Gleichaltrigen im Kindergarten oder in der Schule zugewiesen. Gegenüber diesen möglichen Gefahren, die durch eine gute Beratung aufgefangen werden können, scheint eine Früherkennung einen erheblichen Nutzen zu haben. Ein besseres Verständnis der Eltern für das Kind ermöglicht ein konfliktfreieres Zusammenleben. Die Bedingungen in Kindergarten und Schule können auf die Bedürfnisse des hochbegabten Kindes und Jugendlichen zugeschnitten werden. Und schließlich wird auch dem Kind und Jugendlichen selbst durch eine entsprechende Diagnostik eine verbesserte Möglichkeit eröffnet, sich selbst zu verstehen und mit auftretenden Schwierigkeiten gekonnter umzugehen.

• förderliche Kindergartenbedingungen

Auch für hochbegabte Kinder ist es wichtig, im Kindergarten soziale Lernerfahrungen im Umgang mit anderen Kindern machen und soziale Kompetenzen lernen zu können. Aufgrund ihrer hohen sprachlichen Fertigkeiten und ihrer besonderen Interessenlage ist es für sie aber schwerer, passende Spielkameraden zu finden. Es kommt deshalb darauf an, dass ihnen die Möglichkeit gegeben wird, mit älteren Kindergartenkindern in Kontakt zu treten und in ihnen Partner zu finden, die ihrem intellektuellen Entwicklungsniveau entsprechen. Weil dies oft nicht ganz einfach ist, sind inzwischen eigene Einrichtungen für hochbegabte Vorschul- und Grundschulkinder ins Leben gerufen worden, wie die Kindertagesstätten für Hochbegabte in Hannover und Nürnberg oder der Kinderclub Bonn. Von den dort betreuten drei- bis siebenjährigen Vorschul- und Schulkindern werden vielfältige

Begabungen und sehr eigenständige Denkweisen geschildert. Es wird dargestellt, dass sie interessiert und hoch motiviert seien, kaum Anleitung benötigten und ausdauernd an ihren jeweiligen Arbeiten blieben. Sie würden sich gut verstehen und gerne miteinander kommunizieren. Körperliche Auseinandersetzungen seien höchst selten, ihre Konflikte lösten sie verbal und effizient.

• Früheinschulung

Bedenken gegen eine Früheinschulung scheinen nach allen Befunden unbegründet zu sein. Eine Einschulung Hochbegabter mit fünf bis fünfeinhalb Jahren scheint vielmehr eine gute Abstimmung von kindlichen Fähigkeiten und Lernangeboten in den ersten Grundschulklassen zu ermöglichen. Eine gute Lesefähigkeit dient als Hinweis auf die Berechtigung einer solchen Maßnahme (auch wenn sie nicht ein sicherer Hinweis auf eine Hochbegabung ist). Eine psychologische Begutachtung sollte vor einer Früheinschulung jedoch durchgeführt werden, zumal Grundschullehrer und Rektoren eine solche Maßnahme eher akzeptieren, wenn ein Gutachter diese Empfehlung ausgesprochen hat.

• binnendifferenzierender Schulunterricht

Schulunterricht sollte nicht nur auf die Reproduktion von Wissen ausgerichtet sein, sondern auch das selbstständig entdeckende Lernen, das so genannte „expansive" Lernen ermöglichen. Damit würde die Voraussetzung gegeben, dass Schüler beide Lernarten, die ihre je eigenen Vorteile haben, im Lernprozess erfahren können. Eine Binnendifferenzierung im Unterricht gestattet es den Schülern, jeweils die Phase zu durchlaufen, die für sie gerade ansteht und in der sie gerade verweilen wollen oder sollen. Ein derartiger Unterricht, der nicht in erster Linie auf nachvollziehendes Lernen ausgerichtet ist, sondern mehr Freiraum für entdeckendes expansives Lernen zur Verfügung stellt, würde auch den hochbegabten Kindern Rahmenbedingungen bieten, unter denen sie eine interessante Schule erleben können. Darüber hinaus scheint es sinnvoll, für das hochbegabte Kind das reguläre Curriculum durch zusätzliche Sachthemen oder komplexere Instruktions- und Lernformen anzureichern.

• Überspringen einer Klassenstufe

Darüber hinaus erscheint das Überspringen einer Klassenstufe als eine einfache und effiziente Möglichkeit, der Langeweile und Unterforderung eines Schülers abzuhelfen. Dies geschieht in Deutschland am häufigsten an den Grundschulen, wo tatsächlich der Leidensdruck für die meisten hochbegabten Kinder und ihre Eltern am stärksten ist, da sie ein sehr hohes Ausmaß an Unterforderung in den ersten beiden Grundschulklassen erleben. Trotz einiger Bedenken wird in den letzten Jahren von dieser Möglichkeit zunehmend Gebrauch gemacht, da Untersuchungen klar haben erkennen lassen, dass die Befürchtungen beispielsweise eines späteren Leistungsabfalls oder emotionaler und sozialer Probleme sich üblicherweise nicht erfüllen.

• Spezialklassen und Spezialschulen

Entgegen landläufiger Vorurteile gibt es keinen wissenschaftlich gesicherten Hinweis darauf, dass ein gemeinsamer Unterricht mit weniger Begabten (ein so genannter kooperativer Unterricht) für Hochbegabte irgendwelche Entwicklungsvorteile hat. Eher muss man sagen, dass der Besuch von Spezialklassen und Spezialschulen zumindest für einen Teil der Hochbegabten die geeignetere Lösung ist. Die hochbegabte, kontaktfreudige, selbstbewusste Schülerin mag durch Überspringen einer oder mehrerer Klassenstufen für einige Zeit den Unterforderungen entgehen. Demgegenüber ist ein sozial gehemmter, mathematisch hochbegabter Schüler vermutlich eher in einer Spezialklasse für mathematisch Hochbegabte gut aufgehoben. Spezialschulen für Hochbegabte sind in Deutschland in den letzten Jahren eingerichtet worden. Allerdings führen die hohen Kosten der zumeist privaten Internatsschulen zu einer Benachteiligung hochbegabter Kinder aus Familien, die diese Schulen nicht finanzieren können.

• Selbsthilfegruppen und Elternvereine

Selbsthilfegruppen und Elternvereine bieten die Möglichkeit, Informationen zu erhalten und Erfahrungen im Umgang mit einem hochbegabten Kind auszutauschen. Eltern können wichtige Anregungen von anderen Eltern erhalten. Manche Belastungen und Schwierigkeiten stellen sich nicht mehr ganz so drängend dar, wenn man erfährt, dass es anderen Eltern ähnlich ergeht und ergangen ist.

Elterngruppen wurden vor allem auch gegründet, um den Kindern selbst Möglichkeiten zu bieten, mit ebenfalls hochbegabten Gleichartigen zu spielen, zu reden und ihre Erfahrungen auszutauschen. Dafür werden Wochenend- und Freizeitcamps veranstaltet; zudem sind so genannte Kinderakademien eingerichtet worden. Informationen sind in Deutschland zu erhalten über die Deutsche Gesellschaft für das hochbegabte Kind (DGhK), Otto-Suhr-Allee 26-28, 10585 Berlin (Tel. 030/343546829, Fax-Nr. 030/34356925, Internet:www.dghk.de). Hier können auch die einzelnen Regionalverbände erfragt werden.

• weitere Adressen

Deutschland
Hochbegabtenförderung e.V., am Pappelbusch 45, 44803 Bochum, Tel.0234/935670, Fax:0234/9356725, www.hbs-ev.de; Deutsche Schülerakademie, Kennedy-Allee 62-70, 53175 Bonn, Tel. 0228/9591540, www.schueler akamemie.de; Mensa Deutschland, Einsteinstraße, 82152 Planegg, Tel. 089/85663800, www.germany.mensa.org

Österreich
Verein zur Förderung hochbegabter Kinder und Jugendlicher in Tirol, Wilhelm-Greil-Straße 14/I, 6020 Innsbruck, Tel. und Fax 0512/579333, Internet: www.hochbegabung.tsn.at/index.htm; Mensa Österreich, Postfach 502, 1011 Wien, www.autria.mensa.org

Schweiz
Netzwerk Begabungsförderung Schweizer Koordinationsstelle für Begabungsforschung (SKBF), Entfelderstraße 61, 5000 Arrau, Tel. 062/8352390, Fax:062/8352399, www.skbf-csre.ch; Mensa Schweiz, Kummelenstraße 12, 5104 Oberwil, Tel. 061/6366772, www.mensa.ch

Weitere Stichworte:

Aufmerksamkeits- und Aktivitätsstörung (Band 1)
Depressive Störungen
Schulangst (Band 1)
Schulverweigerung (Band 1)

Literatur

Feger, B. (2002): Unerforschte Schätze. Report Psychologie 27: 636 – 641

Malsch, B. (2001): Die Not „hochbegabter Schüler" als Denkanstoß. Report Psychologie 26: 164 – 170

Ministerium für Bildung, Wissenschaft, Forschung und Kultur des Landes Schleswig-Holstein (Hrsg.) (2000): Kinder mit besonderen Begabungen. Erkennen, Beraten, Fördern. Kiel, Kultusministerium

Paulus, J. (2002): Die Überflieger der Nation. Bild der Wissenschaft 4: 56 – 60

Rost, D. H. (2002): Notwendige Klarstellungen. Zur Diskussion um Hochbegabung und Hochbegabte. Report Psychologie 27: 624 – 635

Rotthaus, W. (1999): Lernen zu lernen. Auf dem Weg zu einer neuen Lernkultur. System Schule 3: 46 – 49

Rotthaus, W. (2002): Wozu erziehen? Entwurf einer systemischen Erziehung. 4. Aufl., Heidelberg, Carl-Auer-Systeme

Schilling, S. R., Graf, S., Hanses, P., Pruisken, Ch., Rost, D. H., Sparfeldt, J. R., Steinheider, P. (2002): Klare Information für Betroffene. Erfahrungen aus der begabungsdiagnostischen Beratungsstelle BRAIN. Report Psychologie 27: 642 – 647

Stapf, A, (1998): Hochbegabung: Was ist das ? In: Ministerium für Cultus, Jugend und Sport Baden-Württemberg (Hrsg.): Begabungen fördern. Hochbegabte Kinder in der Grundschule. Stuttgart

Stapf, A. (2003): Hochbegabte Kinder. Persönlichkeit, Entwicklung, Förderung. München, Beck

Thieroff, H. (1999): Kinderclub. Broschüre der DGhK, Bonn

Webb, T. J., Meckstroh, E. A., Tolan, St. S. (2002): Hochbegabte Kinder, ihre Eltern, ihre Lehrer. 3. Aufl. Bern, Huber

Verhaltensstörungen nach sexuellem Missbrauch

Wahrnehmen und bewerten

● Folgen eines sexuellen Missbrauchs

Die Folgen eines sexuellen Missbrauches sind häufig schwerwiegend und können sich in einer Vielfalt an Störungen äußern. Sie betreffen sowohl den Körper, die Psyche und die zwischenmenschlichen Beziehungen. Es gibt praktisch keinen Auffälligkeits- oder Störungsbereich bei Kindern oder Jugendlichen, der nicht mit der Annahme eines sexuellen Missbrauches in Zusammenhang gebracht wurde. Beispielhaft erwähnt seien: Selbstmordversuche, selbstverletzendes Verhalten, Zwangsstörungen, depressive Störungen, kriminelles Verhalten, Magersucht und Bulimie, Schlafstörungen und Kontaktstörungen. Verhaltensstörungen, die eindeutig und zweifelsfrei auf einen sexuellen Missbrauch schließen lassen, gibt es jedoch nicht.

● Beschreibung von sexuellem Missbrauch

Es gibt große Unterschiede darin, was als sexueller Missbrauch bezeichnet wird. Das reicht vom gemeinsamen Ansehen von pornografischen Darstellungen über den Exhibitionismus, eine Belästigung mit sexuellen Bezeichnungen und Aussprüchen bis hin zu Berührungen an Brust, Gesäß und Geschlechtsteil und schließlich Vergewaltigungsversuchen und Vergewaltigungen. Wichtig ist bei Kindern und Jugendlichen zudem der Altersunterschied zwischen Täter und Opfer. Um die zumeist harmlosen „Doktorspiele" auszuschließen, spricht man erst dann von sexuellem Missbrauch, wenn der Täter deutlich älter ist als das Opfer und diesen Altersunterschied nutzt, um seine Tat zu begehen. In Statistiken wird oft ein Altersunterschied von drei oder sogar fünf Jahren vorausgesetzt. Im konkreten Einzelfall jedoch ist es noch wichtiger, die Tatumstände näher zu betrachten – Ausnutzen körperlicher Überlegenheit, Drohungen, Anwendung von Gewalt –, um zu beurteilen, ob ein sexueller Missbrauch vorliegt.

● Häufigkeit

Bezieht sich die Beschreibung von sexuellem Missbrauch ausschließlich auf einen Körperkontakt und eine Altersdifferenz von mindestens fünf Jahren zwischen Opfer und Täter, so errechnet sich eine Häufigkeit von sexuellem Missbrauch an Kindern von 6,9%. Legt man jedoch eine erweiterte Beschreibung zugrunde, die verbale Belästigungen, Pornografie und Exhibitionismus mit einschließt, so steigt die Häufigkeit auf beinahe das Doppelte, nämlich auf 12,5%. Wird nun zusätzlich der Altersunterschied um zwei Jahre herabgesetzt, so ist vorliegenden Statistiken zufolge ein Drittel aller Kinder (genau: 33,5 %) von sexuellem Missbrauch betroffen.

Befragt man Erwachsene zu ihren Erfahrungen in der Kindheit, berichten etwa 30% der Frauen und 10% der Männer von unfreiwilligen sexuellen Kontakten vor dem 18. Lebensjahr. 64% der Betroffenen erlebten die entsprechenden Handlungen vor dem zwölften Lebensjahr. (Bei dieser Fragestellung wurde eine weite Beschreibung von sexuellem Missbrauch zugrunde gelegt, in die alle Formen von sexuellem Kontakt innerfamiliär wie außerfamiliär einbezogen waren.) Frauen berichten im Gegensatz zu betroffenen Männern vermehrt von innerfamiliären sexuellen Erfahrungen. Männer erleben dagegen einen sexuellen Missbrauch vornehmlich außerhalb der Kernfamilie.

• Dunkelziffer

Alle Fachleute sind sich darüber einig, dass es bei dem Delikt des sexuellen Missbrauchs ein großes Dunkelfeld gibt. So wird beispielsweise angenommen, dass von 18 bis 20 sexuellen Gewalttaten nur eine einzige bei der Polizei angezeigt wird. Bedeutsamer als die Einschätzung der Dunkelziffer sind jedoch die Fragen: Wer oder was verhindert, dass ein sexueller Missbrauch öffentlich wird? Wollen das Kind oder die Jugendliche selbst keine Anzeige erstatten? Sind es die Eltern oder sind es die Fachleute, die von einer Anzeige abraten? Weiter ist zu fragen: Welche Wünsche und Befürchtungen führen zu diesem Verhalten? Welche Auswirkungen hat die Anzeige eines sexuellen Missbrauchs für das Kind oder die Jugendliche und ihre Angehörigen? (Siehe: Zuordnen und verstehen)

• Auftretenszeitpunkt der Folgen

Störungen können im direkten Anschluss an einen sexuellen Missbrauch auftreten. Sie können kurzfristig sein und sich nach einiger Zeit zurückentwikkeln, können aber auch langfristig sein und bis ins Erwachsenenalter hineinreichen. Und schließlich ist es auch möglich, dass zunächst keine Auffälligkeiten oder Störungen bei dem Kind oder der Jugendlichen zu beobachten sind, dass diese aber nach Monaten oder Jahren als Spätfolgen auftreten.

• Opfer ohne spätere Auffälligkeiten

Die Frage, ob Kinder und Jugendliche immer oder doch sehr häufig nach sexuellem Missbrauch Störungen zeigen, ist umstritten. Eine Reihe von Forschern stellte fest, dass ein hoher Anteil von Betroffenen nach einem sexuellen Missbrauch keine Symptomatik aufwies. Allerdings stellt sich die Frage, ob genau genug untersucht wurde, um alle Störungen zu erfassen. Auch sind möglicherweise die Kinder und Jugendlichen als symptomfrei eingeordnet worden, die Spätfolgen entwickeln, also nur für eine bestimmte Zeitspanne nach dem sexuellen Missbrauch symptomfrei geblieben sind. Es scheint aber tatsächlich Kinder und Jugendliche zu geben, die sehr widerstandsfähig gegenüber sexuellen Missbrauchshandlungen sind und über ein großes Bewältigungsrepertoire verfügen.

● geschlechtsspezifische Unterschiede

Betrachtet man das Geschlecht der Betroffenen, so lassen sich kaum spezifische Auswirkungen unterschiedlicher Art erkennen. Diese Feststellung widerspricht früheren Annahmen, die davon ausgingen, dass Jungen eher mit nach außen gerichteten Formen der Verarbeitung, beispielsweise mit aggressivem Verhalten, reagieren, während Mädchen eher nach innen gerichtete Verhaltensweisen, beispielsweise Depressionen und selbstverletzendes Verhalten, zeigen würden. Mit diesen früheren Annahmen wurde auch erklärt, dass missbrauchte Jungen häufiger zu Tätern werden.

● primäre und sekundäre Traumatisierungen

Neben einer primären Schädigung durch die sexuelle Missbrauchshandlung selbst besteht die Gefahr einer sekundären Schädigung durch die Reaktionen der Umwelt nach dem Bekanntwerden des Vorgefallenen. So ist es für ein Kind eine schreckliche Erfahrung, wenn sein Bericht über einen sexuellen Übergriff als Lüge oder Fantasie abgetan oder wenn ihm – dem Opfer – die Schuld dafür gegeben wird, dass es bei einem sexuellen Missbrauch mitgemacht habe.

● Risikokinder für erneuten sexuellen Missbrauch

Kinder oder Jugendliche, die einen sexuellen Missbrauch erlitten haben, zeigen in der Folge nicht nur häufig auffällige Verhaltensweisen. Sie sind zugleich auch Risikopersonen in Bezug auf einen weiteren Missbrauch, das heißt: Sie sind häufiger in ihrem späteren Leben nochmals Opfer einer sexuellen Misbrauchshandlung.

Zuordnen und verstehen

● Beziehung zum Täter

Die Schwere von psychischen Störungen in der Folge eines sexuellen Missbrauchs ist von unterschiedlichen Faktoren allgemeiner und persönlicher Art abhängig. In erster Linie ist die Beziehung zwischen Täter und Opfer für den Grad der Ausprägung der psychischen Störung maßgeblich. Steht der Täter dem Opfer nahe, ist er oder sie sogar eine enge Bezugs- und Vertrauensperson, ist die psychische Verletzung hoch. Denn der Täter nutzt das Vertrauen und die Abhängigkeit des Kindes aus. Derjenige, von dem das Kind Zärtlichkeit, Schutz und Fürsorge erwartet und den das Kind liebt, führt an ihm Handlungen durch, die nur seiner eigenen Befriedigung dienen und vom Kind nicht verstanden werden. Die Jugendliche, die von dem Täter elterliche

Liebe erwartet, wird konfrontiert mit dessen sexuellen Bedürfnissen. Betroffene Kinder und Jugendliche sind in der Folge verunsichert. Der Missbrauch ihres Vertrauens zu dem Täter führt zu einer Erschütterung ihres Vertrauens in Erwachsene allgemein. Viele Kinder und Jugendliche sind nach solchen Erfahrungen nicht mehr in der Lage, die Vertrauenswürdigkeit von Erwachsenen einzuschätzen. Sie entwickeln nicht selten ein tiefes Misstrauen und eine Feindseeligkeit gegenüber allen Personen, die das gleiche Geschlecht wie der Täter haben.

• Art der Missbrauchshandlung

Auch die Art der Missbrauchshandlung hat entscheidenden Einfluss auf die Schwere der nachfolgenden Schädigung. Vergewaltigungen mit Einführen des Geschlechtsteils in die Vagina oder den After ebenso wie orale Sexualpraktiken führen meist zu erheblichen psychischen Schädigungen. Bei derartigen Handlungen werden Körpergrenzen gegen den Willen des Opfers überschritten. Manipulationen, Drohungen und Gewalt werden vom Täter eingesetzt, gegen die sich das Kind oder die Jugendliche nicht wehren kann. Sie erleben sich ausgeliefert, schutzlos und ohnmächtig. Manche sind völlig verwirrt und unfähig, das, was ihnen geschieht, zu verstehen. Manche spüren eine unendliche Wut und Hass gegen den Täter; zugleich sind sie starr vor Entsetzen.

• Dauer der Missbrauchshandlungen

Selbstverständlich spielt auch die Dauer der Missbrauchshandlungen eine große Rolle beim Entstehen nachfolgender Verhaltensstörungen. So ist es ein großer Unterschied, ob es sich um eine einmalige Missbrauchserfahrung handelt oder ob sich der Missbrauch über viele Jahre erstreckt hat. Langjähriger Missbrauch erfolgt zudem meist innerhalb der Familie, so dass aufgrund der engen Beziehung zum Täter und aufgrund der Dauer des Missbrauchs besonders schwere psychische Schädigungen zu erwarten sind.

• Altersunterschied

Es gibt nur wenige Studien, die den Altersunterschied zwischen Täter und Opfer berücksichtigen. Jedoch scheint das Trauma eines missbrauchten Kindes bei hohem Altersunterschied größer zu sein als bei geringem Altersunterschied. Dies hat wahrscheinlich vor allem mit der schon erwähnten Vertrauenshaltung zu tun, die Kinder älteren Menschen entgegenbringen. Der Missbrauch dieser Vertrauenshaltung zerstört das Weltbild des Kindes und beraubt es des Erlebens von Sicherheit und Geborgenheit.

• Alter des Opfers

Die Frage, ob ein Zusammenhang zwischen dem Alter des Opfers bei Beginn des Missbrauchs und der Schwere späterer Störungen besteht, wird sehr unterschiedlich beantwortet. Einige Fachleute vertreten die Ansicht, dass jüngere Kinder verletzlicher seien. Andere sagen, jüngere Kinder seien naiver und würden deshalb sexuelle Übergriffe nicht in dem Maße als kränkend und missachtend erleben wie ältere Kinder und Jugendliche. Allerdings wird diese widersprüchliche Einschätzung offensichtlich durch neuere Studien erklärt. Durch sie fand man Hinweise auf einen Ausfall der Erinnerung an das Geschehene bei einem frühen Beginn des Missbrauchs, so dass die Opfer ihre psychischen Schwierigkeiten im Erwachsenenalter mit dieser Erfahrung zunächst gar nicht in Zusammenhang brachten.

• mehrere Täter

Die von mehreren Tätern missbrauchten Kinder und Jugendlichen zeigen in der Regel deutlich schwerere Störungen als diejenigen, die nur einem Täter ausgesetzt waren. Bei einem sexuellen Missbrauch durch mehrere Täter fühlt sich die Jugendliche in noch höherem Maße ausgeliefert, hilflos, der Willkür anderer ausgesetzt. Die Chancen, die Situation durch eigenes Handeln zu beeinflussen, sind noch geringer. Die Kränkung, von anderen nur als Objekt ihrer sexuellen Lust angesehen zu werden, ist noch stärker. Viele Jugendliche reagieren auf solche Erlebnisse mit einer posttraumatischen Belastungsstörung, verbunden mit Depressionen, einem Rückzugsverhalten und weiteren Verhaltensauffälligkeiten.

• Auswirkungen auf soziale Beziehungen

Die weitaus meisten Missbrauchstäter sind Mitglieder der engsten Familie sowie sonstige Verwandte, Freunde und Bekannte, selten völlig fremde Personen. Die häufigsten Tätergruppen sind: Väter, Stief- oder Adoptivväter, Geschwister, Stief- oder Halbgeschwister, Nachbarn, Bekannte, Erzieher, Lehrer, Pfarrer und weitere Verwandte. Das bedeutet: Durch den Missbrauch werden immer wichtige soziale Beziehungen des Kindes oder der Jugendlichen betroffen und beeinträchtigt.

Missbraucht zum Beispiel ein Vater seine Tochter, so ändert sich nicht nur das Verhältnis zwischen Vater und Tochter. Vielmehr sind die Beziehungen in der ganzen Familie betroffen. Das vom Vater „bevorzugte" Kind kann parentifiziert, das heißt: in eine Erwachsenen- oder Elternrolle gedrängt werden. Es erhält durch den missbrauchenden männlichen Erwachsenen besondere Zuwendung, wird möglicherweise altersunangemessen belohnt und bekommt der Mutter und den Geschwistern gegenüber eine Vorrangstellung – dies vor allem in einer patriarchalisch orientierten Familie. Das missbrauchte Mädchen genießt möglicherweise die herausgehobene Position, verliert aber die Rolle als Kind und sieht sich in einem verwirrenden Beziehungsgeflecht. Vielfältige Verhaltensauffälligkeiten können auf der Basis einer solchen Situation entstehen. Besonders die Beziehung zur Mutter ist nicht mehr ein Mutter-Kind-Verhältnis, sondern eher das einer Konkurrentin. Der Kontakt zu Gleichaltrigen wird nicht mehr gepflegt. Häufig trägt das Mädchen Machtkämpfe nicht nur im familialen Raum aus, sondern auch im Kontakt mit anderen Erwachsenen. Es entwickelt nicht selten ein sehr bestimmendes und manipulatives Verhalten.

• vom kleinen Geheimnis zum Schulderleben

Bei einem (gewaltfreien) sexuellen Missbrauch vermitteln Täter häufig ihrem Opfer, dass die sexuellen Handlungen ihr kleines Geheimnis seien. Manipulationen und Drohungen treten hinzu: „Du hast das doch auch gewollt“ oder „Ich komme ins Gefängnis, wenn Du unser Geheimnis verrätst – und das willst Du doch nicht“ oder „Du kommst ins Heim, wenn das bekannt wird.“ Manche Väter stellen die Handlungen als etwas dar, das jeder Vater mit seiner Tochter tue und das ganz selbstverständlich und normal sei, worüber man aber trotzdem mit niemandem reden dürfe.

Junge Kinder, die diese Angaben und das Verhalten des Vaters nicht einordnen können und die den Vater lieben, fügen sich häufig und nehmen das Gesagte an. Empfindet das Kind jedoch die Missbrauchshandlungen als unangenehm – insbesondere, wenn diese im Lauf der Zeit intensiver werden – oder versteht es mit zunehmendem Alter die sexuellen Verhaltensweisen als unnormal und missbrauchend, so gerät es in eine unentrinnbare Zwickmühle. Es lehnt die Handlungen zunehmend ab, empfindet sie immer mehr als unangenehm und verletzend und hasst den Täter. Andererseits fürchtet es sich vor den Drohungen und den angekündigten Gefahren. Es hat Angst davor, dass die Familie den Vater verliert und empfindet möglicherweise sogar noch Schuld darüber, dass es bis dahin mitgemacht hat. Als Folge treten Selbstzweifel, Verunsicherung, ein Schulderleben und vielfältige Verhaltensprobleme wie Schlafstörungen, Magersucht, Bulimie und Konzentrationsstörungen auf.

• die Verhaltensstörung als Bewältigungsprozess

Manche Verhaltensstörungen, die nach sexuellem Missbrauch auftreten, werden von Fachleuten als Überlebensstrategien angesehen. So können Jugendliche versuchen, sich für den Täter unattraktiv zu machen. Manche beginnen, unmäßig zu essen, so dass sie dicker und dicker werden. Andere entwickeln eine Magersucht und verhindern, dass ihr Körper weibliche Formen annimmt, die den Täter noch mehr animieren könnten. Derartige Verhaltensstörungen werden als Schutzfunktion gesehen, um mit der Situation fertig zu werden. Es entsteht jedoch die Gefahr, dass sich diese Störungen verselbstständigen und im Zusammenhang mit anderen situativen Gegebenheiten aufrechterhalten werden.

• Entwicklung von Problemsystemen

Ist ein sexueller Missbrauch innerhalb der Familie, im Bekanntenkreis oder in der Nachbarschaft bekannt geworden, so kommt es zwangsläufig zu Reaktionen der Mitglieder des Systems. Eine Mutter, die vom sexuellen Missbrauch zwischen ihrem Ehemann und ihrer Tochter erfährt, gerät in eine Konfliktsituation. Einerseits fühlt sie sich durch das Geschehene selbst verletzt und kann sich kaum vorstellen, dass ihr Ehemann so etwas getan hat. Zum anderen möchte sie ihr Kind schützen und es vor weiteren Missbrauchshandlungen bewahren. Gleichzeitig aber hat sie eine Bindung an ihren Ehemann und ist zudem möglicherweise wirtschaftlich abhängig von ihm, insbesondere, wenn sie noch weitere Kinder zu versorgen hat. Auch sie gerät in einen verwirrenden Widerstreit der Gefühle: Unsicherheit, Zweifel, Entsetzen, Enttäuschung, Wut und vieles andere mehr. Ihr stellen sich viele Fragen: Kann oder muss sie dem Kind glauben? Oder kann und muss sie dem Vater glauben, der die Taten weit von sich weist? Was geschieht, wenn die Beschuldigungen bekannt werden, wenn das Jugendamt oder die Staatsanwaltschaft sich einschaltet? Wie reagieren Verwandte und Freunde, wenn sie davon erfahren? Wovon soll die Familie leben, wenn der Vater in Haft kommt? Und: Wie konnte es geschehen, dass sie von den Missbrauchshandlungen nichts bemerkt hat, dass sie ihre Tochter nicht hat schützen können? Ist die eigene Tochter nun für ihr Leben gezeichnet und belastet? Vertrauen zerbricht, Beziehungen verändern sich, Achtung und Respekt gehen verloren. Tiefgreifende Verletzungen treten auf, und es entwickeln sich Verhaltensauffälligkeiten und -störungen.

● Problemsysteme im weiteren Umfeld

Problemsysteme entwickeln sich nicht nur innerhalb der Kernfamilie, sondern auch im näheren Umfeld von Familie und Bekannten, wenn ein angeblicher Missbrauch bekannt wird. Es bilden sich Gruppen, die an den Missbrauch glauben, und solche, die ihn für undenkbar halten. Der oder die Jugendliche wird bezichtigt zu lügen. Das Opfer wird als Hure beschimpft, die den Täter verführt habe, oder der Junge wird als „verkommen“ und kriminell bezeichnet. Familien von Opfer und Täter werden diskriminiert und ausgegrenzt. Oft spielt dann in diesen emotional getragenen Prozessen der sexuelle Missbrauch nach einiger Zeit nur noch die Rolle eines Katalysators, der alte Kränkungen oder Beziehungsprobleme hat aufleben lassen. Die Kinder sehen sich einer Entwicklung ausgesetzt, die sie durch das Offenbaren der Missbrauchshandlungen angestoßen haben, deren Verlauf sie jedoch überhaupt nicht mehr beeinflussen können. Erhebliche Störungen können allein durch diese „Spätfolgen“ mit bedingt werden.

● verwirrte Lerngeschichte Sexualität

Eine oft wenig verstandene Verhaltensauffälligkeit in der Folge von sexuellem Missbrauch ist das Auftreten eines sexualisierten Verhaltens bei den betroffenen Kindern oder Jugendlichen. Sexuell missbrauchte Kinder versuchen, andere zu sexuellen Spielereien zu drängen. Sie neigen dazu, vor Gleichaltrigen ihre Genitalien zur Schau zu stellen oder Erwachsenen gegenüber sexuell provokantes Verhalten zu zeigen. Sie reden oft und in einer ihrem Alter unangemessenen Art und Weise über Sexualität. Bei Jugendlichen findet sich eine hohe Bereitschaft zu sexuellen Kontakten, eine Tendenz zu einem raschen Wechsel der Sexualpartner oder zur Prostitution. Alle diese Verhaltensweisen verweisen auf eine gestörte Lerngeschichte im Hinblick auf Sexualität. So kann ein Kind während einer sexuellen Missbrauchsbeziehung für ein seinem Alter unangemessenes sexuelles Verhalten ständig belohnt worden sein. Für sein sexuelles Verhalten und sein „Entgegenkommen" hat es Zuwendung, Zärtlichkeit, Aufmerksamkeit und materielle Belohnungen erhalten. Es hat verwirrende Informationen über elterliche Liebe, elterliche Fürsorge und elterliche Zärtlichkeit, über Zuneigung, Liebe und Zuwendung allgemein, über erotische Liebe und Sexualität und über die Unterschiede zwischen diesen Arten der Begegnung bekommen. Es hat falsche Annahmen über sexuelles Verhalten und sexuelle Moral gelernt und eine Überbetonung sexuellen Verhaltens erfahren. In seinem Erleben vermischen sich Fürsorge, Zuneigung, Liebe und Sexualität.

Geschieht der sexuelle Missbrauch zwischen einem Vater und seiner Tochter oder seinem Sohn, wird auch das Verbot sexueller Beziehungen zwischen nahen Verwandten gebrochen. Die Selbstverständlichkeit dieses Inzesttabus wird in Frage gestellt und aufgelöst. Auch in dieser Hinsicht lernt das Kind eine Verwischung von Grenzen, womit die Grundlage gelegt wird für mögliche Grenzverletzungen im späteren Leben und eine Entwicklung vom Opfer zum Täter, wie sie besonders bei Jungen nicht selten zu beobachten ist.

• sexuelle Handlungen zwischen Geschwistern

Zwischen Geschwistern kommt es häufiger einmal zu spielerischen sexuellen Handlungen, die keinesfalls dramatisiert werden dürfen. Es kommt aber auch – und das gar nicht selten – zu sexuellem Missbrauch von jüngeren Geschwistern durch den älteren Bruder. Dieser nutzt den Altersunterschied, um die kleine Schwester oder den kleinen Bruder dazu zu veranlassen, bei der Befriedigung seiner sexuellen Bedürfnisse mitzumachen. Auch er verpflichtet die kleinen Geschwister durch Drohungen mit Gewalt oder sonstigen Konsequenzen zu Verschwiegenheit und Geheimhaltung, so dass die Missbrauchshandlungen nicht selten über eine lange Zeit durchgeführt werden.

Zu unterscheiden sind Missbrauchshandlungen von harmlosen spielerischen Handlungen durch den Altersunterschied und die Androhung oder die Anwendung von Gewalt. Die Täter sind häufig selbst missbraucht, misshandelt oder vernachlässigt worden. Bei manchen handelt es sich auch um die Geschwister von Missbrauchsopfern, die durch eigene Beobachtung in der Familie Missbrauchsverhalten erlernt haben.

Eine besondere Form der sexuellen Beziehung zwischen Geschwistern ist das „Hänsel-und-Gretel-Syndrom". Die betroffenen Geschwister lassen sich hierbei nicht in Täter und Opfer unterscheiden. Vielmehr handelt es sich um nahezu gleichaltrige Kinder, die beide unter emotionaler Vernachlässigung, sexuellem Missbrauch oder schwerer körperlicher Misshandlung leiden. Sie sind beide in gleichem Maße abhängig und bedürftig. Mit den sexuellen Handlungen versuchen sie sich gegenseitig Fürsorge und emotionale Zuwendung zu geben.

• Verleugnung des Missbrauchs

Die Aufdeckung eines sexuellen Missbrauchs ihres Kindes durch den eigenen Sohn ist für Eltern eine fast unerträgliche Erfahrung. Dementsprechend neigen viele Eltern dazu, das Geschehene zu leugnen oder zu verharmlosen. Auch wollen sie die Familie schützen und zusammenhalten und fürchten die Schande, wenn die Taten bekannt werden. Für das missbrauchte Kind ist das jedoch eine schreckliche Erfahrung: Das, was ihm zugefügt wurde, wird für unwichtig und belanglos erklärt, was in seinem Erleben bedeutet, dass es selbst offensichtlich als unwichtig und belanglos angesehen wird. Eventuell erfährt es aber auch noch Kritik und Vorwürfe, weil es die Taten möglich gemacht oder nicht verhindert hat. Damit fühlt sich das Kind zu Recht falsch beschuldigt, ungerecht behandelt und beurteilt. Reaktionen von Ärger, Wut und Aggression auf Seiten des Kindes sind dann geradezu „gesunde" Verhaltensweisen, während Resignation und Selbstwertzweifel langfristige depressive Störungen und andere Verhaltensprobleme auslösen können.

Manche Kinder entscheiden sich in derartigen Situationen dazu, sich für die Familie zu opfern, indem sie fälschlicherweise behaupten, die Beschuldigung zu Unrecht ausgesprochen zu haben. Sie laufen Gefahr, dass sich eine solche Haltung stabilisiert und zu einem Muster wird, das sie noch als Erwachsene immer wieder in Beziehungen hineintragen. Ihnen gelingt keine Balance von Geben und Nehmen in Beziehungen, nicht selten mit der Folge großer Unzufriedenheit und einer Neigung zu unerwarteten, wenig verständlichen affektiven Ausbrüchen.

• innerfamiliäre Spaltung

Nicht selten aber auch bewerten die Eltern das Geschehene unterschiedlich. Es entsteht Streit zwischen Mutter und Vater, oder es erfolgen Zuschreibungen von Schuld an den Partner, weil er nicht aufmerksam genug gewesen sei. Eltern geben sich auch selbst die Schuld dafür, dass sie den sexuellen Missbrauch oder die Signale darauf nicht bemerkt haben. Die Rolle, Mutter oder Vater zugleich eines Täters und eines Opfers zu sein, ist schwierig und weckt Emotionen. Eine „Lösung" kann darin bestehen, dass sich ein Elternteil auf die Seite des einen Geschwisters schlägt und der andere Elternteil auf die Seite des anderen. Weitere Familienmitglieder werden in diesen Streit mit einbezogen. Diese und andere Faktoren können zu einer erheblichen innerfamiliären Dynamik führen, die für alle belastend ist und zu sekundären Störungen führt.

• Risikofaktoren

Ein sexueller Missbrauch geschieht immer unter bestimmten Lebensumständen des Kindes oder des Jugendlichen, die vielfältige protektive, schützende Faktoren enthalten können, aber auch erhebliche Risikofaktoren. Beide Gruppen von Einflüssen können in einem nichtlinearen Zusammenwirken das Auftreten von Störungen begünstigen oder vermeiden helfen. Risikofaktoren sind beispielsweise: niedriger sozioökonomischer Status der Herkunftsfamilie; mütterliche Berufstätigkeit im ersten Lebensjahr; schlechte Schulbildung der Eltern; große Familien und sehr wenig Wohnraum; Kontakte mit Einrichtungen der „sozialen Kontrolle"; Kriminalität oder Dissozialität eines Elternteils; chronische Disharmonie innerhalb der Familie; unsicheres Bindungsverhalten vor allem zwischen dem zwölften bis achtzehnten Lebensmonat; psychische Störungen der Mutter oder des Vaters; alleinerziehende Eltern; autoritäres väterliches Verhalten; Verlust der Mutter; häufig wechselnde frühe Beziehungen; schlechte Kontakte zu Gleichaltrigen; ein Altersabstand zum nächsten Geschwister von unter 18 Monaten. Das Zusammenwirken mehrerer Risikofaktoren erhöht die Wahrscheinlichkeit, dass Verhaltensauffälligkeiten und -störungen auftreten.

• Schutzfaktoren

Demgegenüber können Schutzfaktoren die Wirkung der verletzenden, traumatisierenden Einflüsse mindern oder eingetretene Schädigungen wieder ausgleichen. Biografische Schutzfaktoren sind beispielsweise: eine dauerhaft gute Beziehung zu mindestens einer primären Bezugsperson; Aufwachsen in einer Großfamilie mit ausgleichenden Beziehungen zu den Großeltern und entsprechender Entlastung der Mutter; ein gutes Ersatzmilieu nach frühem Mutterverlust; überdurchschnittliche Intelligenz; ein robustes, aktives und kontaktfreudiges Temperament; ein sicheres Bindungsverhalten; eine soziale Förderung beispielsweise durch Jugendgruppen in der Schule oder im kirchlichen Raum; verlässlich unterstützende Bezugspersonen im Erwachsenenalter.

• Schutzfaktor: Verhalten der Mutter

Es hat sich herausgestellt, dass Kinder und Jugendliche mit dem Erleben eines sexuellen Missbrauchs am besten fertig werden und weniger Störungen erleiden, wenn sie eine Unterstützung durch die Mutter erfahren, die den Aussagen des Kindes oder des Jugendlichen glaubt, eindeutig in ihrer Stellungnahme für das Kind oder die Jugendliche ist und keinerlei Zweifel an ihrer Parteinahme für das Kind aufkommen lässt. Sehr unterstützend wirkt sich zudem aus, wenn die Mutter – und auch andere Erwachsene – das Verhalten des Kindes in den Missbrauchssituationen versteht und akzeptiert, indem sie das psychische Erleben des Kindes während dieser besonderen Erfahrung innerlich nachvollzieht und seine Reaktionsweise als situationsangemessen anerkennt.

• Gerichtsverfahren

Nach vorliegenden Ergebnissen haben vor allem bei älteren Kindern zahlreiche, langwierige oder hart geführte Zeugenvernehmungen im Gerichtssaal negative Auswirkungen. Die Kinder leiden unter dem Erleben, dass ihre Angaben in Zweifel gezogen werden und ihnen (erneut) nicht geglaubt wird. Es deutet sich zudem an, dass Kinder und Jugendliche schneller mit dem Vorgefallenen fertig werden, deren Fälle rasch abgeschlossen werden konnten. Die ausstehende Gerichtsverhandlung scheint eine Belastung zu sein, die die Möglichkeiten der Kinder beeinträchtigt, das Geschehene zu verarbeiten. Die Notwendigkeit mehrfacher Aussagen insbesondere in öffentlichen Sitzungen scheinen denn auch die Verbesserung der Symptomatik von Kindern und Jugendlichen zu verzögern. Nicht unwichtig ist zudem die Art der Befragung und Prozessführung. So scheinen in Jugendgerichtsverfahren die Belastungen geringer zu sein als bei normalen Strafprozessen.

Lösungen anregen und möglich machen

• Akzeptanz der Verhaltensstörung

Will man ein Kind oder eine Jugendliche mit auffälligem Verhalten darin unterstützen, einen sexuellen Missbrauch zu bewältigen, kommt es vor allem darauf an, die Verhaltensstörung als eine Reaktion auf das Erlebte anzunehmen. Sie ist die für dieses Kind passende Reaktionsform angesichts seines derzeitigen Entwicklungsstandes, seiner familiären Situation und der gesellschaftlichen Einstellungen und Bedingungen. Natürlich bedeutet die Verhaltensstörung auch eine Belastung und Herausforderung sowohl für das Kind selbst als auch für alle Personen im Umfeld des Kindes. Hilfreich ist es dann, die Aufmerksamkeit darauf auszurichten, welche Funktion die Verhaltensstörung hat, was das Kind dadurch ausdrückt und in welcher Weise sie als Überlebensstrategie dient. Eine solche Blickrichtung fördert das Verstehen und erhöht die Chance, in geeigneter Weise darauf zu reagieren.

• psychosomatische Störungen

Die Vielfalt möglicher Störungen in der Folge eines sexuellen Missbrauchs ist – wie gesagt – hoch. Neben körperlichen Verletzungen, die durch gewaltsam durchgeführte Sexualpraktiken entstehen, werden psychosomatische, psychiatrische und psychische Störungen sowie Verhaltensauffälligkeiten unterschieden. Zu den psychosomatischen Störungen werden gerechnet: Magersucht, Bulimie und Übergewicht, akute und chronische Unterleibsschmerzen, Erbrechen, Atemnot, Globusgefühl und Erstickungsängste; Asthma, Ohnmachtsanfälle und Kreislaufschwächen; sekundäres Einnässen und Einkoten, psychogene Stuhlverhaltung, Schlafstörungen, Alpträume und Sprachstörungen.

• psychiatrische Störungen

Als psychiatrische Auffälligkeiten werden zumeist angegeben: Tics, Haarausreißen, Nägelkauen, Zwangsphänomene wie Grübelzwang oder Waschzwang, unspezifische Angstzustände und Ängste (Phobien) vor bestimmten Orten, Personen, Gruppen und Gerüchen; depressive Reaktionen; dissoziative Störungen wie plötzliche, zeitlich begrenzte Bewusstseinsstörungen; selektiver oder kompletter Mutismus, Selbstmordversuche und Drogensucht.

• psychische Störungen

Als psychische Reaktionen können genannt werden: Störungen des Selbstwertgefühls, Gefühle von Minderwertigkeit und Schmutzigsein; Scham- und Schuldgefühle; Wut, Ohnmacht und Hilflosigkeit; Unfähigkeit, das eigene Leben selbstbestimmend zu führen, und Unfähigkeit zu vertrauen; Zweifel an der eigenen Wahrnehmung.

• Verhaltensauffälligkeiten

Unter Verhaltensauffälligkeiten werden angeführt: extremer Leistungsabfall in der Schule, aber auch extreme Leistungsbereitschaft; übersteigertes Fremdeln, distanzloses Verhalten, Weglaufen, Streunen, kriminelles Verhalten, Beziehungs- und Kontaktschwierigkeiten mit Rückzugsverhalten, regressive Verhaltensweisen wie Daumenlutschen und Festklammern, aggressive Verhaltensweisen gegen sich selbst und andere, sexualisiertes Verhalten wie sexualisierte Sprache, provozierende oder manipulierende Verhaltensweisen anderen gegenüber, öffentliches Masturbieren und wahllose Geschlechtskontakte.

• Schutz und Sicherheit vermitteln

In konkreter Form und auch im übertragenen Sinne braucht das Kind oder die Jugendliche das Gefühl der Sicherheit. Dies wird vermittelt, wenn die Eltern sich eindeutig auf die Seite des missbrauchten Kindes stellen, falls beispielsweise ein Nachbar oder ein Geschwister die missbrauchenden Handlungen vollzogen haben. Ist der Ehemann oder die Ehefrau der Missbraucher oder die Missbraucherin, so ist neben der deutlichen Parteinahme der konkrete Schutz vor erneutem Missbrauch das, was das Kind jetzt am nötigsten braucht. Gleichzeitig muss die Geschädigte auch vor Stigmatisierungen und Diskriminierungen im weiteren Verlauf geschützt werden. All das ist schwer zu leisten angesichts der Tatsache, dass der sexuelle Missbrauch – wie es einmal formuliert wurde – „die Pathologie der Verwobenheit und der

Verstricktheit" ist und kann ohne Inanspruchnahme einer fachlichen Hilfe kaum bewältigt werden.

• Vertrauen wieder aufbauen

Einem verlorenen Vertrauen, welches sich bei vielen Opfern einstellt, kann nicht nur über Sprechen begegnet werden. Vielmehr bedarf das Kind oder die Jugendliche kontrastierender Beziehungserfahrungen. Eltern und andere Bezugspersonen stehen somit vor der Aufgabe, ihr Verhalten auf Zuverlässigkeit und Eindeutigkeit zu überprüfen. Regeln und Absprachen innerhalb der Familie – oder auch in einer Heim- oder Klinikgruppe – müssen korrekt eingehalten werden. Notwendige Kritik muss so erfolgen, dass das Kind die Sicherheit der Beziehung nie in Frage gestellt erlebt. Nur auf diesem Wege entwickelt sich wieder Zutrauen, und das Kind stabilisiert sich. Bezugspersonen müssen auch damit rechnen, dass das Kind die Zuverlässigkeit ihrer Beziehung austestet. Es fordert durch Grenzüberschreitungen Reaktionen des Erwachsenen heraus, um zu sehen, ob die Beziehung auch unter Belastungen sicher und tragfähig ist und bleibt.

• Person und Verhalten

Jede kompetente Erzieherin hat gelernt, auf ein nicht akzeptables Verhalten klar und eindeutig mit Ablehnung zu reagieren, aber gleichzeitig das Kind als Person weiterhin zu akzeptieren und zu unterstützen. Vermieden wird, die Bewertung des unerwünschten Verhaltens auf die Gesamtpersönlichkeit auszuweiten. Ein Heranwachsender erlebt somit, dass ein bestimmtes Verhalten zwar abgelehnt wird, niemals aber seine Person als Ganzes. Dies ist umso glaubwürdiger, wenn es auch für den Umgang mit dem Täter gilt. Beispielsweise sollte auch der Missbraucher, sei es der Bruder oder der Vater, nicht verallgemeinernd nur als „der Böse" diskriminiert werden. Die Tat ist kompromisslos zu missbilligen, und die Verantwortung liegt immer bei dem älteren oder erwachsenen Täter. Aber das bedeutet nicht, dass man nicht auch über die netten und anerkennenswerten Seiten des Täters sprechen dürfte und sollte. Dies fördert die differenzierte Wahrnehmung auf Seiten des Kindes und damit auch den Prozess der Bewältigung.

• Klarheit über die Verantwortung

Klarheit darüber zu schaffen, wer die Verantwortung für das Missbrauchsgeschehen trägt, ist eine der wichtigsten Maßnahmen zur Unterstützung des Opfers. Jeder, der mit dem Opfer umgeht, muss diesem vermitteln, dass der Ältere – der Erwachsene oder das ältere Geschwister – die Verantwortung allein trägt. Der Täter steht auf einem anderen sexuellen Entwicklungsstand. Er erfasst die Bedeutung der sexuellen Handlung und kann diese einordnen. Er hat einem jüngeren Menschen ein altersunangemessenes Verhalten aufgedrängt, Wünsche nach Zärtlichkeit missbraucht und seine Position, seine Macht und körperliche Stärke genutzt, um die Befriedigung seiner sexuellen

Wünsche zu erzwingen. Missbrauchte Kinder und Jugendliche quälen sich immer wieder mit Schuldvorwürfen gegen sich selbst, weil sie glauben, sich nicht genug gewehrt zu haben oder weil sie verwirrt sind darüber, dass sie – für eine gewisse Zeit vielleicht auch gerne – mitgemacht haben. Für ihren Bewältigungsprozess ist es deshalb unverzichtbar, dass alle wichtigen Personen ihnen eindeutig vermitteln, dass der Täter allein die Verantwortung für das Geschehene trägt.

• das verzerrte Weltbild zurechtrücken

Eine klare Haltung im Hinblick auf die Frage der Verantwortung ist auch deshalb so wichtig, weil Täter dazu neigen, die eigene Verantwortung auf andere zu verschieben. Nicht selten weisen sie dem Kind oder der Jugendlichen die Schuld – oder doch eine Mitschuld – zu, stellen sich selber als Opfer und Verführte dar. Andere geben vor, nicht in der Lage gewesen zu sein, dem eigenen Sexualtrieb zu widerstehen. Wieder andere haben die Missbrauchshandlungen dem Opfer gegenüber sogar als Wohltat dargestellt. Manche Kinder wachsen in einem Umfeld auf, in dem entsprechende Einstellungen und Ideen gar nicht so ungewöhnlich sind. Und auch im Gerichtssaal kann ein Kind mit der Idee konfrontiert werden, es habe den Erwachsenen verführt. Die eindeutige Position der Eltern und Erzieherinnen in dieser Frage der Verantwortlichkeit ist deshalb ungemein wichtig. Und auch nach unserer Gesetzgebung ist nur der Täter schuldig, auch wenn das Kind sich noch so verführerisch gekleidet oder verhalten haben sollte.

• Bewältigung und Selbstschutz fördern

Opfer brauchen von ihren Bezugspersonen viel Zeit und ein geduldiges Zuhören. Achten Sie auf die Signale der Jugendlichen, die anzeigen, dass sie sprechen möchte. Das Opfer spricht die Dinge an, die es beschäftigen. Hören Sie zu, und versuchen Sie zu erfassen, was sie für das Kind bedeuten. Manchmal mag es sein, dass Ihnen die berichteten Inhalte unwichtig erscheinen. Sie sind es jedoch für die Erzählende nicht.

Will ein Opfer mit Ihnen über den Missbrauch selbst reden, ohne Anzeichen unkontrollierter Panik zu zeigen, so hören Sie aktiv zu. Versuchen Sie, das Erleben nachzuvollziehen. Gehen Sie auf die Inhalte ein, in denen die Jugendliche über Möglichkeiten eigener Aktivität und der Kontrolle der Situation spricht. Stellen Sie dabei heraus, dass sie damals noch zu klein oder zu unerfahren war, die Situation zu kontrollieren, dass sie heute aber eine Reihe von Möglichkeiten kennt, wie sie anders handeln könnte, geriete sie nochmals in eine solche Situation. Gelingt dies, so fühlt die Jugendliche sich nicht mehr so ausgeliefert und hilflos. Dies unterstützt den Verarbeitungsprozess.

Schützen Sie das Kind, und fördern sie seine Fähigkeiten zum Selbstschutz. Jemanden zu schützen darf ja nicht heißen, ihn von sich abhängig zu machen und eigene Initiativen zu begrenzen. Vielmehr ist es erforderlich, eine erfolgreiche Selbstbehauptung zu unterstützen – auch gegenüber der liebevoll beschützenden Beziehungsperson. Eltern und Erzieherinnen sollten Anregungen zu eigenständigen Meinungsäußerungen geben, auch zu Widerspruch gegenüber den Bezugspersonen. Sie sollten Entscheidungen und Meinungen der Jugendlichen akzeptieren, vielleicht sogar herausfordern, die nicht den eigenen Ideen und Interessen entsprechen. Dies bedeutet zugleich, den eigenen Standpunkt eindeutig zu vertreten und zu erläutern.

• weibliche und männliche Sexualität

Ein aktives Zuhören eröffnet häufig auch die Chance, mit der Tochter über Themen zu sprechen, die üblicherweise unausgesprochen bleiben. Eigene Erfahrungen zu Fragen so genannter Frauensexualität und Männersexualität haben hier ihren Platz. Was wird in unserer Gesellschaft im Hinblick auf Sexualität einem Mann zugebilligt, und was einer Frau? Wie kann man unterscheiden zwischen der rein körperlichen Sexualität und dem, was unter den Stichworten Liebe, Zuwendung, Akzeptanz und Nähe gewünscht und verstanden wird? Welche unterschiedlichen Erfahrungen machen Frauen und Männer im Rahmen ihrer sexuellen Sozialisation, und welche Bedürfnisse entwickeln sie? Nehmen Sie sich die Zeit, über solche Themen ausführlich mit der Jugendlichen zu sprechen. Wenn es gelingt, die eigenen Bedürfnisse wahrzunehmen, sich in die Unterschiedlichkeit von konventionell weiblichen und männlichen Wünschen hineinzudenken und zwischen Sexualität und Liebe zu unterscheiden, fällt es in Zukunft leichter, schwierige Situationen zu meistern und sich unerwünschten Situationen zu verweigern.

• fachliche Hilfen

Die Folgen eines sexuellen Missbrauches sind außerordentlich vielfältig. Primäre Folgen verstricken sich mit sekundären. Situative Einflüsse des Lebensumfeldes und gesellschaftliche Einstellungen werden wirksam. Es ist deshalb sinnvoll, in jedem Fall fachliche Hilfe hinzuzuziehen. Nach einem sexuellen Missbrauch müssen zumeist viele Entscheidungen getroffen werden, die Kompetenz und Erfahrung erfordern, um eine Klärung herbeizuführen, den Schutz des Kindes sicherzustellen und es auf geeignete Weise bei der Bewältigung zu unterstützen. Selbst dann, wenn ein Kind sich nach einem sexuellen Missbrauch unauffällig benimmt, sollten eine Beratung und eventuell eine Therapie erfolgen, um Spätfolgen zu vermeiden oder zu vermindern. Allerdings ist es auch wichtig zu akzeptieren, wenn ein Kind oder eine Jugendliche sich entscheidet, derzeit keine Therapie machen zu wollen.

• Information

Eine kommentierte Literaturliste zum sexuellen Missbrauch erhalten Sie beim Jugendinformationszentrum, Steinstr. 7, 22095 Hamburg

Weitere Stichworte:

Angst (Band 1)
Aufmerksamkeits- und Aktivitätsstörung (Band 1)
Bulimie
Depressive Störungen
Drogensucht
Einkoten (Band 1)
Einnässen (Band 1)
Furcht – Phobien (Band 1)
Kriminelles Verhalten
Magersucht
Posttraumatische Verhaltensauffälligkeiten
Schlafstörungen (Band 1)
Selbstmordhandlungen
Ticstörungen (Band 1)
Übergewicht
Zwangsstörungen

Literatur

Amann, G., Wipplinger, R. (Hrsg.) (1998): Sexueller Missbrauch. Überblick zu Forschung, Beratung und Therapie. Ein Handbuch. 2. Aufl. Tübingen, dgvt

Becker-Fischer, M., Fischer, G. (1996): Sexueller Missbrauch in der Psychotherapie – was tun? Asanger, Heidelberg

Briere, J., Runtz, M. (1988): Post sexual abuse trauma. In: Wyatt, G.E., Powell, G.J. (eds): Lasting effects of child sexual abuse. London, Sage: 85 – 100

Cirillo, S., Di Blasio, P. (1992): Familiengewalt – ein systemischer Ansatz. Stuttgart, Klett-Cotta

Corbin, A. (Hrsg.) (1992): Die sexuelle Gewalt in der Geschichte. Berlin, Wagernbach

Enders, U. (Hrsg.): Zart war ich, bitter wars: Handbuch gegen sexuelle Gewalt an Mädchen und Jungen. Köln, Kiepenheuer und Witsch

Engfer, A. (1992): Kindesmisshandlung und sexueller Missbrauch. Zeitschrift Pädagogische Psychologie 6: 165 – 174

Fischer, G., Gurris, N., Pross, C., Riedesser, P. (1995): Psychotraumatologie – Konzepte und spezielle Themenbereiche. In: Adler, R. H., Hermann, J. M., Köhle, K., Schonecke, O. W., von Uexküll, Th., Wesiack, W. (Hrsg.): Psychosomatische Medizin. München, Urban und Schwarzenberg: 543 – 552

Hartwig, L., Weber, M. (1991): Sexuelle Gewalt und Jugendhilfe: Bedarfssituation und Angebote der Jugendhilfe für Mädchen und Jungen mit sexuellen Gewalterfahrungen. Münster, Votum

Herman, J. (1993): Die Narben der Gewalt. München, Kindler

Heyne, C. (1994): Täterinnen. Zürich, Kreuz

Hirsch, M. (1994): Realer Inzest. Psychodynamik sexuellen Missbrauchs in der Familie. 3. Aufl., Berlin, Springer

Levold, T., Wedekind, E., Georgi, H. (1993): Gewalt in Familien. Systemdynamik und therapeutische Perspektiven. Familiendynamik 18 (3): 287 – 322

Loftus, E.F., Polensky, S., Fullilove, M.T. (1994): Memories of childhood sexual abuse: remembering and repressing. Psychology of Women Quarterly 18: 67 – 84

Martens-Schmid, K. (1991): Sexueller Missbrauch in der Familie. In: Rotthaus, W. (Hrsg.): Sexuell deviantes Verhalten Jugendlicher. Dortmund, modernes lernen: 139 – 151

Saller, H. (1992): Wie begegne ich einem betroffenen Kind, das mich ins Vertrauen zieht? In: Kazis, C. (Hrsg.): Dem Schweigen ein Ende. Basel, Lenos

Steinhage, R. (1991): Sexueller Missbrauch an Mädchen. Ein Handbuch für Beratung und Therapie. Hamburg, Rowohlt

Zwangsstörungen

Wahrnehmen und bewerten

• Zwangsverhalten

Viele Kinder und Jugendliche zeigen vorübergehend harmlose Formen von Zwangsverhalten. So finden wir bereits bei Säuglingen zwanghaft anmutende Züge, wenn beispielsweise beim Schlafengehen bestimmte Reihenfolgen streng beachtet und die Gleichförmigkeit äußerer Gegebenheiten – das Nukkeltuch am selben Platz oder Ähnliches – genau eingehalten werden müssen. Bei Kleinkindern kennt man feste Gewohnheiten beim Essen und Waschen sowie beim An- und Auskleiden, auf denen sie relativ starr bestehen. Bei Schulkindern lässt sich häufig die pedantische Befolgung selbst auferlegter Ge- und Verbote beobachten, beispielsweise das Nicht-Betreten von Bordstein- oder Plattenfugen des Bürgersteiges. Andere kontrollieren mehrfach, ob ihre Arbeitsmaterialien für die Schule vollständig sind. Jugendliche kehren nach dem Verlassen des Hauses ein- oder mehrfach zurück, um zu kontrollieren, ob sie auch wirklich die Haustür geschlossen haben.

Solche Phänomene sind meist vorübergehend und behindern das Kind oder den Jugendlichen im Alltag kaum. Oft helfen sie sogar, sich in neuen Lebensphasen rasch und besser zurechtzufinden. So manchem Ritual scheint auch eine ordnende, spannungs- und angstreduzierende Funktion zuzukommen. Allerdings ist es nicht auszuschließen, dass sie sich in einzelnen Fällen unter entsprechenden familiären Bedingungen und vielleicht auch in Abhängigkeit von konstitutionellen Gegebenheiten verfestigen und in eine Zwangsstörung übergehen.

• Zwangsstörungen

Kinder und Jugendliche mit Zwangsstörungen zeigen ein derartiges Zwangsverhalten in großer Häufigkeit und über lange Zeit (mindestens zwei Wochen lang an den meisten Tagen). Sie erleben sie als zur eigenen Person gehörig, empfinden sie als sinnlos und leisten Widerstand dagegen, häufig jedoch erfolglos. Die Zwangsgedanken oder Zwangshandlungen sind zeitraubend, hindern die Kinder und Jugendlichen bei der Bewältigung ihrer Altersaufgaben und sind mit großem Leidensdruck verbunden. Sinnlose Gedanken tauchen immer wieder auf und beschäftigen sie über lange Zeit. Bestimmte Handlungen müssen immer wieder durchgeführt werden. Die einen fühlen sich gequält durch den Zwang, bestimmte Zahlenreihen oder einen bestimmten Satz immer wieder denken zu müssen. Andere kommen von sehr belastenden Ideen nicht los („Ich habe eine Nadel verloren, in die ein anderer Mensch treten und dann an einer Blutvergiftung sterben wird!").

Manche Jugendliche müssen zigmal kontrollieren, ob Türen geschlossen, Lichtschalter oder der Küchenherd ausgeschaltet oder bestimmte Tätigkeiten auch tatsächlich zu Ende gebracht worden sind. Andere verbringen Stunden damit, bestimmte Symmetrien herzustellen, beispielsweise Schnürsenkel genau gleich lang zu binden oder beim Schreiben die (gedachte) Linie genau einzuhalten. Am häufigsten leiden die Kinder und Jugendlichen unter dem Zwang, sich immer und immer wieder waschen zu müssen.

All diesen Zwangsgedanken und Zwangshandlungen liegt eine für Außenstehende schwer nachvollziehbare Intensität zugrunde. Sie nehmen die Zeit und die Aufmerksamkeit des Betroffenen in Anspruch und verdrängen alles andere im Leben des Jugendlichen. Der Zwang besetzt ihn ganz und gar. Obwohl der Jugendliche „weiß", dass er die Tür geschlossen oder die Hände soeben gewaschen hat, ohne sie erneut zu beschmutzen, traut er seinem Wissen nicht. Obwohl er „weiß", dass das Betreten einer Plattenfuge auf dem Bürgersteig so etwas nicht auslösen kann, muss er jeden Schritt ganz vorsichtig setzen, damit ein Betreten der Linie nicht Unglück über seine Eltern bringt. Der Jugendliche erkennt die Zwangssymptome als eigene Gedanken und eigene Handlungen. Er leistet, wenn auch erfolglos, Widerstand dagegen, und er leidet darunter.

• Zwangsgedanken

Zwangsgedanken sind alle wiederkehrenden und anhaltenden Gedanken, Impulse oder Vorstellungen, die sich gegen den Willen des Jugendlichen in seine Gedankenwelt drängen und die er nicht unterdrücken kann, obwohl er sie als sinnlos erlebt. Sie sind fast immer quälend, und der Jugendliche versucht meist erfolglos, Widerstand dagegen zu leisten. Am häufigsten sind bei Jugendlichen Befürchtungen vor Verschmutzung oder Vergiftung sowie Befürchtungen, dass den Eltern oder sonstigen Angehörigen etwas Schlimmes passiert. Andere Jugendliche müssen zwanghaft bestimmte Zahlenreihen, Wortreihen oder gereimte Verse denken. Wieder andere fühlen sich gequält durch Gedanken religiösen, aber auch obszönen oder gewalttätigen Inhaltes, die sie als persönlichkeitsfremd erleben. Sie versuchen, solche Gedanken und Impulse zu ignorieren, zu unterdrücken oder mit Hilfe anderer Gedanken oder Handlungen auszuschalten, indem sie mit ihren Zwängen verhandeln oder sich aggressiv verhalten, damit die Zwänge nicht überhand nehmen. Auf diese Weise kann sich dann ein sogenannter „Abwehrzwang" entwickeln.

• Zwangshandlungen

Zwangshandlungen sind wiederholte Verhaltensweisen, zu denen sich ein Jugendlicher als Reaktion auf seine Zwangsgedanken oder aufgrund von streng zu befolgenden Regeln gezwungen fühlt. Am häufigsten sind im Kindes- und Jugendalter Wasch- und Reinigungszwänge, beispielsweise exzessives Händewaschen. Ebenfalls häufig sind Wiederholungszwänge in der Art, dass die Jugendliche mehrfach durch die Tür hinein- oder herausgeht oder das Schreiben bestimmter Sätze im Schulheft immer wieder neu beginnt. Gleichermaßen treten Kontrollzwänge auf, zum Beispiel das Kontrollieren von Türen, der Schultasche oder des Stundenplanes. Zwangshandlungen werden durchaus beabsichtigt durchgeführt und dienen dazu, die schrecklichen Ereignisse zu verhindern, die durch die Zwangsgedanken vorgegeben werden. So berührt eine Jugendliche die Türklinke nicht, weil sie fürchtet, sich dadurch anzustecken und tödlich zu erkranken, oder sie geht einen bestimmten Weg nicht, weil sonst die Eltern einen Unfall erleiden.

Die Jugendliche sieht meist ein, dass ihr Verhalten übertrieben, unbegründet oder unvernünftig ist (bei Kindern muss dies allerdings nicht immer der Fall sein). Sie versucht, den Zwangshandlungen zu widerstehen. Aber in der Regel treten dann Ängste und Spannungen auf, die so unerträglich sind, dass sie sehr schnell wieder auf die Zwangshandlungen zurückgreift, so dass es zumindest kurzfristig zu einer Erleichterung des eigenen Unbehagens kommt.

● Beginn der Zwangsstörungen

Die meisten Kinder und Jugendlichen versuchen ihre Zwangshandlungen und -gedanken zunächst zu verbergen. Es kann Monate dauern, bis die Eltern sie bemerken. Verwandte und Bekannte, Lehrer und Gleichaltrige bemerken häufig zunächst nichts von den Problemen, da das Kind oder der Jugendliche die Zwangshandlungen in der Öffentlichkeit oft so kontrollieren kann, dass sie nicht bemerkt werden. Für Eltern ist es dann schwer verständlich, dass der Jugendliche das Problem in der Schule, bei Freunden und selbst auf einer längeren Klassenfahrt unterdrücken kann, zu Hause aber nicht zu kontrollieren vermag. Ähnlich wie bei Ticstörungen ist eine solche Kontrolle der Zwänge außerhalb der Familie für das Kind aber sehr anstrengend und belastend. In der vertrauten Umgebung muss es dann die Zwänge umso ausgeprägter durchführen.

Die meisten Zwangsstörungen beginnen im späten Kindesalter oder im Jugendalter. 40 bis 50% der Erwachsenen mit einer Zwangsstörung entwickeln ihre ersten Symptome vor dem 15. Lebensjahr.

● Häufigkeit

Zwangsstörungen treten bei Kindern und Jugendlichen in einer Häufigkeit von 1 bis 2% auf. Beide Geschlechter sind im Jugendlichenalter gleichermaßen betroffen, im jüngeren Alter finden sie sich häufiger bei Jungen. In den meisten Fällen (rund 70%) treten Zwangsgedanken und Zwangshandlungen gleichzeitig auf. Zwangshandlungen ohne Zwangsgedanken sind eben so selten wie Zwangsgedanken ohne Zwangshandlungen.

• Verlauf

Bei mehr als der Hälfte der Kinder und Jugendlichen mit Zwangsstörungen wird beschrieben, dass sie schon Jahre vor dem Auftreten einer behandlungsbedürftigen Störung zumindest über längere Zeiten sehr starre Verhaltensweisen oder bestimmte Wiederholungsrituale gezeigt haben. Die Entwicklung hin zur Zwangsstörung kann stetig, teils aber mit wechselnder Symptomatik oder aber episodisch in der Form verlaufen, dass die Symptome nur zu manchen Zeiten auftreten. Bei 30% kommt es im Verlauf der Störung zu einer spontanen Besserung. Andererseits behalten 20% der Kinder und Jugendlichen mit Zwangsstörungen ihre Auffälligkeit lebenslang. Kinder und Jugendliche mit einer Zwangsstörung leben im Erwachsenenalter oft sozial isoliert, häufig noch bei ihren Eltern, und nur wenige haben Partnerschaften. Eine Reihe von ihnen muss soziale Unterstützung in Anspruch nehmen.

Wie die zukünftige Entwicklung einer Zwangsstörung sein wird, ist schwer vorauszusagen. Weder das Alter bei Beginn, noch die Art der auftretenden Symptome geben einigermaßen zuverlässige Hinweise. Lediglich die Dauer einer Zwangssymptomatik scheint ein Hinweis auf eine ungünstige Prognose zu sein.

• weitere Verhaltensauffälligkeiten

Über die Hälfte der Kinder und Jugendlichen mit Zwangsstörungen zeigen noch weitere Verhaltensauffälligkeiten. Traurigkeit, Unglücklich-Sein, ein geringes Selbstwertgefühl, Rückzugsverhalten, Unsicherheiten und Ängste sind häufig. Motorische Tics (siehe: Ticstörungen) werden bei jedem vierten oder fünften Jugendlichen mit Zwangsverhalten beobachtet. Kinder und Jugendliche mit einer Tourette-Störung, bei der es zu unwillkürlichen motorischen Zuckungen und Lautäußerungen in vielfältiger Form kommt, entwickeln im Laufe dieser Störung häufig zusätzlich Zwangshandlungen. Bei behandlungsbedürftigen Jugendlichen mit Zwangsstörungen zeigen sich in 40% Angststörungen und in fast der gleichen Häufigkeit eine Depression. Diese Störungen entwickeln sich etwa in der Hälfte der Fälle vor dem Beginn der Zwangssymptomatik, während sie bei den restlichen Kindern und Jugendlichen offensichtlich erst in Reaktion auf die Zwangsstörung auftreten. Aufmerksamkeitsstörungen und aggressive oder dissoziale Störungen sind eher selten und treten ausnahmslos vor Beginn der Zwangssymptomatik schon auf.

• Einbezug der Familie

Charakteristisch für Zwangsstörungen ist, dass die Familienangehörigen in hohem Maße mit einbezogen werden. Dies kann in unterschiedlicher Form geschehen: Leidet eine Jugendliche unter Waschzwängen, dürfen die Familienangehörigen beispielsweise ihre Handtücher nicht in die Nähe des Handtuchs der Jugendlichen hängen. In anderen Fällen wird die Mutter aufgefordert, die Häufigkeit des Einseifens mitzuzählen, damit dies ganz genau zehnmal geschieht. Oft bittet ein Jugendlicher seine Eltern oder Geschwister, die Kontrollaufgaben für ihn zu übernehmen, wenn gemeinsam die Wohnung verlassen wird, weil er zu viel Angst hat, dass er irgendeine wichtige Handlung versäumt hat. Oder die Familienmitglieder werden immer wieder gefragt, ob sie wirklich ganz sicher seien, dass der Herd abgestellt sei oder sonst nicht irgendetwas Fürchterliches passieren könne.

Häufig geschieht es auch, dass eine Jugendliche die Angehörigen dazu drängt, sich genau nach ihren Ordnungszwängen und ihren Reinigungsregeln zu richten. So muss die Wohnung exakt nach ihren Vorstellungen geputzt werden, und die Dinge müssen ganz genau an den richtigen Stellen stehen. Auch kann es geschehen, dass Familienmitglieder sich in der gemeinsamen Wohnung nicht mehr frei bewegen können, weil die Jugendliche massive Angst vor Verschmutzung hat und bestimmte Bereiche nach dem Reinigen nicht mehr betreten oder berührt werden dürfen. Das Bad ist oft aufgrund stundenlanger Waschrituale blockiert. Ein exzessiver Gebrauch von Wasch- und Reinigungsmitteln, erhöhte Strom- und Wasserkosten können die Familie finanziell stark belasten.

Vielen Angehörigen fällt es schwer zu verstehen, dass die Zwangshandlungen einer Jugendlichen immer nach festen Regeln ablaufen müssen, beispielsweise das Einseifen beim Duschen nach einem ganz bestimmten Schema erfolgen muss. Wird ein solcher Verlauf durch Einflüsse von außen, zum Beispiel ein Drängen von Familienmitgliedern auf ein Verlassen des Bades, aber auch durch Telefonanrufe oder Ähnliches, unterbrochen, muss die Jugendliche möglicherweise ihr Zwangsritual wiederholen. Dabei kann es zu Gereiztheiten und Aggressionsausbrüchen den Angehörigen gegenüber kommen, da die Jugendliche durch ihre Ängste, ihre Verunsicherung und durch ihre Zwangsimpulse und Zwangsgedanken unter hohem Druck steht.

• Abgrenzung zu anderen Störungen

Auch im Rahmen einer schizophrenen Symptomatik können Jugendliche von bestimmten Gedanken gequält werden. Diese Zwangsgedanken werden aber als von außen aufgezwungen erlebt, während der Jugendliche bei einer Zwangsstörung die Zwangsgedanken als von ihm selbst kommend wahrnimmt. Eine gewisse Ähnlichkeit können Zwangsgedanken mit einem ständig wiederkehrenden Grübeln im Rahmen einer Depression haben. Diese immer wiederkehrenden Gedanken im Rahmen einer Depression werden aber nicht als sinnlos empfunden und unterscheiden sich dadurch wiederum von Zwangsgedanken im Rahmen einer Zwangsstörung. Eine wiederkehrende Furcht vor einer ernsthaften Erkrankung wird auch bei einer Hypochondrie beobachtet. Hierbei kommt es aber nicht zu eindeutigen Zwangshandlungen, wie sie typisch für die Zwangsstörung sind. Zwanghaftes Bestehen auf einer ganz bestimmten Ordnung ist bei autistischen Störungen verbreitet; sie lassen sich aber in aller Regel durch die übrige autistische Symptomatik gut von Zwangsstörungen unterscheiden.

Zuordnen und verstehen

• Sicherheitsbedürfnis

Kinder und Jugendliche mit Zwangsstörungen haben ein hohes Sicherheitsbedürfnis und deshalb den Wunsch nach vertrauten, gewohnten und immer gleichartigen Abläufen. Veränderungen lösen Irritation und Angst aus. Diese Angst versuchen sie durch Regeln und Kontrollmechanismen, eben ihre Zwangsrituale, zum Verschwinden zu bringen, was meist für kurze Zeit auch tatsächlich gelingt. Stellt jemand diese Regeln infrage, fühlt sich der Betroffene überfordert, was zu Gereiztheit und auch Aggressivität führen kann.

Kinder und Jugendliche mit Zwangsstörungen kann man etwas besser verstehen, wenn man sich vergegenwärtigt, dass ihnen das Vertrauen darin fehlt, dass etwas auf Anhieb richtig sein könnte. Wenn sie etwas getan oder erledigt haben, treten automatisch Zweifel auf, ob sie es auch richtig getan oder erledigt haben oder ob sie nicht vielleicht einen nicht mehr gut zu machenden Fehler begangen haben. Sie geraten in unendliche Grübeleien und kommen nicht zur Ruhe. Sie überschätzen die Wahrscheinlichkeit des Eintreffens ihrer Befürchtungen so sehr, dass sie versuchen, durch Kontrollen, Wiederholungen und sonstige Zwänge wieder an Sicherheit zu gewinnen. Viele können sich auch von dem Gedanken nicht lösen, sie hätten etwas Falsches gesagt oder könnten sich sonst irgendwie schuldig gemacht haben, und geraten in heftige Verzweiflung. Nach außen wirken sie dann oft geistig abwesend, umständlich oder verlangsamt, weil sie eben nur noch mit diesem Gedanken beschäftigt sind. Manche Kinder und Jugendliche versuchen dann immer wieder erneut, sich von ihrer Umgebung versichern zu lassen, dass befürchtete Dinge und deren katastrophale Folgen nicht eintreten werden.

• hohes Verantwortungsgefühl

Viele Kinder mit Zwangsstörungen empfinden auch ein hohes Verantwortungsgefühl, das sie auf Dinge ausrichten, auf die sie keinen Einfluss haben. Während depressive Kinder sich für Vergangenes verantwortlich fühlen und furchtsame, phobische Kinder die nicht zu beeinflussende Zukunft fürchten, leiden Kinder mit Zwangsstörungen darunter, dass sie für kommende schreckliche Ereignisse verantwortlich sind. Dementsprechend fällt es ihnen schwer, Entscheidungen zu treffen. Dies kann bis zur Handlungsunfähigkeit führen, da es weniger Angst macht, keine Entscheidung zu treffen, als sich für etwas Falsches zu entschließen, wobei das ständige Abwägen enorm erschöpfend ist. Die Kinder quälen sich mit ihrer Entscheidungsunfähigkeit und werden zudem noch von ihrer Umgebung deswegen kritisiert. Dies führt dann oft zu immer weiterer Verunsicherung und verstärktem Rückzug, was nach außen als depressives Verhalten erscheinen kann.

• Verselbstständigung der Symptome

Es gibt eine Reihe unterschiedlicher Theorien über das Entstehen von Zwangsstörungen. In allen spielt die Verselbstständigung der Symptome eine wesentliche Rolle. So kann es geschehen, dass eine Jugendliche, die schon seit früher Kindheit eher unsicher gewesen ist, an sich gezweifelt hat, sich nicht gut durchsetzen konnte und Trennungsängste zeigte – das findet sich oft bei Kindern und Jugendlichen mit Zwangsstörungen –, in neuen Anforderungssituationen (beim Umzug der Familie, beim Wechsel der Schule oder Ähnlichem) plötzlich anfängt, Dinge häufiger zu kontrollieren oder auch zu reinigen nach dem Motto: „Habe ich die Wohnungstür auch wirklich abgeschlossen? Habe ich den Herd auch wirklich abgeschaltet? Ist denn hier auch alles sauber?“ Die Jugendliche sucht sich Sicherheit zu schaffen und alles ganz besonders genau, besonders ordentlich und besonders zuverlässig zu machen, damit nur keine Fehler geschehen, damit sie keinen Ärger bekommt und nicht kritisiert wird.

Im einem anderen Fall kann es geschehen, dass ein Jugendlicher in einer Lebenssituation, die ihn beunruhigt, Ängste vor verschieden Katastrophen entwickelt, beispielsweise Ängste davor, dass den Eltern ein Unfall zustoßen könnte, dass die Mutter an Krebs erkrankt oder dass er selbst sich mit Aids infiziert. Er macht die Erfahrung, dass er durch Zählzwänge, durch Wiederholungs- und Berührungszwänge oder aber durch zwanghaft wiederholtes Fragen, beispielsweise ob der Mutter wirklich nichts passieren werde, diese Ängste vorübergehend in den Griff bekommen kann.

Rituale, die mit ihrer magischen Kraft Unheil abwenden sollen (beispielsweise dreimal auf Holz klopfen oder bei Künstlern vor dem Auftritt über die linke Schulter spucken), nehmen viele Menschen mehr oder weniger ernst und führen sie durch. Allerdings geben sie ihnen kaum eine längerfristige, hohe Bedeutung. Jugendliche mit hohen Ängsten oder mit Zwangsideen behalten demgegenüber solche Rituale über lange Zeit bei, wenn sie einmal in Gang gesetzt wurden. Denn sie haben einen – wenn auch nur kurz wirkenden – Angst reduzierenden Effekt, der mit dem subjektiven Gefühl der Entlastung verbunden wird und so zu einer positiven Verstärkung führt. Die ursprünglichen Gründe, die zu diesen Handlungen geführt hatten, werden dann häufig im Laufe der Zeit unwichtig. Die Jugendlichen müssen einfach ihr Zwangsverhalten durchführen, damit sie sich besser fühlen. Es entsteht so ein Teufelskreis aus Ängsten und zwanghaften Gedanken, auf die die Jugendlichen mit Zwangshandlungen reagieren, um die Ängste zu vermindern. Da das aber nur kurzfristig wirkt, beginnen die Ängste und die Zwangsgedanken bald wieder von neuem.

• Induktion von Angst und Unsicherheit

Familiäre Einflüsse scheinen – neben konstitutionellen Faktoren – insofern eine Rolle zu spielen, als sie die Entstehung von Angst und Unsicherheit bei dem Kind beeinflussen. Oft ist eine sehr enge Beziehung gerade zur Mutter zu beobachten sowie ein verwöhnender, überbehütender und damit einengender, manchmal aber auch inkonsequenter und damit verunsichernder Erziehungsstil der Eltern. Darüber hinaus zeigt sich bei vielen Kindern und Jugendlichen mit Zwangsstörungen eine hohe familiäre Belastung mit psychischen Auffälligkeiten, insbesondere mit Angst, Zwang und depressiven Symptomen. Im Übrigen werden als häufige Familienmerkmale genannt: ein hoher Stellenwert von Sauberkeit und Ordnung, ein Mangel an Spontaneität mit Neigung zum Rationalisieren, eine Überanpassung, eine strenge Religiosität, eine Tabuisierung von Sexualität und vor allem eine eingeschränkte Kontaktfähigkeit mit sozialen Isolierungstendenzen.

• aufrechterhaltende Faktoren

Darüber hinaus hat die Art und Weise, wie die Familienmitglieder auf die Zwangssymptome des Kindes oder des Jugendlichen reagieren, eine hohe Bedeutung im Hinblick auf die Aufrechterhaltung der Symptome. Weil es schwer zu ertragen ist, das Kind so leiden zu sehen, neigen viele Familienangehörige dazu, auf das ständige Fragen oder auf die teils abstrusen Forderungen beispielsweise nach dem Waschen eines Handtuchs nach einmaliger Berührung einzugehen, verstärken aber letztlich damit die Symptomatik.

Lösungen anregen und möglich machen

• weder Willenssache noch dumme Angewohnheit

Zwänge sind Verhaltensweisen, die durch die Kinder und Jugendlichen nur in begrenztem Maße zu kontrollieren sind. Deshalb ist es unsinnig, an die „Willenskraft" oder den „gesunden Menschenverstand" des Kindes zu appellieren oder es aufzufordern, die „dummen Angewohnheiten" zu unterlassen. Alle Diskussionen über die Notwendigkeit oder Sinnhaftigkeit bestimmter Zwangshandlungen haben sich als nicht hilfreich erwiesen. Sie lösen im Gegenteil bei den Betroffenen Schuldgefühle aus, die zu einer weiteren Selbstabwertung und einer Zunahme der Zwangssymptome führen. Die Kinder und Jugendlichen leiden an einer Störung, die mit viel Angst, Beunruhigung und großen Belastungen verbunden ist und die sie nicht „bei gutem Willen" ablegen können.

• Zwänge nicht unterstützen

Andererseits ist es aber auch eine Illusion zu denken, man könne dem Kind helfen, indem man es bei der Abwicklung seiner Zwänge unterstützt. Im Gegenteil: Wenn man dem Kind Rituale abnimmt oder seinem Wunsch nach Rückversicherungen nachgibt, verstärkt und stabilisiert man damit auf lange Sicht das Zwangsverhalten. Allerdings ist es oft sehr schwer, den Forderungen des Kindes zu widerstehen, weil sie mit sehr großem Nachdruck oder hoher Verzweiflung vorgebracht werden und die Verweigerung häufig sehr viel Wut und Aggression auslöst.

Fragt ein Jugendlicher zum Beispiel immer wieder, ob er durch sein Verhalten auch niemanden verletzt habe oder ob sein Verhalten auch nicht dazu führe, dass etwas Schreckliches geschehe, so sollte mit ihm in Ruhe besprochen werden, dass man ihm das noch einmal versichern, dann aber nicht mehr darauf antworten werde. Dies sei keine Unfreundlichkeit und habe nichts mit mangelnder Zuwendung zu tun, sondern geschehe, weil sich gezeigt habe, dass dadurch sein zwanghaftes Verhalten nur noch schlimmer werde. Man wisse, dass das in dieser Situation für ihn sehr unangenehm sei, wolle aber keineswegs zur Aufrechterhaltung oder gar zur Verschlechterung seiner Zwangssymptome beitragen.

• Grenzen setzen

Ebenso ist es wichtig, dafür Sorge zu tragen, dass das Zwangsverhalten nicht den gesamten Alltag der Familie beherrscht. Das ist allerdings meist gar nicht leicht zu erreichen. Hilfreich ist es, einen Bereich zu vereinbaren, innerhalb dessen Toleranz gegenüber Teilen der Symptomatik geübt wird. Wenn die Grenzen dieses Bereiches überschritten werden, muss dann aber auch ein deutliches „Stopp“ gesagt werden. Eltern und sonstige Familienangehörigen müssen trotz allem weiter ihr Leben leben, sich mit Freunden treffen und ihren Hobbys nachgehen können.

• Ausnahmen beachten

Hilfreicher als die Konzentration auf die Augenblicke, in denen das Zwangsverhalten in besonders starkem Maße auftritt, ist es, sich auf die Situationen zu orientieren, in denen die Zwänge kaum in Erscheinung treten. Über diese Augenblicke sollte man mit dem Jugendlichen sprechen. Auch lohnt es sich, darüber nachzudenken, auf welche Weise mehr derartige oder ähnliche Situationen geschaffen werden können. Darüber hinaus sollte man schauen, welche gemeinsamen Aktivitäten durch die Symptome wenig beeinträchtigt werden, und sollte sie bevorzugt durchführen. Kommt es zu Rückfällen und einer vorübergehenden Verstärkung der Symptome, sollte man darüber mit dem Jugendlichen nicht viel reden. Solche Ereignisse sind im Verlauf von Zwangsstörungen üblich.

• Eltern- und Familienarbeit

Zwangsstörungen bilden sich von sich aus selten zurück, was bedeutet, dass professionelle Hilfe rechtzeitig in Anspruch genommen werden sollte. Da Zwänge in zwischenmenschlichen Beziehungen eine wichtige Funktion einnehmen, ist es dabei nützlich, die ganze Familie mit einzubeziehen. Forschungen zeigen, dass die psychotherapeutischen Erfolge umso besser waren, je intensiver die Eltern- und Familienarbeit durchgeführt wurde. Dabei wird über die Auswirkungen der Zwangsstörung auf die Familie und die Erfahrungen mit den bisherigen Bewältigungsversuchen in der Familie gesprochen, und es wird ein gemeinsames Krankheitskonzept entwickelt. Im Weiteren werden Konflikte in der Familie, die vermutlich zur Aufrechterhaltung der Zwangssymptomatik beitragen, wie Geschwisterrivalität, Partnerkonflikte, Konflikte im Rahmen der Autonomietendenzen des Jugendlichen, bearbeitet. Auch eventuelle perfektionistische Ansprüche, zwanghafte Tendenzen oder manifeste Zwangsstörungen der Eltern werden thematisiert. Die Eltern werden Hilfe erfahren bei ihrem Bemühen, ihre Unterstützung und Zuwendung bei der Durchführung von Zwangshandlungen zu vermindern und angemessene Bewältigungsschritte des Jugendlichen zu verstärken. Schließlich wird es darum gehen herauszufinden, wie wieder erfreuliche familiäre Aktivitäten und Unternehmungen gestaltet werden können, die häufig durch das Auftreten der Zwangssymptome eingeschränkt oder beendet wurden.

• Einzeltherapie

Sofern nicht bereits die Eltern- und Familienarbeit zu einer deutlichen Besserung der Symptomatik geführt hat, sollte eine Einzeltherapie mit dem Kind oder Jugendlichen durchgeführt werden. Einzeltherapien werden aber erst möglich sein, wenn der Jugendliche bereit ist, sich helfen zu lassen. Erfahrungsgemäß dauert es oft recht lange, bis ein Betroffener akzeptiert, dass er Hilfe braucht. Diese Weigerung macht Eltern und andere Familienangehörige oft hilflos und wütend. Es ist schwer zu ertragen, den Betroffenen so leiden zu sehen. Gleichzeitig ist es aber auch belastend und ärgerlich, selbst durch die Zwangssymptome in diesem Umfang eingeschränkt und belastet zu werden.

Dem Jugendlichen gegen seinen Willen den Gang zum Therapeuten aufzuzwingen, bringt selten Erfolg. Man sollte offensichtliches Zwangsverhalten ansprechen, wenn beispielsweise auffällt, dass die Tochter gerade wieder in einer schwierigen Situation „hängen geblieben“ ist. Man sollte auch darüber informieren, dass das Zwangsverhalten eine Störung ist, die psychotherapeutisch behandelt werden kann. Zuweilen sind auch Informationsmaterialien und Selbsthilfebücher hilfreich, die dem Kind zeigen, dass es mit seinen Schwierigkeiten nicht alleine steht, dass andere gleichartige Erfahrungen gemacht und Hilfe bekommen haben.

• Exposition mit Reaktionsveränderung

In vielen Fällen wird die Einzeltherapie darin bestehen, dass sich das Kind oder der Jugendliche freiwillig unter Anleitung des Therapeuten den Angst auslösenden Reizen, also den inneren Zwangsimpulsen, aussetzt, dabei aber jede Art einer vermeidenden Folgereaktion unterlässt. So hilft der Therapeut einer Jugendlichen mit Waschzwängen dabei, absichtlich Dinge zu berühren, die üblicherweise Ängste und Waschzwänge auslösen, und doch die Hände anschließend nicht zu waschen. Kinder, die vielfach kontrollieren müssen, ob sie die Haustür geschlossen haben, wenn sie zur Schule gehen, versuchen unter Anleitung der Therapeutin, das Haus zu verlassen, ohne eine einzige Kontrolle durchzuführen. Ziel ist es, die Kinder und Jugendlichen die Erfahrung machen zu lassen, dass die Ängste, die Schuldgefühle oder die Zwangsideen in solchen Situationen zunächst zunehmen, dann aber nach einiger Zeit nachlassen, ohne dass sie die Zwangshandlung durchführen mussten. Sie sollen lernen, dass die befürchtete Katastrophe nicht eintritt, wenn sie den Zwängen widerstehen. Das erfordert viel Mut und Überwindung, und es ist sehr anstrengend für die Betroffenen, die Ängste und inneren Spannungen auszuhalten.

Bei Zwangsgedanken muss diese Expositionsbehandlung in der Vorstellung durchgeführt werden. Die Jugendlichen werden mit schlimmen Befürchtungen konfrontiert. Häufig wird danach trainiert, die zwanghaften Gedanken und gedanklichen Rituale, wie zum Beispiel einen Zählzwang, bewusst zu unterbrechen. Liegen neben der Zwangsstörung ausgeprägte Depressionssymptome und überwertige Ideen vor, kann sich der Therapeut auch bemühen, die gedanklichen Schlussfolgerungen des Jugendlichen infrage zu stellen und seine Bewertungsmuster zu ändern.

• medikamentöse Behandlung

Eine medikamentöse Behandlung mit Antidepressiva kann zu einem Rückgang der Symptomatik führen. Allerdings sind die Effekte nicht von Dauer. Bei Absetzen der Medikation kommt es in 80 bis 90% der Fälle zu einer vollständigen Rückkehr der Symptome. Man sollte deshalb medikamentös niemals behandeln, ohne gleichzeitig eine Familientherapie und möglichst auch eine Expositionstherapie durchzuführen. Es gibt aber Forschungsergebnisse, die darauf hinweisen, dass eine medikamentöse Therapie die Ergebnisse der übrigen therapeutischen Bemühungen verbessern kann.

• Selbsthilfegruppen

Selbsthilfegruppen können Kindern und Jugendlichen bei der Bewältigung ihrer Zwangsstörung dadurch helfen, dass sie sich mit anderen austauschen, dass sie Mut gewinnen durch die Beobachtung, dass andere unter denselben Schwierigkeiten leiden und dass andere erfolgreich dagegen angegangen sind. Auch Eltern können im Gespräch mit anderen Eltern, die die gleichen oder ähnliche Erfahrungen haben machen müssen, Entlastung finden. Adressen kann man über die Deutsche Gesellschaft Zwangserkrankungen e.V. erhalten (Postfach 15 45, 49009 Osnabrück, Tel.: 0541 – 3 57 44 33, Internet: www.zwaenge.de).

• Weitere Internetadressen

Online-Forum für Betroffene: www.zwangsstoerungen.de, Österreichische Selbsthilfe-Seite: www.zwaenge.at, englischsprachige Newsgroup: alt.support.ocd.

Weitere Stichworte:

Angst (Band 1)
Autistische Störungen (Band 1)
Depressive Störungen
Furcht – Phobien (Band 1)
Haarausreißen (Band 1)
Schizophrene Störungen
Ticstörungen (Band 1)
Trennungsangst (Band 1)

Literatur

Baer, L. (2001): Alles unter Kontrolle – Zwangsgedanken und Zwangshandlungen überwinden. Göttingen, Huber

Ciupka, B. (2001): Zwänge – Hilfe für ein oft verheimlichtes Leiden. Düsseldorf, Walter

Döpfner, M. (1993): Zwangsstörung. In: Steinhausen, H.C., von Alster, M. (Hrsg.): Handbuch der Verhaltensmedizin und Verhaltenstherapie bei Kindern und Jugendlichen. Weinheim, Psychologie Verlagsunion: 267 – 318

Döpfner, M. (2002): Zwangsstörungen. In: Petermann, F. (Hrsg.): Lehrbuch der Klinischen Kinderpsychologie und -psychotherapie. Göttingen, Hogrefe: 271-290

Döpfner, M., Breuer, B. (1997): Zwangsstörungen. In: Petermann, F. (Hrsg.): Fallbuch der klinischen Kinderpsychologie. Göttingen, Hogrefe: 85 – 107

Döpfner, M., Rothenberger, A. (1997): Zwangsstörungen bei Kindern und Jugendlichen – Fragen und Antworten. Informationen für Betroffene und ihre Eltern. Osnabrück, Deutsche Gesellschaft Zwangserkrankungen e.V.

Knölker, U. (1987): Zwangssyndrome im Kindes- und Jugendalter. Göttingen, Vandenhoek & Ruprecht

Knölker, U. (1992): Zwangssymptome im Kindes- und Jugendalter. In: Hand, I., Goodman, W. K., Evers, U. (Hrsg.): Zwangsstörungen. Berlin, Springer: 24 – 36

Lakatos, A., Reinecker, H. (2001): Kognitive Verhaltenstherapie bei Zwangsstörung. Ein Therapiemanual. 2. Aufl., Göttingen, Hogrefe

Nardone, G. (1997): Systemische Kurztherapie bei Zwängen und Phobien. Göttingen, Huber

Nardone, G. (2003): Den Tiger reiten – Strategische Kurztherapie bei zwangsneurotischen Patienten. Psychotherapie im Dialog 4: 247 – 249

Rapoport, J. L. (1990): Der Junge, der sich immer waschen musste. Wenn Zwänge den Tag beherrschen. München, Goldmann

Reinecker, H. S. (1994): Zwänge – Diagnose, Theorien und Behandlung. Göttingen, Huber

Rothenberger, A. (1999): Zwangsstörungen. In: Palitzsch, D. (Hrsg.): Lehrbuch der Jugendmedizin. Stuttgart, Thieme: 750 – 754

Scholz, A., Rothenberger, A. (2001). Mein Kind hat Tics und Zwänge. Göttingen, Vandenhoeck & Ruprecht

Signer-Fischer, S. (1997): Symbolhandlungen: Ritus oder Zwang? Hypnotische Techniken zur Behandlung von Kindern mit einschränkenden, zwangsartigen Handlungen und Gedanken. In: Mrochen, S., Holtz, K.-L., Trenkle, B. (Hrsg.): Die Pupille des Bettnässers. Hypnotherapeutische Arbeit mit Kindern und Jugendlichen. Heidelberg, Carl Auer Systeme

Wewetzer, C., Hemmiger, U., Warnke, A. (1999): Aktuelle Entwicklungen in der Therapie von Zwangsstörungen im Kindes- und Jugendalter. Nervenarzt 70: 11 – 19

Wewetzer, C. (2004): Zwänge bei Kindern und Jugendlichen. Göttingen, Hogrefe

Stichwortverzeichnis

T

U

Handbuch für Eltern und Erzieher • Band 1:

Hilde Trapmann / Wilhelm Rotthaus

Auffälliges Verhalten im Kindesalter

Das Buch gliedert sich in 37 alphabetisch geordnete Kapitel, die die wichtigsten Verhaltensauffälligkeiten im Kindesalter behandeln und in jeweils drei Hauptabschnitte untergliedert sind. Im ersten Abschnitt werden Hinweise gegeben, wie ein beobachtetes Verhalten einzuordnen und zu bewerten ist: Liegt eine Besonderheit oder eine Abweichung von unserer kulturellen Norm überhaupt vor? Wird ein kindgerechter Maßstab angelegt, wenn das Verhalten als auffällig oder störend bewertet wird? Welche Aspekte sollten bei der Einordnung oder Bewertung besondere Berücksichtigung finden? Im zweiten Abschnitt werden Anregungen gegeben, das beobachtete Verhalten den jeweiligen Situationen, in denen es auftritt, zuzuordnen, um damit einem Verstehen näher zu kommen: Welchen Sinn könnte das beobachtete Verhalten haben? Hat es im Augenblick eine Funktion, durch die es aufrecht erhalten wird? Im dritten Abschnitt geht es darum, Lösungen anzuregen und möglich zu machen: Was kann ich als Erwachsener in meinem Verhalten ändern, um Änderungen beim Kind anzustoßen? Welche Anregungen braucht es? Wie soll sich das Kind „stattdessen“ verhalten, wenn es das störende Verhalten nicht mehr zeigen würde?

„Dies ist ein Buch, das ohne Einschränkung jedem zu empfehlen ist, der mit Kindern zu tun hat und hier nicht nur Menschen aus verschiedenen Berufsfeldern, sondern ebenso Eltern betroffener Kinder. Jeder Erzieher oder Lehrer kann bestätigen, dass sich heute gehäuft Auffälligkeiten des Verhaltens zeigen, die in diesem Ausmaß das Zusammenleben, das Lehren und das Lernen erheblich erschweren. Dies Buch bringt eine Fülle von Informationen, Anregungen und Hilfen. Es ist leserfreundlich geschrieben, denn es ist auch für Laien verständlich. Lesenswert ist dies Buch auch deshalb, weil es die Bedingtheit von Verhalten aufgreift und beschreibt und dies ohne Schuldzuschreibung.“ *Hildegard Gebel, Integrative Lerntherapie*

„Ein äußerst übersichtliches und schnell lesbares Nachschlagewerk für die ersten Tipps bei Problemen mit verhaltensauffälligen Kindern im Alltag.“ *www.beratungsnetline.de*

„Die Autoren, beide reich an Erfahrung im Umgang mit verhaltensauffälligen Kindern und ausgebildet als Familien- und Gesprächstherapeuten, haben mit diesem Buch ein leicht verständliches Nachschlagewerk geschrieben. Auch in Zukunft werde ich dieses ausgezeichnete Buch benutzen, und an Eltern und Erzieher weiterempfehlen.
Meiner Meinung nach kann es helfen, Barrieren zwischen den Kindern und den oft 'genervten' und entkräfteten Erwachsenen zu brechen, und so einen Weg bahnen, dass beide Seiten gemeinsam eine akzeptable Lösung finden.“ *Sandra Cela, ergoXchange*

◆ 11., unveränderte Aufl. 2004, 352 S., Format 16x23cm, fester Einband
ISBN 3-8080-0572-6 **Bestell-Nr. 1101, sFr 30,80, € 17,50**

verlag modernes lernen borgmann publishing

Hohe Straße 39 • D-44139 Dortmund
Tel. (0231) 12 80 08 • FAX (0231) 12 56 40
Unsere Bücher im Internet: www.verlag-modernes-lernen.de

Robby Sacher

Handbuch KISS KIDDs

Entwicklungsauffälligkeiten im Säuglings-/Kleinkindalter und bei Vorschul-/Schulkindern – Ein manualmedizinischer Behandlungsansatz

◆ 2004, 176 S., Format 16x23cm, fester Einband, ISBN 3-8080-0560-2, Bestell-Nr. 1159, € 19,95

Erhard Fischer

Welt verstehen – Wirklichkeit konstruieren

Unterricht bei Kindern und Jugendlichen mit geistiger Behinderung

◆ 2004, 272 S., Format 16x23cm, br, ISBN 3-86145-266-9, Bestell-Nr. 8406, € 21,50

Kerstin Gebauer

Fördern durch Gestalten

Mehrfach behinderte SchülerInnen arbeiten mit Ton

◆ 2004, 108 S., Format 16x23cm, br, ISBN 3-8080-0524-6, Bestell-Nr. 3639, € 15,30

Wolfgang Hesse / Katharina Prünte

Sensorische Integration für schizophrene Patienten

Theoretische Grundlagen – Therapiekonzept – Erfahrungen

◆ 2004, 256 S., Format 16x23cm, br, ISBN 3-8080-0551-3, Bestell-Nr. 1057, € 21,50

Barbara Giel / Monika Tillmanns-Karus

Kölner Diagnostikbogen für Myofunktionelle Störungen

Mit Handanweisung

◆ 2004, 32 S. (inkl. 7 S. Formular-Kopiervorlagen), Format DIN A4, Ringbindung, ISBN 3-8080-0556-4, Bestell-Nr. 1924, € 15,30

Regina Leupold

Zentrale Hörwahrnehmungs-Störungen

Auswirkungen und Erfahrungen – Ein Ratgeber für Betroffene, Eltern und Therapeuten

◆ 3., verb. u. erw. Aufl. 2004, 232 S., Format DIN A5, br, ISBN 3-8080-0541-6, Bestell-Nr. 1907, € 15,30

Silvia Maaß

Mit Kindern Bilder zaubern

Betrachtungen und Anregungen zum Bildgestalten mit Kindern

◆ 2., verb. u. erw. Aufl. 2004, 208 S., farbige Abb., Format DIN A5, br, ISBN 3-8080-0557-2, Bestell-Nr. 1219, € 15,30

Wir bringen Lernen in Bewegung® ...

Dieter Krowatschek

Schokolade für die Seele

Tröstliche Geschichten für Lehrkräfte und Eltern von ADHS-Kindern

◆ 2004, 120 S., mit schwarzweißen Fotos, Format 11,5x18,5cm, fester Einband, ISBN 3-86145-260-X, Bestell-Nr. 8331, € 15,30

Ingeborg Milz

Rechenschwächen erkennen und behandeln

Teilleistungsstörungen im mathematischen Denken neuropädagogisch betrachtet

◆ 6., völlig neu bearb. Aufl. 2004, 392 S., Format 16x23cm, fester Einband, ISBN 3-86145-272-3, Bestell-Nr. 8005, € 21,50 bis 30.9.04, danach € 25,50

Rainer Wassong / Anja Laufer

Von Morgenrot bis Abendbrot

Spielideen für den Alltag mit Kindern von früh bis spät

◆ Nov. 2004, ca. 156 S., Format 16x23cm, Ringbindung, ISBN 3-8080-0558-0, Bestell-Nr. 1058, € 15,30

Sabiene Fenske-Deml

Manual für die Durchführung des staatlich anerkannten Examens in der Ergotherapieausbildung

◆ Okt. 2004, ca. 80 S., Format DIN A5, Ringbindung, ISBN 3-8080-0544-0, Bestell-Nr. 1049, € 15,30

- In gleicher Ausstattung bereits erschienen:
- Manual Praktika, B 1047, € 15,30
- Manual Prüfungen, B 1048, € 15,30

Phillipp Ziegler / Tobey Hiller

Verliebt, verlobt und dann ...?

Paartherapie – lösungsorientiert

◆ 2004, 320 S., Format DIN A5, fester Einband, ISBN 3-86145-261-8, Bestell-Nr. 8332,€ 22,50

Christine Leutkart / Andreas Leutkart

Schachtelfresser und Sonnenwürmer

Geschichten und Phantasien als Anlass für kreatives Gestalten in Atelier und Kunstunterricht

◆ Okt. 2004, ca. 160 S., farbige Gestaltung, Format 16x23cm, fester Einband, ISBN 3-8080-0550-5, Bestell-Nr. 1212, € 21,50

3/04 / 30.6.04